高等职业教育工学结合系列教材 · 汽车类

汽车机械基础

（第 3 版）

主　编　陈建华　李建明　陈　庭
副主编　吕忠洲　吴玉文　郑培果
　　　　杨　冲　杨　程
主　审　欧阳波仪

北京理工大学出版社
BEIJING INSTITUTE OF TECHNOLOGY PRESS

内容简介

本书根据高职院校的学情，结合汽车行业的职业要求，以突出培养学生的职业技能和可持续发展能力为目标，对传统的教学内容进行整合，将“机械制图”“工程力学”“汽车工程材料”“机械零件”“液压传动”等课程内容整合为一体，删减了繁杂的理论推导和机械设计计算，力求体现高职教育课程特色，使教材适应汽车类专业人才培养的需求。

全书共分五篇：第一篇机械识图，主要介绍基本制图标准、投影基础、机件常用表达方法、标准件和常用件的表达方法、零件图、装配图等内容；第二篇工程力学，主要介绍理论力学基础知识、材料力学基础知识等内容；第三篇汽车工程材料，主要介绍金属材料的性能，金属材料、非金属材料、复合材料的类型及特点；第四篇汽车常用零部件及机构，主要介绍汽车常用零部件、平面机构、带传动及链传动、齿轮传动、轮系等内容；第五篇液压传动，主要介绍液压传动的基本知识等内容。本书还配套完成了课件、视频、动画、习题集及参考答案，方便教师教学和布置习题，帮助学生系统全面地学习和掌握教材所涉及的知识内容和技能，为后续专业课程的学习打下良好的基础。

本书适合高等职业院校及高职本科院校汽车类相关专业学生教学使用。

图书在版编目（CIP）数据

汽车机械基础／陈建华，李建明，陈庭主编．--3版．--北京：北京理工大学出版社，2021.6（2025.6重印）

ISBN 978-7-5682-9891-9

Ⅰ．①汽…　Ⅱ．①陈…②李…③陈…　Ⅲ．①汽车-机械学-高等职业教育-教材　Ⅳ．①U463

中国版本图书馆CIP数据核字（2021）第111022号

责任编辑：张鑫星　　**文案编辑：**张鑫星
责任校对：周瑞红　　**责任印制：**李志强

出版发行／北京理工大学出版社有限责任公司
社　　址／北京市丰台区四合庄路6号
邮　　编／100070
电　　话／（010）68914026（教材售后服务热线）
（010）63726648（课件资源服务热线）
网　　址／http://www.bitpress.com.cn

版 印 次／2025年6月第3版第5次印刷
印　　刷／廊坊市印艺阁数字科技有限公司
开　　本／787 mm×1092 mm　1/16
印　　张／25
字　　数／505千字
定　　价／58.00元

编　委　会

前言（第3版）

QIAN YAN

“汽车机械基础（第3版）”在第2版教材使用多年后，改版修订完成。新版教材结合高职教育发展的要求和汽车行业发展的特点，以培训学生职业技能为主线，融入课程思政元素，以培养学生可持续发展能力为目标，认真听取同行专家和读者在使用过程中的反馈意见，在保持原有的教材体系和特色的基础上，结合学生的基础特点和课程体系的安排，对部分内容进行了增删或改写，使教材更加适应汽车类专业技能人才培养的需求。

全书共分五篇：第一篇机械识图，主要介绍基本制图标准、投影基础、机件常用表达方法、标准件和常用件的表达方法、零件图、装配图等内容；第二篇工程力学，主要介绍理论力学基础知识、材料力学基础知识等内容；第三篇汽车工程材料，主要介绍金属材料、非金属材料的性能、类型及应用等内容；第四篇汽车常用零部件及机构，主要介绍汽车常用零部件、平面机构、带传动及链传动、齿轮传动、轮系等内容；第五篇液压传动，主要介绍液压传动的基本元件及回路等内容。

与第2版比较，第3版教材内容进行了较大修订，更加突显教材特色，首先，新版教材结合最新国家标准，对机械识图、汽车常用零部件及机构等内容进行了修改，保证教材知识的时效性，同时对汽车工程新材料、新工艺进行了较详细介绍。其次，团队教师积极开展“三教”改革，将改革的成果应用于实践，第3版教材配备了全书的授课课件，增加了相关知识的动画和视频等教学资源，教学资源有利于教师备课和开展教学研究，同时也有利于学生自学和理解相关知识。另外，第3版教材编写了独立的习题集并配备了答案，方便教师布置作业，检查学生学习的效果，帮助学生学习和巩固教材所讲述的内容。

湖北交通职业技术学院新能源汽车技术专业群为中国特色高水平专业群建设单位，教材的主要编写人员为国家级职业教育教师教学创新团队骨干成员。参加本书编写修订的人员有：湖北交通职业技术学院陈建华、李建明、陈庭、吴玉文、郑培果、杨冲、杨程以及武汉材料保护研究所有限公司研究员吕忠洲。其中陈建华、李建明老师担任主编，湖南汽车工程职业学院欧阳波仪教授担任教材主审。

在教材的编写过程中，武汉众泰恒通汽车技术服务有限公司总工程师曾喜红为教材的编写提供了专业技术支持，湖北交通职业技术学院李雄、黄军、冯雪姣老师参加了教材的检查校对工作，在此对他们的支持表示感谢。教材的修订得到了原主编老师的悉心指导，他们对教材的修订提出了很多宝贵的建议，同时我们还参考了大量资料，在此，对原主编老师和编者表示衷心的感谢。

限于编者的水平，书中难免有疏漏和不妥之处，恳请读者指正，以利于我们完善教材。

编　者

目录

MULU

第一篇　机械识图

第二篇 工程力学

第三篇 汽车工程材料

第四篇 汽车常用零部件及机构

第五篇 液 压 传 动

第一篇

机械识图

在现代汽车工业中，无论是设计还是制造各种机器设备，都离不开机械图样。在设计阶段，通过图样表达设计意图；在制造、施工阶段，图样是主要的技术依据；在使用、维修中，根据图样了解设备或机器的结构和性能；在交流中，图样是重要的技术资料，是交流技术思想的工具。作为汽车技术人员，必须具备识读机械图样的能力。本篇主要介绍机械图样的基本制图标准、正投影法基本原理、标准件的表达方法、零件图和装配图的识读。

第 1 章 基本制图标准

学习目标

1. 知道图纸幅面、图框格式；
2. 知道标题栏位置、格式与内容；
3. 知道比例、字体、图线、标注等国家标准；
4. 能够标注尺寸。

图样是工程界的技术语言，为了便于生产、进行技术交流和使用保管，国家质量技术监督局颁布了一系列技术制图和机械制图的国家标准（国家标准简称“国标”，代号为“GB”）。

本章主要介绍：图纸幅面（图幅）、比例、图线、尺寸标注等基本制图标准。

1.1 图纸幅面和格式

各类技术图样都应采用国标《技术制图 图纸幅面和格式》（GB/T 14689—2008）规定的图纸幅面和格式。

1. 图纸幅面尺寸

制图标准规定了五种不同尺寸的基本幅面，如表 1-1 所示。

表 1-1 图纸幅面代号和尺寸 mm

幅面代号	A0	A1	A2	A3	A4
$B \times L$	841×1 189	594×841	420×594	297×420	210×297
a	25				
c	10			5	
e	20		10		

由表 1-1 可以看出，图纸幅面以 A0、A1、A2、A3、A4 为代号。绘制技术图样时，应优先选用基本幅面。幅面在应用中面积如果不够大，允许加大图幅面积，具体尺寸必须执行技术制图的有关标准。

2. 图框格式

图纸可以竖用或横用。需要装订的图样，其图框格式如图 1-1 所示。不留装订边的图样，其图框格式如图 1-2 所示。

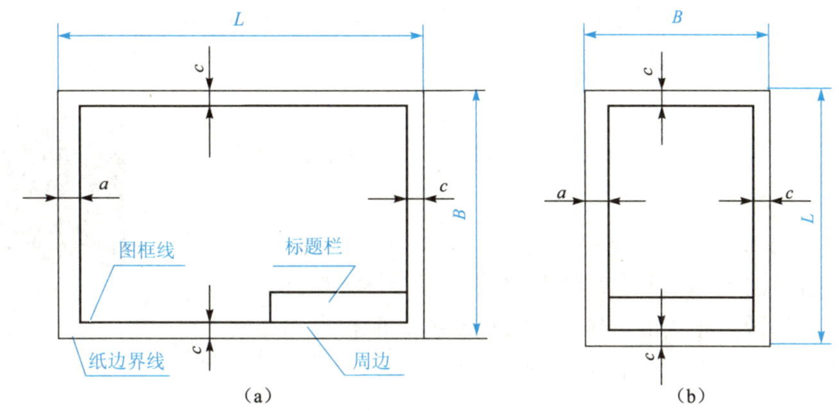

图 1-1　留装订边的图样

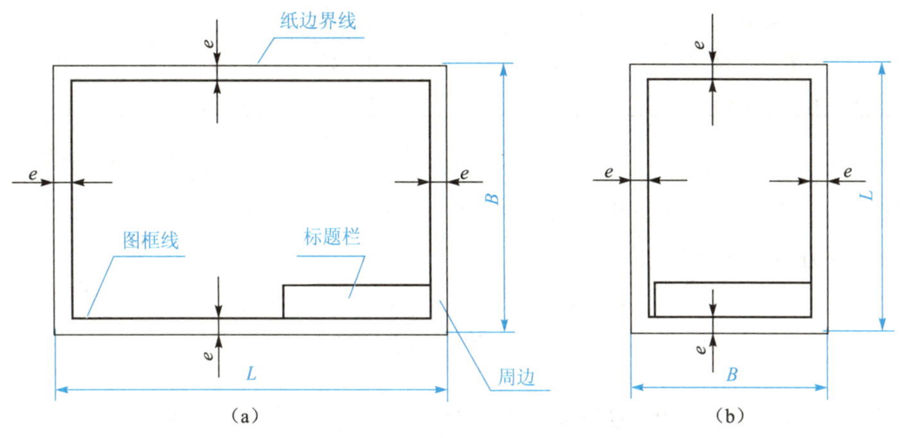

图 1-2　不留装订边的图样

3. 标题栏

标题栏一般应位于图纸的右下角，如图 1-1、图 1-2 所示。

GB/T 10609. 1—2008 对标题栏的内容、格式和尺寸做了规定，学校常用的标题栏格式如图 1-3 所示。

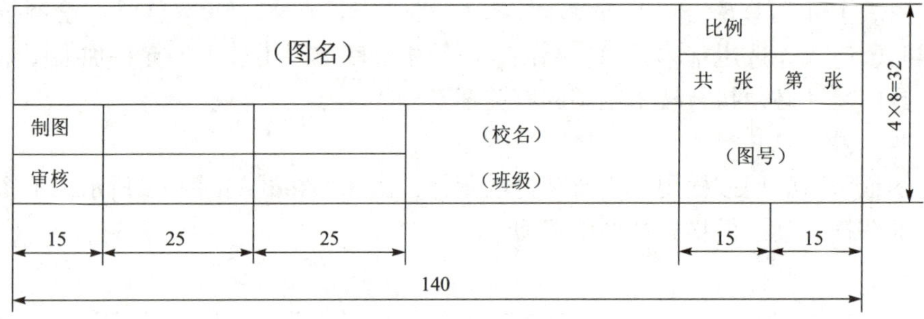

图 1-3 学校常用的标题栏格式

1.2 比　例

图中图形与其实物相应要素线性尺寸之比称为比例。国标《技术制图比例》（GB/T 14690—1993）对图样中的比例大小和注写方式都做了相应的规定。绘制图样时，应根据物体的大小及形状的复杂程度，在表 1-2 规定的系列中选取适当的比例。

表 1-2 比例

种　类	比　例
原值比例	1∶1
放大比例	2∶1，5∶1，1×10^n∶1，2×10^n∶1，5×10^n∶1
缩小比例	1∶2，1∶5，1∶1×10^n，1∶2×10^n，1∶5×10^n
注：n 为正整数。	

无论采用何种比例，图中所注尺寸仍需按零件实际尺寸标注。在图纸上必须注明比例，当整张图纸只用一种比例时，应统一注写在标题栏的比例栏内。否则，应在各视图中分别注写。

1.3 图线及画法

在机械制图中采用粗细两种线宽，它们之间的比例为 2∶1 或 3∶1。粗实线的宽度 b 可根据图形的大小和复杂程度在 0.5～2 mm 选取，一般取 0.5 mm 或 0.7 mm。图线的名称、形式、宽度及其用途见表 1-3。

表 1-3 图线的名称、形式、宽度及其用途

图线名称	图线形式	图线宽度	主要用途
粗实线	————	b	可见轮廓
细实线	————	约 $b/3$	尺寸线、尺寸界线、剖面线、指引线

续表

图线名称	图　线　形　式	图线宽度	主要用途
细虚线		约 $b/3$	不可见轮廓
细点画线		约 $b/3$	轴线、中心线、对称线
细双点画线		约 $b/3$	相邻辅助零件的轮廓线、极限位置的轮廓线
波浪线		约 $b/3$	断裂处的边界线、视图和剖视图的分界线
双折线		约 $b/3$	

1.4　尺寸标注

国标 GB/T 16675.2—2012《技术制图　简化表示法第 2 部分：尺寸注法》中仅对尺寸标注的简化表示做了规定，尺寸标注的基本规则和标注法应遵循国标《机械制图尺寸注法》（GB/T 4458.4—2003）。

（1）机件的真实大小应以图样上所注的尺寸数值为依据，与图形的大小及绘图的准确度无关。

（2）图样中的尺寸以毫米为单位时，不需标注计量单位的代号或名称，如采用其他单位，则必须注明。

（3）图样中所注尺寸是该图样所示机件最后完工时的尺寸，否则应另加说明。

（4）机件的每一尺寸，一般只标注一次，并应标注在反映该结构最清晰的图形上。

常用尺寸标注法见表 1-4。

表 1-4　常用尺寸标注法

标注内容	示　　例	说　　明
线性尺寸	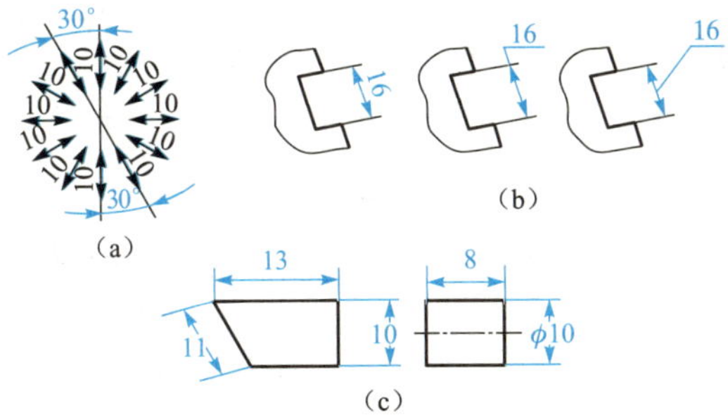 (a)　(b)　(c)	尺寸线必须与所标注的线段平行，大尺寸要注在小尺寸外面，尺寸数字应按左图（a）中所示的方向注写，图示 30°范围内，应按左图（b）形式标注。在不致引起误解时，对于非水平方向的尺寸，其数字可水平地注写在尺寸线的中断处，如左图（c）所示

续表

标注内容		示　　例	说　　明
圆弧	直径尺寸	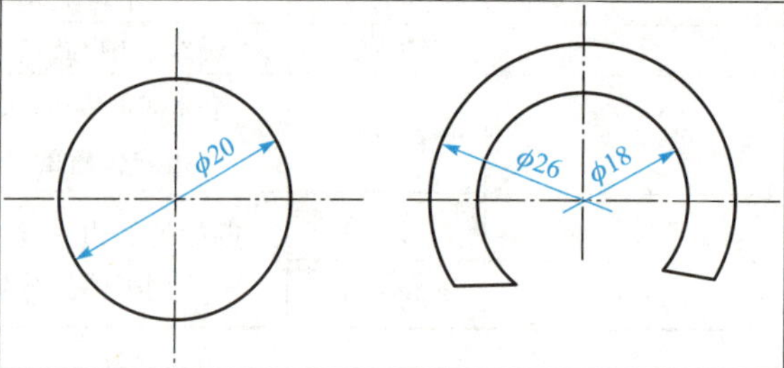 φ20　φ26　φ18	标注圆或大于半圆的圆弧时，尺寸线通过圆心，以圆周为尺寸界线，尺寸数字前加注直径符号“ϕ”
	半径尺寸	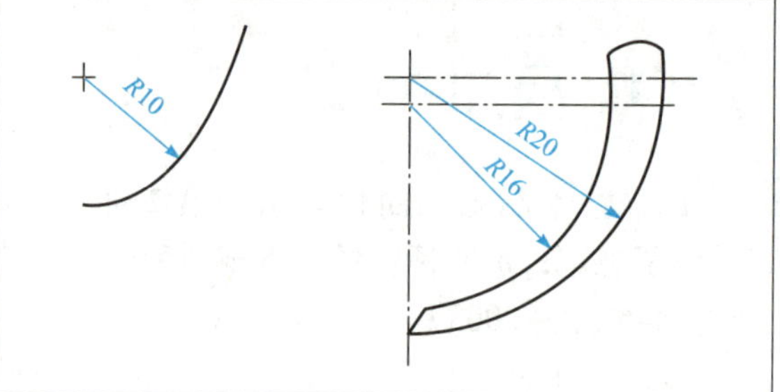 R10　R20　R16	标注小于或等于半圆的圆弧时，尺寸线自圆心引向圆弧，只画一个箭头，尺寸数字前加注半径符号“R”
大圆弧		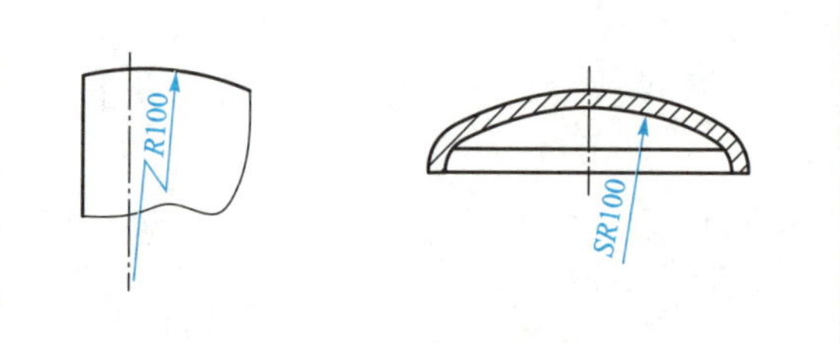 R100　SR100	当圆弧的半径过大或在图纸范围内无法标注其圆心位置时，可采用折线形式，若圆心位置不需注明，则尺寸线可只画在靠近箭头的一段
小尺寸		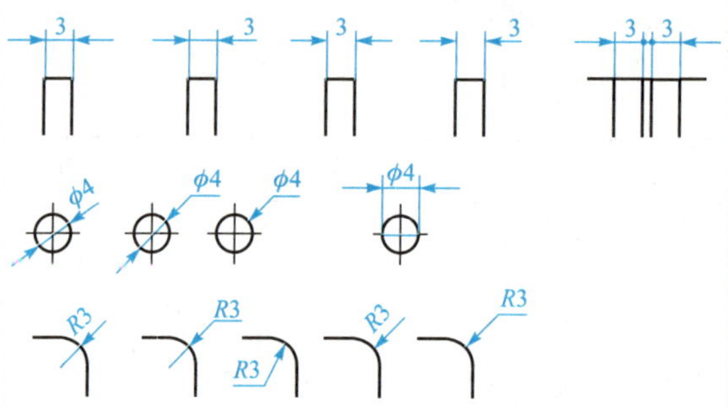 3　3　3　3　3　3 φ4　φ4　φ4　φ4 R3　R3　R3　R3　R3	对于小尺寸在没有足够的位置画箭头或注写数字时，箭头可画在外面，或用小圆点代替两个箭头。尺寸数字也可采用旁注或引出标注
球面		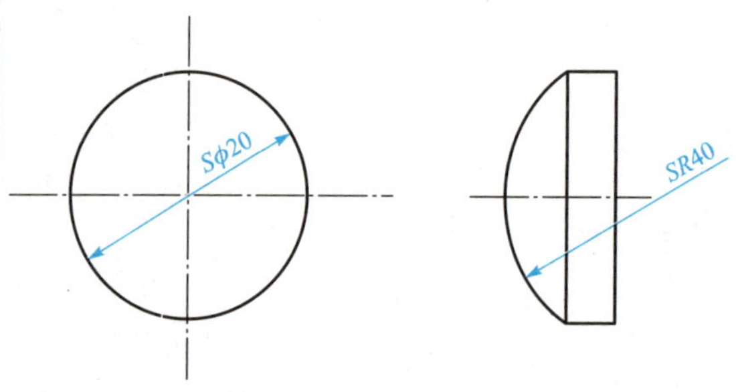 Sφ20　SR40	标注球面的直径或半径时，应在尺寸数字前分别加注符号“$S\phi$”或“SR”

续表

标注内容	示　　例	说　　明
角度	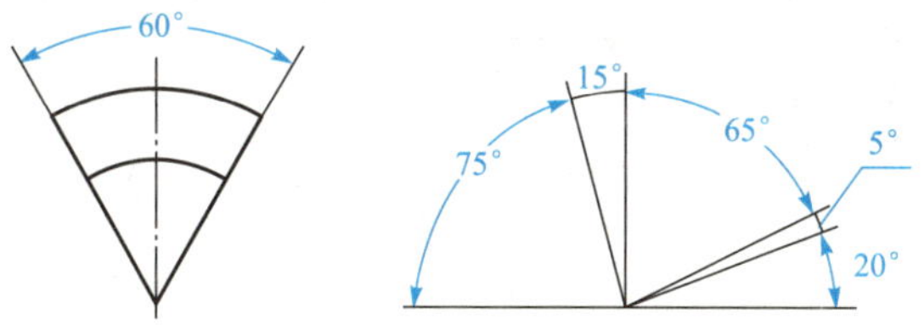	尺寸界线应沿径向引出，尺寸线画成圆弧，圆心是角的顶点。尺寸数字一律水平书写，一般注写在尺寸线的中断处，必要时也可按左图所示的其他形式标注
弦长和弧长	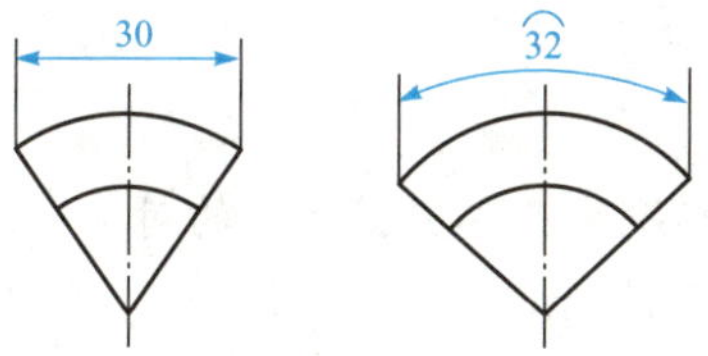	标注弦长和弧长时，尺寸界线应平行于弦的垂直平分线。弧长的尺寸线为同心弧，并应在尺寸数字上方加注符号“⌒”
只画一半或大于一半时的对称机件	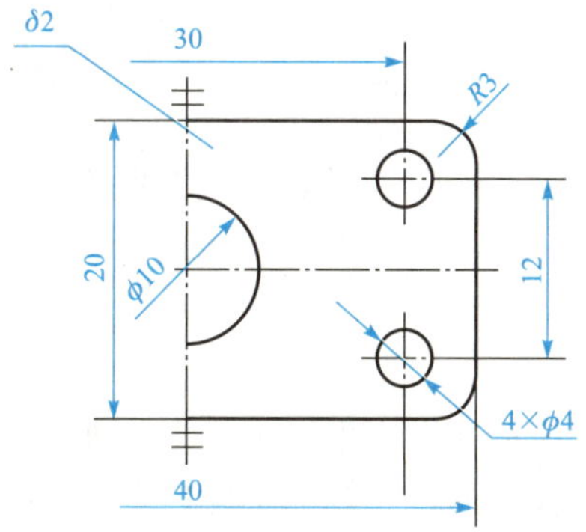	尺寸线应略超过对称中心线或断裂处的边界线，仅在尺寸线的一端画出箭头
板状零件		标注板状零件的尺寸时，在厚度的尺寸数字前加注符号“δ”
正方形结构	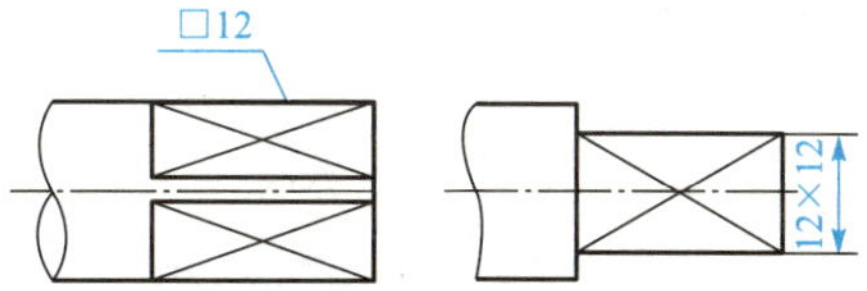	标注机件的剖面为正方形结构的尺寸时，可在边长尺寸数字前加注符号“□”，或用“12×12”代替“□12”。左图中相交的两条细实线是平面符号（当图形不能充分表达平面时，可用这个符号表达平面）

第 2 章

投影基础

学习目标

1. 知道常见的投影方法；
2. 知道正投影的特点；
3. 知道三视图的形成、投影规律及各视图之间的对应关系；
4. 知道点、直线、平面的投影规律；
5. 能够识读基本形体的三视图；
6. 知道组合体的组合形式、表面连接关系，能够识读组合体的三视图、尺寸标注。

2.1 正投影与点、直线、平面的投影

2.1.1 投影法

光线照射物体时，可在地面或墙面上产生影子。将这种现象加以抽象，把光源抽象为投影中心，墙面抽象为投影面，光线抽象为投影线，物体的影子抽象为投影。如图 2-1 所示，投影线自投影中心 S 出发，将空间 $\triangle ABC$ 投射到投影面 P 上，所得 $\triangle abc$ 即为 $\triangle ABC$ 的投影。

利用这个原理在平面上绘制出物体的图像，以表示物体的形状和大小，这种方法称为投影法。工程上应用投影法获得工程图样。

2.1.2 正投影

当投影线互相平行且垂直于投影面，这时物体的投影叫正投影，如图 2-2 所示。

正投影的特点是，它能如实地反映物体的形状和大小，在工程应用中的图样主要使用这种方法绘制。

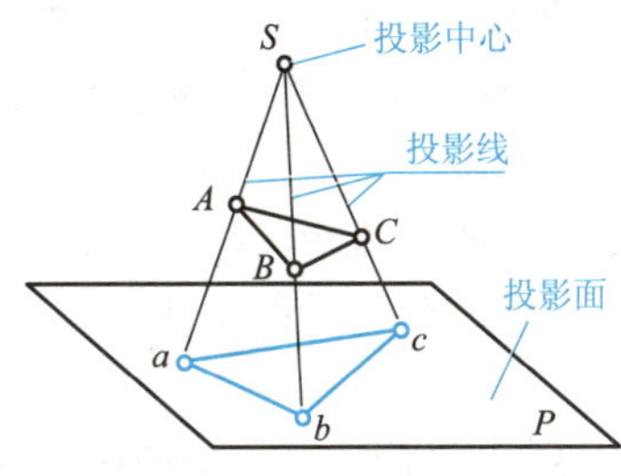

图 2-1　抽象后的投影

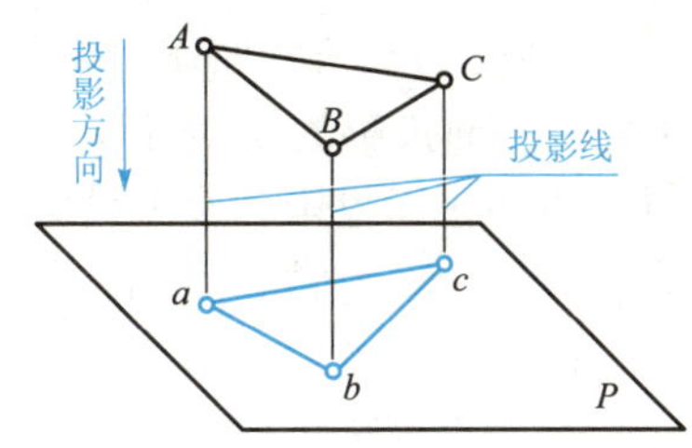

图 2-2　正投影

2.1.3　点的投影

投影法概述

1. 投影面的设立

如图 2-3 所示，按国标设立的三个相互垂直的投影面，称为三投影面体系。三投影面分别为：正立投影面、水平投影面、侧立投影面，分别用 *V*、*H*、*W* 表示。两投影面之间的交线称为投影轴，相互垂直的三根轴分别用 *OX*、*OY*、*OZ* 表示。三根轴的交点 *O* 称为原点。

2. 点的三面投影

为了统一起见，规定空间点用大写字母表示，如 *A*、*B*、*C* 等；水平投影用相应的小写字母表示，如 *a*、*b*、*c* 等；正面投影用相应的小写字母加撇表示，如 *a′*、*b′*、*c′* 等；侧面投影用相应的小写字母加两撇表示，如 *a″*、*b″*、*c″*等。

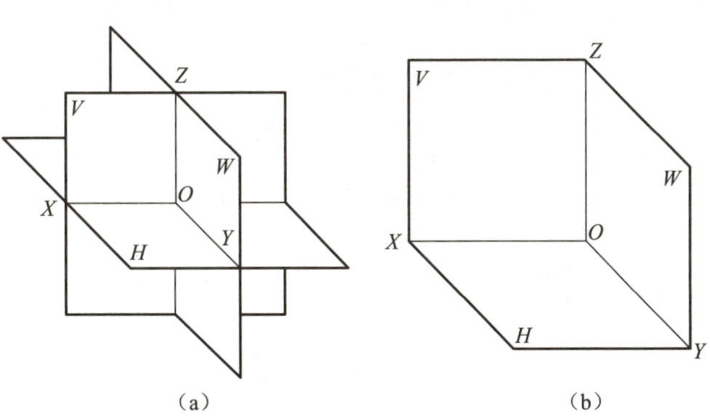

图 2-3　三投影面体系

如图 2-4（a）所示，三投影面体系展开后，点的三个投影在同一平面内，得到了点的三面投影。

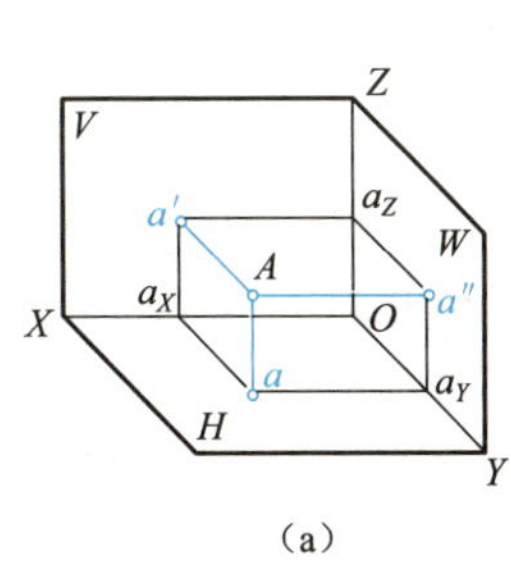

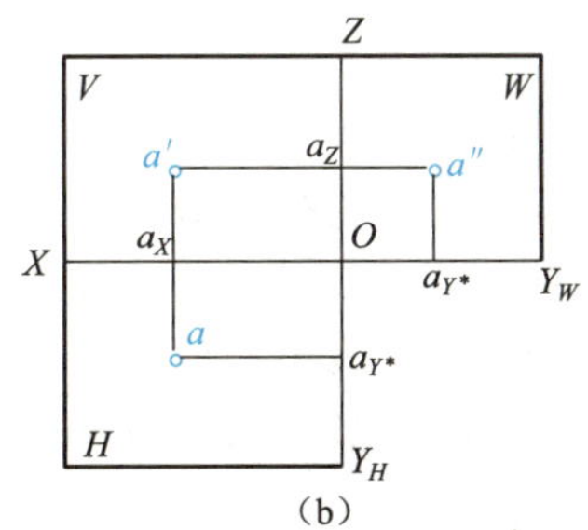

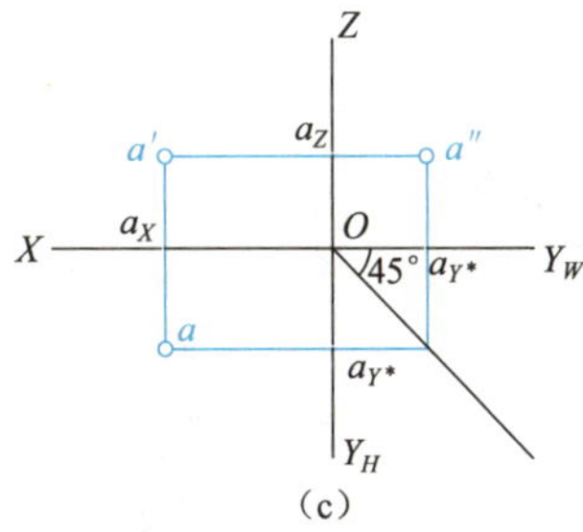

图 2-4　点的三面投影

由于投影面相互垂直，所以三投影线也相互垂直，8 个顶点 A、a、a_Y、a'、a''、a_X、O、a_Z构成正六面体，根据正六面体的性质展开后［图 2-4（b）］，可以得出如下三面投影的投影特性。

（1）点的正面投影和水平投影的连线垂直于 OX 轴，即 $aa' \perp OX$；点的正面投影和侧面投影的连线垂直于 OZ 轴，即 $a'a'' \perp OZ$；同时 $aa_{Y*} \perp OY_H$，$a''a_{Y*} \perp OY_W$。

（2）点的投影到投影轴的距离，反映空间点到以投影轴为界的另一投影面的距离，即 $a'a_Z = Aa'' = aa_{Y*} = X$ 坐标；$aa_X = Aa' = a''a_Z = Y$ 坐标；$a'a_X = Aa = a''a_{Y*} = Z$ 坐标。

为了表示点的水平投影到 OX 轴的距离等于侧面投影到 OZ 轴的距离，即 $aa_X = a''a_Z$，点的水平投影和侧面投影的连线相交于自点 O 所作的 45°角平分线，如图 2-4（c）所示。

3. 重影点及其可见性

空间两点在某投影面上的投影若出现重合，称为重影。若 A、B 两点无左右、前后距离差，点 A 在点 B 正上方或正下方时，两点的 H 面投影重合，点 A 和点 B 称为对 H 面投影的重影点，如图 2-5（a）所示。

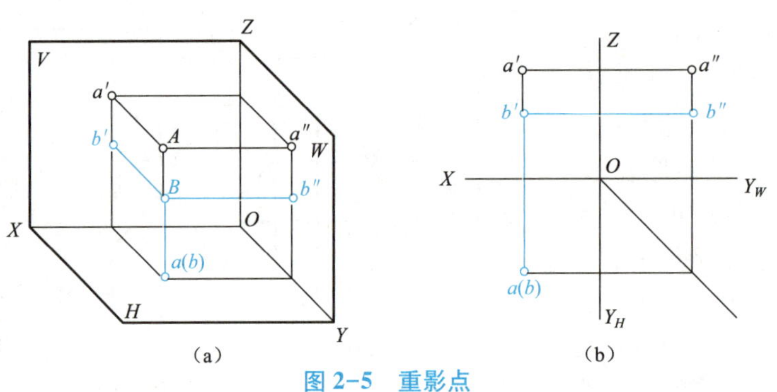

图 2-5 重影点

当空间两点发生重影时，其中必有一点的投影遮挡另一点的投影，因此重影点需判别可见性。如图 2-5（b）所示，重影点应是点 A 遮挡点 B，点 B 的 H 面投影不可见，规定不可见点的投影加括号表示。

2.1.4 直线的投影

直线的投影可由属于该直线的两点的投影来确定。一般情况下，直线的投影仍是直线。在特殊情况下，若直线垂直于投影面，直线的投影可积聚为一点。

在三投影面体系中，根据直线对投影面的相对位置可以分为三种：投影面平行线、投影面垂直线、投影面倾斜线。前两种为投影面特殊位置直线，后一种为投影面一般位置直线。

1. 投影面平行线的投影

与投影面平行的直线称为投影面平行线，它与一个投影面平行，与另外两个投影面倾斜。与 H 面平行的直线称为水平线，与 V 面平行的直线称为正平线，与 W 面平行的直线称为侧平线。它们的投影图及投影特性见表 2-1。规定直线（或平面）对 H、V、W 面的倾角分别用 α、β、γ 表示。

表 2-1　投影面平行线的投影特性

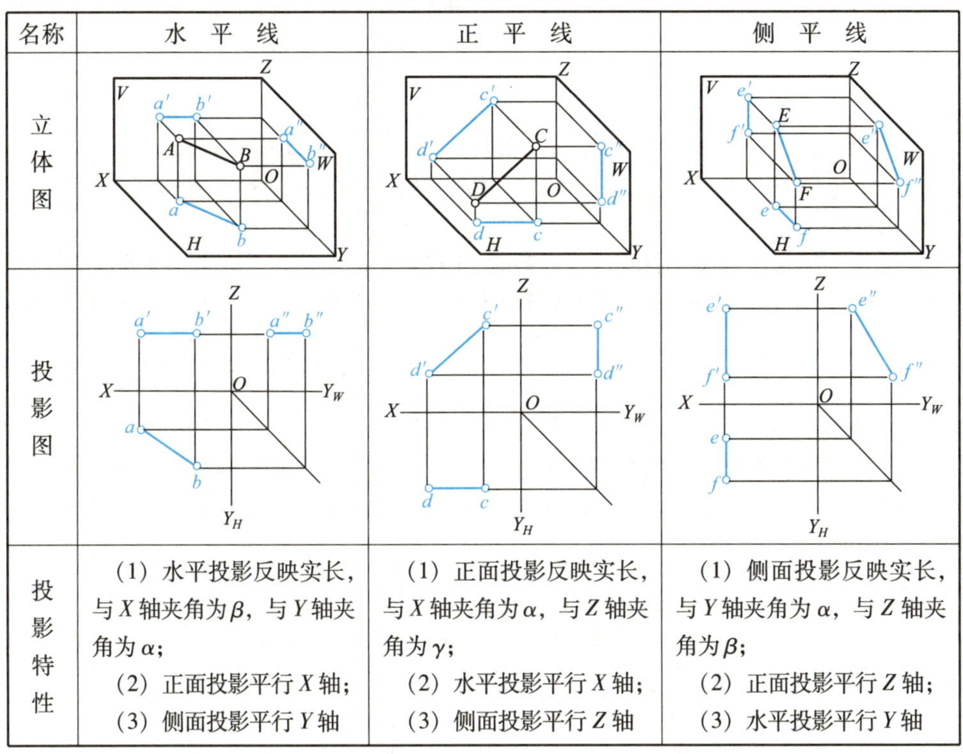

名称	水　平　线	正　平　线	侧　平　线
立体图			
投影图			
投影特性	(1) 水平投影反映实长，与 X 轴夹角为 β，与 Y 轴夹角为 α； (2) 正面投影平行 X 轴； (3) 侧面投影平行 Y 轴	(1) 正面投影反映实长，与 X 轴夹角为 α，与 Z 轴夹角为 γ； (2) 水平投影平行 X 轴； (3) 侧面投影平行 Z 轴	(1) 侧面投影反映实长，与 Y 轴夹角为 α，与 Z 轴夹角为 β； (2) 正面投影平行 Z 轴； (3) 水平投影平行 Y 轴

2. 投影面垂直线的投影

与投影面垂直的直线称为投影面垂直线，它与一个投影面垂直，必与另外两个投影面平行。与 H 面垂直的直线称为铅垂线，与 V 面垂直的直线称为正垂线，与 W 面垂直的直线称为侧垂线。它们的投影图及投影特性见表 2-2。

表 2-2　投影面垂直线的投影特性

名称	铅　垂　线	正　垂　线	侧　垂　线
立体图			

续表

名称	铅　垂　线	正　垂　线	侧　垂　线
投影图			
投影特性	（1）水平投影积聚为一点； （2）正面投影和侧面投影都平行于 Z 轴，并反映实长	（1）正面投影积聚为一点； （2）水平投影和侧面投影都平行于 Y 轴，并反映实长	（1）侧面投影积聚为一点； （2）正面投影和水平投影都平行于 X 轴，并反映实长

3. 一般位置直线的投影

一般位置直线与三个投影面都倾斜，因此在三个投影面上的投影都不反映实长，投影与投影轴之间的夹角也不反映直线与投影面之间的倾角，如图 2-6 所示。

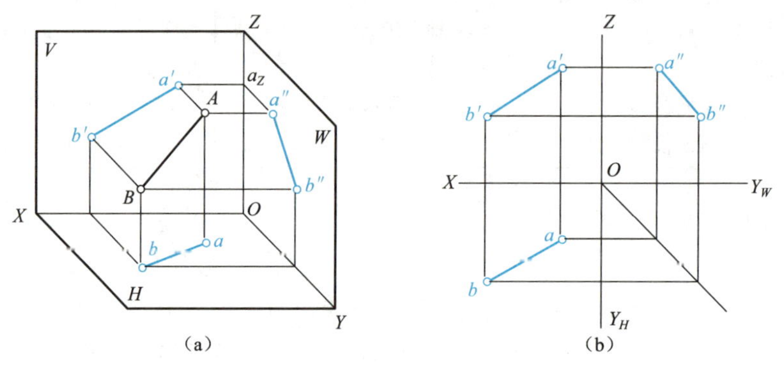

图 2-6　一般位置直线的投影

2.1.5　平面的投影

在三投影面体系中，平面的位置可以分为三种：投影面平行面、投影面垂直面、投影面倾斜面。前两种为投影面特殊位置平面，后一种为投影面一般位置平面。

1. 投影面平行面的投影

投影面平行面是平行于一个投影面，并必与另外两个投影面垂直的平面。与

H 面平行的平面称为水平面，与 V 面平行的平面称为正平面，与 W 面平行的平面称为侧平面。它们的投影图及投影特性见表 2-3。

表 2-3　投影面平行面的投影特性

名称	水　平　面	正　平　面	侧　平　面
立体图	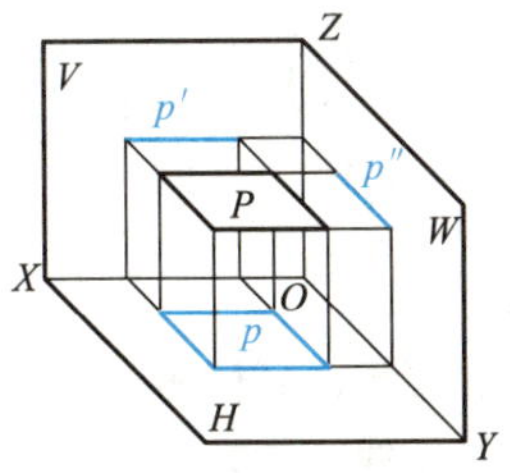	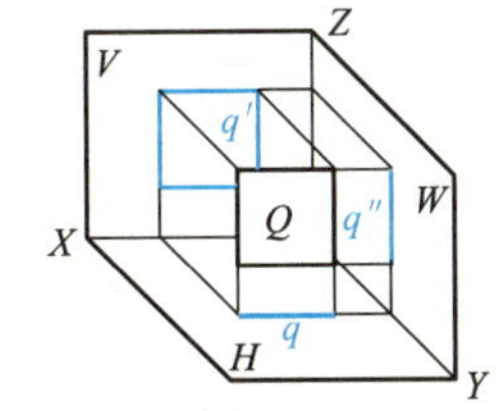	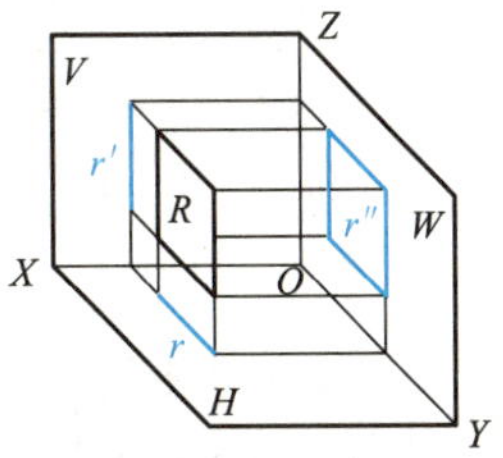
投影图	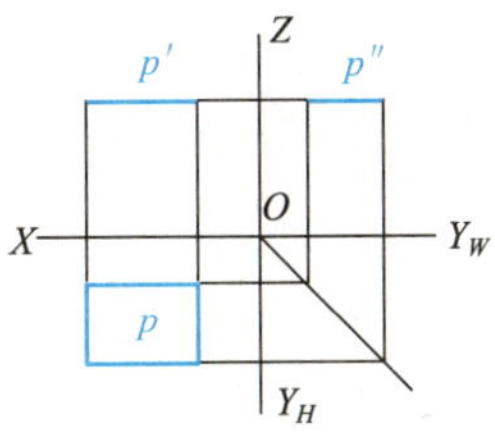	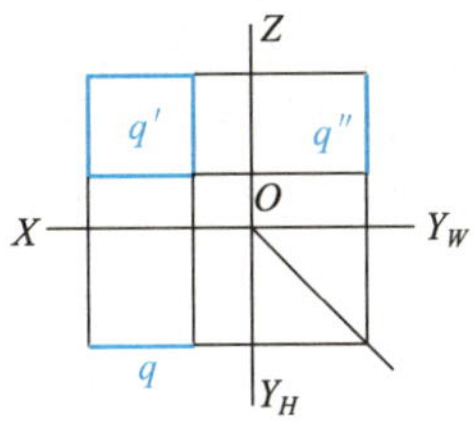	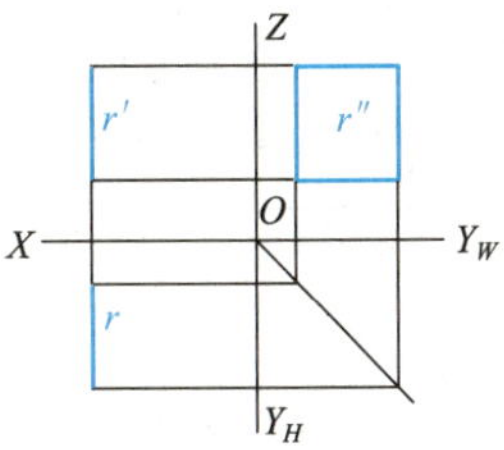
投影特性	（1）水平投影反映实形；（2）正面投影积聚成平行于 X 轴的直线；（3）侧面投影积聚成平行于 Y 轴的直线	（1）正面投影反映实形；（2）水平投影积聚成平行于 X 轴的直线；（3）侧面投影积聚成平行于 Z 轴的直线	（1）侧面投影反映实形；（2）正面投影积聚成平行于 Z 轴的直线；（3）水平投影积聚成平行于 Y 轴的直线

2. 投影面垂直面的投影

投影面垂直面是垂直于一个投影面，并与另外两个投影面倾斜的平面。与 H 面垂直的平面称为铅垂面，与 V 面垂直的平面称为正垂面，与 W 面垂直的平面称为侧垂面。它们的投影图及投影特性见表 2-4。

表 2-4　投影面垂直面的投影特性

名称	铅　垂　面	正　垂　面	侧　垂　面
立体图	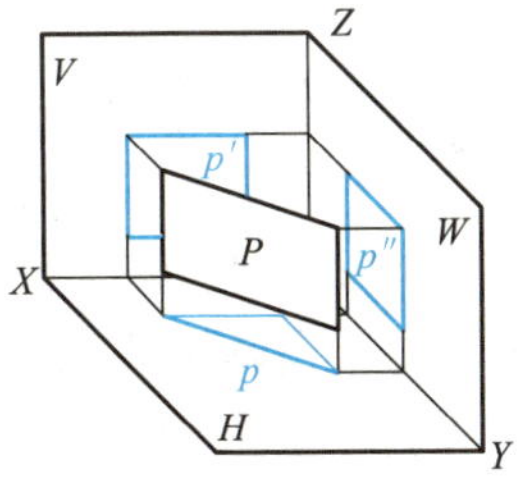	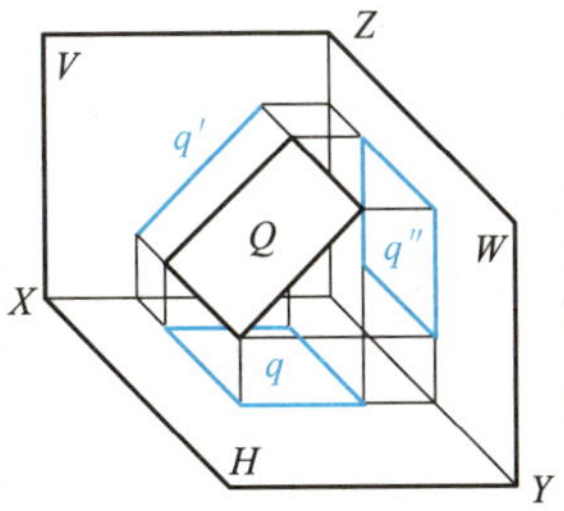	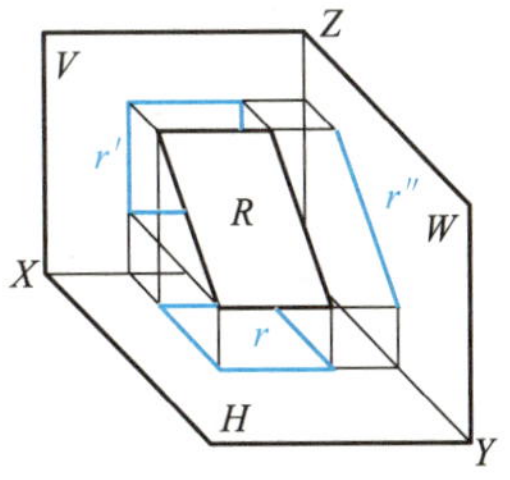

续表

名称	铅垂面	正垂面	侧垂面
投影图			
投影特性	（1）水平投影积聚成直线，与 X 轴夹角为 β，与 Y 轴夹角为 γ； （2）正面投影和侧面投影具有类似性	（1）正面投影积聚成直线，与 X 轴夹角为 α，与 Z 轴夹角为 γ； （2）水平投影和侧面投影具有类似性	（1）侧面投影积聚成直线，与 Y 轴夹角为 α，与 Z 轴夹角为 β； （2）正面投影和水平投影具有类似性

3. 一般位置平面的投影

一般位置平面与三个投影面都倾斜，因此在三个投影面上的投影都不反映实形，而是类似形，如图 2-7 所示。

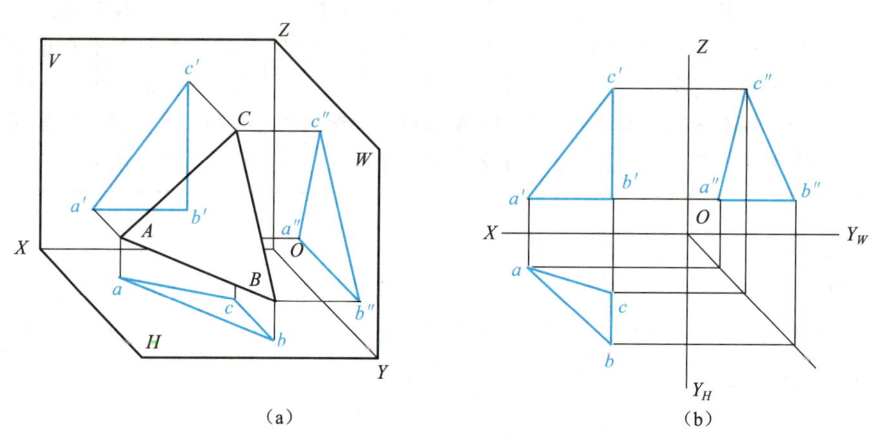

（a）（b）

图 2-7 一般位置平面的投影

2.2 三视图的形成与投影规律

要获得投影，必须具备投射线、投影面、物体三个要素。物体的正投影图，通常是用人的视线代替垂直投影面的投射线，运用线面的正投影性质在图纸上画出物体的正投影，因此正投影又称为视图。在工程上常用多面视图来表达物体，基本的表达方法是三视图。

2.2.1　三视图的形成

1. 三面投影和三视图

如图 2-8 所示，把物体置于三面投影体系中，将物体向三投影面进行投影得到物体的三视图。

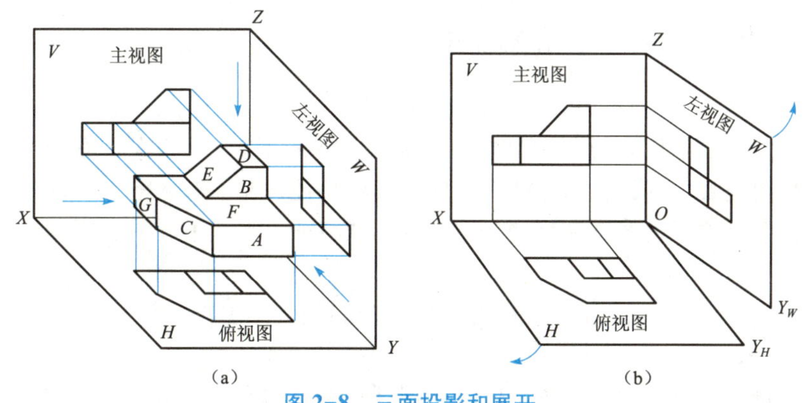

图 2-8　三面投影和展开

(a) 三面投影；(b) 三视图的展开

从物体的前面向后投射，在 *V* 面上得到的视图叫主视图；从物体的上面向下投射，在 *H* 面上得到的视图叫俯视图；从物体的左面向右投射，在 *W* 面上得到的视图叫左视图。

立体的三面视图

2. 三视图的形成

要把三视图画在同一张图纸上，就需要把三个投影面展成一个平面，如图 2-9 所示。

图 2-9　三视图的形成及投影规律

(a) 三视图的形成；(b) 三视图的投影规律

2.2.2　三视图间的投影规律

三视图表达的是同一物体，而且是物体在同一位置分别向三投影面所做的投影，如图2-9（b）所示，三视图间具有的投影规律为：主视图和俯视图长对正；主视图和左视图高平齐；俯视图和左视图宽相等。

三视图间的投影规律，通常概括为“长对正、高平齐、宽相等”九个字。这个规律是画图和读图的基本规律，无论是整个物体还是物体的局部，三视图间都必须符合这个规律。

2.2.3 三视图与物体之间的关系

从图2-8（a）中可以看出三视图和物体之间有以下关系：

主视图反映了物体长和高两个方向的形状特征，上、下、左、右四个方位。

俯视图反映了物体长和宽两个方向的形状特征，左、右、前、后四个方位。

左视图反映了物体宽和高两个方向的形状特征，上、下、前、后四个方位。

2.3 基本几何体的三视图

任何物体都可以看成是由一些形状规则且简单的形体组成，这样的形体称为基本体。基本体分平面体和曲面体两类。表面由平面所构成的形体，称为平面体；表面中含有曲面的形体称为曲面体。

2.3.1 平面体的三视图

平面体的三视图见表2-5。

表2-5 基本几何体的三视图

平面体		曲面体	
四棱柱	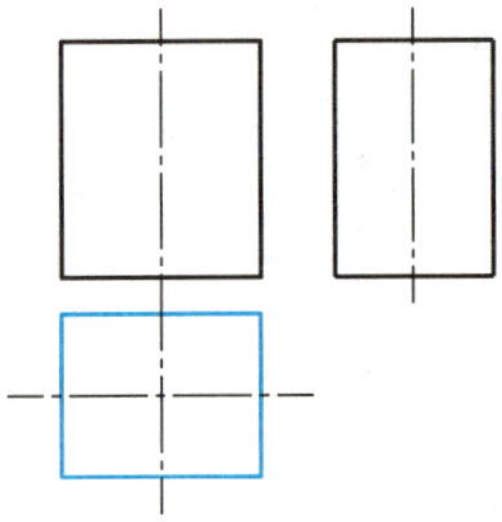	圆柱	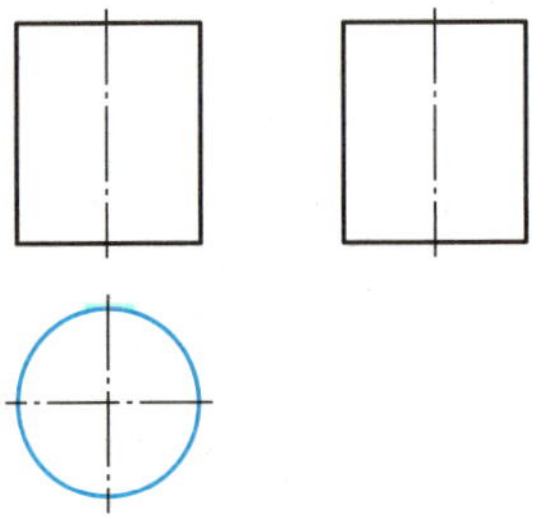
六棱柱	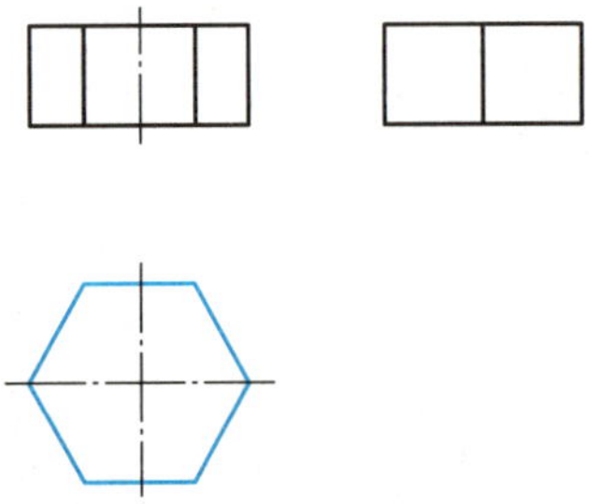	圆锥	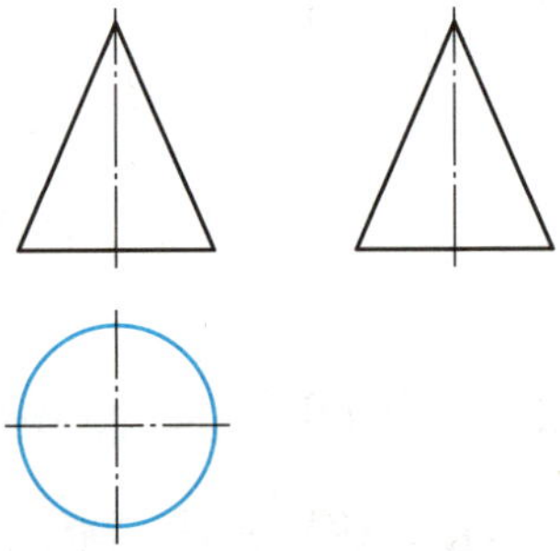

续表

平面体		曲面体	
四棱锥		圆球	
棱台		圆锥台	

(1) 棱柱。棱柱三视图的图形特征为：两个视图外轮廓为矩形，一个视图外轮廓为多边形。

(2) 棱锥。棱锥三视图的图形特征为：两个视图外轮廓为三角形，一个视图外轮廓为多边形。

(3) 棱台。棱台三视图的图形特征为：两个视图外轮廓为梯形，一个视图外轮廓为多边形。

立体上的点线面

2.3.2　曲面体的三视图

曲面体的三视图见表 2-5。

(1) 圆柱。圆柱三视图的图形特征是：两个视图为矩形，一个视图为圆形。

(2) 圆锥。圆锥三视图的图形特征是：两个视图为三角形，一个视图为圆。

(3) 圆锥台。圆锥台三视图的图形特征是：两个视图为梯形，一个视图为圆。

(4) 圆球。圆球三视图的图形特征是：三个视图均为直径相等的圆。

2.4　组合体视图的识读

2.4.1　组合体的形体分析

1. 组合体的组合形式

形状复杂的立体可以看成是由较多的基本体按一定方式组合而成，称为组合体。组合体的组合形式分为叠加、切割和综合三种形式，如图 2－10 所示。

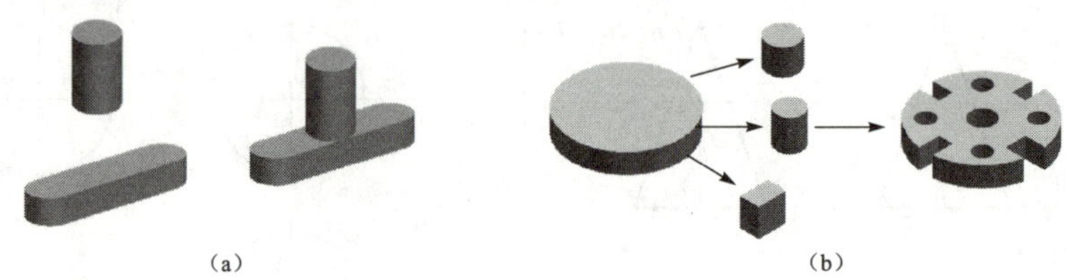

图 2－10　组合体的组合形式

（a）叠加式；（b）切割式

（1）叠加式组合体。由若干个基本体或简单体叠加而成的组合体称叠加式组合体。

（2）切割式组合体。由基本体切割而成的组合体称为切割式组合体。

（3）综合式组合体。既有叠加又有切割的组合体称为综合式组合体。

2. 组合体各部分间的表面连接关系

（1）两形体叠加时表面平齐、不平齐。两形体叠加时表面相互接触，接触表面不平齐（即不共面）有分界线，平齐（即共面）无分界线，如图 2－11 所示。

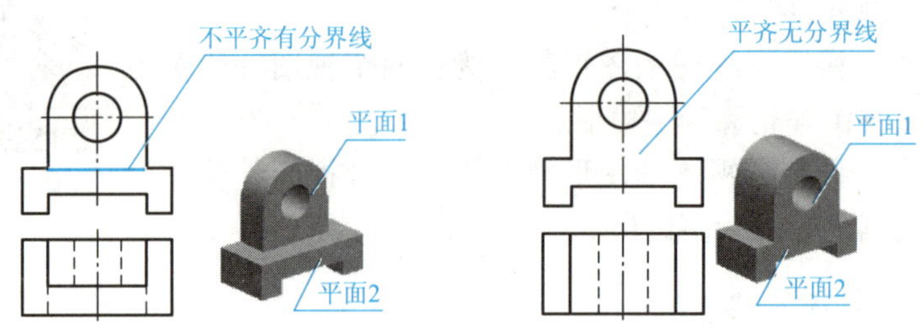

图 2－11　形体叠加时的表面关系

（2）两形体相交时，相交处应画出交线；两形体表面相切时，相切处无交线，如图 2－12 所示。

2.4.2　组合体视图的识读

要能正确迅速地读懂图，一要有扎实的读图基础知识；二要掌握读图的方法；三要通过典型题反复进行读图实践。

1. 读图的基础知识

读图的准则：由于一个视图不能确定组合体的形状，因此看图时应以主视图为中心，将各视图联系起来看。

读图的依据：三视图间的投影规律及基本体三视图的图形特征和各种位置直

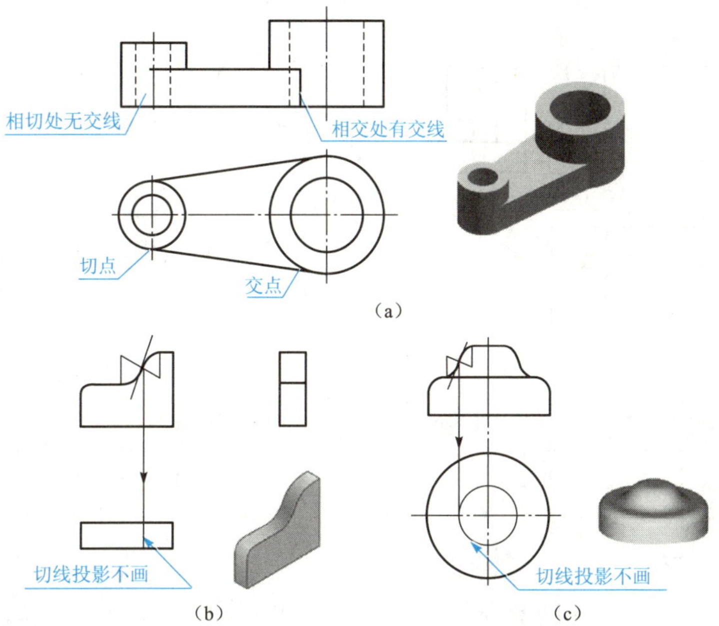

图 2-12　形体相交时的表面关系

线、平面的投影特征是读图的依据，只有熟练地掌握它们，才能读懂各类物体的视图。

组合体的形体分析

2. 读图的基本方法

读图是画图的反向思维过程，所以读图的方法与画图相同，即读图的基本方法也是形体分析法，遇难点部分时可辅以线面分析法。

1）形体分析法

形体分析法读图是以基本体或简单体为读图单元，将组合体视图分解为若干简单的线框，然后判断各线框所表达的基本体或简单体的形状，再根据各部分的相对位置综合想象出整体形状。简单地说，形体分析法读图就是一部分一部分地看图。下面以图 2-13 所示的三视图为例进行具体说明。

（1）识视图、分部分。首先弄清各视图名称、观看方向，建立起图与物之间的关系；然后分部分，该物体很显然是综合式组合体，从主视图入手，结合其他视图可将其分为四部分，如图 2-13（a）所示。

（2）逐部分对投影、想形状。由主视图按投影规律找出各部分在左视图和俯视图上的对应线框，如图 2-13（b）~（d）所示。

（3）综合起来想整体。由三视图可看出，整体形状如图 2-13（e）所示。

2）线面分析法

组合体也可以看成是由若干面（平面或曲面）、线（直线或曲线）所围成的。因此，线面分析法也就是把组合体分解为若干面、线，并确定它们之间的相

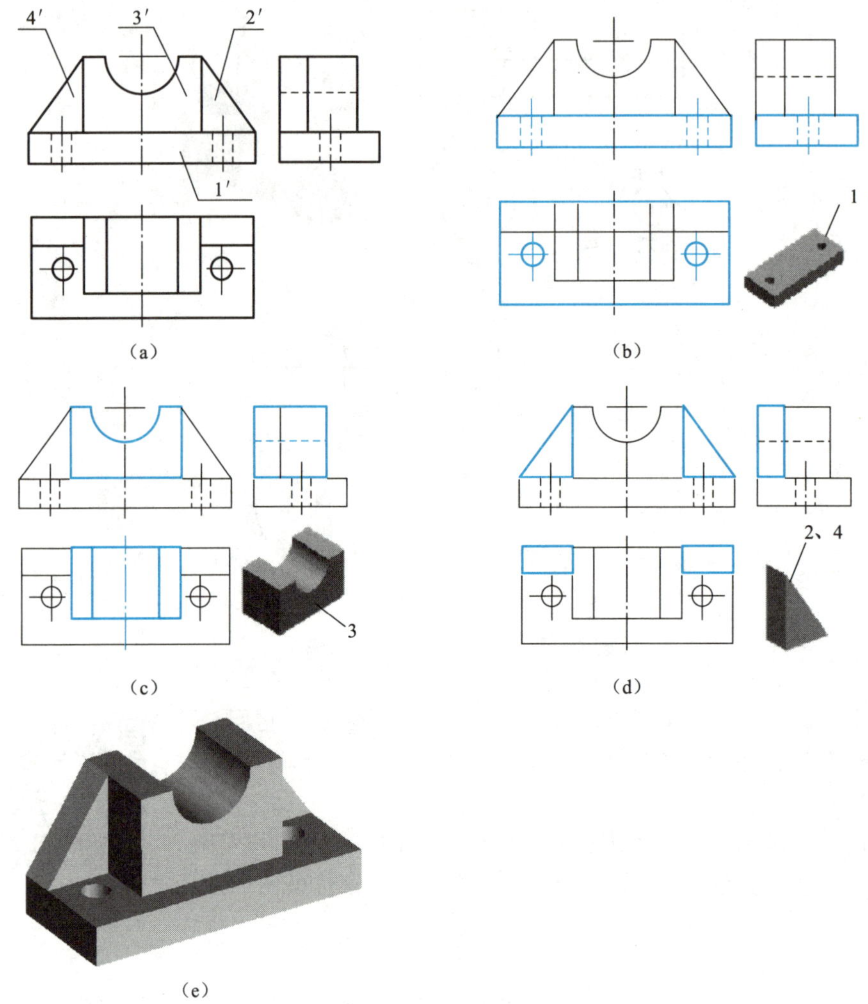

图 2-13 形体分析法

（a）组合体三视图；（b）形体1的三视图；（c）形体3的三视图；
（d）形体2、4的三视图；（e）组合体形状

对位置以及它们对投影面的相对位置的方法。下面以图2-14所示的三视图为例进行具体说明。

先分析整体形状。由于压块的三个视图的轮廓基本上都是矩形（只缺了几个角），所以它的基本体是一个立方体。从主、俯视图可以看出，压块右方从上到下有一阶梯孔。主视图的矩形缺个角，说明在立方体的左上方切掉了一角。俯视图的矩形缺两个角，说明立方体的左端切掉了前、后两角。左视图也缺两个角，说明前后两边也各切去了一块。

用这样的形体分析法，压块的基本形状就大致有数了。但是，究竟是被什么

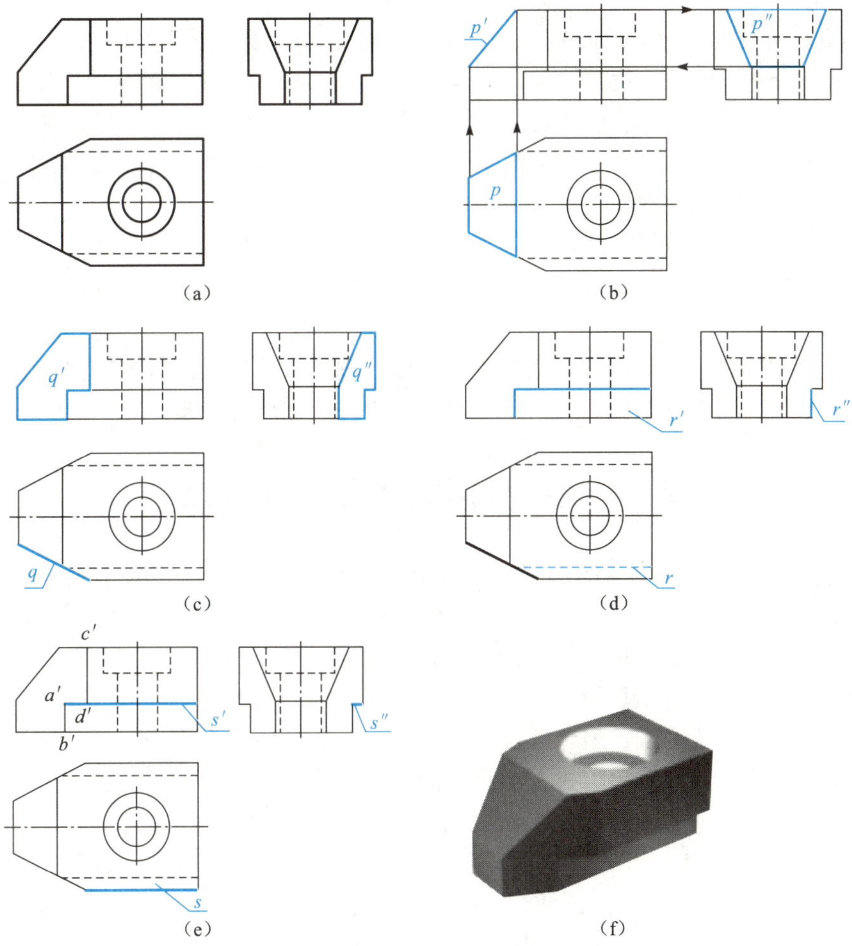

（a）　（b）

（c）　（d）

（e）　（f）

图 2-14　线面分析法

样的平面切的？截切以后的投影为什么会是这个样子？这还需要用线、面分析法进行分析。

下面应用三视图的投影规律，找出每个表面的三个投影。

组合体视图

（1）如图 2-14（a）所示，从俯视图中的梯形线框出发，在主视图中找出与它对应的斜线 p'，可知 P 面是垂直于正面的梯形平面，立方体的左上角就是由这个平面切割而成的。平面 P 对侧面和水平面都处于倾斜位置，所以它的侧面投影 p'' 和水平投影 p 是类似图形，不反映 P 面的真实形状。

（2）如图 2-14（b）所示，由主视图的七边形 q' 出发，在俯视图上找出与它对应的斜线 q，可知 Q 面是垂直于水平面的。立方体的左端，就是由这样的两个平面切割而成的。平面 Q 对正面和侧面都处于倾斜位置，因而侧面投影 q'' 也是一个类似的七边形。

(3) 从主视图上的矩形 r' 入手，找出面的三个投影［图 2-14（d）］；从俯视图的四边形 s 出发，找到 S 面的三个投影［图 2-14（e）］。不难看出，R 面平行于正面，S 面平行于水平面。长方块的前后两边，就是这两个平面切割而成的。在图 2-14（e）中，$a'b'$线不是平面的投影，而是 R 面与 Q 面的交线。$c'd'$线是哪两个平面的交线？请读者自行分析。

其余的表面比较简单易看，不再一一分析。从形体以及线、面的投影上，彻底弄清了整个压块的三面视图，就可以想象出如图 2-14（f）所示物体的空间形状了。

看图时一般是以形体分析法为主，线面分析法为辅。线面分析方法主要用来分析视图中的局部复杂投影，对于切割式的零件图样用得较多。

2.5 组合体视图的尺寸标注

视图只能表达组合体的形状，而组合体各部分形体的真实大小及其相对位置，则要通过标注尺寸来确定。因此，标注组合体的尺寸时应该做到正确、完整、清晰。所谓正确是指要符合国家标准的规定；完整是指尺寸必须标注齐全，不遗漏，不重复；清晰是指尺寸的布局要整齐清晰，便于读图。

从形体分析角度看，组合体都是由基本体叠加、切割而成。因此，应先分析基本体的尺寸标注，然后再讨论组合体的尺寸标注。

2.5.1 基本体的尺寸标注

长方体、棱柱、棱锥、圆柱、圆锥、球等都是常见的基本体。图 2-15 所示为这些基本体的尺寸注法。在标注基本体的尺寸时，要注意定出长、宽、高三个方向的尺寸。如长方体必需标注长、宽、高三个尺寸；正六棱柱应标注高度及正六边形对边距离（或对角距离）；四棱台应标注上、下底面的长、宽及高度尺寸；圆柱体应标注直径及轴向长度；圆锥台应该标注两底圆直径及轴向长度；球只需标注一个直径。圆柱、圆锥、球等回转体标注尺寸后，还可以减少视图的数量。

当基本体被切割、开槽后，除标注出基本体的尺寸外，还应在反映切割最明显的视图上标注截平面的位置尺寸，如图 2-16 所示。注意不要在截交线上标注尺寸，因为根据截平面的位置尺寸，截交线便自然形成。

2.5.2 组合体的尺寸标注

1. 标注尺寸要完整

形体分析是标注组合体尺寸的基本方法。要达到完整的标注尺寸，应首先按形体分析法将组合体分解为若干基本体，再按前所述标注出各基本体的大小尺寸以及形体间的相互位置尺寸。因此，组合体应注全如下三种尺寸：

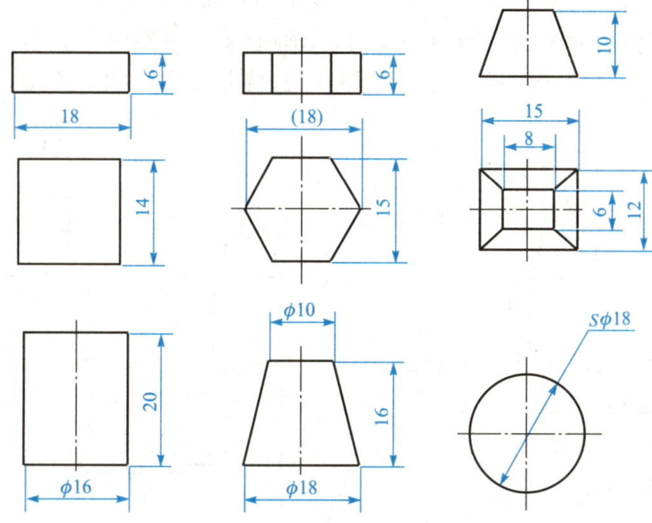

图 2-15　基本体的尺寸标注

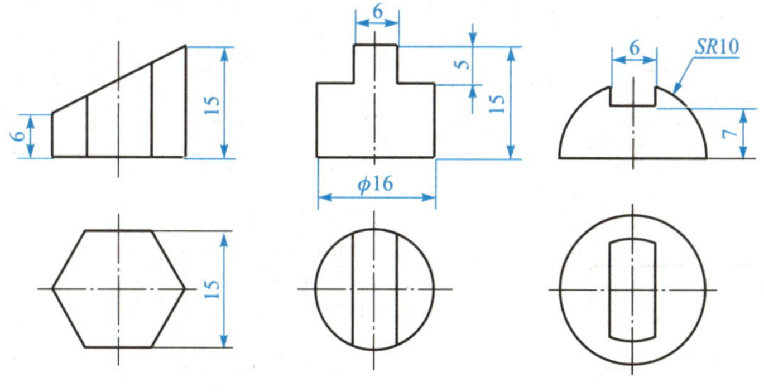

图 2-16　基本体被切割、开槽后的尺寸

（1）定形尺寸——决定组合体各基本体形状及大小的尺寸。

（2）定位尺寸——决定基本体在组合体中相互位置的尺寸。

（3）总体尺寸——组合体外形的总长、总宽、总高尺寸。

标注定位尺寸时，必须在长、宽、高方向上分别确定一个尺寸基准。标注尺寸的起点，称为尺寸基准。通常组合体的底面、重要端面、对称平面以及回转体的轴线等可作为尺寸基准。现以轴承座为例，说明注全组合体尺寸的过程，如图 2-17 所示。

组合体的尺寸标注

注意：定位尺寸和总体尺寸的标注，不要出现多余或重复尺寸。下列情况之一，不必单独标注定位尺寸。

(1) 两形体（或若干个形体）有公共的对称面，此时形体之间在垂直于对称面方向的定位尺寸为零，如图 2-17 所示轴承座因左右对称，不标注长度方向的定位尺寸，但要标注底板上两个安装孔轴线在长度方向的定位尺寸 70。

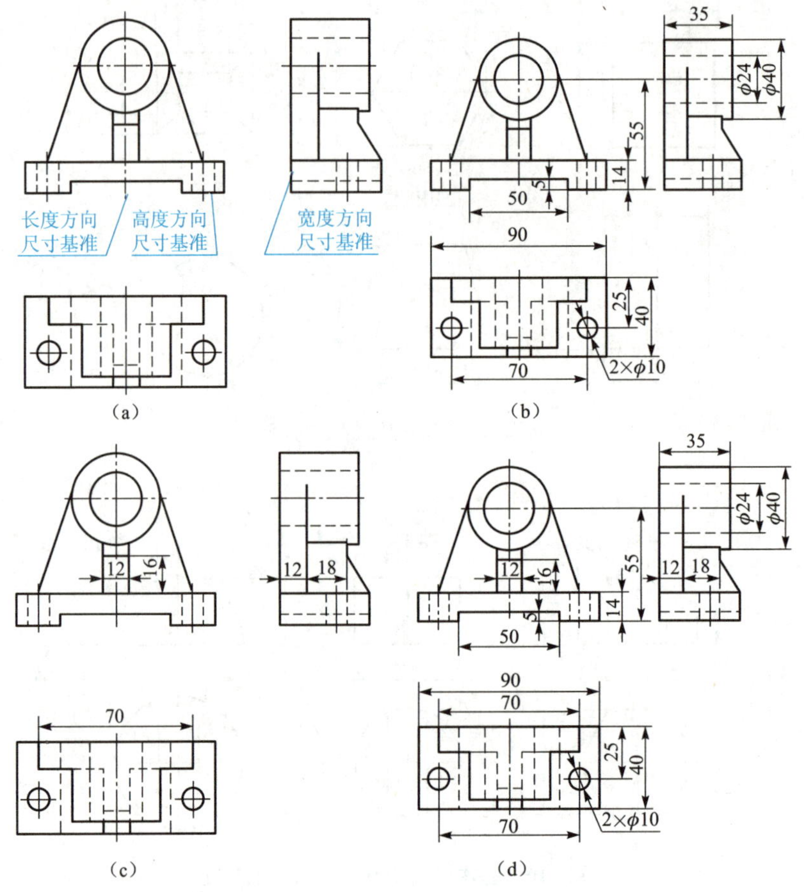

图 2-17 标注轴承座的尺寸

(a) 确定尺寸基准；(b) 标注轴承孔和底板的尺寸；
(c) 标注支撑板、肋板尺寸；
(d) 考虑总体尺寸，全面检查，使尺寸布置清晰

(2) 形体某方向对齐，该方向的定位尺寸为零。如轴承孔、支承板、底板的后端面平齐，不标注宽度方向的定位尺寸，但要标注肋板的定位尺寸 12 和底板上两安装孔轴线在宽度方向的定位尺寸 25。

(3) 形体之间某方向的定位尺寸和某个形体的定形尺寸重合时，如轴承座肋板的定位尺寸 12 和支承板的宽度尺寸重合，再标注肋板宽度方向定位尺寸，就会出现重复尺寸。

下列情况之一，可以不单独标注总体尺寸。

(1) 某方向的总体尺寸和某个形体的同方向的定形尺寸重合时，如轴承座

的总长和总宽分别与底板的长度和宽度重合。

（2）以回转面为某方向的外轮廓时，一般不标注该方向的总体尺寸，如轴承座的总高尺寸为 75（轴承高度方向的定位尺寸 55 加上轴承外圆柱面半径 20），但在图 2-17（d）所示中没有标注。

2. 标注尺寸要清晰

标注尺寸除了要求完整外，为了便于读图，还应考虑从以下几个方面使尺寸的布置整齐清晰，以供参考。

（1）为了使图形清晰，尺寸应尽量标注在视图外面，并位于两视图之间，如图 2-17（d）所示的轴承和底板尺寸。

（2）每一形体的尺寸，应尽量集中标注在反映该形体特征的视图上。如图 2-17（d）所示，底板俯视图中标注了底板的长 90、宽 40 和两个安装孔定形尺寸 $2\times\phi10$、定位尺寸 70 和 25。

（3）同轴回转体的尺寸尽量注在非圆视图上。如图 2-17（d）所示，轴承内外圆柱面的 $\phi24$ 和 $\phi40$ 均标注在左视图，使尺寸标注显得较为整齐。

（4）为了避免标注零乱，同一方向的几个连续尺寸应尽量标注在同一条尺寸线上。如图 2-17（d）所示左视图中支承板的宽度 12 和肋板的尺寸 18。

（5）尽量避免尺寸线与尺寸线或尺寸界线相交。一组相互平行的尺寸应按小尺寸在内、大尺寸在外排列。如图 2-17（d）所示，主视图中的 14 和 55，俯视图中的 25 和 40、70 和 90 等。

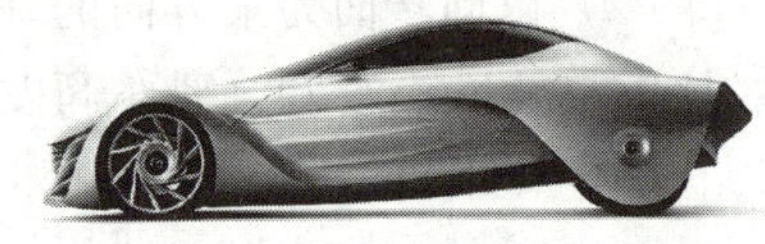

第 3 章 机件常用表达方式

学习目标

1. 知道基本视图的表达方法；
2. 能够识读和使用向视图、局部视图、斜视图；
3. 知道剖视图的概念、标注方法、剖面符号的含义，能够识读和使用剖视图；
4. 知道断面图的含义，能够识读和使用断面图；
5. 能够识读和使用局部放大图、各种简化画法。

表达一个零件时，要根据其本身特点选择适当的视图。零件形状复杂且不规则时，需要使用不同的表达方法。本章根据国标规定的画法，介绍机件的各种常用表达方法。

3.1 视 图

根据国标规定，用正投影法将机件向投影面投射所得的图形称为视图，它主要用以表达机件的外部形状和结构。视图分为基本视图、向视图、斜视图和局部视图。

3.1.1 基本视图

将零件置于正六面体中，按正投影法分别向六个基本投影面投影所得到的六个视图称为基本视图，如图 3-1 所示。

六个基本视图的名称及投射方向规定如下：

主视图——由前向后投射所得的视图。

右视图——由右向左投射所得的视图。

俯视图——由上向下投射所得的视图。

仰视图——由下向上投射所得的视图。

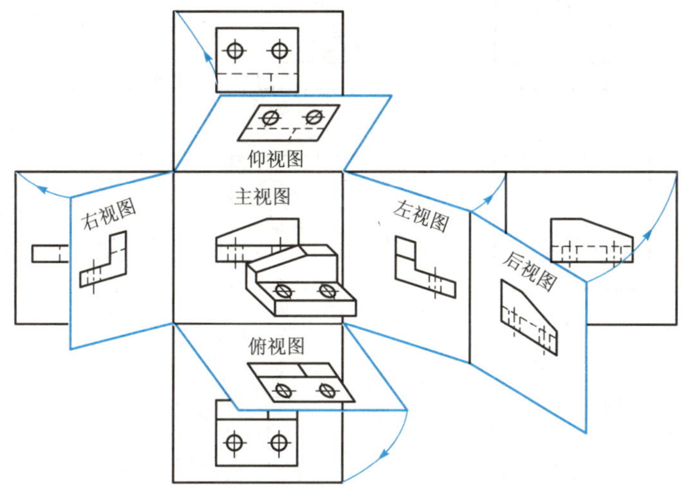

图 3-1　基本视图

左视图——由左向右投射所得的视图。

后视图——由后向前投射所得的视图。

六个基本投影面的展开方法是：正立面保持不动，其他投影面按图 3-1 中箭头所示方向展开到与正立面成同一平面。展开后各基本视图的配置关系如图 3-2 所示。基本视图具有“长对正、高平齐、宽相等”的投影规律。

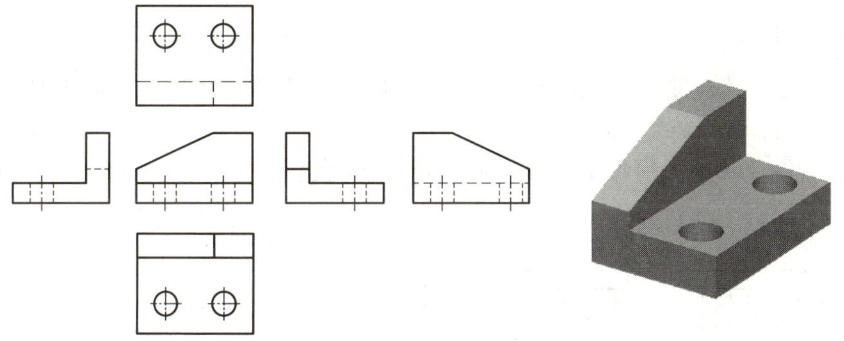
图 3-2　基本视图配置

3.1.2　向视图

视图

向视图是可以自由配置的视图。当基本视图不能按规定的位置配置时，可采用向视图的表达方式。向视图必须标注，在向视图的上方标注“×”（“×”为大写拉丁字母），在相应视图附近用箭头指明投射方向，并标注相同的字母，如图 3-3 所示。

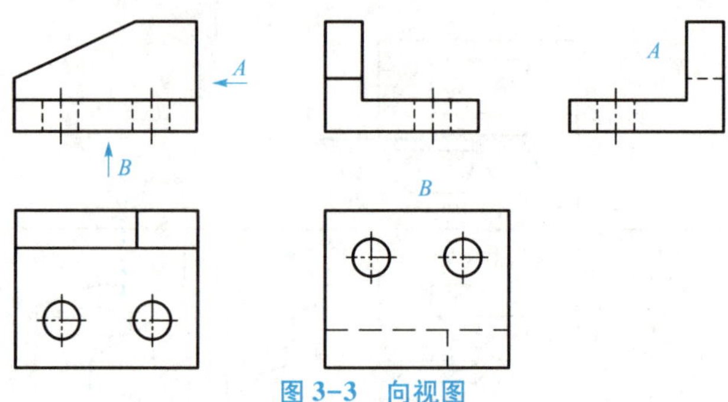

图 3-3　向视图

3.1.3　局部视图

将机件的某一部分向基本投影面投影，所得到的视图叫作局部视图。局部视图常用于表达机件上局部结构的形状，使表达的局部重点突出、明确清晰。局部视图的断裂边界用波浪线画出，当所表达的局部结构是完整的，且外轮廓又封闭时，波浪线可以省略，如图 3-4 所示的局部视图 *A*。

画图时，一般应在局部视图上方标上视图的名称“×”（“×”为大写拉丁字母），在相应的视图附近用箭头指明投影方向，并注上同样的字母。当局部视图按投影关系配置，中间又无其他图形隔开时，可省略各标注。

3.1.4　斜视图

将机件向不平行于任何基本投影面的平面投射所得的视图称为斜视图。斜视图主要用于表达机件上倾斜部分的实形。斜视图通常按向视图的配置形式配置并标注。必要时，也可将斜视图旋转配置，此时，应标注旋转符号“↶”（图 3-5），表示该视图名称的大写拉丁字母应靠近旋转符号的箭头端，也允许将旋转角度标注在字母之后。

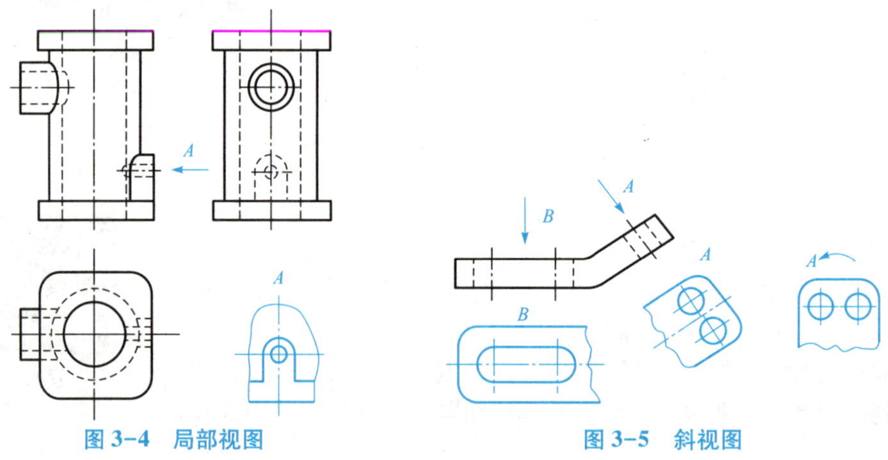

图 3-4　局部视图　　图 3-5　斜视图

3.2 剖视图

3.2.1 剖视图基本概念

机件内部的结构用虚线表示，内部结构越复杂，虚线越多，这不仅影响视图清晰，也不便于读图、画图和标注尺寸。为了清楚地表达机件内部的结构，常采用剖视图这一表达方法。

假想用剖切面（多为平面）剖开机件，将处在观察者和剖切面之间的部分移去，而将其余部分向投影面投射所得的图形称为剖视图，如图 3-6 所示。

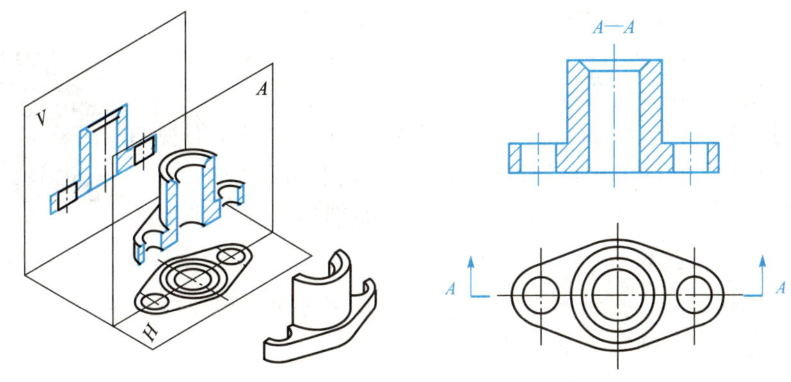

图 3-6　剖视图的形成与标注

假想用剖切面剖开物体时，剖切面与物体的接触部分称为剖面区域。在剖视图中，为了区分机件的空心部分和实心部分，在剖面区域中用剖面符号表达，如图 3-6 所示。机件的材料不同，其剖面符号也不同，国标规定的常用剖面符号见表 3-1。

表 3-1　常用剖面符号

材料名称	剖面符号	材料名称	剖面符号
金属材料（已有规定剖面符号者除外）		砖	
线圈绕组元件		玻璃及供观察用的其他透明材料	

续表

材料名称	剖面符号	材料名称	剖面符号
转子、电枢、变压器和电抗器等的叠钢片		液体	
型砂、填砂、粉末冶金、砂轮、陶瓷刀片、硬质合金刀片等		非金属材料（已有规定剖面符号者除外）	

3.2.2 剖视图的标注

剖视图

画剖视图时，应将剖切位置、剖切后的投射方向和剖视图名称标注在相应视图上。剖视图的标注包括以下内容。

（1）剖切线：指示剖切面位置的线，即剖切面与投影面的交线，用点画线表示。

（2）剖切符号：指示剖切面起止和转折位置（用粗短实线表示）及投射方向（用箭头或粗短画线表示）的符号。

（3）剖视图名称：一般应标注剖视图的名称“×—×”（“×”为大写拉丁字母或阿拉伯数字）。在相应的视图上用剖切符号表示剖切位置和投射方向，并标注相同的字母。

剖视图的标注如图 3-6 所示。

3.2.3 剖视图的种类

用剖视图表达机件内部结构时，应根据机件特点，选择合适的剖切方法和范围。下面介绍几种常用的剖视图。

1. 全剖视图

用剖切平面完全地剖开机件所得的剖视图称为全剖视图，如图 3-6 所示。

当机件的外部形状简单，内部结构较复杂，或其外部形状已在其他视图中表达清楚时适于采用全剖视图来表达其内部结构。

2. 半剖视图

当机件具有对称平面时，把机件剖开，在垂直于对称平面的投影面上的投影，以对称中心线为界，一半画成剖视图，另一半画成视图，这种剖视图称为半剖视图，如图 3-7 所示。

对于内外形状都需要表达的对称机件，一般常采用半剖视图表达。

3. 局部剖视图

用剖切平面局部地剖开机件所得的剖视图称为局部剖视图，如图 3-8 所示。当机件基本表达清楚，只有局部结构尚待表达时，可采用局部剖视图。

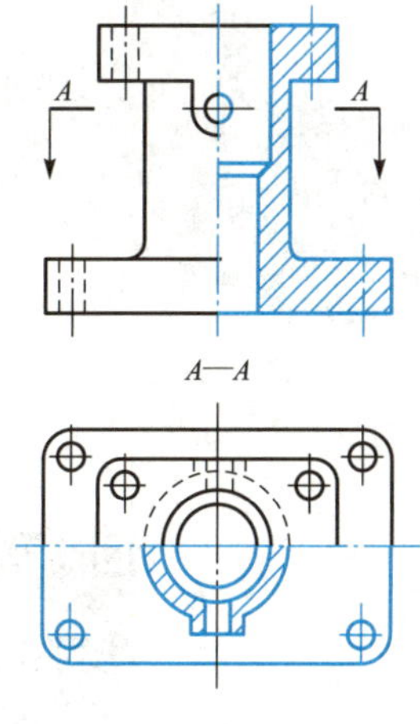

图 3-7　半剖视图

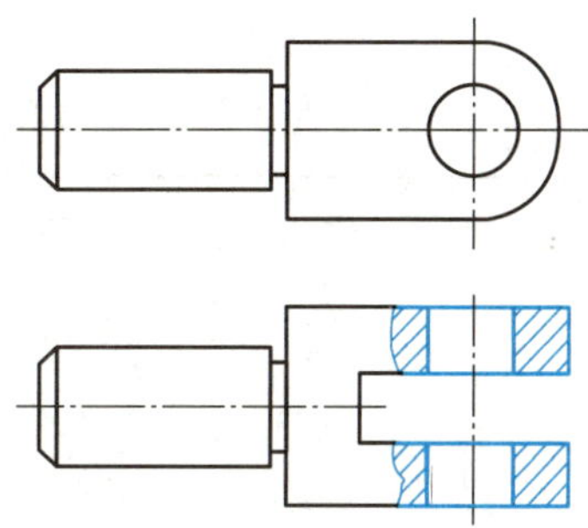

图 3-8　局部剖视图

4. 旋转剖视图

两相交剖切平面，其交线应垂直于某一基本投影面。用两相交剖切平面剖开机件的剖切方法称为旋转剖，所得的剖视图为旋转剖视图。

采用这种方法画剖视图时，先假想按剖切位置剖开机件，然后将被剖切平面剖开的倾斜部分结构及其有关部分，绕回转中心（旋转轴）旋转到与选定的基本投影面平行后再投影，如图 3-9 所示。

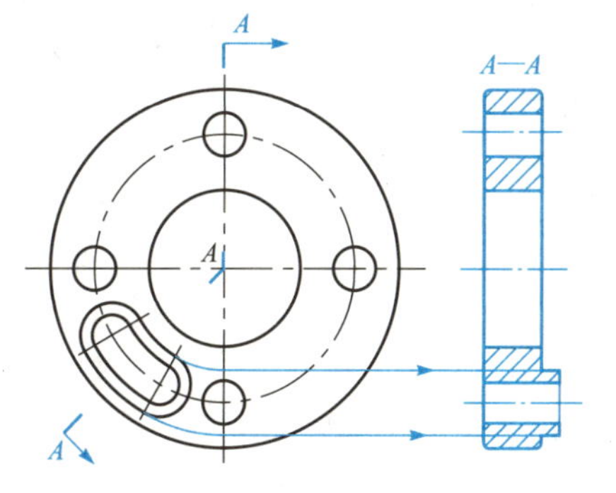

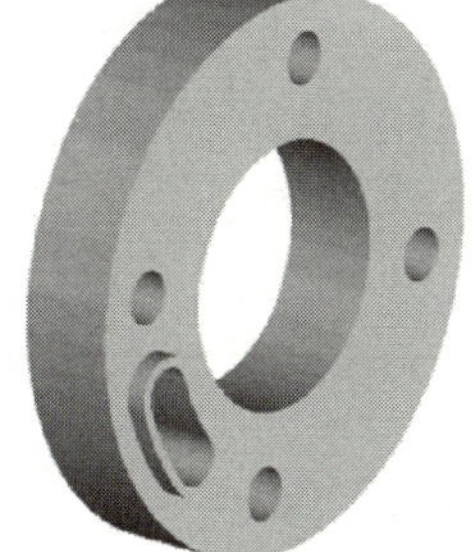

图 3-9　旋转剖视图

5. 阶梯剖视图

如果机件的内部结构较多，又不处于同一平面内，并且被表达结构无明显的回转中心时，可用几个平行的剖切平面剖开机件，这种剖切方法称为阶梯剖，所得的剖视图为阶梯剖视图，如图 3-10 所示。

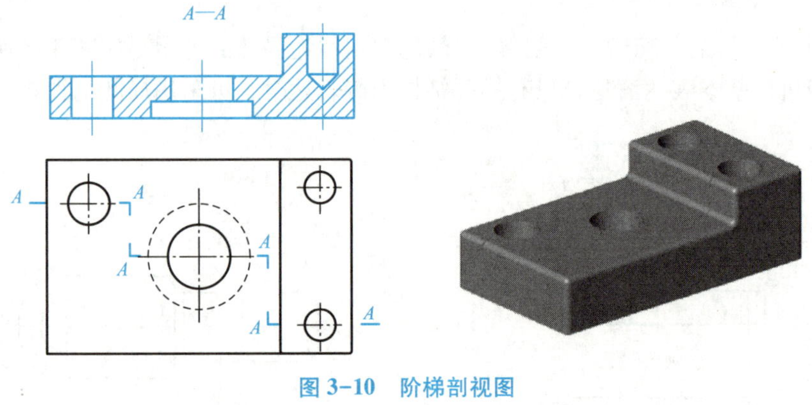

图 3-10　阶梯剖视图

3.3　断　面　图

断面图

3.3.1　断面图的概念

假想用剖切平面把机件的某处切断，仅画出断面的图形称为断面图。断面图主要用来表达机件某部分断面的结构形状，如图 3-11 所示。

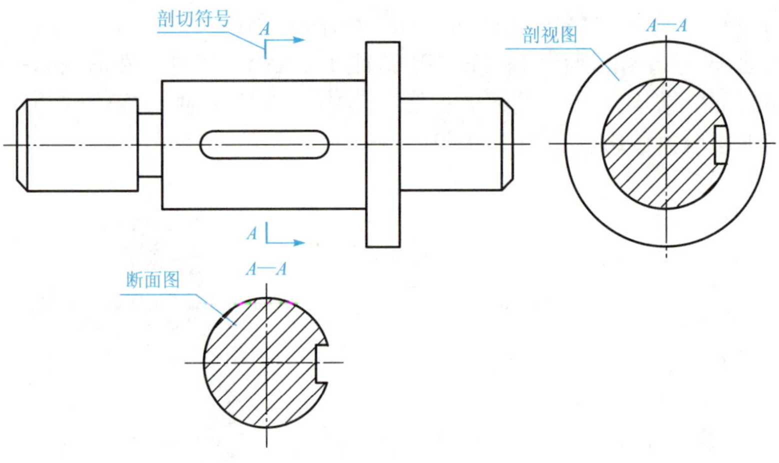

图 3-11　断面图与剖视图的区别

断面与剖视的区别在于：断面只画出剖切平面和机件相交部分的断面形状，而剖视图则须把断面和断面后可见的轮廓线都画出来，如图 3-11 所示。

3.3.2　断面图的种类

断面图按其在图纸上配置的位置不同，分为移出断面和重合断面。

1. 移出断面

画在视图轮廓线以外的断面称为移出断面。

移出断面的轮廓线用粗实线表示，图形位置应尽量配置在剖切位置符号或剖切平面迹线的延长线上（剖切平面迹线是剖切平面与投影面的交线）；也允许放在图上任意位置；当断面图形对称时，也可将断面画在视图的中断处，如图 3-12 所示。

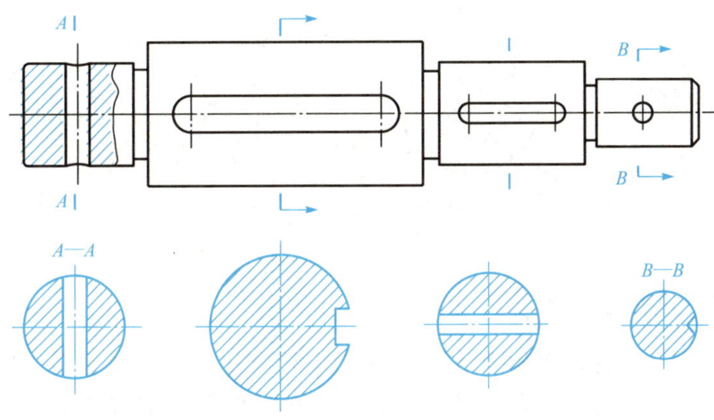

图 3-12　移出断面图

2. 重合断面

画在视图轮廓线内部的断面称为重合断面。

重合断面的轮廓线用细实线绘制，断面线应与断面图形的对称线或主要轮廓线成 45°。当视图的轮廓线与重合断面的图形线相交或重合时，视图的轮廓线仍要完整地画出，不得中断，如图 3-13 所示。

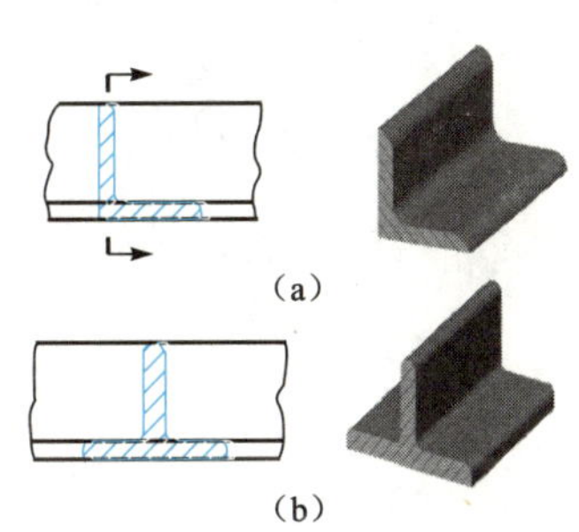

图 3-13　重合断面

3.4　其他表达方法

3.4.1　局部放大图

局部放大图

当机件的某些局部结构较小，在原定比例的图形中不易表达清楚或不便标注尺寸时，可将此局部结构用较大比例单独画出，这种图形称为局部放大图，如图 3-14 所示。局部放大图可画成剖视、断面或视图。

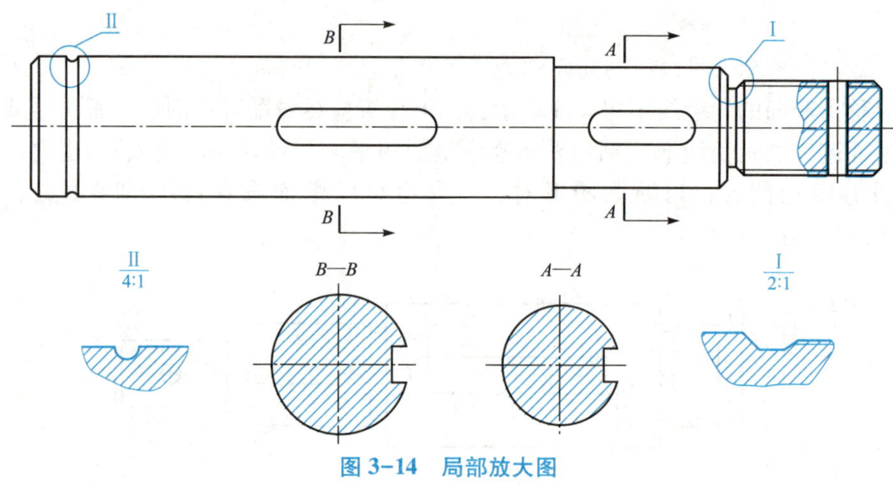

图 3-14　局部放大图

3.4.2　简化画法

（1）当机件具有若干相同结构（齿、槽等），并按一定规律分布时，只需要画出几个完整的结构，其余用细实线连接，在零件图中则必须注明该结构的总数，如图 3-15（a）所示。

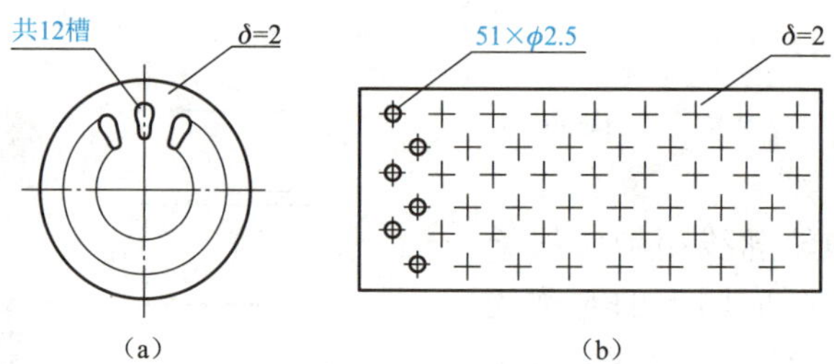

图 3-15　成规律分布的若干相同结构的简化画法

（2）若干直径相同且成规律分布的孔（圆孔、螺孔、沉孔等），可以仅画出一个或几个。其余只需用点画线表示其中心位置，在零件图中应注明孔的总数，如图 3-15（b）所示。

（3）对于机件的肋、轮辐及薄壁等，如按纵向剖切，这些结构都不画剖面符号，而用粗实线将它与其邻接的部分分开。当零件回转体上均匀分布的肋、轮辐、孔等结构不处于剖切平面上时，可将这些结构旋转到剖切平面上画出，如图 3-16 所示。

（4）当某一图形对称时，可画略大于一半，在不致引起误解时，对于对称机件的视图也可只画出一半或四分之一，此时必须在对称中心线的两端画出两条与其垂直的平行细实线，如图 3-17 所示。

（5）当图形不能充分表达平面时，可用平面符号（相交的两细实线）表示，如图 3-18 所示。

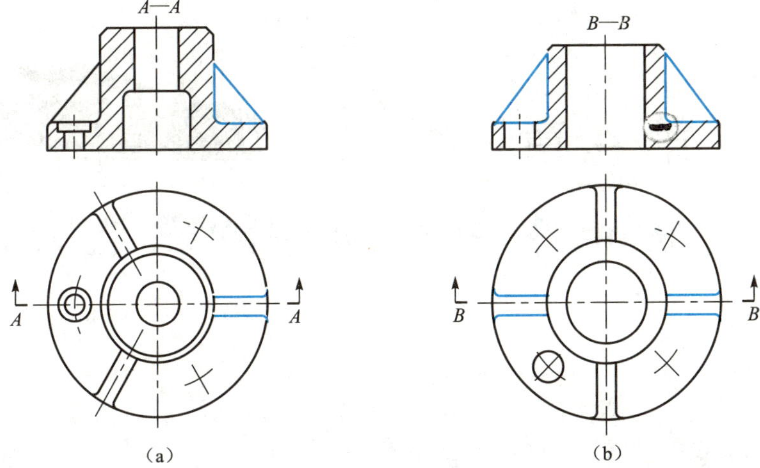

图 3-16　回转体上均匀分布的肋、孔的画法

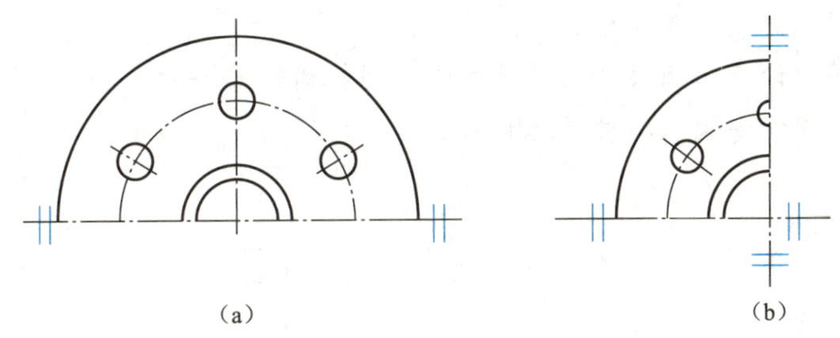

图 3-17　对称机件的简化画法

(6) 较长的机件沿长度方向的形状不变或按一定规律变化时，可断开后缩短绘制，如图 3-19 所示。

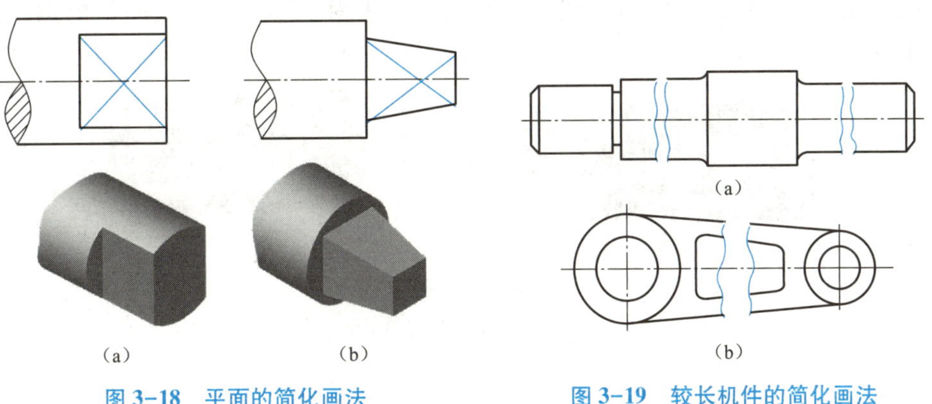

图 3-18　平面的简化画法

图 3-19　较长机件的简化画法

第 4 章 标准件和常用件的表达方法

学习目标

1. 知道螺纹各要素、种类，能够识读内、外螺纹及螺纹紧固件的画法和标记；
2. 能够识读平键及其连接的画法、标记；
3. 能够识读销及其连接的画法、标记；
4. 能够识读直齿圆柱齿轮的画法以及圆柱齿轮啮合的画法；
5. 能够识读弹簧、滚动轴承的画法。

4.1 螺纹及螺纹紧固件的表示法

4.1.1 螺纹

在圆柱或圆锥表面上，沿着螺旋线所形成的具有规定牙型的连续凸起和沟槽称为螺纹。螺纹主要用于连接机件和传递动力。在机件外表面上形成的螺纹叫作外螺纹，如图 4-1（a）所示；在机件内表面上形成的螺纹叫作内螺纹，如图 4-1（b）所示。

（a）

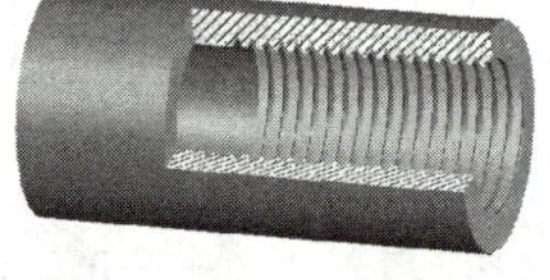

（b）

图 4-1 螺纹

（a）外螺纹；（b）内螺纹

1. 螺纹要素

螺纹的结构和尺寸由牙型、直径、线数、螺距和导程及旋向等五项要素确定。一对内外旋合的螺纹，这五项要素必须相同。

（1）牙型。在通过螺纹轴线的断面上，螺纹的轮廓形状称为螺纹牙型。常见的螺纹牙型有三角形、梯形和锯齿形等。三角形螺纹用于连接，梯形螺纹和锯齿形螺纹用于传递动力。

（2）螺纹的大径、小径和中径。如图 4-2 所示，与外螺纹牙顶或内螺纹牙底相重合的假想圆柱面的直径称为大径，外螺纹大径用 d 表示，内螺纹大径用 D 表示。螺纹的大径表示螺纹的规格，大径又称为公称直径。与外螺纹牙底或内螺纹牙顶相切的假想圆柱面的直径称为小径，外螺纹小径用 d_1 表示，内螺纹小径用 D_1 表示。螺纹的中径是一个假想圆柱的直径，该圆柱的母线通过牙型上沟槽和凸起宽度相等的地方，外螺纹中径用 d_2 表示，内螺纹中径用 D_2 表示。

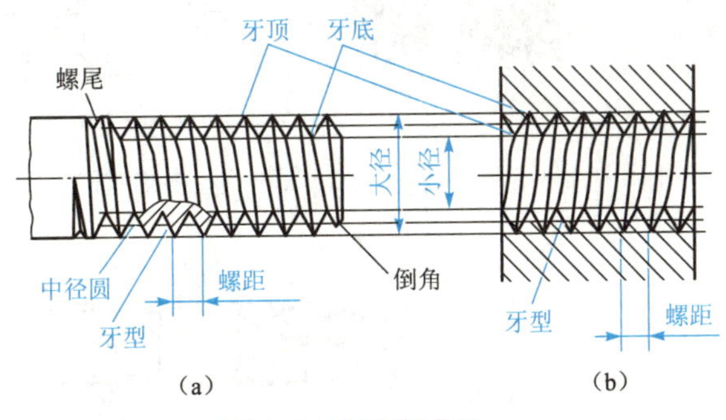

图 4-2　螺纹的直径

（a）外螺纹；（b）内螺纹

（3）线数 n。线数是指在同一圆柱面上形成的螺纹条数。沿圆柱面上一条螺旋线所形成的螺纹称为单线螺纹。沿同一圆柱面上的两条或两条以上螺旋线形成的螺纹称为双线或多线螺纹，如图 4-3 所示。

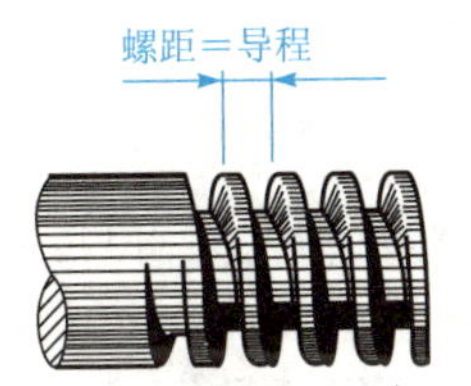

单线螺纹：$P=L$

（a）

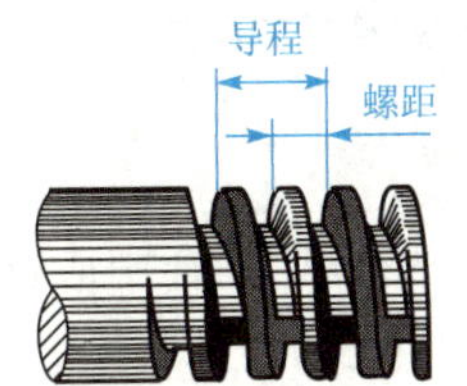

多线螺纹：$P=L/n$

（b）

图 4-3　螺纹的线数、螺距和导程

（a）单线螺纹；（b）多线螺纹

（4）螺距 P 和导程。相邻两牙在中径线上对应两点之间的轴向距离称为螺距。同一螺纹线上，相邻两牙在中径线上对应两点的轴向距离称为导程，如图 4-3 所示。对于单线螺纹，螺距等于导程；对于多线螺纹，螺距等于导程除以线数。

（5）旋向。旋向是指螺纹旋进的方向。按顺时针方向旋入的螺纹称为右旋螺纹；按逆时针方向旋入的螺纹称为左旋螺纹。

标准件与常用件

2. 螺纹的规定画法

螺纹的规定画法为：

（1）牙顶用粗实线表示（外螺纹的大径线，内螺纹的小径线）。

（2）牙底用细实线表示（外螺纹的小径线，内螺纹的大径线）。

（3）在投影为圆的视图上，表示牙底的细实线圆只画约 3/4 圈。

（4）螺纹终止线用粗实线表示。

具体的螺纹画法如图 4-4～图 4-6 所示。

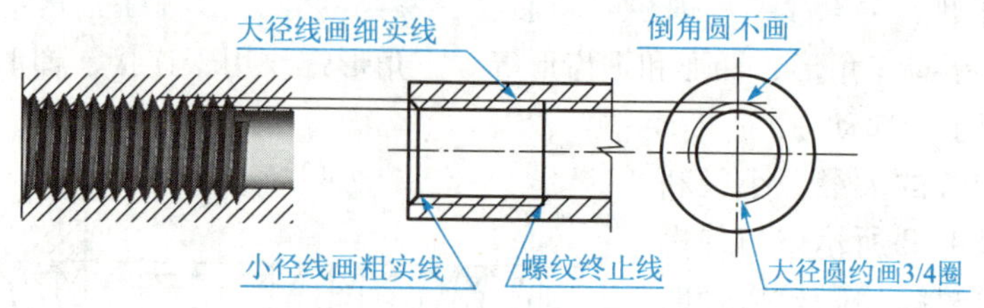

图 4-4　内螺纹的规定画法

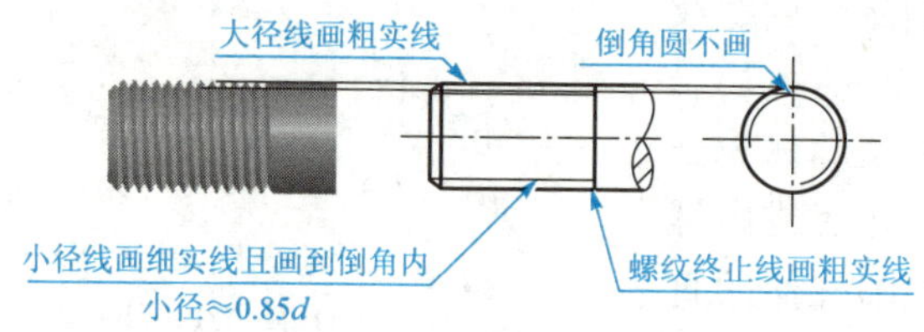

图 4-5　外螺纹的规定画法

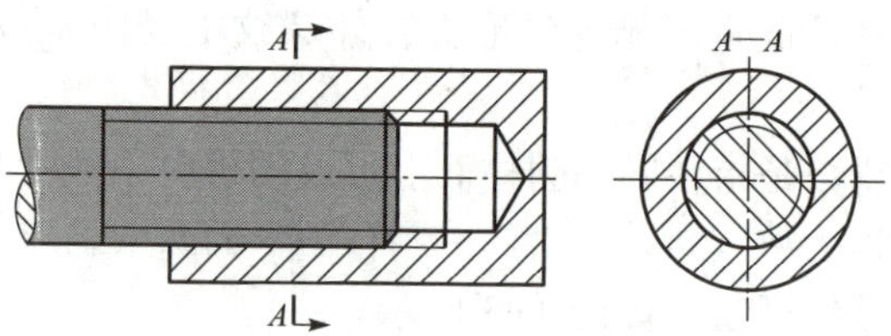

图 4-6　内外螺纹连接的画法

3. 螺纹的标注

因为不同类型螺纹的规定画法相同，所以在图样中应标注螺纹的标记，以反映螺纹的种类、结构和大小。螺纹的完整标注为：

特征代号 公称直径×螺距或导程（螺距） 旋向-公差带代号-旋合长度代号

标注螺纹标记时，如符合下列情况，应省略有关标注内容。

（1）粗牙普通螺纹的螺距不标注，因为粗牙螺纹的螺距只有一种。

（2）右旋螺纹不注旋向，左旋螺纹注符号“LH”。

（3）普通螺纹中径和顶径公差带代号相同，只标注一次。梯形螺纹只注中径公差带代号，因为其顶径公差带代号只有一种。

（4）旋合长度为中型（代号为 N）时不标注，长型旋合长度代号为 L，短型代号为 S。

例如，M10-5g6g-S 表示粗牙普通外螺纹，大径为 10 mm，右旋，中径公差带为 5g，顶径公差带为 6g，短旋合长度。

4.1.2　螺纹紧固件

通过螺纹起连接作用的专用件为螺纹紧固件。螺纹连接是工程上使用最广泛的可拆卸连接方式。

1. 螺纹紧固件的种类及标记

螺纹紧固件的种类很多，常用的有螺栓、螺柱、螺钉、螺母、垫圈等，如图 4-7 所示。

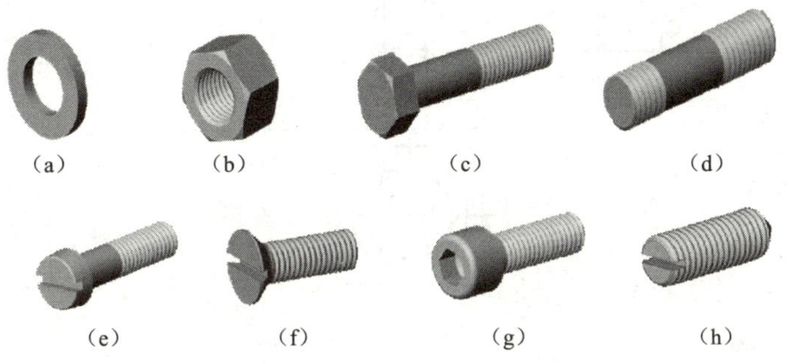

图 4-7 常用的螺纹紧固件

（a）平垫圈；（b）螺母；（c）六角头螺栓；（d）双头螺栓；（e）开槽圆柱头螺钉；（f）开槽沉头螺钉；（g）圆柱头内六角螺钉；（h）锥端紧定螺钉

常用螺纹紧固件的标记格式一般为：

例如，螺柱 GB/T 898—1988 M10×50 表示螺柱两端均为粗牙普通螺纹，$d=10$ mm，$L=50$ mm，根据螺纹紧固件的标记就可在相应的标准中查出有关的形状和尺寸。

2. 螺纹紧固件的规定画法

标准的螺纹紧固件是外购件，在画图时不必画出详细结构，螺纹紧固件一般采用以公称直径为依据的比例画法近似画出。

螺纹紧固件的画法

3. 螺纹紧固件连接图的画法

1）螺栓连接

如图 4-8（a）所示，螺栓连接由螺栓、螺母、垫圈等组成，用于连接两个不太厚的并能钻成通孔的零件。画螺纹紧固件连接的视图时应遵守以下基本规定：

（1）两个零件的接触面只画一条线，非接触面画两条线。

（2）在剖视图中，相邻的两个零件的剖面线方向应相反，或方向一致但间隔不等。

（3）剖切平面通过标准件（螺栓、螺钉、螺母、垫圈等）和实心件（如球、轴等）的轴线时，这些零件按不剖绘制，仍画外形，需要时可采用局部剖视。

2）双头螺柱连接

当被连接的两个零件中有一个较厚，不易钻成通孔时，可制成螺孔，用螺柱连接。螺柱连接画法如图 4-8（b）所示。画图时要注意旋入端应完全旋入螺孔

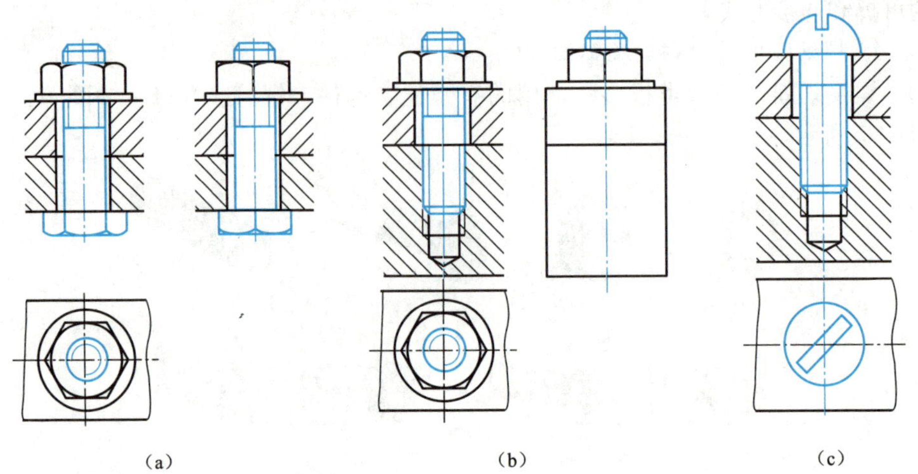

（a） （b） （c）

图 4-8 螺纹紧固件连接图的画法

（a）螺栓连接；（b）双头螺柱连接；（c）螺钉连接

中，旋入端的螺纹终止线应与两个被连接零件接触面平齐。

3）螺钉连接

螺钉按用途可分为连接螺钉和紧定螺钉两种，螺钉一般用在不经常拆卸且受力不大的地方。通常在较厚的零件上制出螺孔，另一零件上加工出通孔。连接时，将螺钉穿过通孔旋入螺孔拧紧。螺钉的螺纹终止线应在螺孔顶面以上；螺钉头部的一字槽在端视图中画成45°方向。对于不穿通的螺孔，可以不画出钻孔深度，仅按螺纹深度画出，如图 4-8（c）所示。

4.2 普通平键和圆柱销的表示法

4.2.1 普通平键和圆柱销的标记

键是标准件，用来实现轴上零件的周向固定，借以传递扭矩。销是标准件，在设备中起连接和定位作用。键和销的具体结构和尺寸可根据标记从相关标准中查出。

普通平键的标记示例如下：

GB/T 1096—2003 键 18×11×100 表示普通 A 型平键，宽度为 18 mm，高度 11 mm，长度为 100 mm。

圆柱销的标记示例如下：

销 GB/T 119.1—2000 6×50 表示圆柱销，公称直径为 6 mm，长度为 50 mm。

4.2.2 普通平键和圆柱销连接的画法

1. 普通平键连接图的画法

普通平键连接图的画法如图 4-9 所示。

2. 圆柱销连接图的画法

圆柱销连接图的画法很简单，如图 4-10 所示。此处圆柱销连接用于两被连接机件间的定位。

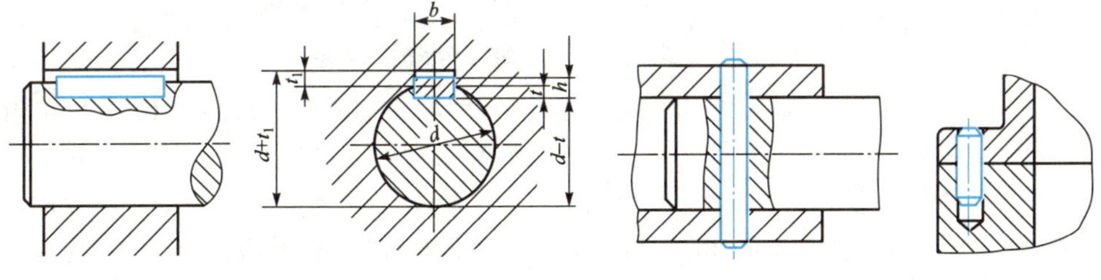

图 4-9　普通平键连接图的画法

图 4-10　圆柱销连接图的画法

4.3　齿轮的表示法

齿轮在机械上应用十分广泛，常用于传递动力、改变转速和运动方向。齿轮轮齿部分的结构和尺寸已标准化，是常用件。图 4-11 所示为齿轮传动中常见的三种类型，其中应用最多的是圆柱齿轮。本节主要介绍直齿圆柱齿轮的画法。

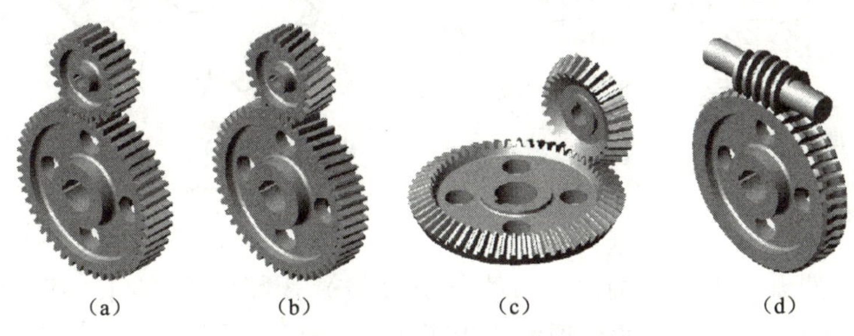

(a)　(b)　(c)　(d)

图 4-11　常见的齿轮传动

(a) 直齿圆柱齿轮；(b) 斜齿圆柱齿轮；(c) 锥齿轮；(d) 蜗轮与蜗杆

4.3.1　直齿圆柱齿轮各部分的名称

直齿圆柱齿轮的轮齿位于圆柱面上，齿向平行于轴线。直齿圆柱齿轮有关轮齿各部分的名称如图 4-12 所示。

(1) 齿顶圆。通过齿轮齿顶面的圆，直径用 d_a 表示。

(2) 齿根圆。通过齿轮齿根部的圆，直径用 d_f 表示。

(3) 分度圆。对于标准齿轮而言，分度圆是指齿厚 s（指该圆上轮齿齿廓间的弧长）和齿间 e（指轮齿齿槽间的弧长）相等处的圆，其直径用 d 表示，分度圆是设计、制造齿轮时进行计算和分齿的基准圆。

齿轮的画法

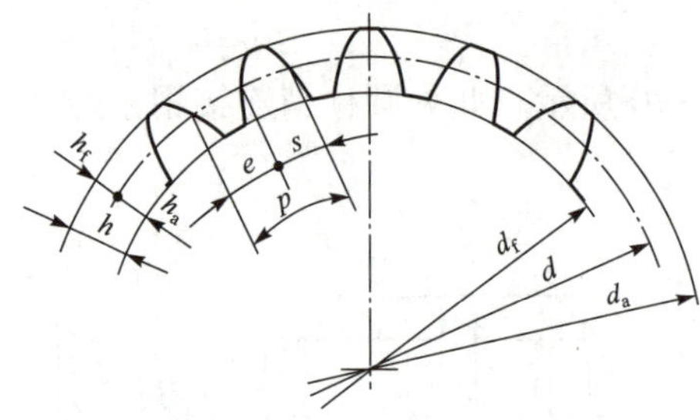

图4-12 直齿圆柱齿轮各部分的名称

（4）齿高。齿顶圆与齿根圆之间的径向距离，用 h 表示。齿高又分为齿顶高 h_a（齿顶圆与分度圆间的径向距离），以及齿根高 h_f（齿根圆与分度圆间的径向距离）。

（5）齿距。分度圆上相邻两轮齿齿廓对应点之间的弧长，用 p 表示。

（6）压力角。分度圆上接触点的受力方向和该点的瞬时旋转方向的夹角，用 α 表示。国标规定标准齿轮的压力角为20°。

4.3.2 直齿圆柱齿轮的规定画法

1. 单个直齿圆柱齿轮的画法

单个直齿圆柱齿轮的规定画法如图4-13所示。

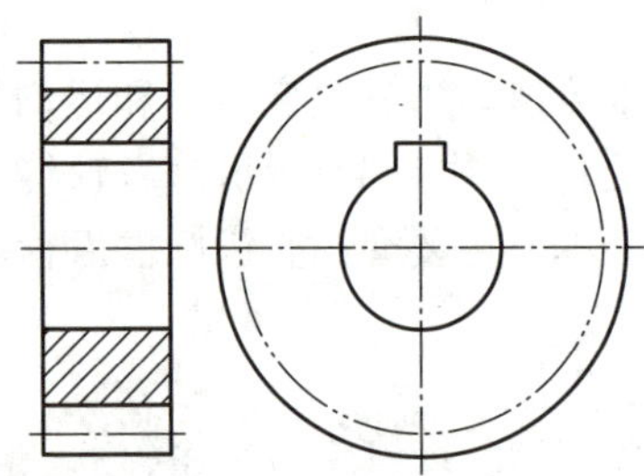

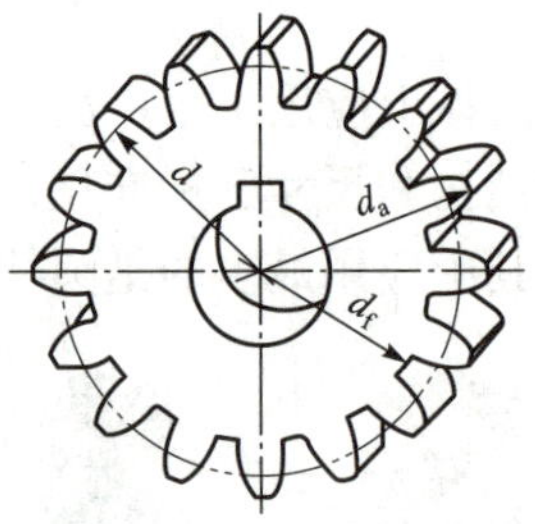

图4-13 单个直齿圆柱齿轮的规定画法

2. 一对齿轮啮合的画法

啮合区的齿顶线不需画出，节线（分度线）用粗实线绘制，其他处的节线用点画线绘制，啮合区内的齿顶圆均用粗实线绘制，如图4-14所示。

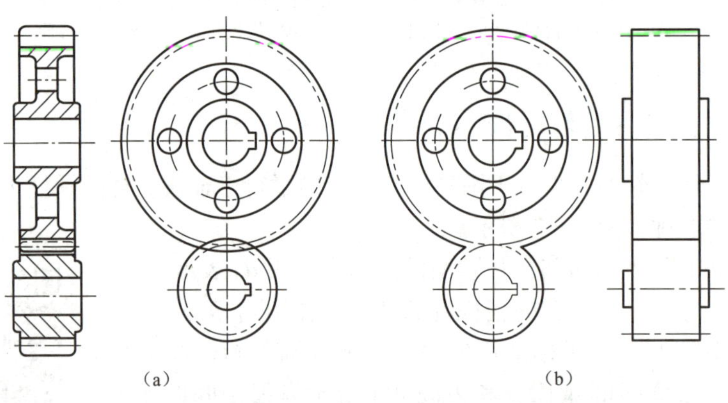

图4-14 直齿圆柱齿轮啮合画法

（a）剖切时的啮合画法；（b）不剖切时的啮合画法

4.4　弹簧的表示法

弹簧起减振、复位、储能等作用，其特点是外力除去后，能立即恢复原状。常用的螺旋弹簧有压缩弹簧、拉伸弹簧、扭转弹簧，如图 4-15 所示。本节以螺旋压缩弹簧为例，介绍其各部分的名称及画法。

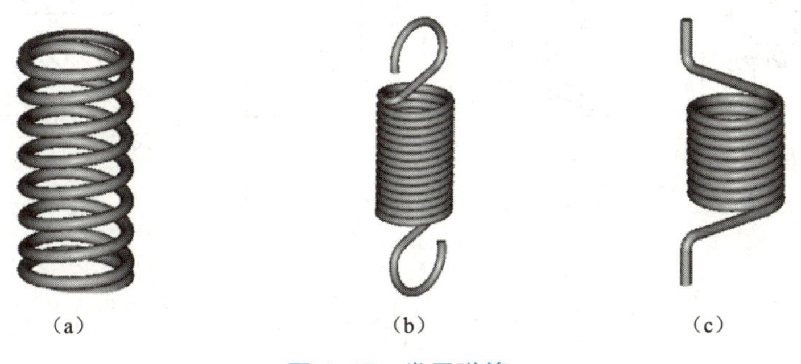

图 4-15　常用弹簧
(a) 压缩弹簧；(b) 拉伸弹簧；(c) 扭转弹簧

1. 弹簧的画法

螺旋压缩弹簧的画法如图 4-16 所示，画法规定如下：

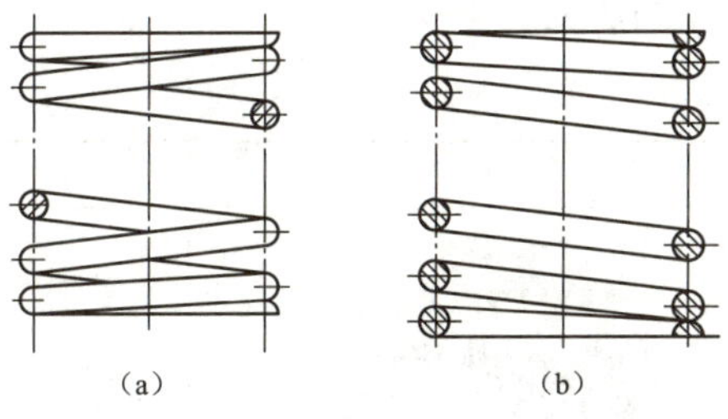

图 4-16　螺旋压缩弹簧的画法
(a) 不剖切时画法；(b) 剖切时的画法

(1) 在平行于螺旋弹簧轴线的投影面的视图中，各圈的轮廓画成直线。

(2) 螺旋弹簧均可画成右旋，对必须保证的旋向在“技术要求”中注明。

(3) 螺旋压缩弹簧如果两端并紧磨平时，不论支撑圈多少和末端并紧情况如何，均按支撑圈为 2.5 圈的形式画出。

(4) 四圈以上的弹簧，中间各圈可省略不画，而用通过中径线的点画线连接起来。

2. 装配图中弹簧的画法

在装配图中，被弹簧挡住的结构一般不画出，可见部分应从弹簧的外廓线或从弹簧钢丝剖面的中心线画起，如图 4-17 (a) 所示；当弹簧被剖切时，剖面直径或厚度等于或小于2 mm 时，也可用涂黑表示，如图 4-17 (b) 所示；当弹簧被剖切时，剖面直径或厚度等于或小于 2 mm 时，也允许用示意画法，如图 4-17 (c)所示。

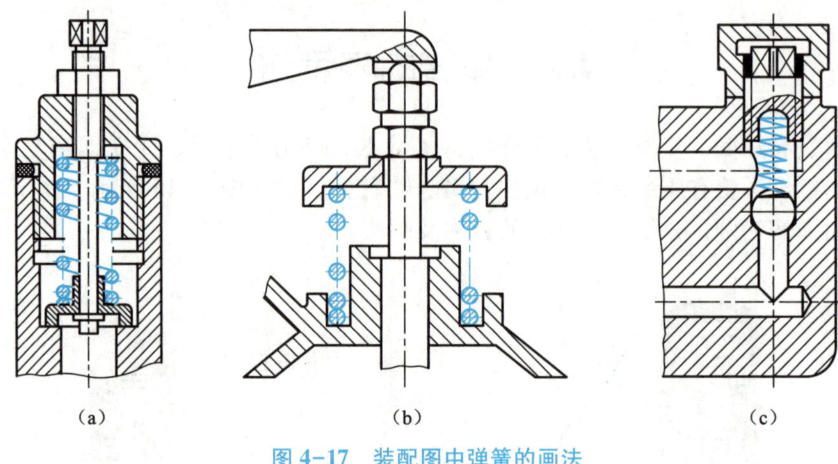

图 4-17　装配图中弹簧的画法

4.5　滚动轴承的表示法

滚动轴承是一种标准部件，其作用是支撑旋转轴及轴上的机件，它具有结构紧凑、摩擦力小等特点，在机械中被广泛地应用。常见的滚动轴承的名称代号和简化画法见表 4-1。

表 4-1　常用的滚动轴承的名称代号和简化画法

立体图	简化画法	名称及代号
6000		GB/T 276—2013 深沟球轴承
3000		GB/T 297—2015 圆锥滚子轴承

续表

立 体 图	简 化 画 法	名 称 及 代 号
 5000	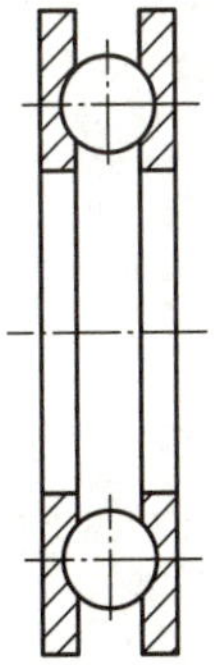	GB/T 301—2015 推力球轴承

第 5 章 零件图

学习目标

1. 知道零件图的内容；
2. 知道典型零件图的表达方法；
3. 知道公差的含义、配合的基准制，能够识读公差和配合的标注；
4. 能够识读零件图。

零件图是表达零件结构形状、大小和技术要求的图样，是制造和检验零件的重要技术文件。

5.1 零件图的内容

一张完整的零件图一般应具有下列四方面的内容，如图 5-1 所示。

（1）视图。运用各种表达方法如视图、剖视及其他规定画法，来正确、完整、清晰地表达零件的各部分形状和结构，将零件的内外结构形状完整而清晰地表达出来的一组视图。

（2）尺寸。正确、清晰、完整、合理地标注出零件在加工、制造、检验时所需的全部尺寸。

（3）技术要求。用规定的符号或文字来说明零件在制造、检验等过程中应达到的一些技术要求，如表面粗糙度、尺寸公差、形状和位置公差、热处理要求等。技术要求的文字一般注写在标题栏上方图纸空白处。

（4）标题栏。标题栏位于图纸的右下角，应填写零件的名称、件数、材料、图样代号、比例、设计人与审核人姓名等基本内容。

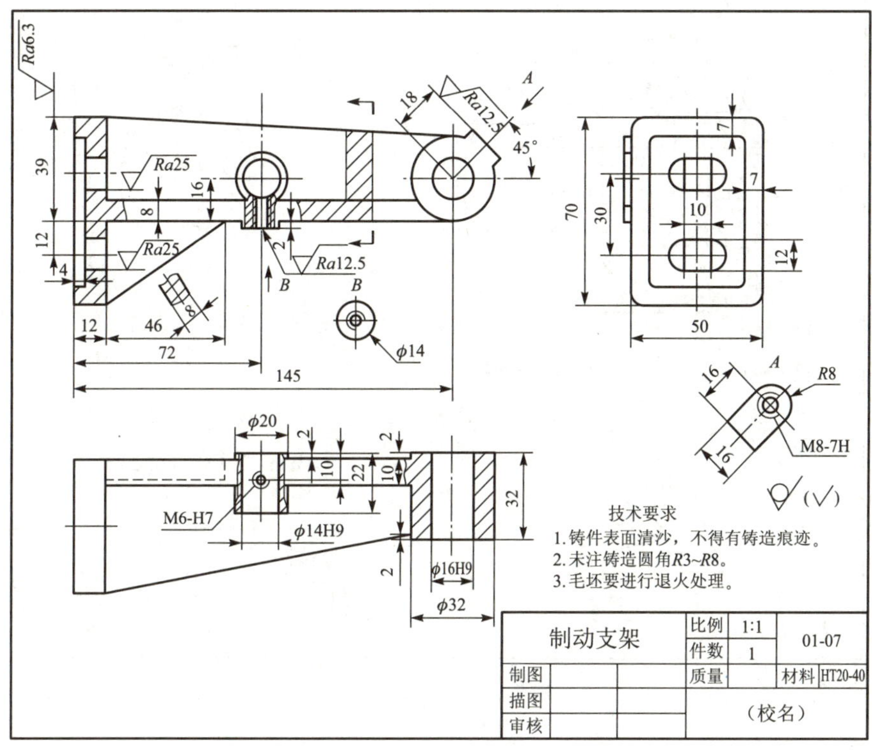

图 5-1　零件图

5.2　典型零件图的表达

5.2.1　轴套类零件

轴套类零件一般在车床上加工，要按形状和加工位置确定主视图，轴线水平放置，键槽和孔结构可以朝前。轴套类零件主要结构形状是回转体，一般只用一个主视图，主视图轴线水平放置位置与加工位置一致。对于零件上的键槽、孔等，常用移出断面或剖视图表达。砂轮越程槽、退刀槽、中心孔等常用局部放大图表达，如图 5-2 所示。

5.2.2　轮盘类零件

轴承盖以及各种轮子、法兰盘、端盖等属于此类零件。其主要形体是回转体，径向尺寸一般大于轴向尺寸。这类零件的毛坯有铸件或锻件，主要在车床上加工，主视图一般按加工位置水平放置。此类零件的表达一般需要两个以上基本

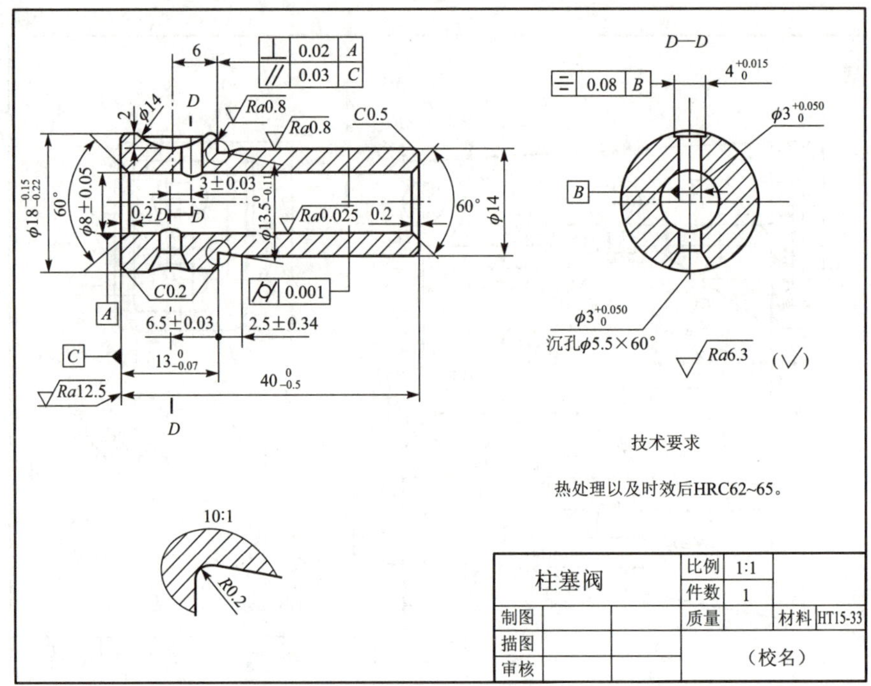

图 5-2 柱塞阀零件图

视图，根据结构特点，视图具有对称面时可作半剖视；无对称面时可作全剖或局部剖视。其他结构形状如轮辐和肋板等可用移出断面或重合断面，也可用简化画法，如图 5-3 所示。

5.2.3 叉架类零件

托架以及各种杠杆、连杆、支架等属于此类零件。这类零件结构一般很不规则，加工位置多变，所以主视图主要由反映零件的形状特征和工作位置来确定。由于零件形状复杂，一般需要两个以上基本视图，并辅以斜视图、局部视图，以及剖视、断面等表达内外形状和细部结构，表达手段较多，如图 5-4 所示。

5.2.4 箱体类零件

阀体以及减速器箱体、泵体、阀座等属于这类零件，大多为铸件，一般起支撑、容纳、定位和密封等作用，内外形状较为复杂。这类零件加工位置多变，因而主视图主要根据形状特征和工作位置确定。由于零件结构较复杂，常需三个以上的图形，并广泛地应用各种方法来表达，如图 5-5 所示。

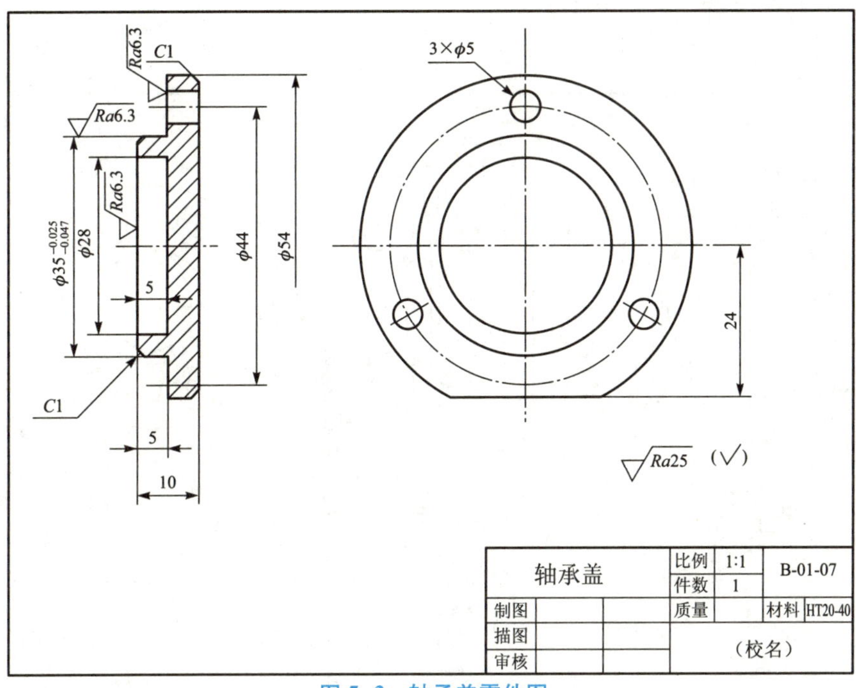

图 5-3　轴承盖零件图

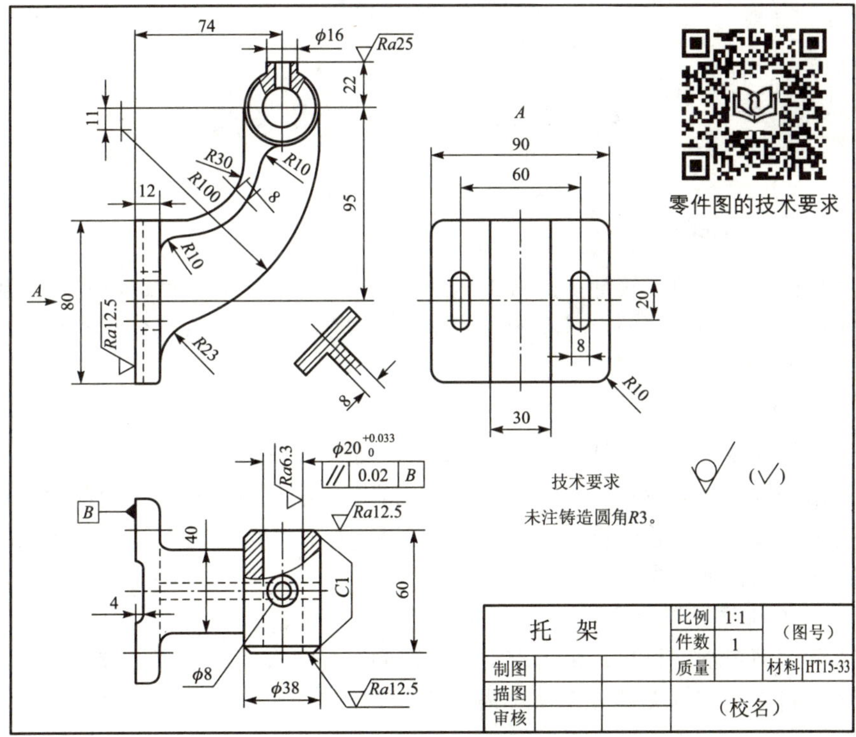

图 5-4　托架零件图

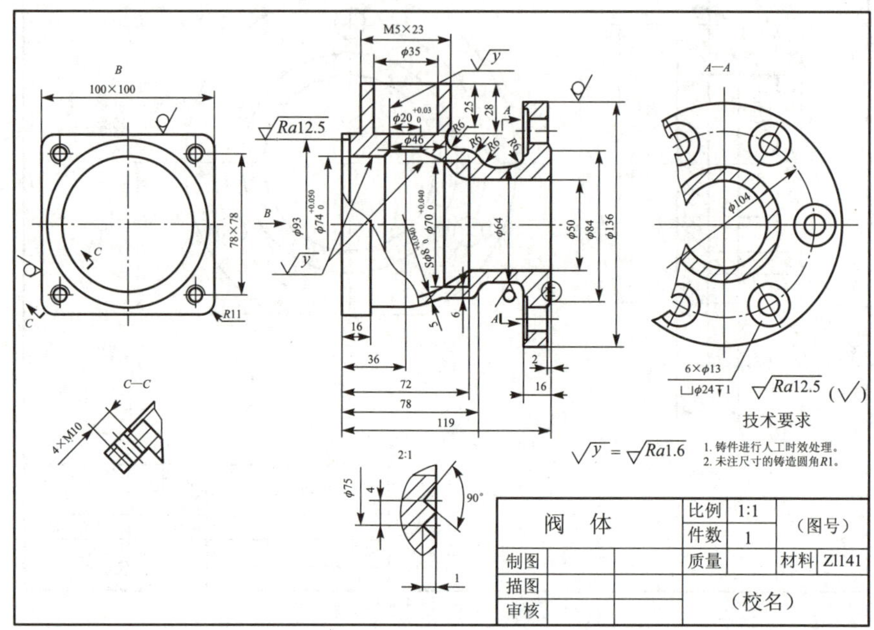

图 5-5 阀体零件图

5.3 零件图上的技术要求

5.3.1 表面粗糙度

零件的各个表面不管加工的多么光滑，置于显微镜下观察时，都可以看到峰谷不平的情况。加工表面上具有较小间距的峰谷所组成的微观几何形状特征称为表面粗糙度。

1. 表面粗糙度评定参数

表面粗糙度是衡量零件质量的标志之一，它对零件的配合、耐磨性、抗腐蚀性、接触刚度、抗疲劳强度、密封性和外观都有影响。目前在生产中评定零件表面质量的主要参数是轮廓算术平均偏差，用 *Ra* 表示。*Ra* 值越小，零件表面越光滑，即表面粗糙度要求越高。

2. 表面粗糙度符号及意义

零件表面粗糙度符号是由国家标准规定的符号和有关参数值组成的。零件表面粗糙度符号及其意义见表 5-1 和表 5-2。

表 5-1　表面粗糙度符号

符　号	意　　义	符 号 尺 寸
	基本符号，表示表面可用任何方法获得，单独使用这符号是没有意义的	Ra3.2
	基本符号上加一短划，表示是用去除材料的方法获得表面粗糙度。例如，车、铣、钻、磨、剪切、抛光腐蚀、电火花加工等	Ra12.5
	基本符号上加一小圆，表示表面粗糙度是用不去除材料的方法获得。例如，锻、铸、冲压、变形、热扎、冷扎、粉末冶金等或是用于保持原供应状态的表面	Ra12.5

表 5-2　表面粗糙度 *Ra* 值的意义

序　号	符　　号	意　　义
1	Ra 3.2	表示用任何方法获得的表面，*Ra* 的上限值为 3. 2 μm
2	Ra 3.2	表示用去除材料方法获得的表面，*Ra* 的上限值为 3. 2 μm
3	Ra 3.2	表示用不去除材料方法获得的表面，*Ra* 的上限值为 3. 2 μm

3. 表面粗糙度的标注方法

表面粗糙度应注在可见轮廓线、尺寸线、尺寸界线或其延长线上，在同一图样上，每一表面一般只标注一次符号。当零件所有表面具有相同的表面粗糙度时，其符号在图样的右上角统一标注。当零件的大部分表面具有相同的表面粗糙度要求时，对其中使用最多的一种符号可以统一标注在图样的右下角，并加注（√），如图 5-6 所示。

5. 3. 2　尺寸公差与配合

1. 零件的互换性

所谓零件的互换性是指：同一规格的任一零件在装配时不经选择或修配，就达到预期的配合性质，满足使用要求。零件图中的尺寸公差与配合是实现零件互换的技术指标。

2. 尺寸公差

在加工过程中，不可能把零件的尺寸做得绝对准确。为了保证互换性，须将零件尺寸的加工误差限制在一定的范围内，规定加工尺寸的可变动量，这个允许变动的范围称为公差。

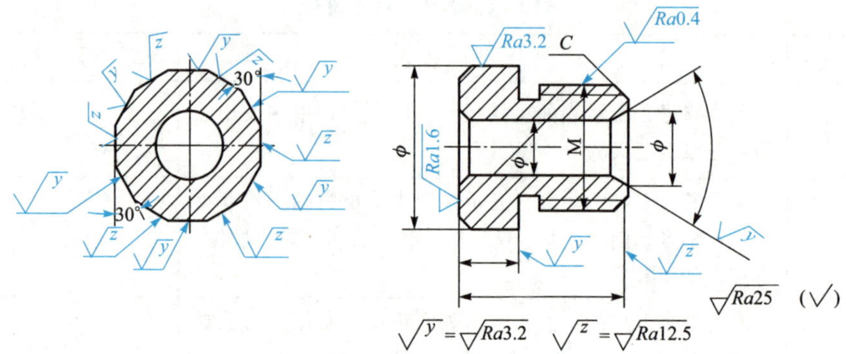

图 5-6　表面粗糙度的标注示例

有关公差的基本术语如图 5-7 所示。

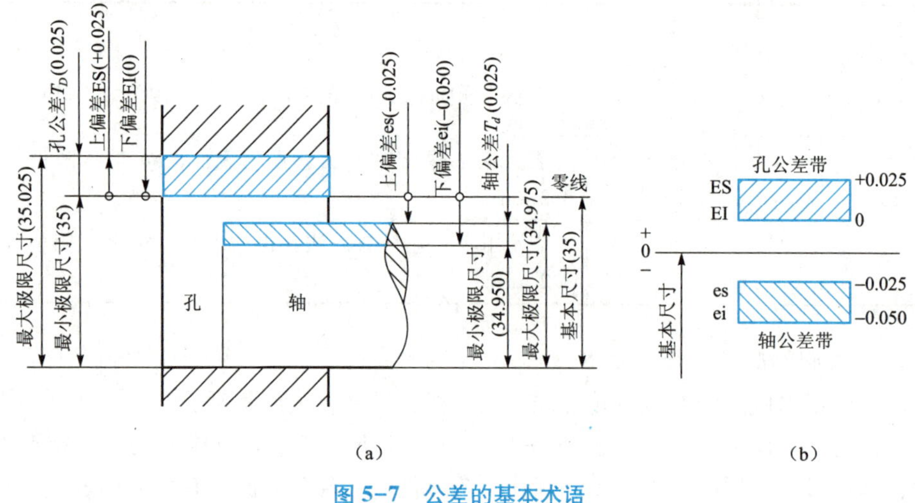

图 5-7　公差的基本术语

（a）公差术语；（b）公差带

（1）基本尺寸。根据零件强度、结构和工艺性要求，设计确定的尺寸。

（2）极限尺寸。允许尺寸变化的两个界限值。它以基本尺寸为基数来确定。两个界限值中较大的一个称为最大极限尺寸；较小的一个称为最小极限尺寸。

（3）实际尺寸。通过测量所得到的尺寸。

（4）尺寸偏差。某一尺寸减其相应的基本尺寸所得的代数差。尺寸偏差有：

上偏差 = 最大极限尺寸 - 基本尺寸

下偏差 = 最小极限尺寸 - 基本尺寸

上、下偏差统称极限偏差。上、下偏差可以是正值、负值或零。

国标规定孔的上偏差代号为 ES，孔的下偏差代号为 EI；轴的上偏差代号为 es，轴的下偏差代号为 ei。

(5) 尺寸公差。允许实际尺寸的变动量。

尺寸公差=最大极限尺寸-最小极限尺寸=上偏差-下偏差

因为最大极限尺寸总是大于最小极限尺寸，所以尺寸公差一定为正值。

(6) 公差带和公差带图。公差带表示公差大小和相对于零线位置的一个区域。零线是确定偏差的一条基准线，通常以零线表示基本尺寸。为了便于分析，一般将尺寸公差与基本尺寸的关系，按放大比例画成简图，称为公差带图。在公差带图中，上、下偏差的距离应成比例，公差带方框的左右长度根据需要任意确定。

(7) 公差等级。确定尺寸精确程度的等级。国标将公差等级分为20级：IT01、IT0、IT1~IT18。"IT"表示标准公差，公差等级的代号用阿拉伯数字表示。IT01~IT18，精度等级依次降低。

(8) 标准公差。用以确定公差带大小的任一公差。标准公差是基本尺寸的函数。对于一定的基本尺寸，公差等级越高，标准公差值越小，尺寸的精确程度越高。基本尺寸和公差等级相同的孔与轴，它们的标准公差值相等。国标把不大于500 mm的基本尺寸范围分成13段，按不同的公差等级列出了各段基本尺寸的公差值，称为标准公差。

(9) 基本偏差。用以确定公差带相对于零线位置的上偏差或下偏差。一般是指靠近零线的那个偏差，如图5-8所示。

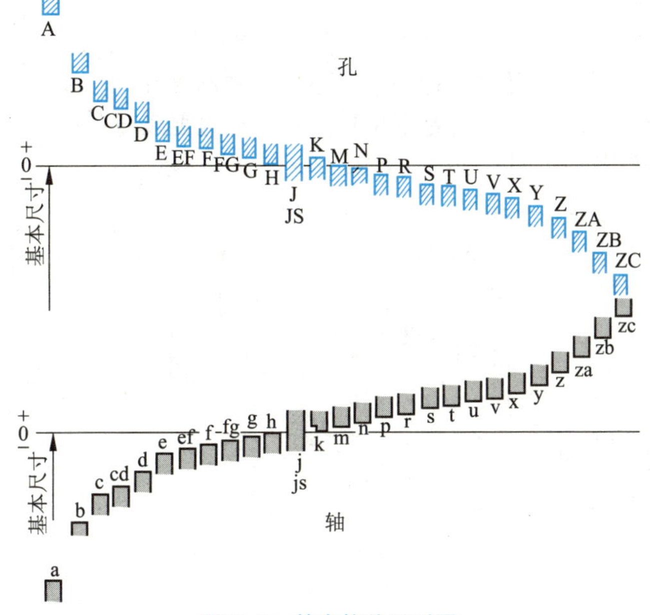

图5-8　基本偏差系列图

3. 配合

在机器装配中，将基本尺寸相同的、相互结合的孔和轴公差带之间的关系，称为配合。国标将配合分为以下三类：

（1）间隙配合。孔的公差带完全在轴的公差带之上，任取其中一对轴和孔相配都成为具有间隙的配合（包括最小间隙为零），如图 5-9（a）所示。

（2）过盈配合。孔的公差带完全在轴的公差带之下，任取其中一对轴和孔相配都成为具有过盈的配合（包括最小过盈为零），如图 5-9（b）所示。

（3）过渡配合。孔和轴的公差带相互交叠，任取其中一对孔和轴相配合，可能具有间隙，也可能具有过盈的配合，如图 5-9（c）所示。

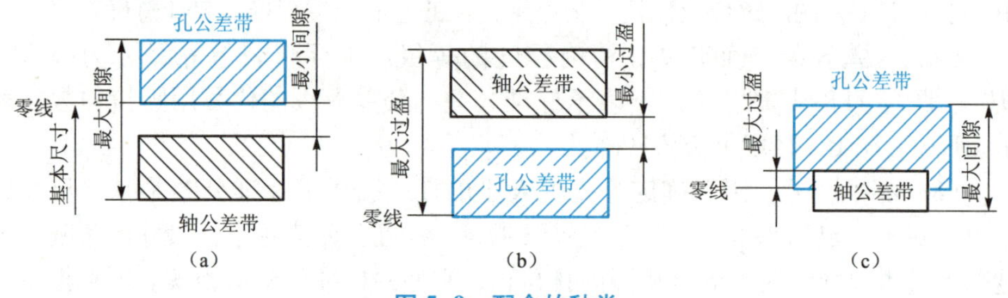

图 5-9 配合的种类

（a）间隙配合；（b）过盈配合；（c）过渡配合

4. 配合的基准制

国标规定了两种基准制。

1）基孔制

基本偏差为一定的孔的公差带，与不同基本偏差的轴的公差带构成各种配合的一种制度称为基孔制。这种制度在同一基本尺寸的配合中，是将孔的公差带位置固定，通过变动轴的公差带位置，得到各种不同的配合，如图 5-10（a）所示。

零件图的尺寸标注

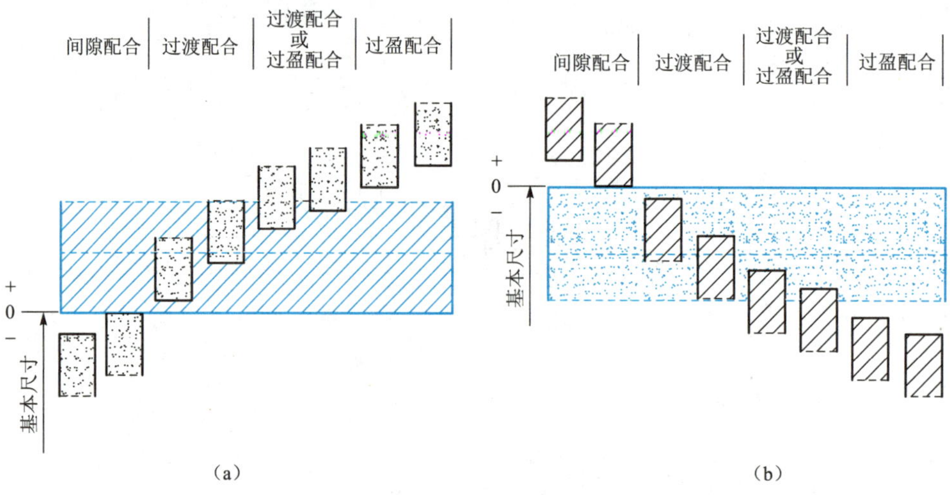

图 5-10 配合的基准制

（a）基孔制；（b）基轴制

基孔制的孔称为基准孔。国标规定基准孔的下偏差为零，“H”为基准孔的基本偏差。在基孔制中，轴的基本偏差 a~h 用于间隙配合，j~n 主要用于过渡配合，p~zc 用于过盈配合。

2）基轴制

基本偏差为一定的轴的公差带与不同基本偏差的孔的公差带构成各种配合的一种制度称为基轴制。这种制度在同一基本尺寸的配合中，是将轴的公差带位置固定，通过变动孔的公差带位置，得到各种不同的配合，如图 5-10（b）所示。

基轴制的轴称为基准轴。国标规定基准轴的上偏差为零，“h”为基轴制的基本偏差。在基轴制中，孔的基本偏差 A~H 用于间隙配合，J~N 主要用于过渡配合，P~ZC 用于过盈配合。

5. 公差与配合的标注

1）在装配图中的标注方法

配合的代号由两个相互结合的孔和轴的公差带的代号组成，用分数形式表示，分子为孔的公差带代号，分母为轴的公差带代号，标注的通用形式如图 5-11 所示。

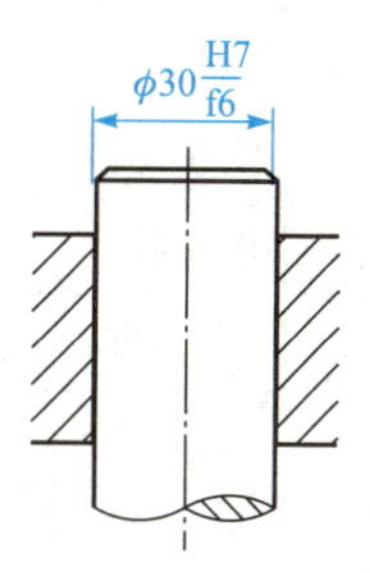

图 5-11　公差与配合在装配图中标注

2）在零件图中的标注方法

（1）标注公差带的代号，如图 5-12（a）所示。

（2）标注偏差数值，如图 5-12（b）所示。

（3）公差带代号和偏差数值一起标注，如图 5-12（c）所示。

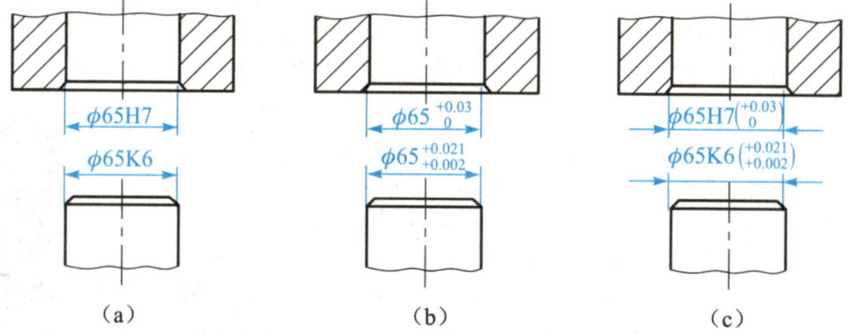

图 5-12　公差与配合在零件图中的标注

5.3.3　几何公差

机械零件在加工中的尺寸误差，是根据使用要求用几何公差加以限制，合理确定几何公差是保证产品质量的重要措施。零件的几何公差是指形状公差、方向公差、位置公差和跳动公差。

1. 几何公差的几何特征和符号

GB/T 1182—2008《产品几何技术规范（GPS）几何公差 形状、方向、位置和跳动公差标注》规定，几何公差的几何特征、符号分为形状公差 6 项、方向公差 5 项、位置公差 6 项、跳动公差 2 项，如表 5-3 所示。

表 5-3 几何公差的分类、几何特征及符号

分类	几何特征	符号	有无基准	分类	几何特征	符号	有无基准
形状公差	直线度	—	无	位置公差	位置度	⌖	有或无
	平面度	⏥	无		同心度（用于中心点）	◎	有
	圆　度	○	无		同轴度（用于轴线）	◎	有
	圆柱度	⌭	无		对称度	⌯	有
	线轮廓度	⌒	无		线轮廓度	⌒	有
	面轮廓度	⌓	无		面轮廓度	⌓	有
方向公差	平行度	//	有	跳动公差	圆跳动	↗	有
	垂直度	⊥	有		全跳动	⌰	有
	倾斜度	∠	有				
	线轮廓度	⌒	有				
	面轮廓度	⌓	有				

2. 几何公差的标注

（1）公差框格。图 5-13 所示为几何公差的框格形式。

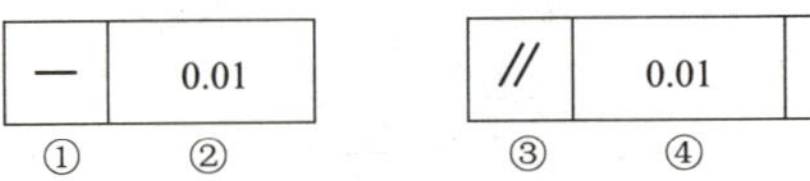

图 5-13 公差框格

①—形状公差符号；②—公差值；③—方向公差符号；④—方向公差带公差值；⑤—基准

如何看零件图

（2）指引线。用带箭头的指引线将被测要素与公差框格一端相连，指引线箭头指向公差带的宽度方向或直径方向。

（3）基准。基准符号用来标明基准要素，确定被测要素的方向或位置。基准符号由涂黑或空白三角形、框格、连线和字母组成，框格和连线为细实线，如图 5-14 所示，框格中代表基准的字母应水平大写。

图 5-14 所示为一张零件图上标注几何公差的实例。

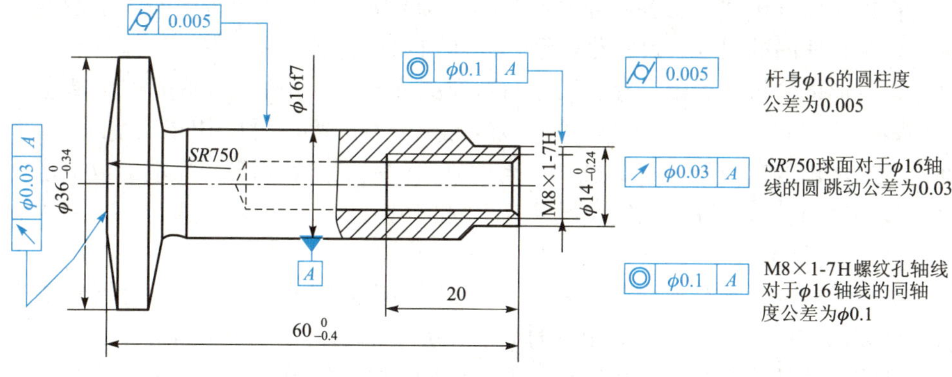

图 5-14　形位公差的标注示例

5.4　零件图的识读

5.4.1　读零件图的目的要求

零件图是零件制造和检验的依据，读零件图就是通过对零件图的分析，了解零件的名称、材料、用途，弄清组成零件各部分结构形状的特点、功用，以及它们之间的相对位置，掌握零件的技术指标，以便在制造零件时达到图样上提出的要求。

5.4.2　识读零件图的方法步骤

下面以图 5-1 所示的零件图为例，说明零件图的识读方法和步骤。

1. 读标题栏

从标题栏中了解零件的名称（制动支架）、材料（HT20-40）等。

2. 分析视图表达方法

分析视图应根据视图投影关系和配置，找出主视图及投影方向，弄清各个视图的名称、投影方向，分析采用的剖视图、断面图以及剖切的位置等。该支架零件图由主视图、俯视图、左视图、一个局部视图、一个斜视图、一个移出断面组成。主视图上用了两个局部剖视和一个重合断面，俯视图上也用了两个局部剖视，左视图只画外形图，用以补充表示某些形体的相关位置。

3. 分析形体

先看大致轮廓，再分几个较大的独立部分进行形体分析，逐一看懂；对外部结构逐个分析；对内部结构逐个分析；对不便于形体分析的部分进行线面分析。

4. 分析尺寸

先找出零件长、宽、高三个方向的尺寸基准，然后从基准出发，找出主要尺寸。再用形体分析法找出各部分的定形尺寸和定位尺寸。在分析中要注意检查是否有多余和遗漏的尺寸、尺寸是否符合设计和工艺要求。这个零件各部分的形体尺寸，按形体分析法确定。标注尺寸的基准：长度方向以左端面为基准，从它注出的定位尺寸有 72 和 145；宽度方向以经加工的右圆筒端面和中间圆筒端面为基准，从它注出的定位尺寸有 2 和 10；高度方向的基准是右圆筒与左端底板相连的水平板的底面，从它注出的定位尺寸有 12 和 16。

5. 读技术要求

分析零件的尺寸公差、形位公差、表面粗糙度和其他技术要求，掌握制造质量上的要求，以便进一步考虑相应的加工方法。

把零件的结构形状、尺寸标注、工艺和技术要求等内容综合起来，就能了解零件的全貌，也就看懂了零件图。

第 6 章 装配图

学习目标

1. 知道装配图的内容；
2. 知道装配图的基本画法；
3. 知道装配图的特殊画法；
4. 能够识读装配图。

装配图是表达机械或部件（统称装配体）的基本机构、各零件相对位置、装配关系和工作原理的图样。装配图是设计和绘制零件图的主要依据，是装配生产、调试、安装、维修的主要技术文件。

6.1 装配图的内容

装配图的表达方法

图 6-1 所示为滑动轴承的装配图，滑动轴承用来支撑轴，由八种零件组成，一张完整的装配图一般应具有下列四方面的内容。

（1）一组视图。表达组成机械或部件的零件之间的位置、装配关系、工作原理、零件的关键结构和形状。

（2）必要的尺寸。机械或部件的性能、配合、安装及总体尺寸。

（3）技术要求。在装配图上的技术要求一般包括：对装配体在装配和检验时的具体要求；关于机器性能指标方面的要求；安装、运输以及使用方面的要求；有关试验项目的规定。技术要求一般用文字注写在标题栏附近。

（4）零件的序号、明细栏和标题栏。为了便于看图和生产管理，装配图中对每种零件都要编写序号，并编制明细栏，注写出零件的序号、代号、名称、数量及材料等内容。标题栏用来注明装配体的名称、比例、图号及设计者及设计单位等。

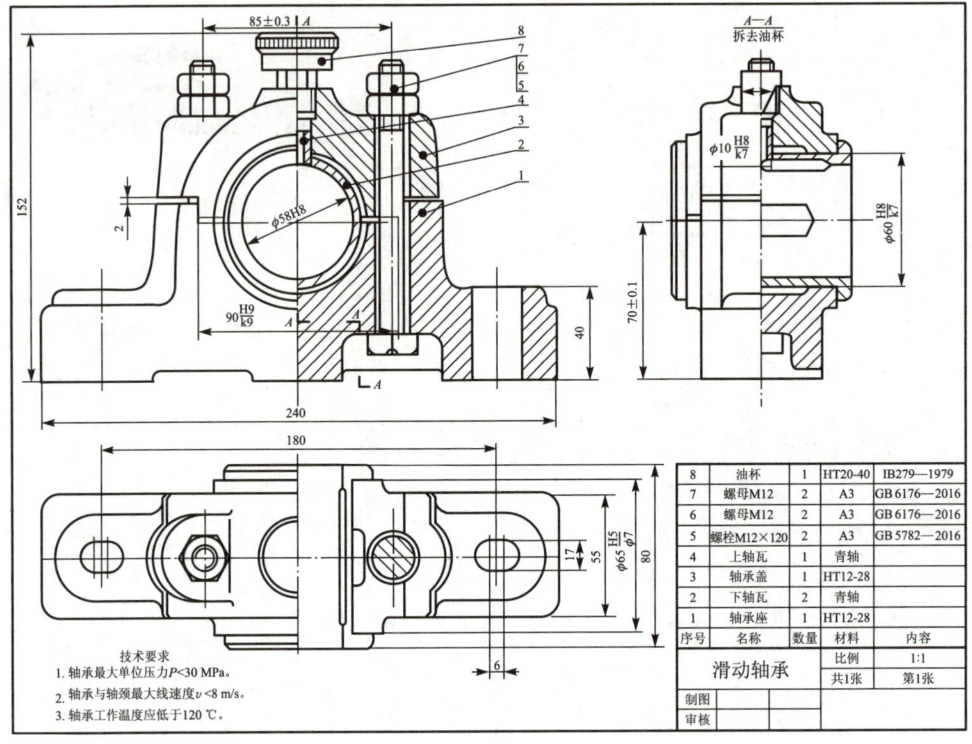

图 6-1 滑动轴承的装配图

6.2 装配图的画法规定

装配图的基本表达方法与零件图一样，可采用第 3 章介绍的各种表达方法。但是，零件图所表达的是单个零件，而装配图表达的是多个零件所组成的机器或部件，所以根据装配图的特点，国标针对装配图颁布了一系列的规定画法。

6.2.1 装配图画法的基本规定

1. 接触面和配合面的画法

相邻两零件的接触表面和基本尺寸相同的两配合表面只画一条线，而基本尺寸不同的非配合表面，即使间隙很小，也必须画成两条线，如图 6-2 中 1、2 所示。

2. 剖面线的画法

在装配图中，同一个零件在所有的剖视、断面图中，其剖面线应保持同一方向，且间隔一致。相邻两个零件的剖面线则必须不同，使其方向相反，或间隔不同，或互相错开，如图 6-2 中 3 所示。

当装配图中零件的面厚度小于 2 mm 时，允许将剖面涂黑以代替剖面线，如图 6-2 中 4 所示。

3. 标准件和实心件剖切时的画法

在装配图的剖视图中，若剖切平面通过实心零件（如轴、杆等）和标准件（如螺栓、螺母、销、键等）的基本轴线时，这些零件按不剖绘制，如图 6-2 中 5 所示。但其上的孔、槽等结构需要表达时，可采用局部剖视，如图 6-2 中 6 所示。当剖切平面垂直于其轴线剖切时，则需画出剖面线。

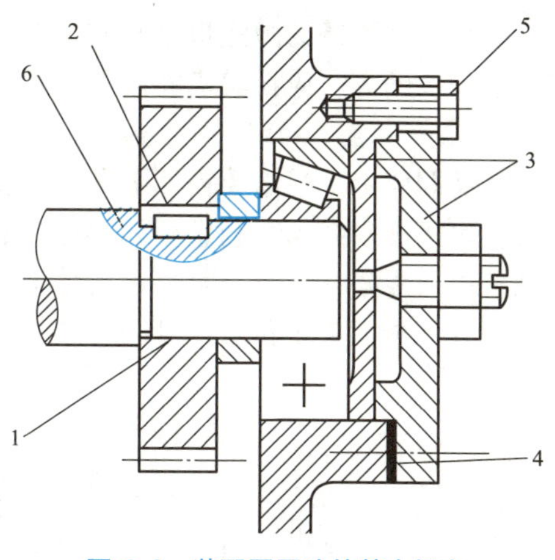

图 6-2　装配图画法的基本规定

6.2.2　装配图的特殊画法规定

1. 拆卸画法

在装配图中，当某些零件的图形遮住了需要表达的其他结构和装配关系时，可假想把这些零件拆掉再画，此时一般应在该视图上方加注“拆去××等”字样，这种画法称为拆卸画法。如图 6-3 所示，俯视图的右半部是拆去了轴承盖、螺母、螺栓等零件后画出的。

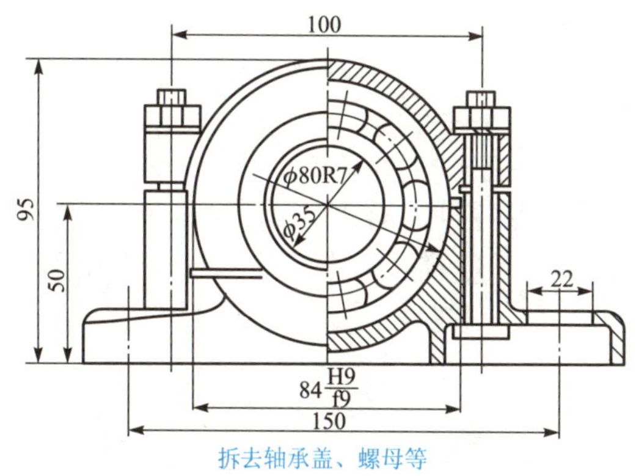

拆去轴承盖、螺母等

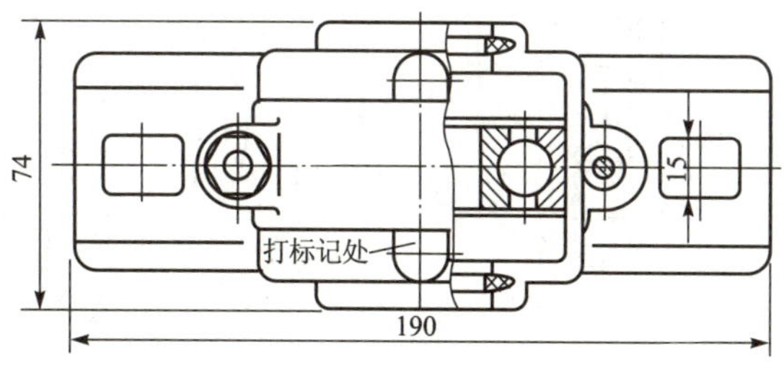

图 6-3　拆卸画法

拆去某些零件的画法也可看成是沿两零件间的结合面剖切的，此时，剖切若遇到螺钉、销等，应在其横断面上加画剖面线，结合面上不画剖面线。

2. 假想画法

在装配图中，当需要表达不属于本装配体但与之相邻的零件或部件的装配情况时，可用细双点画线画出相邻零件或部件的外形轮廓；当需要表示某些零件的运动范围或极限位置时，可将运动件画在一个极限位置上（或中间位置）、另一极限位置（或两极限位置）用细双点画线画出其外形轮廓，如图 6-4 所示。

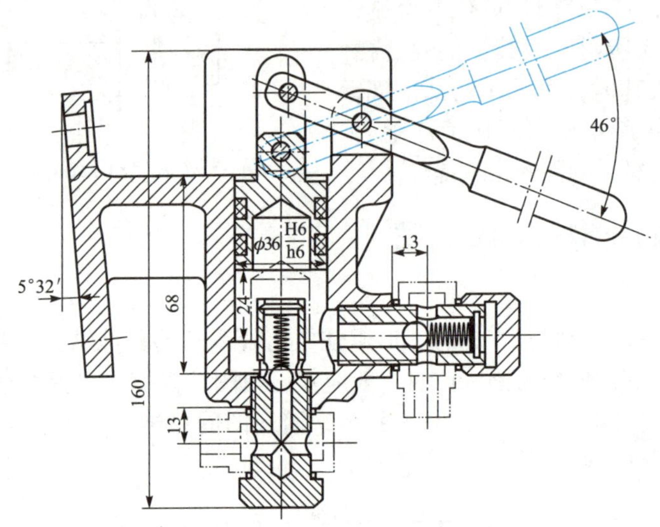

图 6-4　假想画法

3. 零件向视图的画法

在装配图中，为表示某零件的形状、可单独画出该零件的某一向视图，在该视图上方应注写“零件××”字样，并在相应的视图上用箭头和字母指明投射方向，如图 6-5 所示。

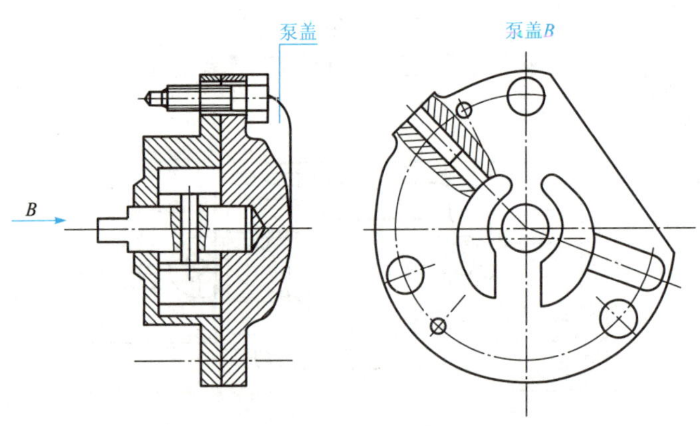

图 6-5　向视图画法

4. 夸大画法

在装配图中，直径或厚度小于等于 2 mm 的孔或薄片、较小的斜度与锥度以及较小的间隙等，允许将该部分不按原绘图比例绘制，而适当夸大画出，以使图形清晰，如图 6-2 中 4 所示。

5. 简化画法

（1）在装配图中，零件的某些工艺结构，如圆角、倒角、退刀槽等允许不画。

（2）对若干相同的零件组如螺栓、螺钉连接等，可以仅详细地画出一处或几处，其余只需用点画线表示其位置，如图 6-5 中的螺栓。

（3）滚动轴承的简化画法。滚动轴承只需表达其主要结构时，可采用示意画法，如图 6-2 所示。

6.3　装配图的识读

6.3.1　识读装配图的一般要求

读装配图是每个工程技术人员必须具备的技能，读装配图的目的是了解装配体的功用、性能和工作原理，弄清各零件间的装配关系和装拆次序，看懂各零件的主要结构形状和作用等，了解技术要求中的各项内容。

6.3.2　识读装配图的步骤

以图 6-6 所示泵体装配图为例说明。

1. 概括了解

看装配图时，首先应从标题栏中可以了解装配体的名称、大致用途及图的比例等。从零件编号及明细栏中，可以了解零件的名称、数量及在装配体中的位置分析视图，了解各视图、剖视、断面等相互间的投影关系及表达意图。

2. 分析工作原理

分析装配体的工作原理，一般应从传动关系入手，分析视图及参考说明书进行了解。以齿轮油泵为例，当外部动力经齿轮传至 4 主动齿轮轴时，即产生旋转运动。当主动齿轮轴按逆时针方向（从主视图观察）旋转时，件 9 从动齿轮轴则按顺时针方向旋转。此时右边啮合的轮齿逐步分开，空腔体积逐渐扩大，油压降低，因而油池中的油在大气压力的作用下，沿吸油口进入泵腔中。齿槽中的油随着齿轮的继续旋转被带到左边；而左边的各对轮齿又重新啮合，空腔体积缩小，使齿槽中不断挤出的油成为高压油，并由压油口压出，然后经管道被输送到需要供油的部位。

3. 分析零件间的装配关系及装配体的结构

这是读装配图进一步深入的阶段，需要把零件间的装配关系和装配体结构搞清楚。齿轮油泵主要有两条装配线：一条是主动齿轮轴系统。它是由件 4 主动齿

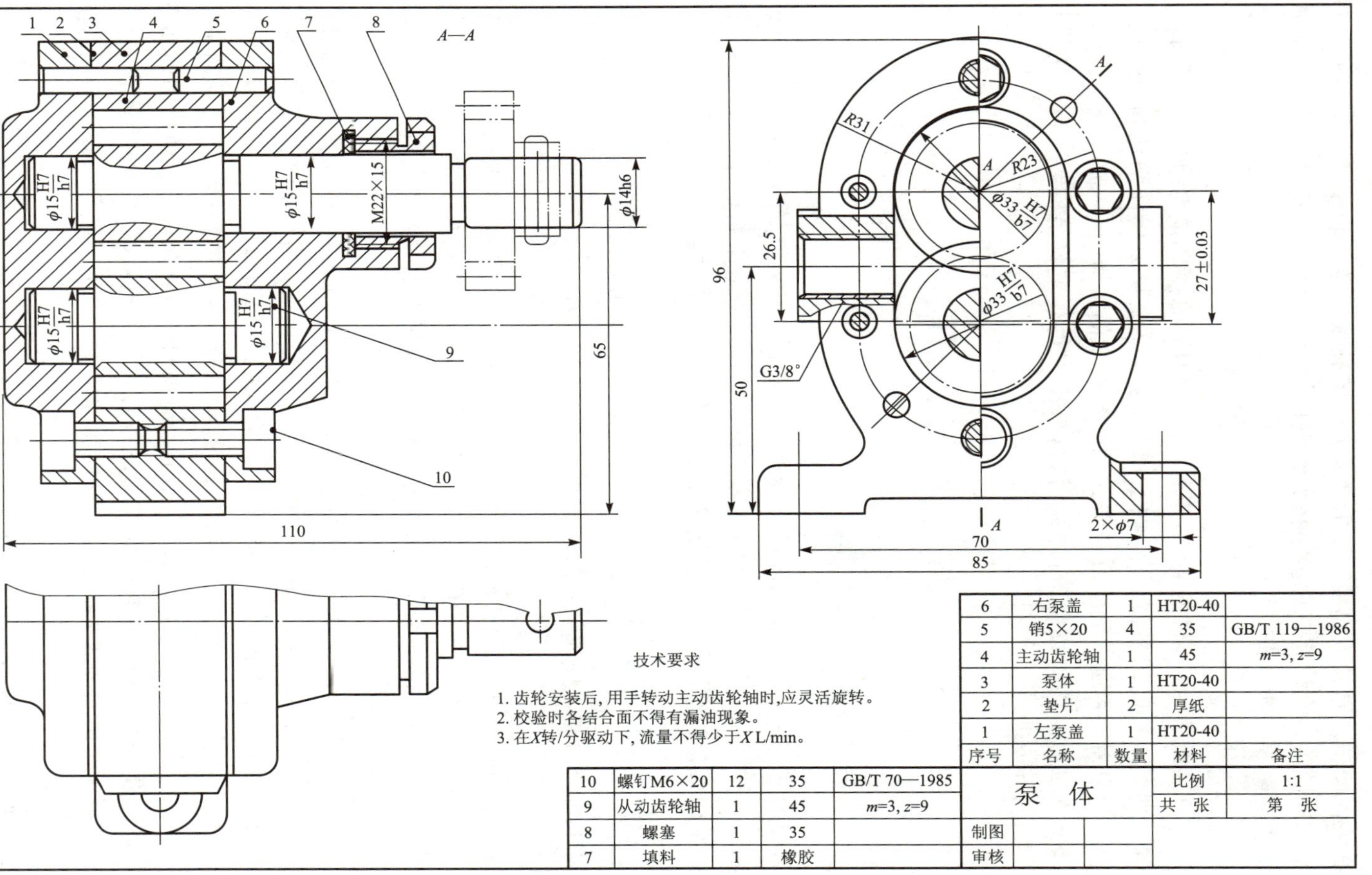
A—A
技术要求
1. 齿轮安装后，用手转动主动齿轮轴时，应灵活旋转。
2. 校验时各结合面不得有漏油现象。
3. 在X转/分驱动下，流量不得少于X L/min。
6 右泵盖 1 HT20-40
5 销5×20 4 35 GB/T 119—1986
4 主动齿轮轴 1 45 m=3, z=9
3 泵体 1 HT20-40
2 垫片 2 厚纸
1 左泵盖 1 HT20-40
序号 名称 数量 材料 备注
10 螺钉M6×20 12 35 GB/T 70—1985
9 从动齿轮轴 1 45 m=3, z=9
8 螺塞 1 35
7 填料 1 橡胶
泵体
比例 1:1
共 张 第 张
制图
审核

图6-6 泵体装配图

轮轴装在件 3 泵体和件 1 左泵盖及件 6 右泵盖的轴孔内；在主动齿轮轴右边伸出端，装有件 7 填料及件 8 螺塞等。另一条是从动齿轮轴系统。件 9 从动齿轴也是装在件 3 泵体和件 1 左泵盖及件 6 右泵盖的轴孔内，与主动齿轮啮合在一起。

对于齿轮轴的结构可分析下列内容。

（1）连接和固定方式。

在齿轮油泵中，件 1 左泵盖和件 6 右泵盖都是靠件 10 内六角螺钉与件 3 泵体连接，并用件 5 销来定位。件 7 填料是由件 8 螺塞将其拧压在右泵盖的相应的孔槽内。两齿轮轴向定位是靠两泵盖端面及泵体两侧面分别与齿轮两端面接触。

（2）配合关系。

凡是配合的零件，都要弄清基准制、配合种类、公差等级等。这可由图上所标注的公差与配合代号来判别。如两齿轮轴与两泵盖轴孔的配合均为 $\phi15\frac{H7}{h6}$，两齿轮与两齿轮腔的配合均为 $\phi33\frac{H7}{h6}$，它们都是间隙配合，都可以在相应的孔中转动。

（3）密封装置。

泵、阀之类部件，为了防止液体或气体泄漏以及灰尘进入内部，一般都有密封装置。在齿轮油泵中，主动齿轮轴伸出端有填料及压填料的螺塞；两泵盖与泵体接触面间放有件 2 垫片，它们都是防油泄漏的密封装置。

（4）装配体在结构设计上都应有利于各零件能按一定的顺序进行装拆。齿轮油泵的拆卸顺序是：先拧下左、右泵盖上各六个螺钉，两泵盖、泵体和垫片即可分开；再从泵体中抽出两齿轮轴。然后把螺塞从右泵盖上拧下。对于销和填料可不必从泵盖上取下。如果需要重新装配上，可按拆卸的相反次序进行。

4. 分析零件的结构形状

分析零件首先要会正确地区分零件。区分零件的方法主要是依靠不同方向和不同间隔的剖面线，以及各视图之间的投影关系进行判别。零件区分出来之后，便要分析零件的结构形状和功用。分析时一般从主要零件开始，再看次要零件。例如，齿轮油泵件 3 的结构形状。首先，从标注序号的主视图中找到件 3，并确定该件的视图范围；然后用对线条找投影关系，以及根据同一零件在各个视图中剖面线应相同这一原则来确定该件在俯视图和左视图中的投影。这样就可以根据从装配图中分离出来的属于该件的三个投影进行分析，想象出它的结构形状。齿轮油泵的两泵盖与泵体装在一起，将两齿轮密封在泵腔内；同时对两齿轮轴起着支撑作用。所以需要用圆柱销来定位，以便保证左泵盖上的轴孔与右泵盖上的轴孔能够很好地对中。

5. 总结归纳

想象出整个装配体的结构形状，图 6-7 所示为泵体立体图。

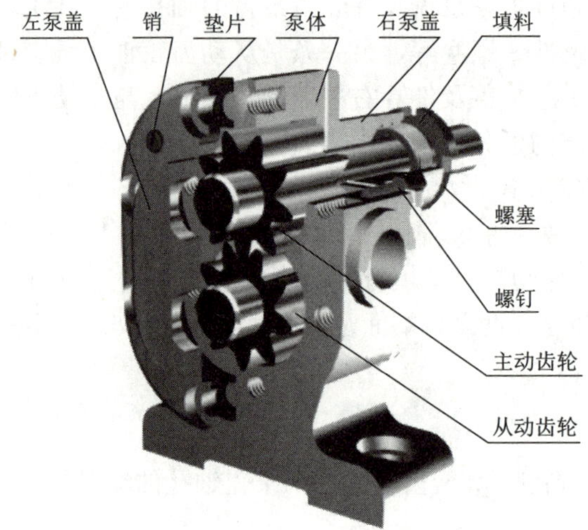

图 6-7　泵体立体图

第二篇

工程力学

构件失效致使机构或机器不能正常工作甚至发生严重的事故。本篇重点介绍汽车常用构件的静力分析和承载能力分析，主要研究力系的简化以及物体在力系作用下的平衡规律，分析构件在受力情况下的内力、应力、变形，介绍构件的强度、刚度、稳定性计算的基本理论和基本方法。

第 7 章 理论力学基础知识

学习目标

1. 深刻理解静力分析中力学的基本概念；
2. 掌握约束及约束反力的基本概念及基本计算；
3. 掌握简单物体系统的受力分析方法；
4. 熟练掌握平衡条件和平衡方程解决实际问题。

7.1 理论力学的几个基本概念

7.1.1 力

1. 力的作用与效应

物体与物体之间相互的机械作用称为力。力可以通过点、面的接触来实现，还可以通过非接触的方式实现，即场的方式，如重力场、电磁场等，根据具体情况，如接触面很小等情况，可以将分布力简化为集中力。

作用在物体上的力还可以按施力与否分为主动力和约束反力两类。主动力也称为载荷，如重力、风力等，广义的载荷还包括地震作用、温度作用等。约束反力是限制物对研究物体的反作用力，根据约束类型的不同，约束反力表示形式不同。

力是改变物体运动状态或使物体产生变形的原因，力的作用效应分为运动效应和变形效应，力的运动效应称为力的外效应，力的变形效应称为力的内效应。当研究物体的外效应时，通常将物体简化为刚体。刚体是指在力的作用下不变形的物体，是一种力学模型。

2. 力的表示

力的大小、方向和作用位置不同，力对物体的效应则不同，因此将力的大小、方向和作用点合称为力的三要素。

具有大小和方向的量称为矢量，所以力是矢量，称为力矢量，具有矢量的特性，力的合成与分解满足矢量的运算法则。

尽管不能用肉眼看到力，但可以用带箭头的线段表示力的大小和方向，用线段的头或尾的点表示力的作用点，如图 7-1 所示。

在同时表示几个力的时候，应使用同一比例尺。如用 1 cm 表示 1 N，则 2 cm 表示 2 N。作用于 O 点，与水平方向成 45°的 50 N 的力和 120°的 100 N 的力用矢量表示，如图 7-2 所示。按照 SI 国际单位制，力的单位为牛［顿］，符号为 N。

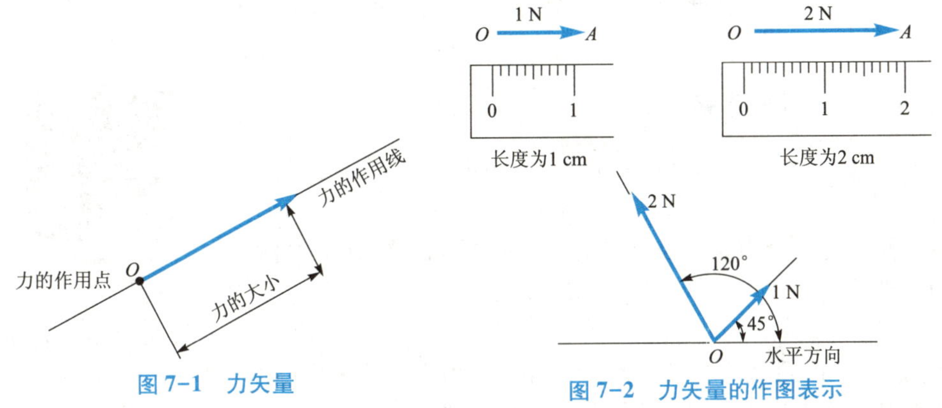

图 7-1　力矢量

图 7-2　力矢量的作图表示

3. 力的合成

力的平行四边形公理：作用于物体上同一点的两个力可以合成为一个合力，合力作用于汇交点上，合力的大小和方向由这两个力为邻边所构成的平行四边形的对角线来表示。

如图 7-3 所示，力是矢量，合力的大小和方向可以通过矢量求和的方法求得，常用的有几何作图法和代数法。几何作图法有力三角形法（两个力求和）和力多边形法（多个力求和）。代数法是通过力向坐标轴上投影，转化为代数量进行计算的。

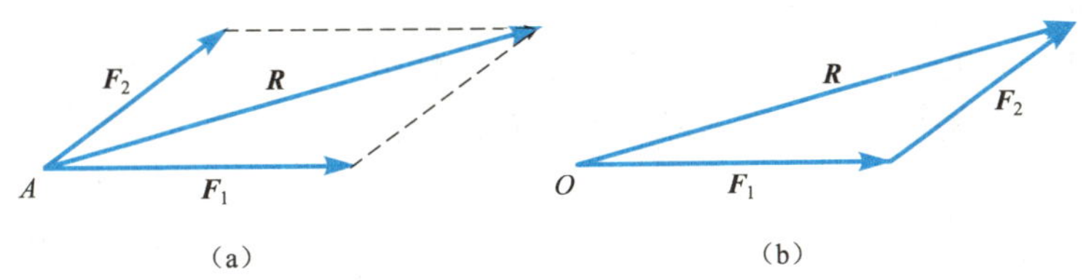

图 7-3　力的矢量和

7.1.2　刚体的概念

所谓刚体，是指在外力作用下大小和形状保持不变的物体。

刚体是抽象化的力学模型，实际物体在力的作用下都会产生一定的变形，都不是真正的刚体。若物体本身的变化不影响问题的研究，可将该物体简化为刚体来处理，而忽略物体的体积和形状，这样所得结果仍与实际情况相符合。例如，物理天平的横梁处于平衡状态，横梁在力的作用下产生的形变很小，各力矩的大小都几乎不变。为此在研究天平横梁平衡的问题时，可将横梁当作刚体。在研究物体的平衡问题时，通常将物体当作刚体来处理。

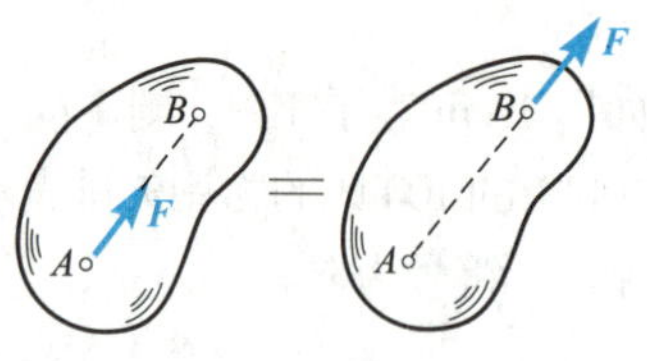

图 7-4　力沿着作用线方向滑移

物体抽象为刚体模型之后，作用在其上的力可以沿其作用线滑移而不影响力对物体的运动效应，这种性质简称为力的可传性，如图 7-4 所示。作用在刚体上的力，其三要素便转化为大小、方向和作用线。

7.1.3　力系与等效力系

力偶 1

若干个力组成的系统称为力系。如果一个力系与另外一个力系对物体的作用效应相同，则这两个力系互称为等效力系。若一个力与一个力系对物体的作用效应相同，则这个力称为该力系的合力。

若一个力系各力的作用线在同一平面内，称为平面力系。平面力系中，若所有力的作用线汇交于一点，称为平面汇交力系；若全平行称为平面平行力系；既不汇交于一点也不全平行，则称为平面一般力系。

一个力系各力的作用线不在同一平面内，称为空间力系。若所有力的作用线汇交于一点，称为空间汇交力系；若全平行称为空间平行力系；既不汇交于一点也不全平行，称为空间一般力系。

7.1.4　平衡与平衡力系

平衡是指物体相对于地球处于静止或匀速直线运动的状态。若一力系使物体处于平衡状态，则该力系称为平衡力系。

作用在刚体上两个力使刚体保持平衡的充分必要条件是：这两个力大小相等、方向相反，并作用于一条直线上。

工程上对承受二力作用并保持平衡的构件称为二力构件，如图 7-5（a）所示。直杆的二力构件简称为二力杆，如图 7-5（b）所示。

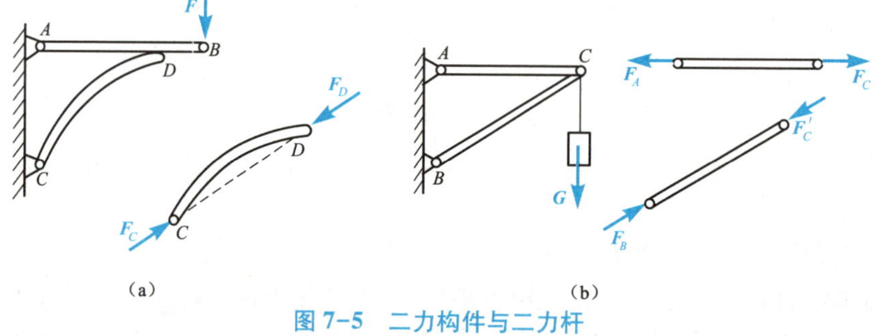

图 7-5　二力构件与二力杆
（a）二力构件；（b）二力杆

7.2　力矩和力偶

力偶 2

7.2.1　力对点之矩

力对点之矩是物体在力的作用下相对于点产生的转动效应，简称力矩。力矩是物体在力的作用下产生转动效应的度量，如图 7-6 所示。

$$M_O(F)=\pm F\cdot d$$

式中，O 点为矩心；d 为力臂，是矩心 O 到力 F 作用线的距离。为便于计算，规定使得物体逆时针旋转的力矩用正号（+）表示，顺时针旋转的力矩用负号（-）表示。

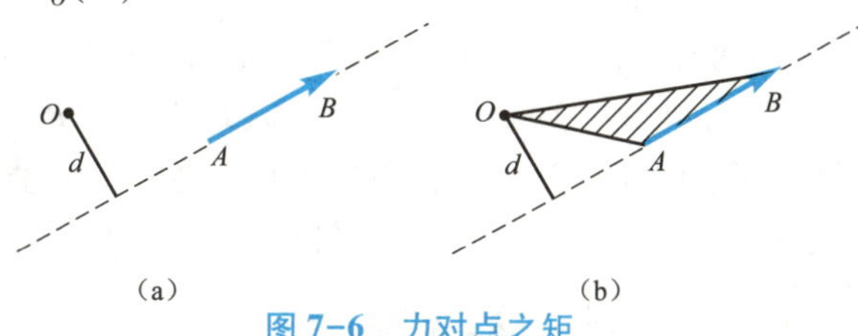

图 7-6　力对点之矩

从 O 点向力 F 的起点 A 和终点 B 作连线，与力 F 一起构成$\triangle OAB$，力 F 对 O 点之矩在数值上等于$\triangle OAB$ 的面积的 2 倍，即

$$M_O(F)=\pm F\cdot d=\pm 2S_{\triangle OAB}$$

7.2.2　合力矩定理

若作用力 F_1，F_2，…，F_n作用于同一平面内的 A 点，其合力为 F，则合力 F 对平面内另一点 O 点的力矩，等于各分力对 O 点力矩之代数和，如图 7-7 所示，即

$$\begin{aligned}M_O(F)&=M_O(F_1)+M_O(F_2)+\cdots+M_O(F_n)\\&=\sum_i^n M_O(F_i)\end{aligned}$$

例 7-1　如图 7-8 所示，圆柱直齿轮的齿面受一啮合角$\alpha=20°$的法向压力 $P_{\mathrm{n}}=1$ kN 的作用，齿轮分度圆直径 $d=60$ mm。试计算力对轴心 O 的力矩。

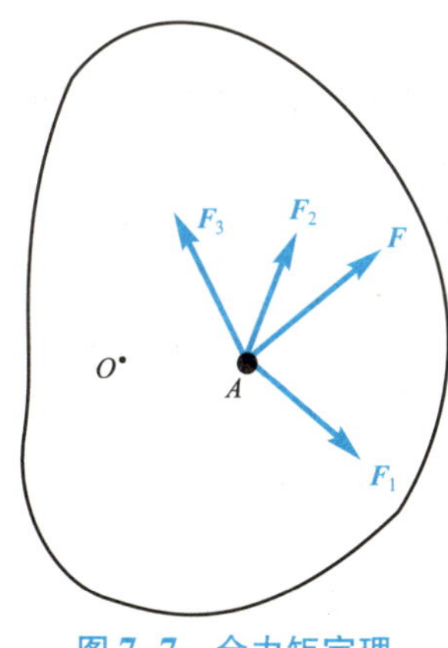

图 7-7　合力矩定理

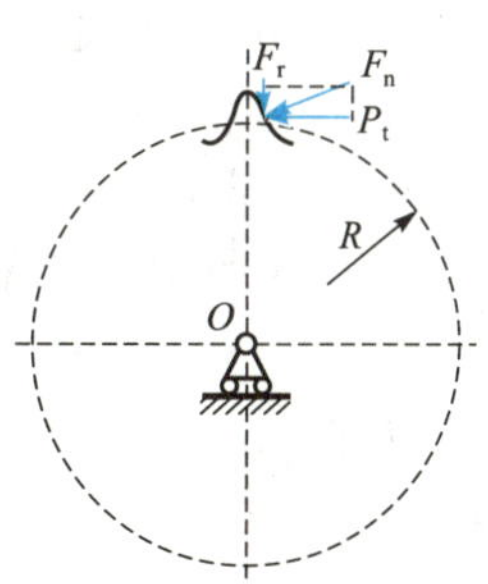

图 7-8　利用合力矩定理求力矩

解 将F_n分解成一组正交的圆周力 $F_t=F_n\cos\alpha$ 与径向力 $F_r=F_n\sin\alpha$，如图 7-8 所示。按合力矩定理，有

$$M_O(F_n)=M_O(F_t)+M_O(F_r)=F_t\cdot R+0=F_n\cos\alpha\times R+0$$
$$=1\times10^3\times\cos 20°\times0.03=28.2\ (\mathrm{N\cdot m})$$

7.2.3 力偶及其性质

1. 力偶

大小相等、方向相反的平行作用力称为力偶，如图 7-9 所示。力偶使刚体产生转动效应，但不能产生移动效应。力偶的转动效应用力偶矩来度量，表示为

$$M(F,F')=\pm Fd$$

式中，d 为力偶臂，指力偶的两个力之间的垂直距离。力偶使刚体逆时针转动时，用正号（+）表示；顺时针转动时，用负号（-）表示。

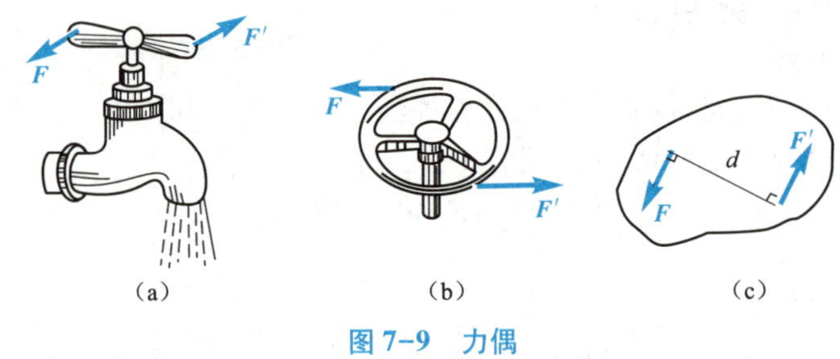

图 7-9 力偶

2. 力偶的性质

性质 1：力偶在任一轴上的投影恒等于零。

力偶对刚体的平移运动不会产生任何影响。

性质 2：力偶无合力。

力偶不能用一个单力去与之等效，只能用另一个力偶与之等效。

性质 3：力偶对其作用面内任一点之矩恒等于力偶矩，而与矩心的位置无关。

不论矩心选在何处，力偶对物体所作用的力矩，永远等于它的力偶矩，而与力偶对矩心的相对位置无关。

性质 4：作用在同一平面内的两个力偶，如果它们力偶矩的大小相等且转向相同，则这两个力偶对刚体的作用等效。

推论 1：力偶可在其作用面内任意移动或转动，而不改变力偶对刚体的作用效应。

推论 2：只要保持力偶矩的大小和转向不变，可以同时改变力偶中力的大小和力偶臂的长度，而不改变力偶对刚体的作用效应。

力偶对刚体的转动效应完全取决于力偶的三要素：力偶矩的大小、力偶的转向和力偶作用面的方位。

力偶可用带箭头的弧线或折线表示。

3. 力偶的合成

若作用于一个物体上的力偶作用面相同，则合力偶为各分力偶之代数和，即

$$M = M_1 + M_2 + \cdots + M_n = \sum_i^n M_i$$

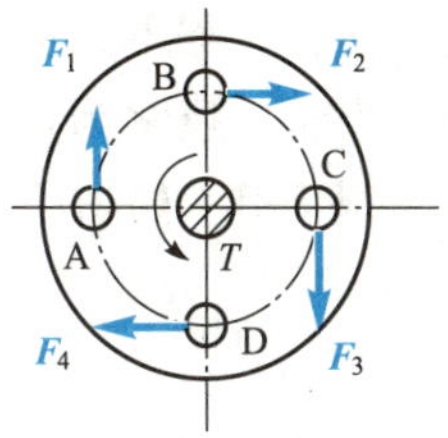

图 7-10　联轴器上的力偶

例 7-2　电动机轴通过联轴器与工件相连接，联轴器上四个螺栓 A、B、C、D 的孔心均匀地分布在同一圆周上，如图 7-10 所示，此圆周的直径 $d=150$ mm，电动机轴传给联轴器的力偶矩 $M=25$ kN · m，求每个螺栓所受的力。

解　以联轴器为研究对象。

作用于联轴器上的力有电动机传给联轴器的力偶矩 M 和四个螺栓的约束反力，假设四个螺栓的受力均匀，则 $F_1=F_2=F_3=F_4=F$，其方向如图 7-10 所示。由平面力偶系平衡条件可知，F_1与 F_3、F_2与 F_4组成两个力偶。

由 $M=M_1+M_2$ 得　　$F=\frac{M}{2d}=\frac{2.5}{2\times0.15}=8.33$（kN）

7.2.4　力的平移定理

作用在刚体上某点的力可以平行移动到此刚体上任一点，但需附加一个力偶，其力偶矩等于原力对平移点之矩，其作用效应保持不变，如图 7-11 所示。

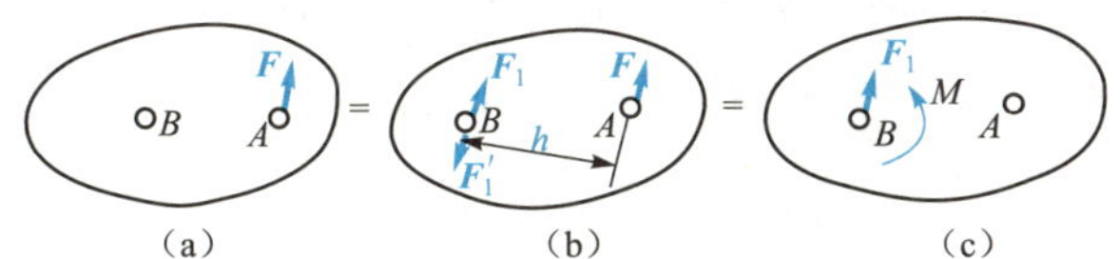

图 7-11　力的平移定理

$$M=M_O(F)=Fd$$

力的平移定理说明了一个力可以平行搬移的条件，另一方面指出了一个力和一个共面的力偶可以进一步合成为一个力。力的平移定理还是“力系向一点简化”方法的理论基础。

7.3　力系的简化

7.3.1　力在坐标轴上的投影

自力矢量的始端和末端分别向某一确定坐标轴作垂线，得到两个交点，这两个交点之间的有向线段表示力在该轴上的投影，如图 7-12 所示。力的投影与分

力不同，投影不是矢量，而是代数量，其正负号由其指向而定：指向与轴正向一致者为正，反之为负。

例 7-3 如图 7-13 所示，求 F_1、F_2和 F_3图示坐标轴 x、y 上的投影。

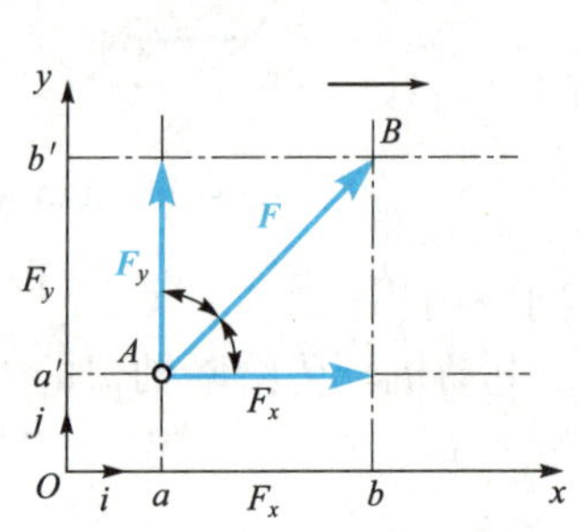

图 7-12　力在坐标轴上的投影

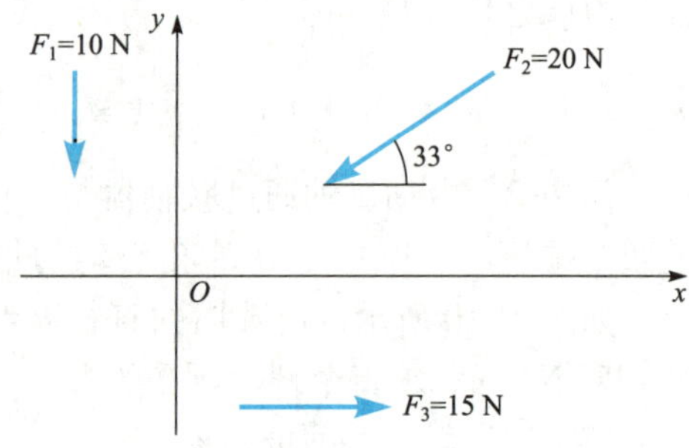

图 7-13　力在坐标轴上的投影

解　根据力向坐标投影的概念，分别求力在 x、y 轴上的投影

$$F_{1x}=0$$

$$F_{1y}=-10\ \text{N}$$

$$F_{2x}=-20\cos 33°=-16.77(\text{N})$$

$$F_{2y}=-20\sin 33°=-10.89(\text{N})$$

$$F_{3x}=15\ \text{N}$$

$$F_{3y}=0$$

可以看出，力在坐标轴上的投影的大小和正负值只与力的大小和方向有关，与力的作用点无关。

7.3.2　平面一般力系向作用面内任一点简化

1. 主矢与主矩

如图 7-14（a）所示，对平面一般力系可任意选择一点 O 作为简化中心，将平面一般力系的每个力都向 O 点平行移动，这样就得到一个汇交于 O 点的平面汇交力系和一个平面力偶系。

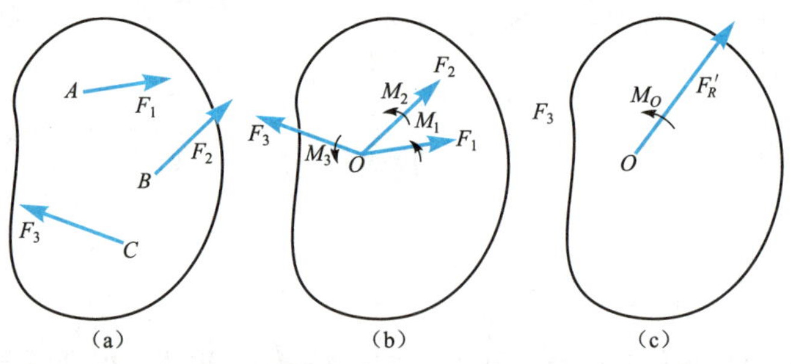

图 7-14　平面一般力系的简化

而作用于 O 点的平面汇交力系可以合成为一个力 F'_R，称为原任意力系的主矢，平面力偶系可以合成为一个力偶 M_O，称为原力系的主矩，如图 7-14（c）所示。

$$F'_R=\sum F_i$$

$$M_O=\sum M_O(F_i)$$

求力系的主矢，与二力合成一样，也有作图法和解析法两种。

作图法求主矢大小和方向，可以用力多边形法，即在图纸上任选一点为作图起点，依次将表示各力的大小、方向的有向线段首尾相连，最后将起点及最后一个力的尾端相连形成封闭的多边形（图 7-15），则封闭线段的长度及方向表示主矢的大小和方向。

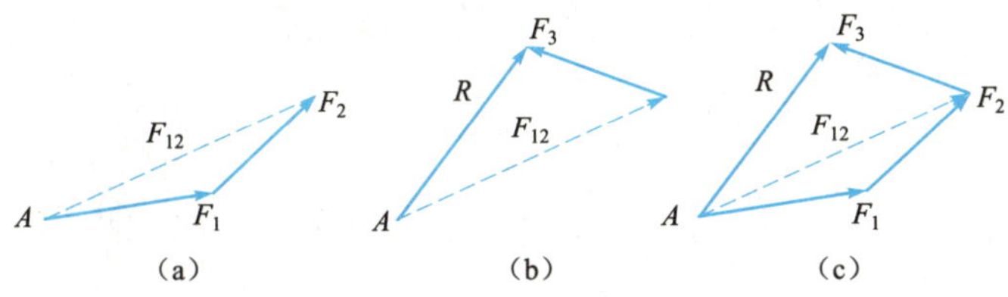

图 7-15　力多边形法求力的合成

解析法求主矢的大小和方向，首先建立直角坐标系，分别求出各力的 x 轴方向和 y 轴方向的投影并求和，再将这两个互成直角的力合成即可计算出主矢量 F'_R，如图 7-16 所示。

$$F'_{Rx}=F'_{1x}+F'_{2x}+\cdots+F'_{nx}=F_{1x}+F_{2x}+\cdots+F_{nx}=\sum F_{ix}$$

$$F'_{Ry}=F'_{1y}+F'_{2y}+\cdots+F'_{ny}=F_{1y}+F_{2y}+\cdots+F_{ny}=\sum F_{iy}$$

主矢 F'_R 大小为

$$F'_R=\sqrt{F'^2_{Rx}+F'^2_{Ry}}$$

主矢 F'_R 与 x 轴的夹角 α 满足

$$\tan\alpha=\frac{F'_{Ry}}{F'_{Rx}}$$

2. 简化结果分析

综上所述，平面力系向任一点简化，可得一个主矢 F'_R 和一个主矩 M_O。

（1）若 $F'_R=0$，$M_O\neq0$，则原力系简化为一个力偶，其力偶矩等于原力系对于简化中心 O 点的主矩。简化结果与简化中心 O 的位置无关，即不论力系向哪一点简化，结果都是这个力偶。

（2）若 $F'_R\neq0$，$M_O=0$，则 F'_R 是原力系的合力，并通过简化中心 O 点。

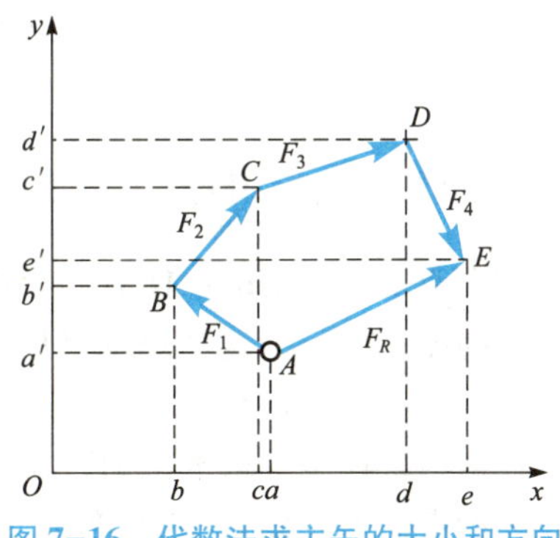

图 7-16　代数法求主矢的大小和方向

（3）若 $F'_R \neq 0$，$M_O \neq 0$，则力系仍然可以继续简化，如图7-17所示，利用力的平移定理，主矢逆着主矩的方向向线外平行移动，使作用线与简化中心 O 的距离为 d，且

$$d=\frac{|M_O|}{F'_R}$$

（4）若 $F'_R=0$，$M_O=0$，则表示原力系是一平衡力系，此时物体处于平衡状态。

由以上分析可知，平面力系若不平衡，则可以简化为一个力或一个力偶。最终简化结果为一个力时，该力称为原力系的合力；简化结果为一个力偶时，该力偶称为原力系的合力偶。

例7-4 如图7-18所示，利用投影法计算三个力的合力。

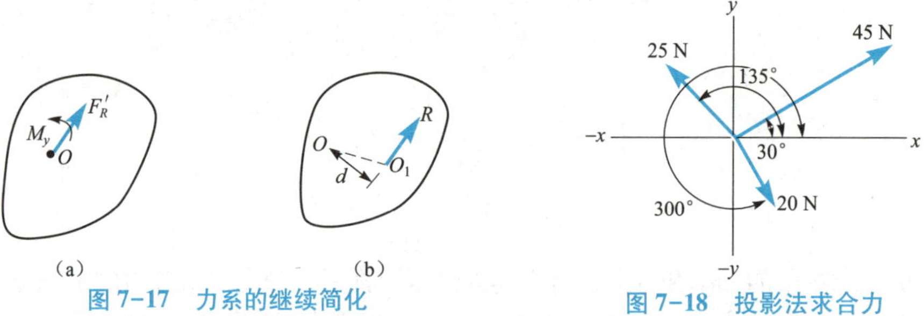

图7-17 力系的继续简化

图7-18 投影法求合力

分析：该力系为平面汇交力系，其合力通过力系的汇交点，合力的大小和方向可以通过解析法求出。首先求出这三个力在 x、y 轴上的投影的代数和 F_{Rx}、F_{Ry}，再求出合力 F_R 的大小和方向。

$$F_{Rx}=45\cos 30°+25\cos 135°+20\cos 300°=31.3(\mathrm{N})$$

$$F_{Ry}=45\sin 30°+25\sin 135°+20\sin 300°=22.9(\mathrm{N})$$

$$F_R=\sqrt{31.3^2+22.9^2}=33.8(\mathrm{N})$$

$$\tan\alpha=\frac{22.9}{31.3}=0.73$$

7.4 受力分析与受力图

7.4.1 约束和约束反力

构件通常与周围的物体紧密相连，因而在载荷作用下的运动或运动趋势会受到周围物体的限制，这些限制物称为该构件的约束。约束对研究物体的作用是通过力来实现的，这种约束对研究物体起限制作用的力称为约束反力。

根据约束性质分析约束力，是受力分析的重要内容。下面仅讨论工程中常见的几种约束模型及确定反力的方法。

1. 柔性约束

缆索、工业带、链条都可以理想化为柔性约束，统称为柔索。这种约束的特点是其所产生的约束力沿着柔索中心线方向，且只能是拉力，不能是压力，如图 7-19 所示。

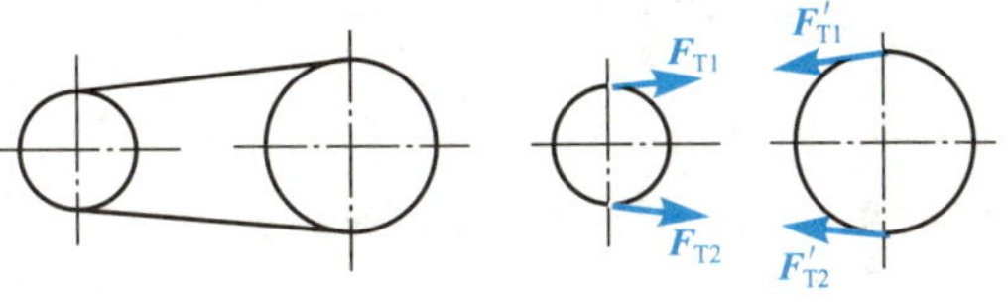

图 7-19　柔性约束

2. 光滑面约束

两个物体的接触面处光滑无摩擦时，约束物体只能限制被约束物体沿两者接触面公法线方向的运动，而不限制沿接触面切线方向的运动。约束反力的方向沿着接触面的公法线方向，并指向被约束物体，如图 7-20 所示。

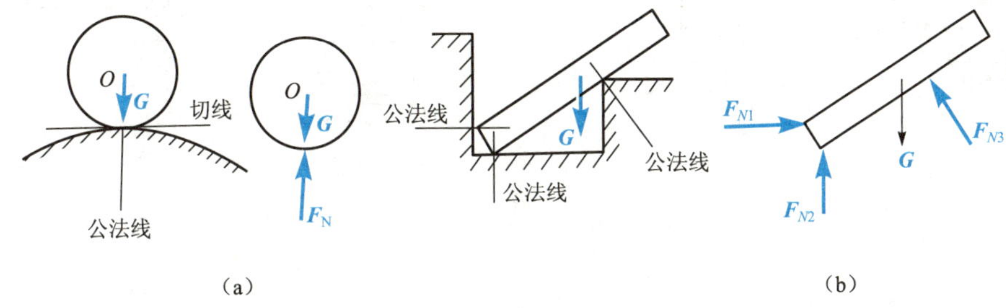

图 7-20　光滑面约束

3. 光滑圆柱铰链约束

光滑圆柱铰链又称柱铰，或简称铰链，其约束与被约束物体通过销钉连接，其约束特点是被约束物体只能绕销钉转动，不能有移动，如图 7-21 所示。约束反力通过圆孔中心，反力的大小和方向均不确定，在平面问题中通常用两个正交的未知分量 $\boldsymbol{F}_x$、$\boldsymbol{F}_y$ 表示，即 $\boldsymbol{F}=(\boldsymbol{F}_x、\boldsymbol{F}_y)$。

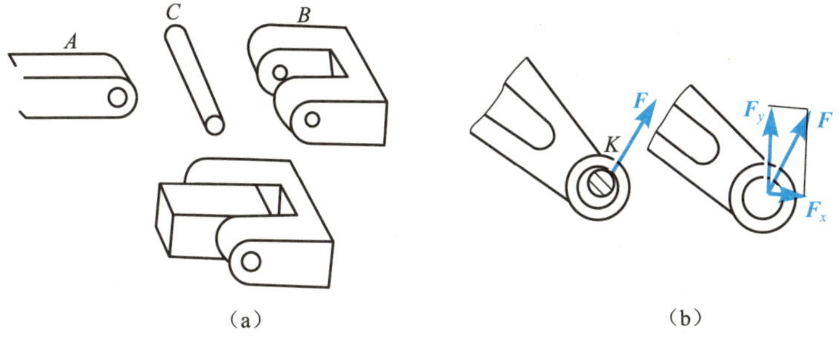

图 7-21　铰链

汽车发动机的曲柄滑块机构中，连杆与活塞、连杆与曲柄的连接为中间铰链，如图 7-22 所示。

7.4.2 几种常见支座

构件与基础相连的部分称为支座，支座可以由专门的结构构成，如桥梁中的滑动铰支座，有时没有专门的结构构成，如房屋建筑中的简支梁的支座。

1. 辊轴支座

辊轴支座如图 7-23 所示。

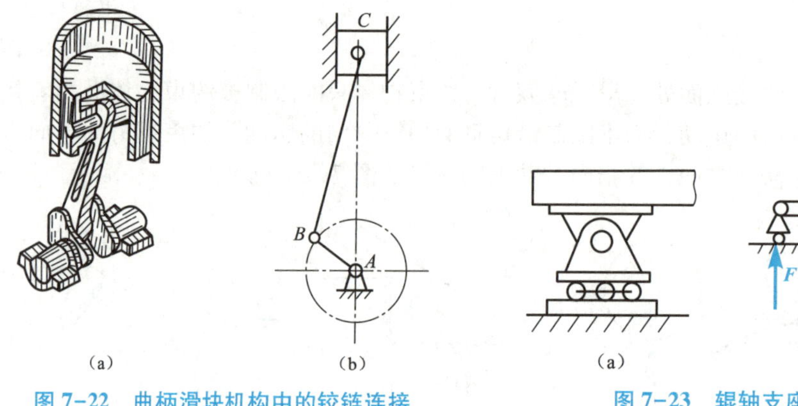

图 7-22 曲柄滑块机构中的铰链连接

图 7-23 辊轴支座

2. 固定铰支座

固定铰支座如图 7-24 所示。

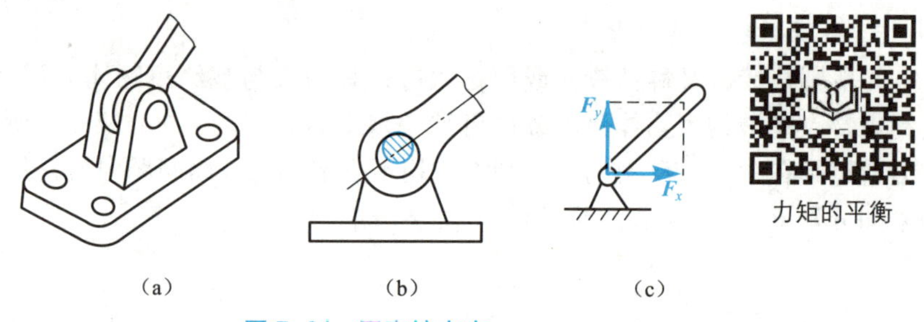

图 7-24 固定铰支座

3. 固定端支座

固定端支座如图 7-25 所示。

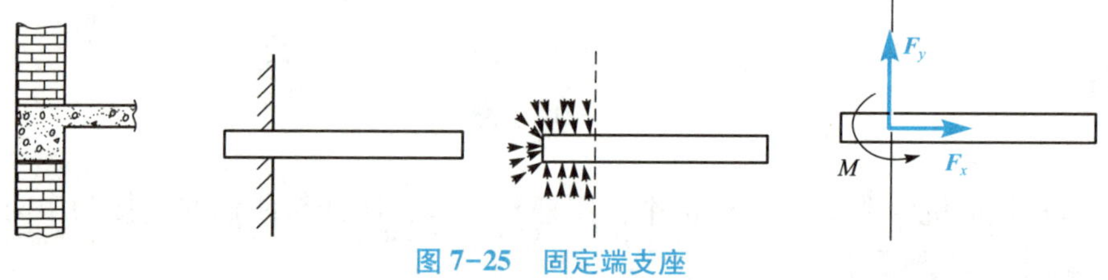

图 7-25 固定端支座

7.4.3 受力图

为了清楚地表示物体的受力情况，将所研究的物体从周围的物体中分离出来，即取脱离体或自由体，在脱离体上画上全部的荷载和约束反力，这种简洁表明物体受力情况的图形称为物体的受力图。作物体的受力图，有两点需要注意：

（1）不要遗漏主动力和约束反力；

（2）约束力需要严格依据约束类型来画，不可想当然。

例 7-5　画出图 7-26（a）所示凸轮机构推杆的受力图。

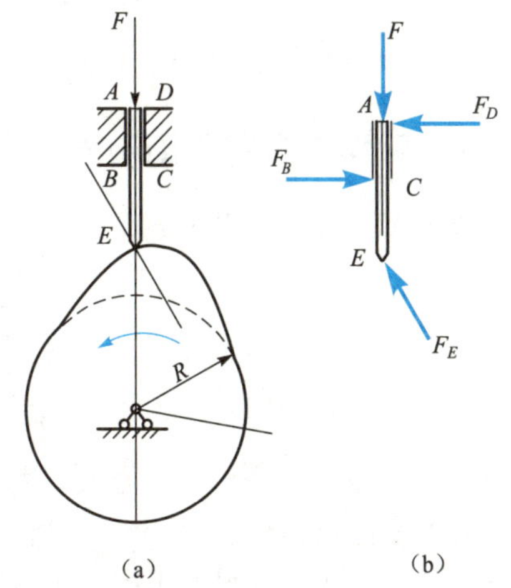

图 7-26　凸轮机构推杆的受力图

解　根据凸轮的旋转方向可知推杆在 B、D 两点与导槽接触，在 E 点与凸轮接触，根据光滑面约束反力的特点画出推杆受力图，如图 7-26（b）所示。

例 7-6　一起重支架如图 7-27 所示，A、C 为固定铰，B 为中间铰。已知悬重 G，试分析横梁 CBD 的受力情况。

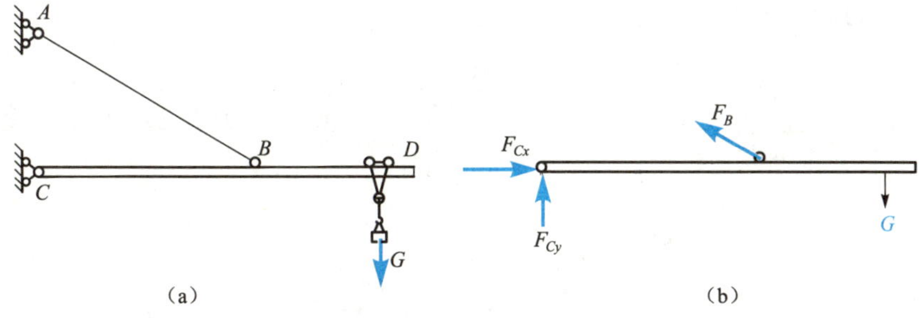

图 7-27　起重支架的受力图

解　横梁上的作用有：B 铰因相连的 AB 杆为二力杆，故 F_B 为沿 AB 方向的拉力。C 为固定铰，F_C 方向未明，故以一组正交分量 F_{Cx}、F_{Cy} 表示。重力 G 作用于 D 端，如图 7-27（b）示。

7.5 平面力系的平衡方程

7.5.1 平面一般力系平衡的充分必要条件

平面一般力系平衡的充分必要条件是：当物体受到平面一般力系作用时，如

果物体处于平衡，则主矢 F 和主矩 M_O 必须都等于零。若用解析式表示，即

$$F=\sqrt{\left(\sum F_x\right)^2+\left(\sum F_y\right)^2}=0$$

$$M_O=M_1+M_2+\cdots+M_n=\sum M_O(F_i)=0$$

7.5.2 平面力系的平衡方程

根据以上分析，平衡力系的平衡方程为

$$\sum F_x=0$$

$$\sum F_y=0$$

$$\sum M_O(F_i)=0$$

该方程表明，平面一般力系平衡的解析条件为：所有各力在两个任选的坐标轴上的投影代数和分别等于零，且各力对于任一点的矩的代数和等于零。该方程有三个独立的式，故只能求解三个未知量。

平衡方程还可以有其他形式，只要方程是相互独立的，不是相关的即可。

平面汇交力系的平衡方程可简化为

$$\sum F_x=0$$

$$\sum F_y=0$$

平面力偶系平衡方程为

$$\sum M_O(F_i)=0$$

特别地，有三个力作用在刚体上，刚体平衡，则这三个力必共面且汇交于一点，如图 7-28 所示。

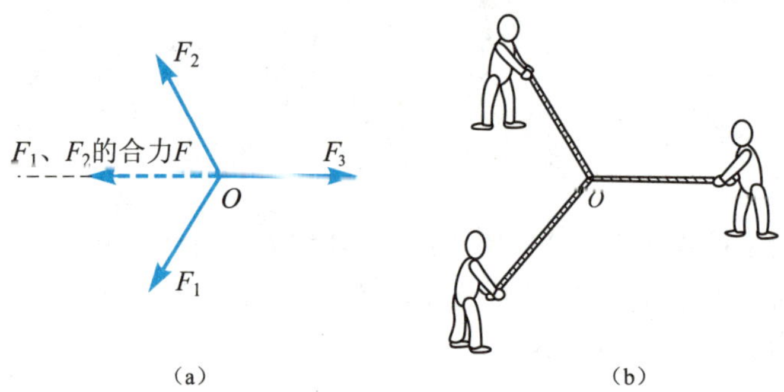

图 7-28 三力平衡汇交

根据三力平衡汇交原理，例 7-6 中起重支架 CD 的受力图中 F_C 的方向可以确定，如图 7-29 所示。

例 7-7 图 7-30（a）所示为线绳，已知外力 P，试计算线绳张力。

解 以线绳为研究对象，张力用 T 表示，受力图如图 7-30（b）所示，为平

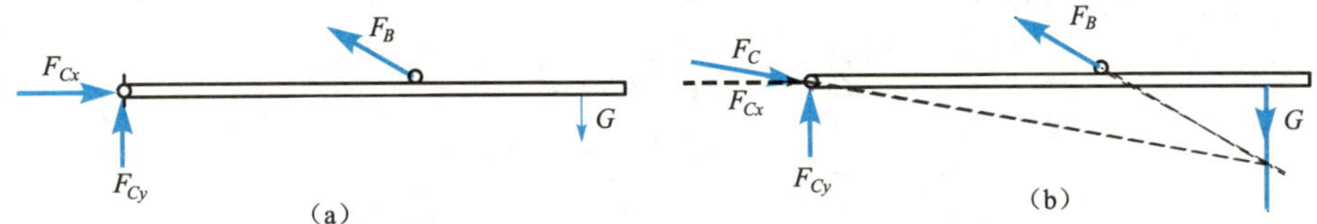

图 7-29 利用三力平衡汇交确定未知力的方向

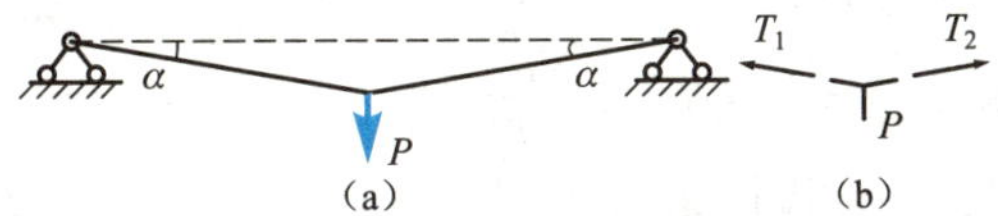

图 7-30 线绳的张力与垂度

面汇交力系。

由
$$\sum F_x = 0 \quad T_2\cos\alpha - T_1\cos\alpha = 0$$
$$\sum F_y = 0 \quad T_1\sin\alpha + T_2\sin\alpha - P = 0$$

得

$$T_1 = T_2 = \frac{P}{2\sin\alpha}$$

当 $\alpha \to 0$ 时，$T_1 = T_2 \to \infty$，线绳必然会拉断，故线绳不可能拉直。电力部门的架空电线、桥梁施工中的缆绳，都有一定的下垂高度，称为垂度或弧垂。

例 7-8 平面刚架的受力及各部分尺寸如图 7-31（a）所示，A 端为固定端约束。若 q、P、M、l 等均为已知，试求 A 端的约束力。

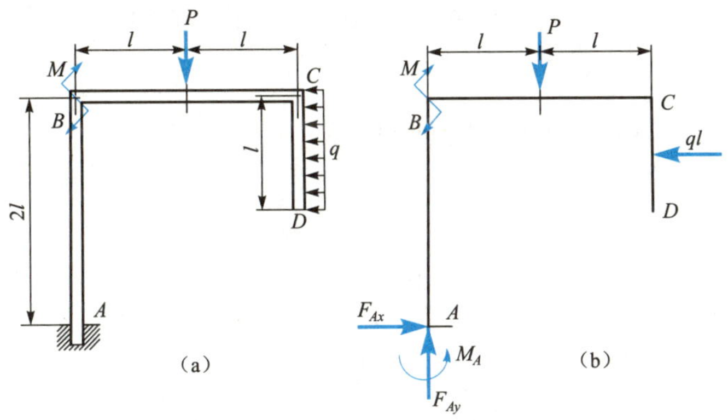

图 7-31 求刚架固定端支座反力

解 首先对刚架进行受力分析。A 端为固定端约束，有 3 个约束反力，分别用 F_{Ax}、F_{Ay} 和 M_A 表示，其受力图如图 7-31（b）所示。

再通过平衡方程求解未知力。

由应用平衡方程

$$\sum F_x = 0\ ,\ F_{Ax} - ql = 0$$

$$\sum F_y = 0\ ,\ F_{Ay} - P = 0$$

$$\sum M_A = 0\ ,\ M_A - M - Pl + ql \times \frac{3l}{2} = 0$$

得
$$F_{Ax} = ql\ ,\ F_{Ay} = P\ ,\ M_A = M + Pl - ql \times \frac{3l}{2}$$

由于求得的3个支座反力的数值为正，说明其方向与图中所示方向一致。

例7-9 外伸梁的受载情形如图7-32（a）所示。设 $q = 10\ \text{kN/m}$，$m = 60\ \text{kN}\cdot\text{m}$，$l=4\ \text{m}$，试求梁的支座反力。

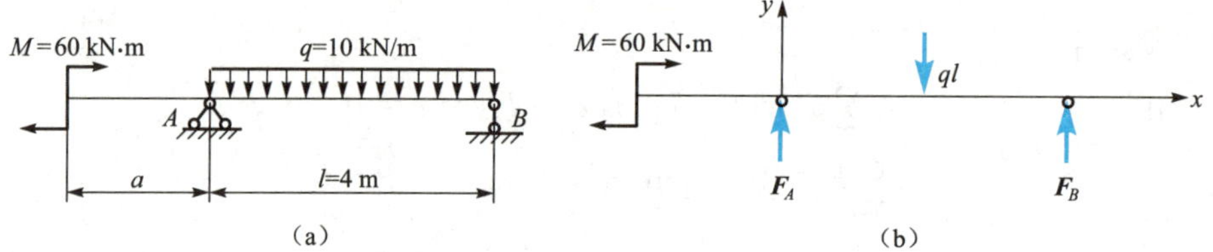

图7-32 求梁的支座反力

解 作用在梁上的线均布荷载 q，在计算支座反力时，可用它的合力 ql 来代替，合力 ql 的作用点在线均布荷载的中部。由于没有水平方向的外力作用，A 支座的反力无水平分量，作此外伸梁的受力图，如图7-32（b）所示。

由平衡方程

$$\sum M_A = 0\ ,\ -M - ql\cdot\frac{l}{2} + F_B\cdot l = 0$$

得

$$F_B = \frac{M}{l} + \frac{ql}{2} = \frac{60}{4} + \frac{10\times4}{2} = 35(\text{kN})(\uparrow)$$

由平衡方程

$$\sum M_B = 0,\ -M + ql\cdot\frac{l}{2} - F_A\cdot l = 0$$

得

$$F_A = -\frac{M}{l} + \frac{ql}{2} = -\frac{60}{4} + \frac{10\times4}{2} = 5(\text{kN})(\uparrow)$$

为了校核以上计算是否正确，可以用另外的平衡方程来验算，现用 $\sum F_y = 0$ 验算。

$$\sum F_y = F_A + F_B - ql = 5 + 35 - 10\times4 = 0$$

可知求支座反力的计算没有错误。

7.6 空间力系

若各力的作用线不在同一平面内，则这种力系称为空间力系。在工程实际中，经常会遇到空间力系的问题，如车床主轴、起重设备等。下面重点讨论空间力系的平衡，以解决构件在空间力系作用下的静力分析。

7.6.1 力在空间直角坐标轴上的投影

力在空间直角坐标轴上的投影的概念与在平面坐标轴上的投影概念相同。已知力 F 与空间直角坐标系 $Oxyz$ 三轴的夹角分别为 α、β、γ，如图 7-33 所示，则力在三个坐标上的投影等于力 F 的大小乘以与各轴夹角的余弦，即

$$F_x = F\cos\alpha$$
$$F_y = F\cos\beta$$
$$F_z = F\cos\gamma$$

当力 F 与坐标轴 Ox、Oy 间的夹角不易确定时，可把力 F 先投影到坐标平面 Oxy 上，得到力 F_{xy}，然后再把力 F_{xy} 投影到 x、y 轴上，得到 F_x、F_y，如图 7-34 所示，即

$$F_x = F_{xy}\cos\varphi = F\sin\gamma\cos\varphi$$
$$F_y = F_{xy}\sin\varphi = F\sin\gamma\sin\varphi$$
$$F_z = F\cos\gamma$$

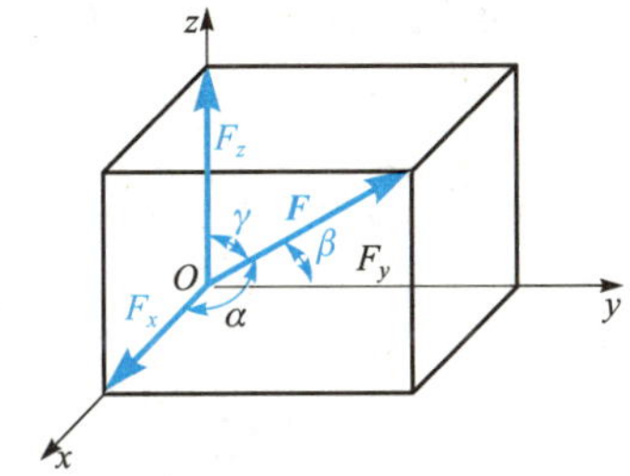

图 7-33　空间力在直角坐标轴上的投影

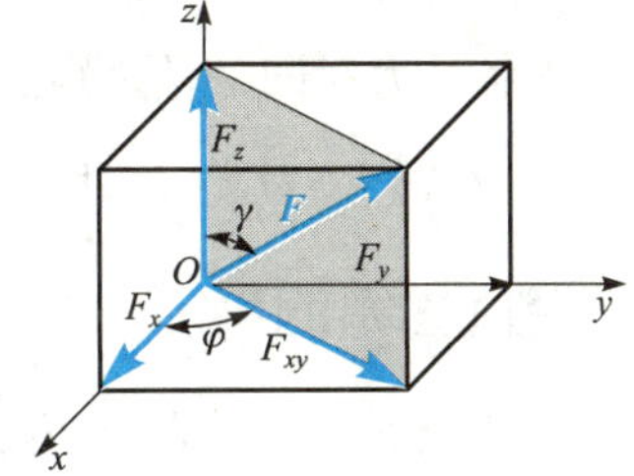

图 7-34　空间力在直角坐标轴上的投影

7.6.2 力对轴之矩

在工程中常遇到刚体绕定轴转动的情形，用力对轴之矩可以度量力对刚体的转动效应，如图 7-35 所示。在平面力系中，建立了力对点之矩的概念。力对点的矩，实际上是力对通过矩心且垂直于平面的轴的矩。

以推门为例，如图 7-36 所示。门上作用一力 $\boldsymbol{F}$，使其绕固定轴 z 转动。现将力 $\boldsymbol{F}$ 分解为平行于 z 轴的分力 F_z 和垂直于 z 轴的分力 F_{xy}（此分力的大小即为力 $\boldsymbol{F}$ 在垂直于 z 轴的平面 A 上的投影）。由经验可知，分力 F_z 不能使静止的门绕

z 轴转动，所以分力 F_z 对 z 轴之矩为零；只有分力 F_{xy} 才能使静止的门绕 z 轴转动，即 F_{xy} 对 z 轴之矩就是力 F 对 z 轴之矩。现用符号 M_z（F）表示力 F 对 z 轴之矩，点 O 为平面 A 与 z 轴的交点，d 为点 O 到力 F_{xy} 作用线的距离，因此力 F 对 z 轴之矩为

$$M_z(F)=M_O(F_{xy})=\pm F_{xy}d$$

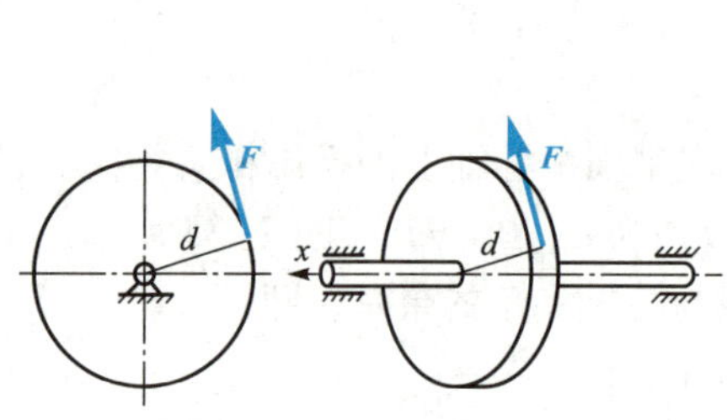

图 7-35　力对轴之矩

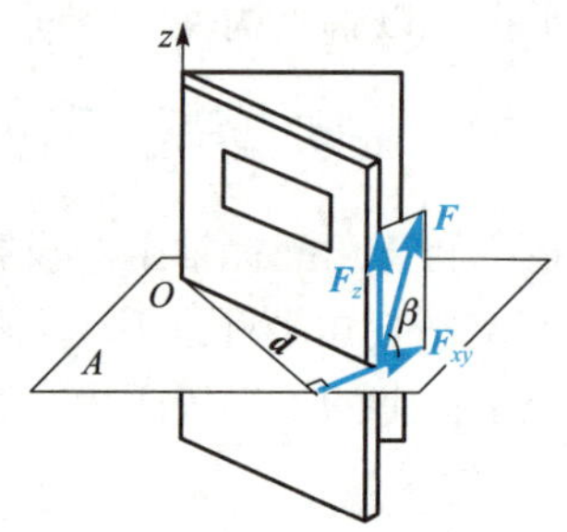

图 7-36　力对轴之矩

上式表明：力对轴之矩等于这个力在垂直于该轴的平面上的投影对该轴与平面交点之矩。力对轴之矩是力使物体绕该轴转动效应的度量，是一个代数量。其正负号按右手法则确定，或从 z 轴正向来看，逆时针转动时规定为正，顺时针转动为负。

7.6.3　合力矩定理

如一空间力系由 F_1、F_2、…、F_n 组成，其合力为 F，则可证明合力 F 对某轴之矩等于各分力对同一轴之矩的代数和，写为

$$m_z(F)=m_z(F_1)+m_z(F_2)+\cdots+m_z(F_n)=\sum m_z(F_i)$$

7.6.4　空间力系的平衡

空间任意力系平衡的充分必要条件可表述为：各力在三个坐标轴上的投影的代数和为零，各力对同一坐标轴的力矩代数和为零，即

$$\sum F_x=0$$

$$\sum F_y=0$$

$$\sum F_z=0$$

$$\sum m_x(F)=0$$

$$\sum m_y(F)=0$$

$$\sum m_z(F)=0$$

当空间任意力系平衡时，它在任意平面上的投影所组成的平面任意力系也是

平衡的。因而在工程中，常将空间力系投影到三个坐标平面上，画出构件受力图的主视、俯视、侧视等三视图，分别列出它们的平衡方程，同样可解出所求的未知量。这种将空间问题转化为平面问题的研究方法，称为空间问题的平面解法，这种方法特别适用于受力较多的轴类构件。

例 7-10　带式输送机传动系统中的从动齿轮轴如图 7-37 所示，A、B 为轴承，D 为从动齿轮，M_T 表示联轴器所受转矩。已知齿轮的分度圆直径 $d=282.5$ mm，轴的跨距 $L=105$ mm，悬臂长度 $L_1=110.5$ mm，齿轮圆周力 $F_t=1\ 284.8$ N，径向力 $F_r=467.7$ N，不计自重。求轴承 A、B 的约束反力和联轴器所受转矩 M_T。

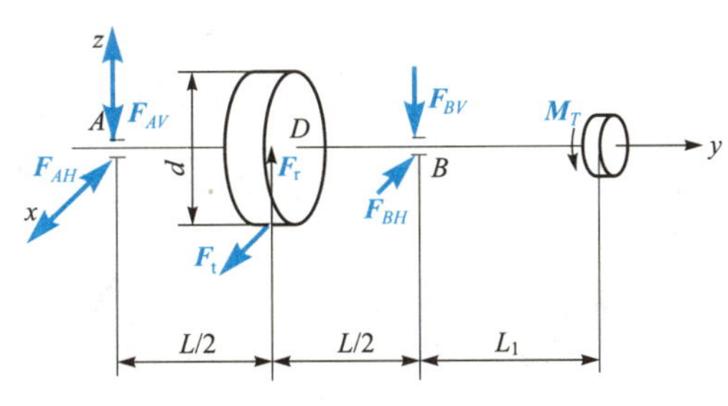

图 7-37　从动齿轮轴受力简图

解　（1）取从动齿轮轴整体为研究对象，作受力图，如图 7-38（a）所示。

（2）作从动齿轮轴受力图在三个坐标平面上的投影图，如图 7-38（b）所示。

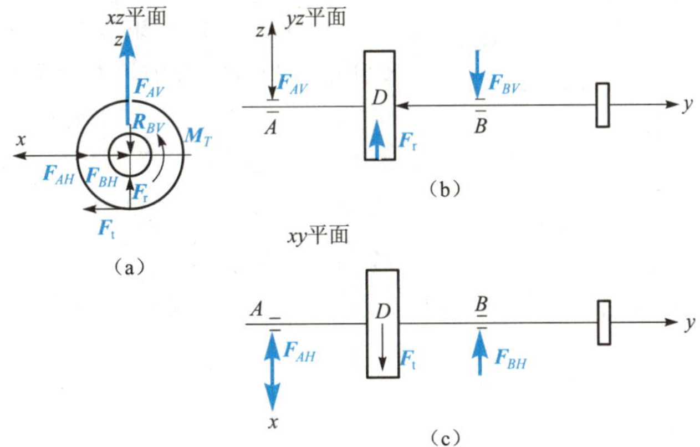

图 7-38　齿轮轴受力在三个坐标平面上的投影

（3）按平面力系（三个投影力系）列平衡方程进行计算。

xz 平面　　由 $\sum m_y(F)=0$，即 $M_T-\dfrac{d}{2}F_t=0$

得　　$$M_T=\frac{d}{2}F_t=\frac{282.5}{2}\times 1\ 284.8=18\ 148(\mathrm{N\cdot mm})$$

zy 平面　　由 $\sum m_x(F)=0$，即 $\dfrac{L}{2}F_t-LF_{BV}=0$

得　　$$F_{BV}=\frac{F_r}{2}=\frac{467.7}{2}=233.9(\mathrm{N})$$

由 $\sum F_z=0$，即 $-F_{AV}+F_r-F_{BV}=0$

得 $$F_{AV}=F_r-F_{BV}=466.7-233.9=233.8(\text{N})$$

xy 平面 $$由\sum m_z(F)=0,即\ -\frac{L}{2}F_t+F_{BH}=0$$

得 $$F_{BH}=\frac{F_t}{2}=\frac{1\ 284.8}{2}=642.4(\text{N})$$

$$由\sum F_x=0,即\ -F_{AH}+F_t-F_{BH}=0$$

得 $$F_{AH}=F_t-F_{BH}=1\ 284.8-642.4=642.4(\text{N})$$

7.7 摩擦自锁

7.7.1 摩擦

摩擦是机械传动中普遍存在的一种自然现象。无论静止或运动的物体，都有可能有摩擦力存在。按物体之间相对运动形式不同，摩擦可分为滑动摩擦和滚动摩擦。

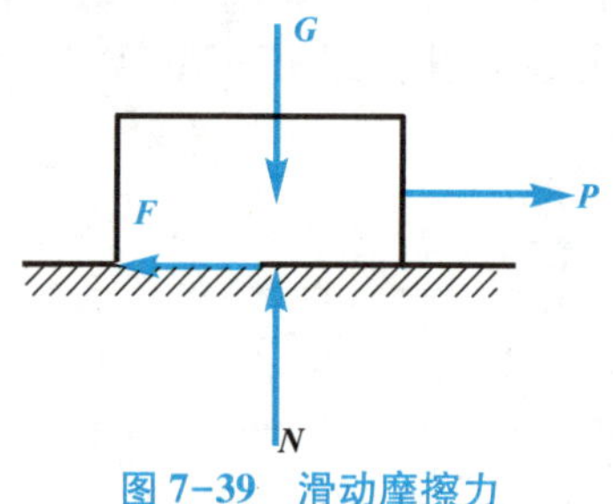

图 7-39 滑动摩擦力

两个相互接触的物体，发生相对滑动，或存在相对滑动趋势时，彼此之间就有阻碍滑动的力存在，此力称为滑动摩擦力，简称摩擦力，如图 7-39 所示。如推动车床上尾座时导轨与尾座之间的摩擦力，轴承与转轴之间的摩擦力等。

按两接触面间的相对运动是否存在，将滑动摩擦又分为静滑动摩擦和动滑动摩擦。

7.7.2 滑动摩擦

1. 静滑动摩擦力的三要素

（1）大小：摩擦力 F 的大小由物体的平衡条件来确定，F 的大小范围为

$$0 \leqslant F \leqslant F_m$$

式中，最大静摩擦力 $F_m=f\cdot N$，f 为静摩擦因数，由实验确定；N 为两个物体之间的正压力。

（2）方向：摩擦力在两个物体接触面的切线上，其指向与物体间相对滑动的趋势相反。

（3）作用点：摩擦力的作用点在两个物体的接触面上，具体位置由物体的平衡条件确定。

2. 动摩擦力的三要素

（1）大小：动摩擦力的大小与接触面的正压力的大小成正比，即

$$F' = f' \cdot N$$

式中，f'为动摩擦因数，由实验确定，比静摩擦因数f略小，有润滑剂时明显降低；N为两物体之间的正压力。

(2) 方向：与物体间已发生的相对滑动方向相反，沿着接触面作用点之切线方向。

(3) 作用点：接触点和接触面上摩擦力合力作用点。

7.7.3　摩擦角与自锁

1. 摩擦角与自锁的概念

当物体的接触面之间有摩擦存在时，摩擦力 F_f和法向力 F_N的合力 F_R称为全反力，它与外力 F 平衡，F_R与接触面公法线的夹角为 φ，当物体处于临界滑动状态时，摩擦力 F_f达到最大静摩擦力，此时 φ 也最大，称为摩擦角 φ_m。

$$\tan\varphi = \frac{F_f}{F_N} \leqslant \tan\varphi_m$$

$$\varphi \leqslant \varphi_m$$

以 $2\varphi_m$ 为顶角的正圆锥称为摩擦锥，如图 7-40 所示。$\varphi \leqslant \varphi_m$ 在任何荷载下，全反力的作用线总处于摩擦锥之内。如果作用在物体上主动力的合力 F_R 的作用线落在摩擦锥内，则无论怎样增大主动力，都不可能破坏物体的平衡，这种现象称为摩擦自锁。

2. 斜面上的自锁现象

如图 7-41 所示，若主动力 **W** 的作用线落在摩擦锥内，无论物块的重量多大也不能破坏平衡，物块摩擦自锁。

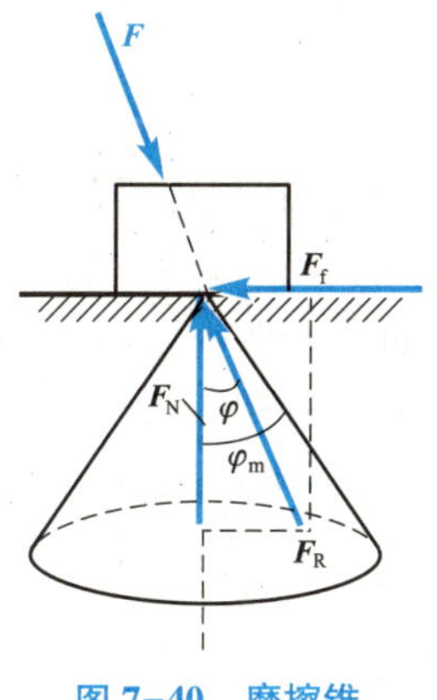

图 7-40　摩擦锥

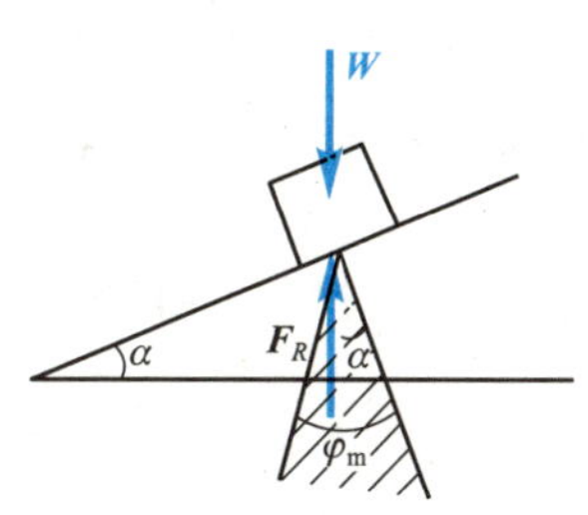

图 7-41　斜面上的自锁

3. 螺纹自锁

螺旋器械相当于在圆柱上缠绕的斜面。如图 7-42 所示，螺旋夹紧器中，具有内螺纹的框架相当于斜面，具有外螺纹的螺杆相当于在斜面上滑动的物块。对夹紧

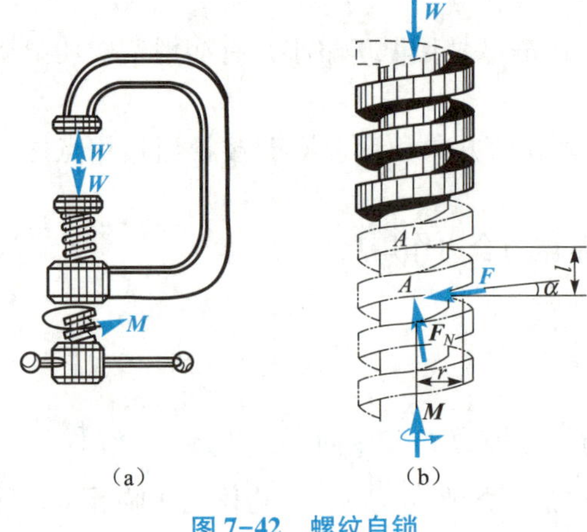

图 7-42　螺纹自锁

器的要求是：当主动力撤去后，螺杆仍保持平衡以维持一定的夹紧力 W，亦即螺杆摩擦自锁。为此，要求螺纹的螺旋角 α 满足自锁条件

$$\alpha=\arctan\frac{l}{2\pi r}\leqslant\varphi_{\mathrm{m}}$$

提升重物的螺旋千斤顶的工作原理与此相同。

例 7-11　如图 7-43 所示，在倾角 α 的斜面上放置自重为 G 的物体，设物体与斜面间的摩擦因数为 f，求物体保持平衡时的最大倾角。

解　画出物体的受力图，物体受到重力 G 及斜面全反力 R 作用。根据二力平衡公理，R 与 G 必须共线、反向、等值。

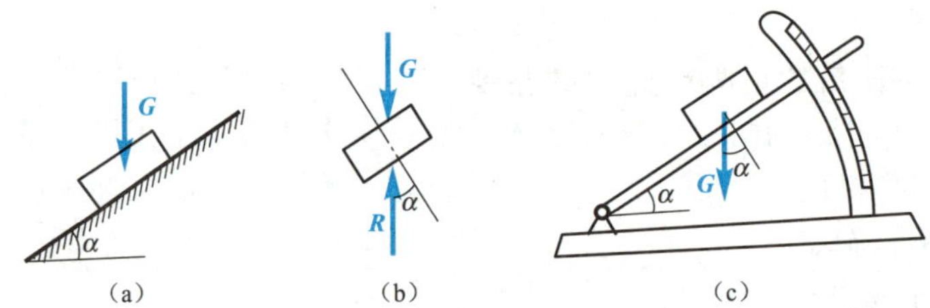

图 7-43　坡面的倾角与静摩擦系数

根据静摩擦自锁条件，α 不可能大于摩擦角 φ_{m}，故物体保持平衡时斜面的最大倾角

$$\alpha_{\mathrm{m}}=\varphi_{\mathrm{m}}=\arctan f$$

利用以上方法，可以测定两种材料之间的摩擦因数，两种材料做成斜面与滑块，将滑块放在斜面上，逐渐增大斜面倾角 α，即为摩擦角，其正切就是摩擦因数 f。

在堆放松散的砂、土、煤、粮食时，能够堆起的最大坡角 α_{m} 就是这些松散物质的摩擦角，如图 7-44（a）所示。自卸汽车要决定翻斗在车身上抬起的角度，以保证卸车时将翻斗内物资倾泻干净，如图 7-44（b）所示。

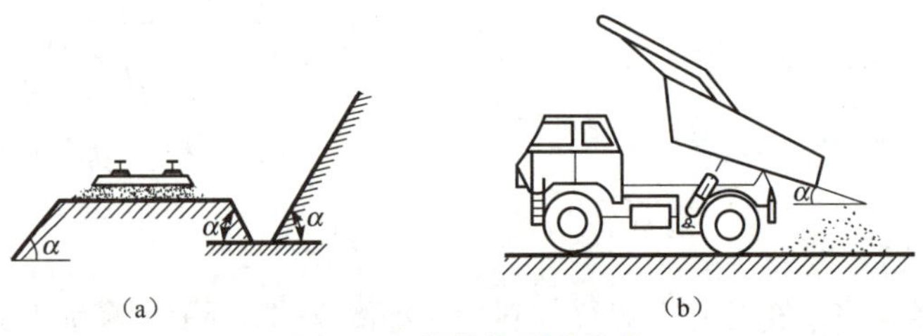

图 7-44　松散物质的堆角

第 8 章 材料力学基础知识

学习目标

1. 掌握杆件内力的概念及基本变形，能用截面法进行内力分析及计算；

2. 掌握横截面上应力的概念，掌握杆件拉伸与压缩、扭转、弯曲等基本变形，掌握横截面上应力分布规律，并能进行基本计算；

3. 灵活应用强度理论分析实际问题。

材料力学主要研究构件在力的作用下的内力、应力和变形，以及由此产生的失效和控制实效的准则。材料力学是在实验的基础上，依据一些科学的假定，将复杂的问题加以简化，以便得到便于工程应用的成果。在工程实际中应用材料力学，以保证机械零件和结构元件具有足够的承载能力以保证安全工作。承载能力包括强度（不致破坏或过量塑性变形）、刚度（不发生过大弹性变形或位移）和稳定性（不丧失原来的平衡形式）。

本章介绍与工程相关的材料力学基础知识。

8.1　杆件变形的基本概念

在工程实际中，构件的形状是很多的，如果构件的长度远大于横向尺寸，这样的构件就称为杆件。杆件各截面形心的连线称为轴线。若杆的轴线为直线且各截面都相等，则称为等截面直杆。除此以外，还有变截面杆、曲杆等。本章中主要涉及的是等截面直杆。

8.1.1　变形固体假设

拉伸动态模拟

对变形固体，材料力学有以下两个假定。

各向同性假定：大多数工程材料虽然微观晶粒结构上各向异性，但它们形成材料时，呈随机取向，在宏观上表现为在各个方向上均具有相同的物理和力学性能，因而假定这样的材料各向同性，否则称为各向异性。

均匀连续性假定：实际材料的微观结构并不是处处均匀连续的，但是，当所考察的物体是宏观尺度的，可以假定所考察的物体内部体积内，材料在各处是均匀、连续分布的。

8.1.2 杆件变形的基本形式

在进行静力平衡计算时，将变形物体当成刚体来对待，既方便计算，又不致引起较大误差。材料力学研究构件的承载能力，因而研究对象不再是刚体，而是变形固体，但工程构件的变形大都十分微小，本章所涉及的构件变形均为小变形。

杆件在工作过程中的变形无论有多复杂，都可以看成是由一些基本变形组成的。

外力的作用方式不同时，杆件变形的形式也就不同，杆件变形的基本形式（表8-1）有如下四种：拉伸和压缩、剪切、扭转、弯曲。

表8-1 杆件变形的基本形式

基本形式	工程实例	受力简图
拉伸与压缩	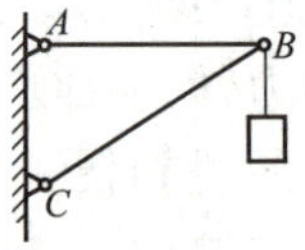 A B C	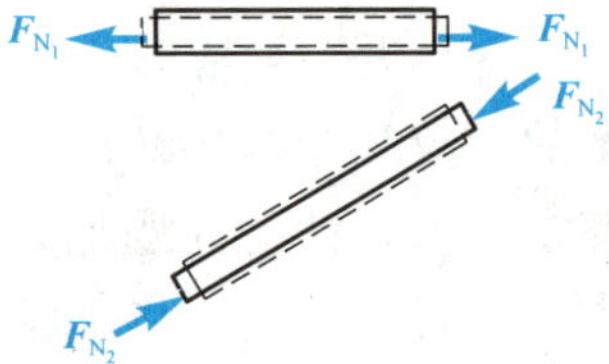 F_{N_1} F_{N_1} F_{N_2} F_{N_2}
剪切	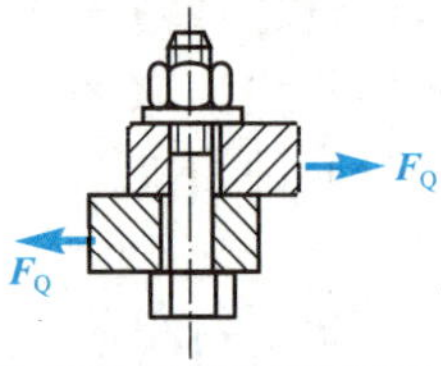 F_Q F_Q	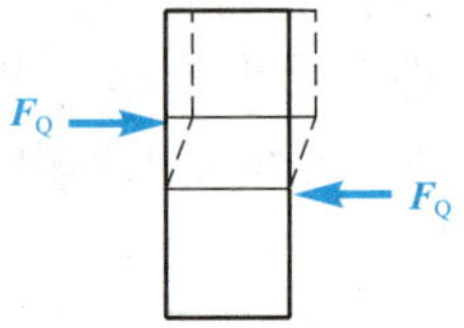 F_Q F_Q
扭转	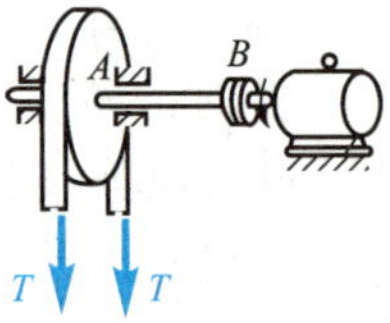 A B T T	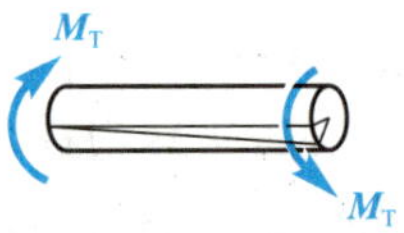 M_T M_T
弯曲	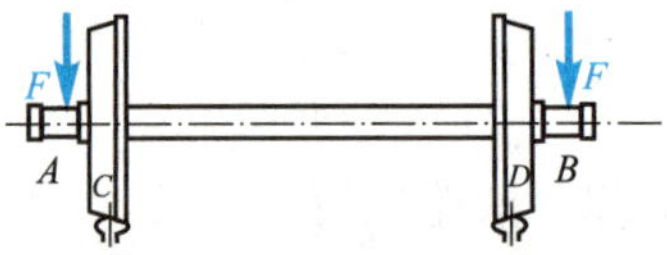 F F A C D B	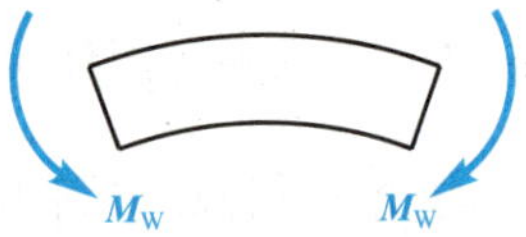 M_W M_W

杆件变形的形式，除了上面的基本形式以外，还有复杂的形式，但是总可以

把它看作是由以上几种基本变形组合而成的。

8.2 杆件内力

外力作用在杆件上，引起的杆件内部各质点之间的相互作用力的改变量，称为附加内力，通常称为杆件内力。引起内力的外因是外力，内因是质点之间的距离有保持不变的趋向。质点之间的作用属于分布力系，杆件内力指的是其合力。

杆件的基本变形与横截面上的内力见表 8-2。

表 8-2 杆件的基本变形与横截面上的内力

基本变形	外力作用方式	变形特点	内力	内力正负规定
拉伸	外力沿轴线方向作用，且为拉力	纵向伸长、横向缩短	轴力 F_N	伸长为正
压缩	外力沿轴线方向作用，且为压力	纵向缩短、横向伸长	轴力 F_N	缩短为负
剪切	一对外力等值、反向、相距很近，且垂直于杆轴线	两力作用线之间相邻截面发生相对错动变形	剪力 F_Q	顺时针剪切变形为正，反之为负
扭转	一对大小相等、转向相反的力偶作用，且力偶平面垂直于杆轴线	相邻两横截面发生相对转动	扭矩 M_T	按右手法则，与截面外法线方向一致为正，反之为负
弯曲	外力作用于纵向对称平面，垂直于杆轴线	轴线在纵向对称平面内弯曲成曲线	弯矩 M_W	下凸为正，反之为负
			剪力 F_Q	顺时针剪切变形为正，反之为负

内力的大小多随杆件横截面的位置而变化，所以内力的大小与横截面的位置有关，可以用内力函数的形式表示，将内力的变化用图的方式表达出来就是该内力的内力图，如轴力图、剪力图、弯矩图和扭矩图等。

求内力的基本方法是截面法，下面介绍截面法求取各种基本变形下的内力。

8.2.1 轴向拉压时的内力——轴力

低碳钢扭转试验

1. 截面法

如图 8-1（a）所示，杆件在外力 P 作用下处于平衡状态。为了计算内力，用假想的截面将杆件截开，分成左右两段，并以 F_N 代表左右两截开面上的内力。由于杆件整体平衡，因而左右两局部也平衡，由此可知轴力 F_N 的大小等于外力 P，并表现为拉力。此处用轴力 F_N 表达了杆件左右两段之间的相互的力的联系。

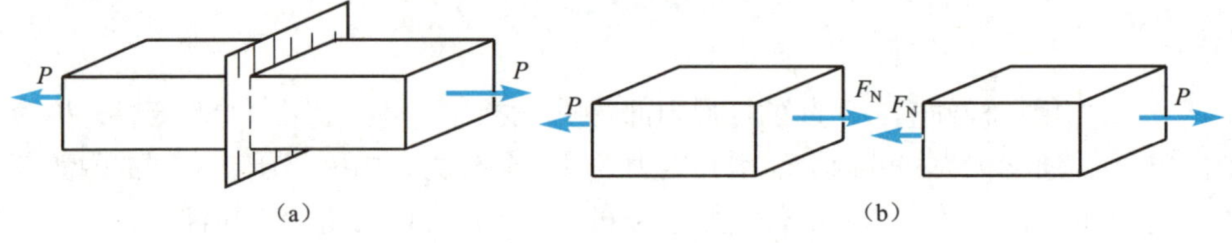

图 8-1　截面法

上述求内力的方法称为截面法。它是求内力的普遍方法。截面法求内力的一般步骤如下：

（1）取脱离体。在需求内力的截面处，用一个假想截面将构件切为两部分，任意去掉其中一部分，留下另一部分，以留下的部分为脱离体。

（2）画脱离体受力图。在脱离体上画出相应的外力和内力，其中去掉的部分对留下部分的作用以内力代替。

（3）用平衡方程求解内力。

这三个步骤可以简单归纳为“截”“取”“画”“求”四个要点。

2. 求多力杆的轴力

当由多个轴向外力作用于杆件上时，杆件各截面上的轴力不全相同，可以利用截面法将各杆段的轴力分别求出，轴力图可以清晰地表示出全杆上轴力大小的变化规律及受拉或受压情况。

例 8-1　如图 8-2 所示，作杆件的轴力图。

解　根据外力作用情况，杆件内力分三段，自左至右分别用截面 1-1、2-2 和 3-3 截断杆件，用平衡的方法计算轴力得

$$F_{N_1}=-2\ \text{kN}\ (\text{压力})$$

$$F_{N_2}=1\ \text{kN}\ (\text{拉力})$$

$$F_{N_3}=-3\ \text{kN}\ (\text{压力})$$

根据横截面所在的位置及其对应的轴力的大小，作轴力图。

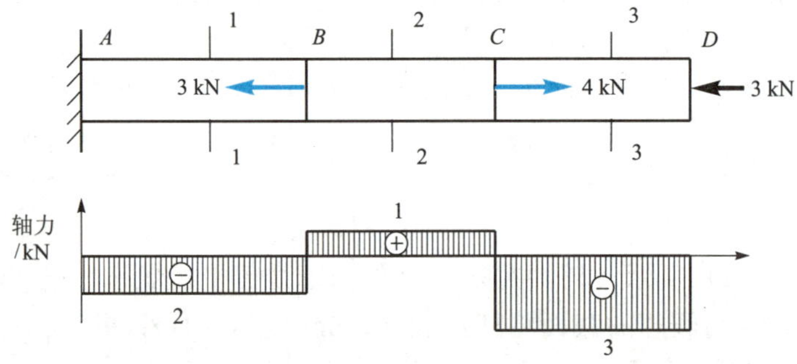

图 8-2　多个轴向外力作用下杆的轴力

8.2.2　轴扭转时的内力——扭矩

1. 外力矩

沿杆件长度作用的平衡力偶系（非共面力偶系），称为外加转矩。这时杆件产生扭转变形，杆横截面的内力称为扭矩。

对于旋转构件，工程上称为轴，若轴匀速转动，则力矩满足平衡关系。设传递的功率为 P（kW），转速为 n（r/min），则由物理知识可知转矩 M（N·m）为

$$M=9\ 549\frac{P}{n}$$

由上式可以看出，当轴的功率 P 一定时，转速 n 越大，则转矩 M 越小。反之，转速越低，则转矩越大。

2. 扭矩的求法

例 8-2　如图 8-3（a）所示，圆轴的转速为 1 000 r/min，B 轮输入功率为 20 kW，A、C 轮输出功率分别为 12 kW 和 8 kW，试作该轴的扭矩图。

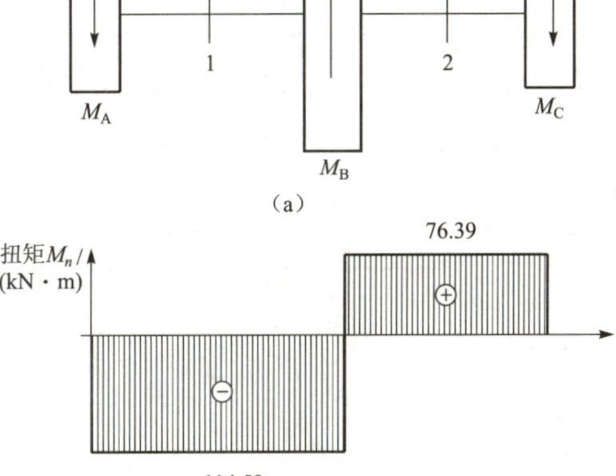

图 8-3　传动轴的扭矩

解　先计算各轮的外转矩

$$M_A=9\ 549\frac{P}{n}=9\ 549\times\frac{12}{1\ 000}=114.59\ (\text{N}\cdot\text{m})$$

$$M_B=9\ 549\frac{P}{n}=9\ 549\times\frac{20}{1\ 000}=190.98\ (\text{N}\cdot\text{m})$$

$$M_C=9\ 549\frac{P}{n}=9\ 549\times\frac{8}{1\ 000}=76.39\ (\text{N}\cdot\text{m})$$

再用截面法求出 1-1、2-2 截面的扭矩

$$M_{T_1}=-M_A=-114.59\ \text{N}\cdot\text{m}$$

$$M_{T_2}=M_C=76.39\ \text{N}\cdot\text{m}$$

再根据截面的位置与扭矩的对应关系作出扭矩图，如图 8-3（b）所示。

由上例可以得出：某一截面的扭矩等于截面任一侧所有外力矩之代数和。

8.2.3　梁横截面上的内力——剪力和弯矩

1. 单跨梁分类

工程上按照梁的支座形式不同将其分为三类，如图 8-4（a）所示。

（1）简支梁。梁的一端可简化为固定铰支座，另一端可简化为活动铰支座。

（2）外伸梁。梁的支座情况如简支梁，但梁的一端和两端可外伸。

（3）悬臂梁。梁的一端自由，另一端为固定端支座。

作用于梁上的荷载可以简化为以下三种形式，如图 8-4（b）所示。

（1）集中力。指作用面积不大的横向力 F。

（2）集中力偶。指作用面积不大的作用于梁轴平面内的外力偶 M_W。

（3）分布荷载。在梁的长度或全长上连续分布的横向力，如均匀分布，则称为线均布荷载。

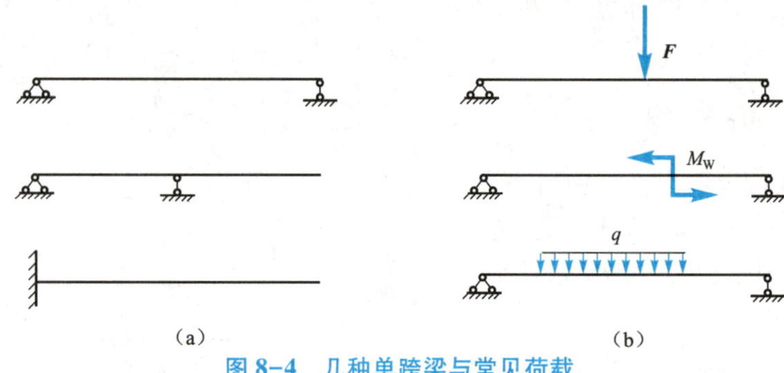

图 8-4 几种单跨梁与常见荷载

2. 剪力和弯矩

梁截面内力有剪力 F_Q 和弯矩 M_W，符号规定如下：剪力绕脱离体顺时针转为正；弯矩 M_W 使梁的下部纤维受拉为正。如图 8-5 所示，剪力和弯矩都是正的。

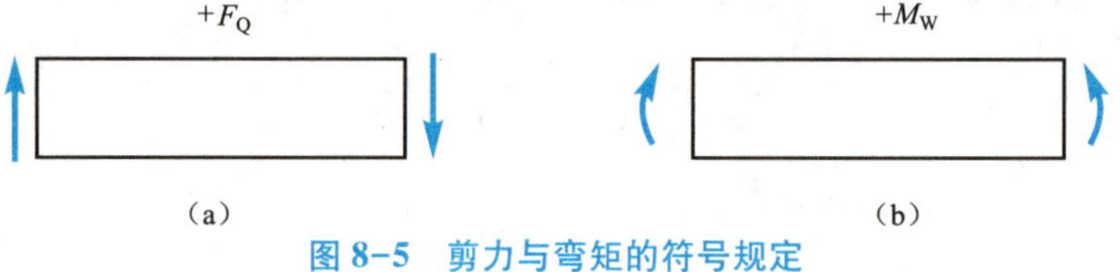

图 8-5 剪力与弯矩的符号规定

例 8-3 扳手在扳力作用下如图 8-6（a）所示，试分析扳手的弯曲内力。

解 将扳手简化为在集中力 F 作用下的悬臂梁，如图 8-6（b）所示。

利用截面法可以求出图 8-6（b）所示悬臂梁上任意截面 x 的剪力 F_{Q_x} 和弯矩 M_{W_x}

$$F_{Q_x}=F$$

$$M_{W_x}=F\cdot x$$

从这里可以看出 x 截面位置不同，内力不同。一般受力情形下，梁内剪力和弯矩将随横截面位置变化而改变。描述梁的剪力和弯矩沿梁长度方向变化的代数方程，分别称为剪力方程和弯矩方程。

如图 8-6（b）所示，先建立以 B 端为坐标原点，向左为 x 的正向的坐标系，x 截面的剪力和弯矩可以表达为

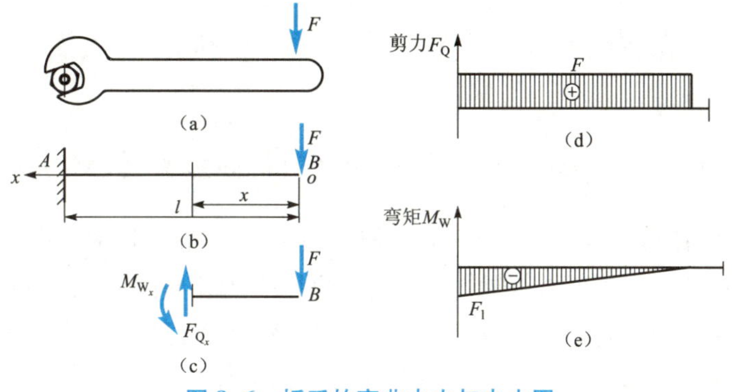

图 8-6　扳手的弯曲内力与内力图

$$F_{Q_x}=F,\ 0<x<l$$
$$M_{W_x}=Fx,\ 0<x<l$$

据此，作出剪力图和弯矩图，如图 8-6（d）、(e) 所示。

从图 8-6 可以看出，最大弯矩发生在扳手的嵌入端处。

例 8-4　试求例 7-9 中外伸梁在 C 和 D 截面上的弯矩，如图 8-7 所示。

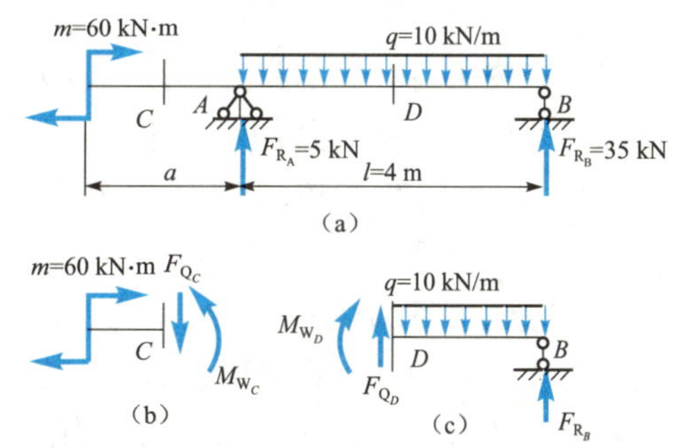

图 8-7　外伸梁横截面上的剪力和弯矩

解　由例 7-9 中所求得的支座反力 $F_{R_A}=5$ kN，$F_{R_B}=35$ kN。

（1）求截面 C 的剪力 F_{Q_C} 和弯矩 M_{W_C}。

取如图 8-7（b）所示的隔离体，并假定 F_{Q_C} 和 M_{W_C} 为正，画出隔离体受力图，再利用平衡方程求解。

由 $\sum F_y=0$，得 $-F_{Q_C}+0=0$，得 $F_{Q_C}=0$

由 $\sum M_{W_C}=0$，得 $M_{W_C}-60=0$，得 $M_{W_C}=60$ kN · m

解方程所得 M_{W_C} 的数值为正，说明实际弯矩 M_{W_C} 与隔离体图上所假定的方向一致，该弯矩使两端产生下凸变形。

（2）求截面 D 的剪力 F_{Q_D} 和 M_{W_D}。

取如图 8-7（c）所示的隔离体，并假定 F_{Q_D} 和 M_{W_D} 为正，画出隔离体受力图，再利用平衡方程求解。

由

$$\sum F_y=0,\ F_{Q_D}-q\times\frac{l}{2}+F_{R_B}=0$$

得

$$F_{Q_D}=q\times\frac{l}{2}-F_{R_B}=10\times2-35=-15\ (\text{kN})$$

又由

$$\sum M_{W_D}=0,\ -M_{W_D}-q\times\frac{l}{2}\times\frac{l}{4}+F_{R_B}\times\frac{l}{2}=0$$

可得

$$M_{W_D}=-q\times\frac{l}{2}\times\frac{l}{4}+F_{R_B}\times\frac{l}{2}=-10\times2\times1+35\times2=50\ (\text{kN}\cdot\text{m})$$

解方程所得的剪力 F_{Q_D}的数值为负，说明实际剪力 F_{Q_D}与隔离体图上所假定的方向相反；解方程所得弯矩 M_{W_D}的数值为正，说明实际弯矩与假定方向相同，为正。

通过上例不难得出，某一截面的剪力等于该截面任意一侧所用外力沿着截面切线方向投影的代数和；某一截面的弯矩等于截面任一侧所有外力对该截面形心的力矩之代数和。

8.3 杆件应力

8.3.1 应力与内力的关系

分布内力在一点的集度，称为应力。作用线垂直于截面的应力称为正应力，用希腊字母 σ 表示；作用线位于截面内的应力称为剪应力或切应力，用希腊字母 τ 表示。应力的基本单位为 Pa（帕），常用单位有千帕（1 kPa = 10^3 Pa）、兆帕（1 MPa = 10^6 Pa）等。

一般情形下的横截面上的内力，总可以分解为两种：作用线垂直于截面和作用线位于截面内的，在微面积 ΔA 上的内力可以分解为垂直于截面的 ΔF_N，与截面相切的 ΔF_Q。上述正应力和剪应力的定义可以表示为下列极限表示式

$$\sigma=\lim_{\Delta A\to 0}\frac{\Delta F_N}{\Delta A}$$

$$\tau=\lim_{\Delta A\to 0}\frac{\Delta F_Q}{\Delta A}$$

横截面上内力分量与应力之间存在相互联系，如轴力等于正应力与其作用的微面积乘积的积分

$$F_N=\int_A\sigma\cdot\mathrm{d}A$$

同样，剪力、扭矩和弯矩都可以与应力通过积分建立联系。

$$F_Q=\int_A\tau\cdot\mathrm{d}A$$

$$M_T=\int_A\tau\cdot\rho\mathrm{d}A$$

$$M_W=\int_A\sigma\cdot y\mathrm{d}A$$

8.3.2　轴向拉压时横截面上的应力

1. 轴向拉压时正应力公式

轴力 F_N 作用下，杆件横截面上仅存在正应力。通过拉伸试验可以观察到，两相邻横截面间发生平行移动，说明横截面上各点伸长相同。据此推断，截面上各点受力相同，即正应力 σ 均匀分布。

$$F_N = \int_A \sigma \cdot dA = \sigma \cdot A$$

$$\sigma = \frac{F_N}{A}$$

上式称为轴向拉压时的正应力公式，它表明在稍远离外力作用点的截面上，正应力均匀分布。

例 8-5　阶梯杆的受力情况如图 8-8 所示，设 $A_1 = 5\ \text{cm}^2$，$A_2 = 10\ \text{cm}^2$，试求截面 1-1、2-2 上的应力。

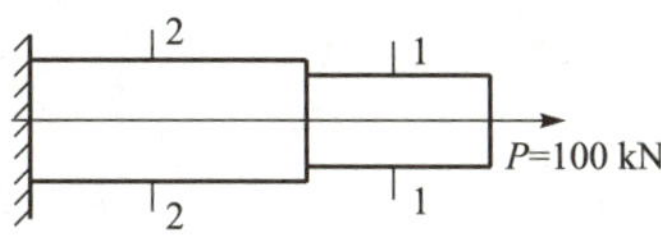

图 8-8　阶梯杆的正应力

解　（1）分析内力。

由于外力 P 作用于阶梯杆的端部，所以整个杆件的轴力相同。

$$F_N = P = 100\ \text{kN}$$

（2）求阶梯杆的应力。

在横截面积为 A_1 的细杆段，横截面上的应力与 1-1 截面相等

$$\sigma_1 = \frac{F_N}{A_1} = \frac{100\times10^3}{5\times10^{-4}} = 2\times10^8\ \text{(Pa)} = 200\ \text{MPa}$$

横截面为 A_2 的粗杆段，横截面上的应力与 2-2 截面相等

$$\sigma_2 = \frac{F_N}{A_2} = \frac{100\times10^3}{10\times10^{-4}} = 1\times10^8\ \text{(Pa)} = 100\ \text{MPa}$$

2. 轴向拉压时的强度条件

当应力不超过材料的抗拉压能力时，构件不发生破坏，构件不被破坏的条件称为强度条件。对于轴向拉压杆件的强度条件为

$$\sigma = \frac{F_N}{A} \leqslant [\sigma]$$

应用强度条件，可以解决强度校核、设计截面和确定许可荷载等三类问题。下面通过例题来说明它在解决设计截面上的应用。

例 8-6　汽车发动机活塞连杆组简图如图 8-9 所示。活塞上所受压力 $P = 3.78\times10^3\ \text{kN}$，假设连杆 BC 横截面为矩形，高宽比 $h : b = 1.4$，材料许用应力 $[\sigma] = 90\ \text{MPa}$，连杆上所受最大压力 F_N 近似等于 P，试设计连杆的截面尺寸 h 和 b。

解　连杆上最大轴力等于活塞所受压力 P，即有

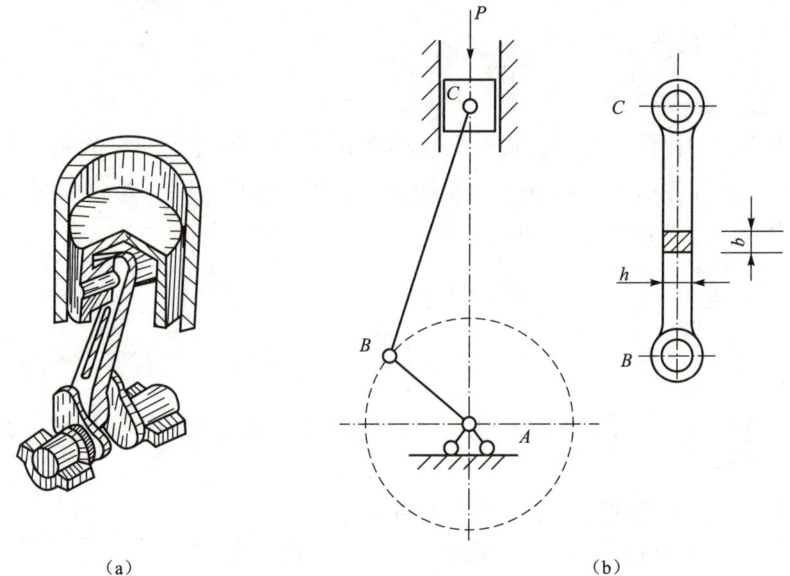

图 8-9　汽车发动机活塞连杆的强度计算

$$F_N = P = 3.78\times10^3\ \text{kN}$$

由强度条件得

$$A \geqslant \frac{F_N}{[\sigma]} = \frac{3.78\times10^3\times10^3}{90\times10^6} = 0.042\ (\text{m}^2)$$

由 $A=hb$，且 $h:b=1.4$，则

$$1.4b^2 \geqslant 0.042$$

得

$$b \geqslant 173\ \text{mm}$$

若取 $b=175$ mm，则 $h=1.4b=245$ mm。

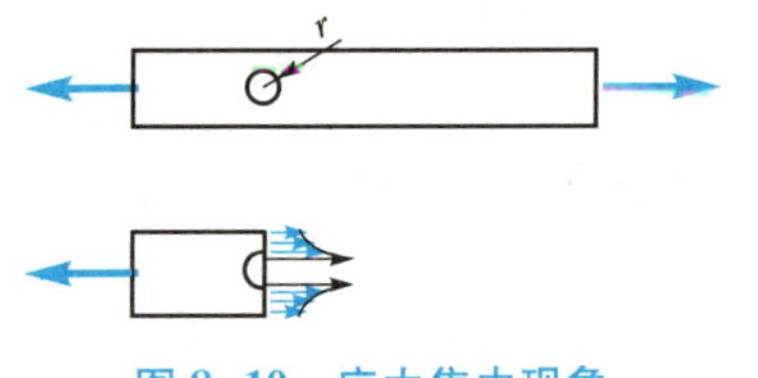

图 8-10　应力集中现象

3. 应力集中

在工程实际的轴向拉压杆中，有时截面大小突变或轴上钻孔等，这时应力不再均匀分布，而会有局部应力突然增大的现象出现，这一现象称为应力集中，如图 8-10 所示。将应力的最大峰值与平均值之比定义为应力集中系数，用 α 表示

$$\alpha = \frac{\sigma_{max}}{\sigma}$$

弹性力学和断裂力学理论分析可知，在小圆孔附近 $\alpha=3$，在裂纹尖端附近 $\alpha\to\infty$。工程的构件在截面变化处要用圆角过渡，开孔时尽量开成圆孔，目的在于减小应力集中现象。

8.3.3　剪切时的应力

1. 剪应力和挤压应力

钢结构中的螺栓、铆钉抗剪连接中承受剪切作用（图 8-11），机械传动中的键也是如此。这些连接件都同时受到剪切与挤压作用，剪切使得构件沿着剪切面有切断的破坏趋势，挤压使得连接件在接触面上有压溃的破坏趋势。这时应力在剪切面和挤压面上都不是均匀分布的，但为了便于计算，名义剪应力和挤压应力计算如下

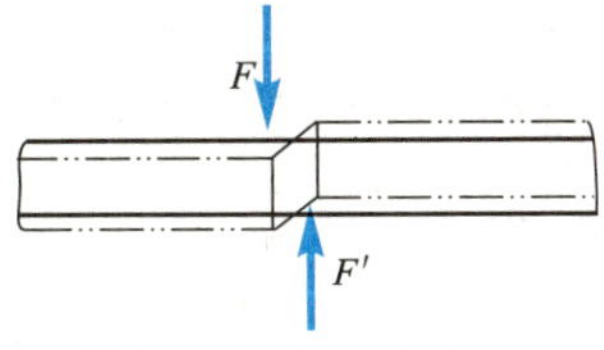

图 8-11　剪切变形

$$\tau=\frac{F_Q}{A}$$

式中，F_Q 为横截面上的剪力；A 为剪切面积。

$$\sigma_{jy}=\frac{F}{A_{jy}}$$

式中，F 为挤压力；A_{jy} 为挤压面的投影面积。

2. 剪切强度计算

为了使受剪构件能安全可靠地工作，应将构件中的工作应力限制在材料的许可应力之内，由此得出了剪切和挤压的强度条件

$$\tau=\frac{F_Q}{A}\leqslant[\tau]$$

$$\sigma_{jy}=\frac{F}{A_{jy}}\leqslant[\sigma]_{jy}$$

实验表明，对于一般钢材，材料的许用剪应力 $[\tau]$ 与许用拉应力 $[\sigma]$ 有如下关系。

塑性材料：　$[\tau]=(0.6\sim0.8)[\sigma]$

$[\sigma]_{jy}=(1.7\sim2.0)[\sigma]$

例 8-7　如图 8-12（a）所示，某一吊钩起吊重物 $P=20$ kN，销钉的材料为16Mn，其许用剪应力 $[\tau]=140$ MPa。试分析销钉的直径 d 是多少才能保证安全起吊。

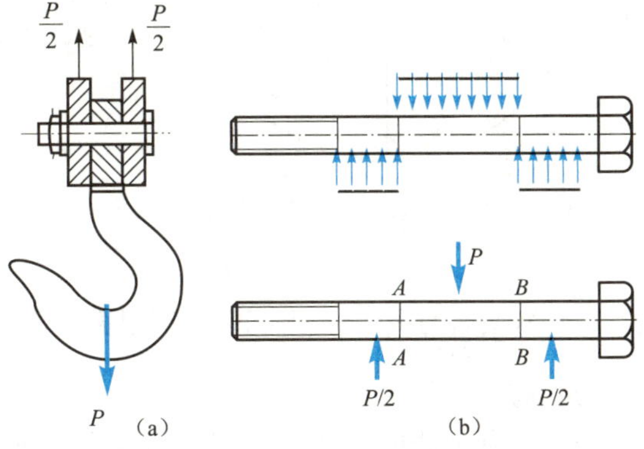

图 8-12　受剪切作用的销钉

解　（1）对销钉进行受力分析。

根据此销钉的受剪的实际工作情况可以看出有 A-A 和 B-

B 两个受剪面，如图 8-12（b）所示，利用截面法求出

$$F_{Q_A}=F_{Q_B}=\frac{P}{2}=10\ \text{kN}$$

（2）确定销钉直径。

由剪切强度条件

$$\tau=\frac{F_Q}{A}\leqslant[\tau]$$

可知

$$A\geqslant\frac{F_Q}{[\tau]}=\frac{10\times10^3}{140\times10^6}=7.14\times10^{-5}\ (\text{m}^2)$$

$$d\geqslant\sqrt{\frac{4A}{\pi}}=\sqrt{\frac{4\times7.14\times10^{-5}}{\pi}}=9.54\times10^{-3}\ (\text{m})$$

可选取 $d=10$ mm。

8.3.4 扭转时横截面上的应力

1. 剪应力及剪应力的分布

非圆截面在扭转过程中，横截面还要发生翘曲变形，比较复杂。这里只讨论圆截面的扭转。

圆截面在扭转过程中，任意两个横截面之间发生相对转动，截面间的距离并不发生改变，所以横截面上只有剪应力，而无正应力。

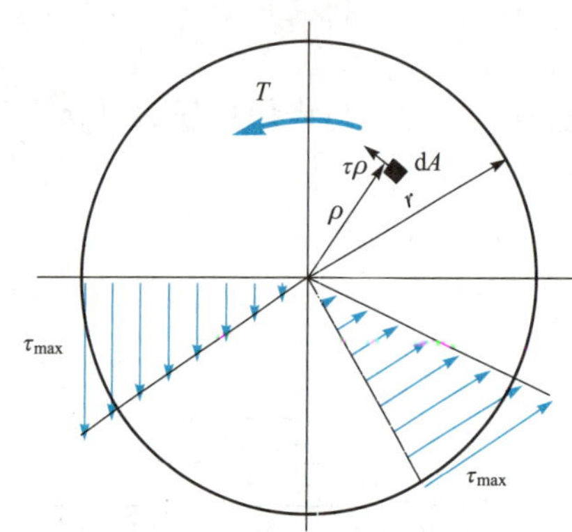

图 8-13 横截面上剪应力分布

剪应力在横截面上的分布规律如图 8-13 所示，任一点处的剪应力大小与该点到圆心的距离成正比，方向垂直于该点与圆心的连线，指向与扭矩 T 一致。

设某点到圆心的距离为 ρ，则该点的剪应力的大小与 ρ 成正比，最大剪应力发生在圆截面的外边缘上，即

$$\tau=\frac{M_T}{I_p}\rho$$

$$\tau_{\max}=\frac{M_T}{I_p}\cdot\rho_{\max}=\frac{M_T}{W_p}$$

式中，I_p 为截面的极惯性矩；W_p 为抗扭截面系数，$W_p=\frac{I_p}{\rho_{\max}}$，它们都是只与横截面的形状有关的几何量。

与实心圆轴截面相比较，圆环截面上的剪应力大小分布仍为线性分布，如图 8-14（b）所示。最大剪应力发生在横截面的外圆周上，但内圆周上的剪应力

不等于零，方向仍垂直于半径，且与横截面相切。

2. 扭转时剪切强度条件

为了保证轴在扭转时候能安全工作，必须使轴的最大剪应力 τ_{max} 不超过材料的许用剪应力，即

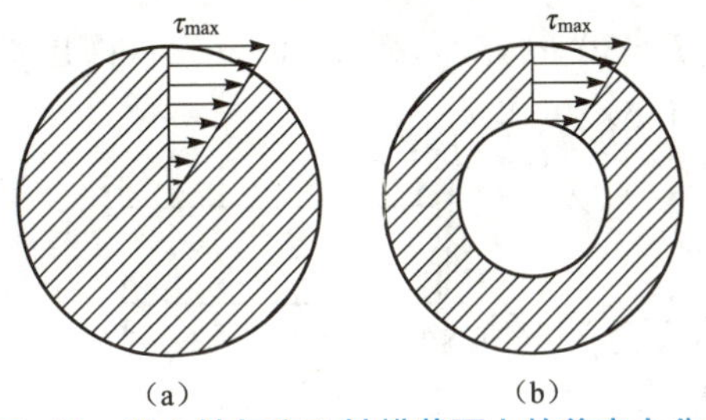

图 8-14　实心轴与空心轴横截面上的剪应力分布

$$\tau_{max}=\frac{T}{W_P}\leqslant [\tau]$$

对于许用应力$[\tau]$，可以通过材料试验结果和强度理论来确定。

应用这个强度条件，同样可以解决强度校核、设计截面和确定许可荷载等三类问题。实心圆轴、空心圆轴横截面的极惯性矩和抗扭截面系数见表 8-3。

表 8-3　实心圆轴、空心圆轴横截面的极惯性矩和抗扭截面系数

截　　面	极惯性矩 I_p	抗扭截面系数 W_p
D	$\frac{\pi D^4}{32}$	$\frac{\pi D^3}{16}$
d D	$\frac{\pi D^4(1-\alpha^4)}{32}$ $\alpha=\frac{d}{D}$	$\frac{\pi D^3(1-\alpha^4)}{16}$

例 8-8　如图 8-15 所示，实心圆轴直径为 50 mm，承受扭矩为 1 500 N·m，试计算距轴心 20 mm 处的剪应力和截面内的最大剪应力。

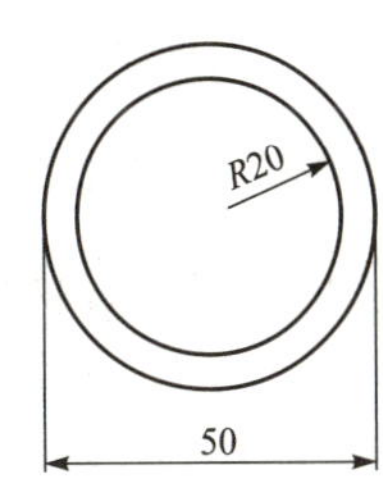

图 8-15　计算横截面上的剪应力

解　先计算距轴心 $\rho=20$ mm 处的剪应力

$$I_p=\frac{\pi D^4}{32}=\frac{\pi\cdot 50^4}{30}=6.136\times10^5\ (\text{mm}^4)$$

得

$$\tau=\frac{M_T}{I_p}\rho=\frac{1\ 500\times10^3}{6.136\times10^5}\times20=48.9\ (\text{MPa})$$

圆轴横截面的最大剪应力发生在圆周上

$$\tau_{max}=\frac{M_T}{I_p}\rho_{max}=\frac{1\ 500\times10^3}{6.136\times10^5}\times25=61.1(\text{MPa})$$

例 8-9　图 8-16 所示为汽车传动轴（图中 AB 轴），由 45 钢无缝管制成，其

外径$D=90$ mm，内径 $d=85$ mm，许用剪应力$[\tau]=60$ MPa，工作时最大扭矩 $M_T=1.5\times10^3$ N · m。

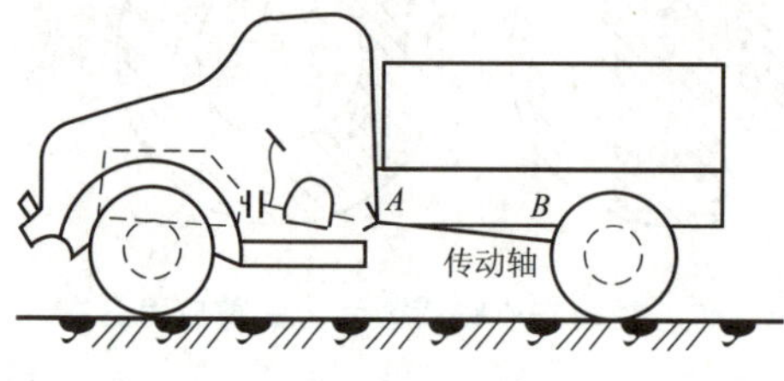

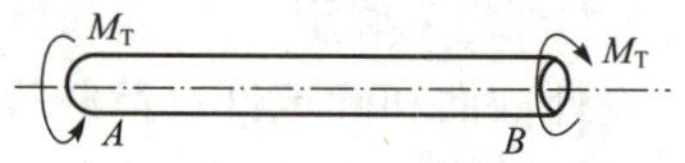

图 8-16 汽车传动轴的扭转强度

（1）试校核轴的强度；

（2）若将传动轴 AB 改为实心轴，且强度相同，试确定轴的直径；

（3）比较空心轴与实心轴的质量。

解

（1）校核轴的强度

$$\alpha=\frac{d}{D}=\frac{85}{90}=0.944$$

抗扭截面系数

$$W_p=\frac{\pi D^3(1-\alpha^4)}{16}=\frac{\pi\times90^3}{16}(1-0.944^4)$$

$$=2.947\times10^4(\text{mm}^3)$$

最大剪应力为

$$\tau_{\max}=\frac{T}{W_p}=\frac{1.5\times10^3}{2.947\times10^{-5}}=50.9(\text{MPa})<[\tau]$$

由于材质的许用剪应力［τ］=60 MPa，最大剪应力在此范围内，所以该传动轴的强度足够。

（2）若将 AB 空心轴改为实心轴，并保持轴的强度不变，有

$$\tau_{实\max}=\frac{M_T}{W_{实P}}=50.9 \text{ MPa}$$

将 $M_T=1.5\times10^3$ N · m，$W_p=\frac{\pi D^3}{16}$代入，可得

$$D_{实}=\sqrt[3]{\frac{16T}{\pi\cdot\tau_{实}}}=\sqrt[3]{\frac{16\times1.5\times10^3}{\pi\times50.9\times10^6}}=0.053(\text{m})=53 \text{ mm}$$

（3）由于两轴材料相同、长度相等，其质量之比应该等于横截面面积之比，于是有

$$\frac{F_{Q实}}{F_{Q空}}=\frac{A_{实}}{A_{空}}=\frac{D_{实}^2}{D^2-d^2}=\frac{53^2}{90^2-85^2}=3.2$$

由此可以看出，空心轴在传递扭矩方面有很好的性能，因此在工程上有广泛的应用。

8.3.5 弯曲正应力

1. 弯曲正应力的计算

所有外力都作用于梁的纵向对称平面上时，梁的轴线弯曲成平面曲线，这一

曲线位于外力作用平面内，如图 8-17 所示的弯曲称为平面弯曲。

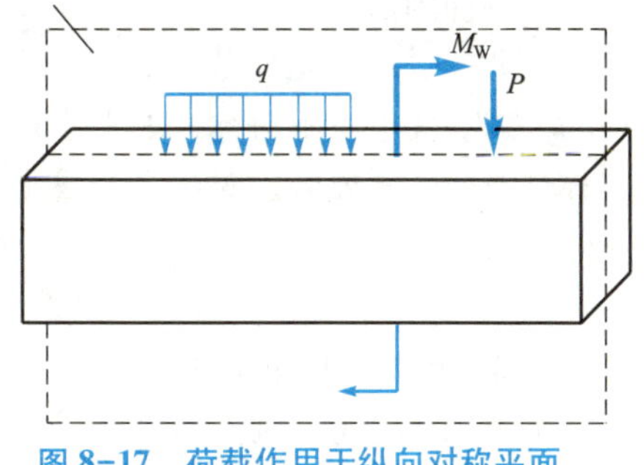

图 8-17　荷载作用于纵向对称平面

一般情形下，平面弯曲时，梁的横截面上一般有剪力和弯矩两种内力。如果横截面上只有弯矩时，这种平面弯曲称为纯弯曲。如图 8-18 所示，外伸梁的 *AB* 段，剪力为零，只有弯矩。

如果用容易变形的材料，如橡胶、海绵制成梁的模型，然后让梁产生纯弯曲，如图 8-19 所示，可以看到梁弯曲后，一些层发生伸长变形，另一些则会发生缩短变形，在伸长区与缩短区的交界处那一层，既不伸长，也不缩短，称为梁的中性层。中性层与横截面的交线称为中性轴。

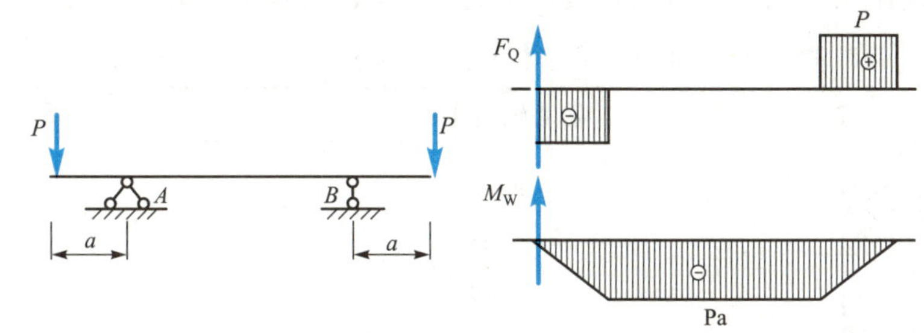

图 8-18　*AB* 梁段为纯弯曲变形

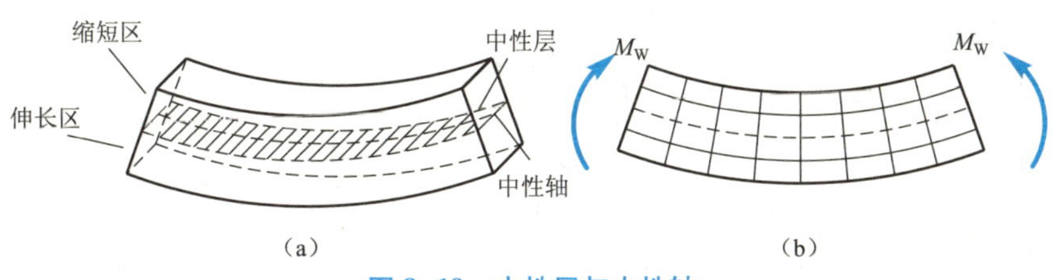

图 8-19　中性层与中性轴

正应力沿截面高度呈线性分布。如图 8-20 所示，在正弯矩作用下，中性轴以下为拉应力，中性轴以上为压应力；在负弯矩作用下，中性轴下部为压应力，中性轴以上为拉应力。

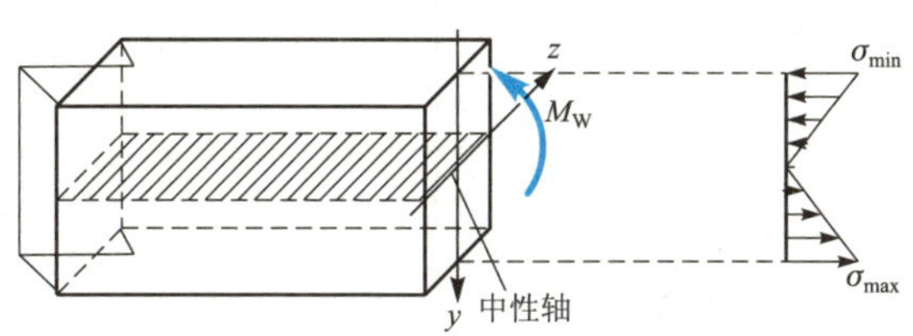

图 8-20　矩形截面上弯曲正应力分布规律

正应力计算公式为

$$\sigma = \frac{M_W}{I_z} \cdot y$$

式中，M_W 为横截面上的弯矩；I_z 为截面对 z 轴的惯性矩；y 为距中性轴的距离。

以上有关纯弯曲的正应力公式，对于非纯弯曲也是近似适用的，还可以证明中性轴是通过截面的形心轴。

工程上关注的是横截面上的最大正应力，也就是横截面上到中性轴最远处的正应力。若截面上下不对称，如T字形截面、槽形截面等，则最大拉压应力不等值，具体计算时，需要区别对待。若截面上下对称，则最大拉压应力数值相等。

$$\sigma_{\max}=\frac{M_W}{I_z}\cdot y_{\max}=\frac{M_W}{W_z}$$

式中，W_z 为抗弯截面系数。

截面对形心轴的惯性矩的定义为

$$I_z=\int_A y^2\,\mathrm{d}A$$

几种简单图形对其形心轴的惯性矩和抗弯截面系数计算公式见表8-4，对轧制型钢的惯性矩等几何性质可由设计手册中的型钢表直接查得。

表8-4　几种简单图形对形心轴的惯性矩和抗弯截面系数

截　　面	形心轴惯性矩	抗弯截面系数
y, z, h, b	$I_z=\frac{bh^3}{12}$ $I_y=\frac{hb^3}{12}$	$W_z=\frac{bh^2}{6}$ $W_y=\frac{hb^2}{6}$
y, z, h_1, h, b_1, b	$I_z=\frac{bh^3-b_1h_1^3}{12}$ $I_y=\frac{hb^3-h_1b_1^3}{12}$	$W_z=\frac{bh^3-b_1h_1^3}{6h}$ $W_y=\frac{hb^3-h_1b_1^3}{6b}$
y, z, D	$I_z=I_y=\frac{\pi D^4}{64}$	$W_z=W_y=\frac{\pi D^3}{32}$
y, z, d, D	$I_z=I_y=\frac{\pi D^4(1-\alpha^4)}{64}$ $\alpha=\frac{d}{D}$	$W_z=W_y=\frac{\pi D^3(1-\alpha^4)}{16}$

在计算惯性矩的时候，有以下两点需要注意：

（1）图形对非形心轴 z 的惯性矩 I_z 计算，要用到平行移轴公式。如图 8-21 所示，已知截面对自身形心轴的惯性矩 I_{z_c}，则 I_z 为

$$I_z = I_{z_c} + A \cdot a^2$$

（2）组合图形对形心的惯性矩 I_z 的计算，可以将图形分成若干个简单图形，分别计算第 i 块面积对 z 轴的惯性矩，再求和，即

$$I_z = \sum I_{zi}$$

在计算第 i 块面积对 z 轴的惯性矩 I_{zi} 的过程中，注意所求的轴是否是第 i 块面积的形心轴，若不是形心轴，则还要用到平行移轴公式。

例 8-10　求如图 8-22 所示的矩形截面，对过底边的 z 轴的惯性矩。

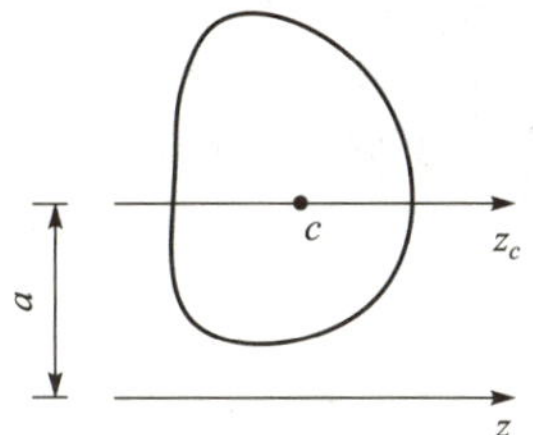

图 8-21　计算非形心轴的惯性矩

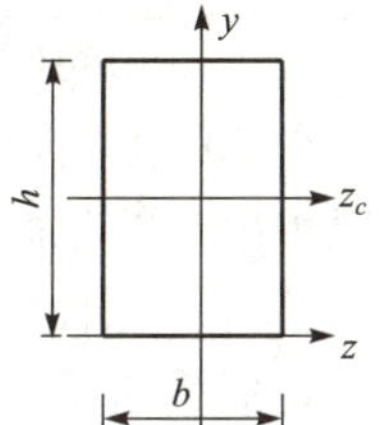

图 8-22　矩形截面

解　矩形截面形心居中，截面对矩形形心轴 z_c 的惯性矩为

$$I_{z_c} = \frac{bh^2}{12}$$

应用平行移轴公式计算，$a = \frac{h}{2}$，$A = bh$，所以

$$I_z = I_{z_c} + A \cdot a^2 = \frac{bh^2}{12} + bh \cdot \left(\frac{h}{2}\right)^2 = \frac{1}{3}bh^2$$

2. 梁弯曲时的强度条件

梁截面上的弯矩是随截面位置而变化的。因此，在进行梁的强度计算时，应使危险截面上的最大正应力不超过材料的弯曲许用应力［σ］，即梁的弯曲强度条件为

$$\sigma = \frac{M_{W_{max}}}{W_z} \leqslant [\sigma]$$

应用强度条件，同样可以解决强度校核、设计截面和确定许可荷载等三类问题。下面用例题说明它在设计截面方面的应用。

例 8-11　图 8-23（a）所示为悬臂梁，它的长度 $l = 1.5$ m，在自由端上受到一集中力 $P = 22$ kN。设梁的许用应力［σ］= 140 MPa，试选择工字钢截面的号码。

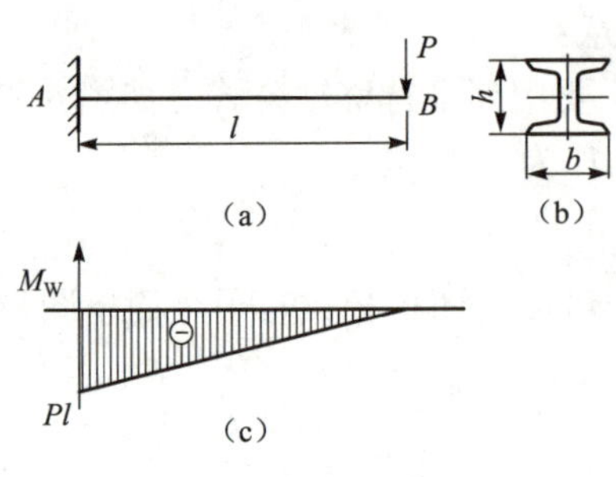

图 8-23 工字钢悬臂梁弯曲强度计算

如果改用矩形截面，且设高度与宽度之比 $\frac{h}{b}=2$，则所需的材料将是工字钢的多少倍？

解 （1）求最大弯矩。

作出弯矩图，如图 8-23（c）所示，最大弯矩发生在悬臂梁的固定端。

$$M_{W_{max}}=M_{W_A}=Pl=22\times1.5=33\ (\text{kN}\cdot\text{m})$$

（2）选择横截面。

由 $$\sigma=\frac{M_{W_{max}}}{W_z}\leqslant[\sigma]$$

得 $$W_z\geqslant\frac{M_{W_{max}}}{[\sigma]}=\frac{33\times10^3}{140\times10^6}=2.36\times10^{-4}\ (\text{m}^3)=236\ \text{cm}^3$$

查型钢表得 20a 工字钢的抗弯截面系数 $W=237\ \text{cm}^3$ 满足条件，故选择 20a 工字钢，还可以查出它的截面面积为 $A=35.5\ \text{cm}^2$。

（3）改选用矩形截面梁。

如果改用矩形截面梁且 $h=2b$，则

$$W=\frac{bh^2}{6}=\frac{b(2b)^2}{6}=\frac{2}{3}b^3$$

$$b=\sqrt[3]{\frac{3}{2}W}=\sqrt[3]{\frac{3}{2}\times237}=7.1\ (\text{cm})$$

$$h=2b=14.2\ \text{cm}$$

$$\frac{A_{矩形}}{A_{工字钢}}=\frac{7.1\times14.2}{35.5}=2.84$$

故改用矩形截面梁时，所需材料将是工字钢截面面积的 2.85 倍。

3. 提高梁强度的措施

提高梁的强度措施有多种，工程上主要从以下几个方面提高梁的强度：

（1）选择合理的截面形状。

梁横截面上各点正应力的大小，与该点到中性轴的距离成正比。离中性轴越远，正应力数值越大，上下两边缘处正应力达到最大值。

由例 8-11 可知，离中性轴较近的材料，没有充分发挥作用，因此可以将截面的形状改变一下，如图 8-24 所示，这样截面更合理一些，横截面的 W/A 数值变大了，W/A 数值与截面的形状有关。表 8-5 所示为常见截面的 W/A 数值。

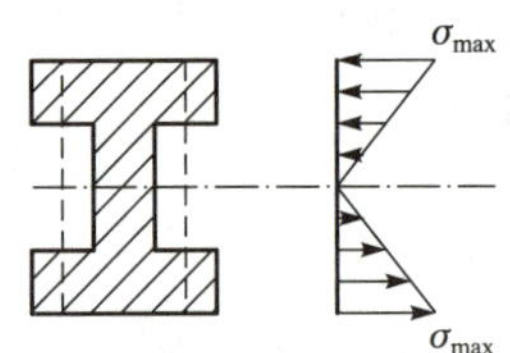

图 8-24 横截面形状与正应力分布的吻合

表 8-5　常见截面的 W/A 数值

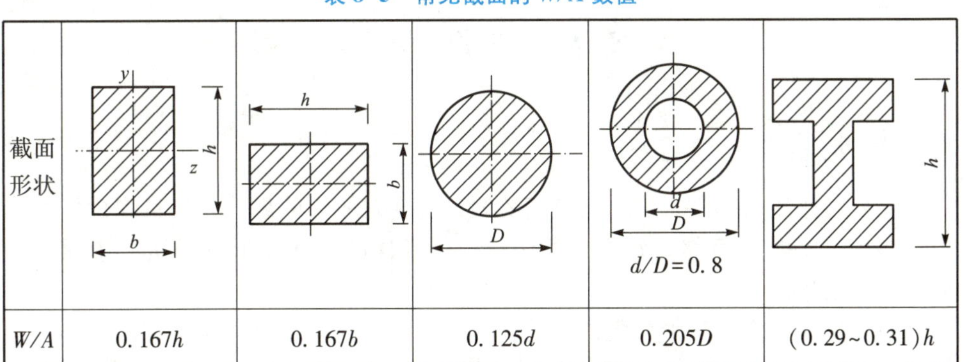

截面形状	y、z、h、b	h、b	D	d、D；$d/D=0.8$	h
W/A	$0.167h$	$0.167b$	$0.125d$	$0.205D$	$(0.29\sim0.31)h$

(2) 采用变截面梁或等强度梁。

弯曲强度计算是保证梁的危险截面上的最大正应力必须满足强度条件

$$\sigma_{\max}=\frac{M_{W_{\max}}}{W_z}\leqslant[\sigma]$$

大多数情况下，梁上只有一个或者少数几个截面上的弯矩达到最大值，也就是说只有少数截面是危险截面。当危险截面上的最大正应力达到许用应力值时，其他大多数截面上的最大正应力还没有达到许用应力值，有些点甚至远远没达到许用应力值，这些截面的材料同样没有被充分利用。

为了合理地利用材料，减轻结构质量，很多工程构件都设计成变截面的。弯矩大的地方截面大一些，弯矩小的地方截面也小一些，如汽车上的板簧、芯轴等，如图 8-25 所示。

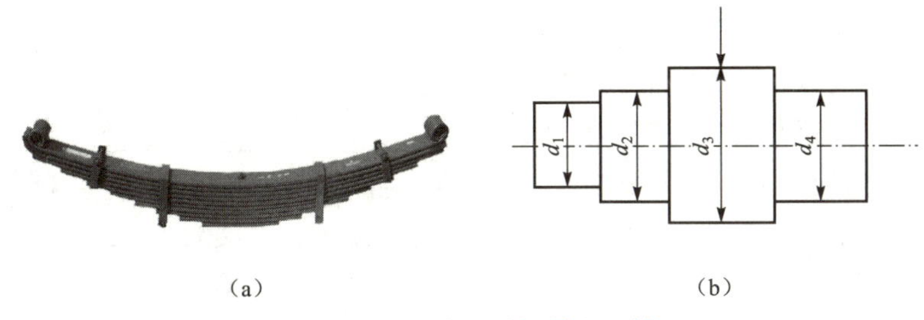

图 8-25　汽车上的板簧和芯轴

(a) 汽车上的板簧；(b) 汽车芯轴

(3) 改善受力状况。

改善梁的受力状况，一是改变加载方式，即将集中力改为均布荷载；二是调整梁的支座距离，这些都以减小梁上的最大弯矩数值为目标的措施。

8.4 杆件变形

8.4.1 应变与应力的关系

受外力作用的构件，应力是应变的因，应变是应力的果。如果将弹性体看作由许多微单元体（简称微元体）所组成，弹性体的整体变形则是所有微元体变形累加的结果。

对于正应力作用下的微元体，沿着正应力和垂直于正应力方向将产生伸长和缩短，这种变形称为正应变或线应变，用 ε 表示。

剪应力作用下的微元体将发生剪切变形，剪切变形程度用微元体直角的改变量度量，用 γ 表示。

对大多数工程材料而言，应力的大小在一定范围内，应力与应变成比例关系，即所谓的线性、弹性关系。

正应力与正应变的线性、弹性定量关系由胡克定律确定

$$\sigma = E \cdot \varepsilon$$

剪应力与剪应变的关系由剪切胡克定律描述

$$\tau = G \cdot \gamma$$

式中，比例常数 E 称为材料的弹性模量；比例常数 G 称为材料的剪切弹性模量，其值通过试验测定。对于低碳钢而言，弹性模量为 196~216 GPa，剪切弹性模量为 79.4 GPa。

可以证明，对于各向同性材料而言，材料常数 E、G 和 μ 之间存在如下关系

$$G = \frac{E}{2(1+\mu)}$$

也即各向同性材料，独立的材料常数仅有两个。

一旦应力超出了线弹性范围，应变就不再与应力成比例关系。

8.4.2 拉伸压缩变形

拉伸变形如图 8-26 所示。

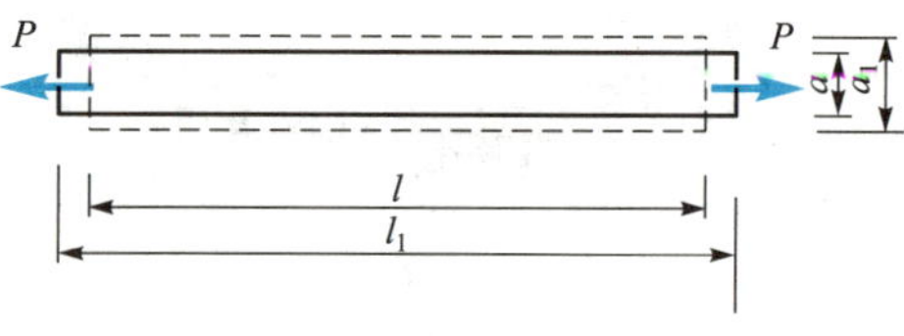

图 8-26 拉伸变形

轴向变形量为

$$\Delta l = l_1 - l$$

横向变形为

$$\Delta a = a_1 - a$$

绝对变形与杆件的尺寸有关，为消除原尺寸的影响，通常用单位长度的变形来表示杆件变形的程度

$$\varepsilon=\frac{\Delta l}{l}$$

$$\varepsilon'=\frac{\Delta a}{a}$$

$$\mu=\left|\frac{\varepsilon'}{\varepsilon}\right|$$

式中，ε、ε'分别称为轴向线应变和横向线应变。显然，二者的符号总是相反的，它们是量纲统一的量。

在线性、弹性范围内，杆件的伸长变形可由胡克定律求出

$$\Delta l=\frac{Nl}{EA}$$

例 8-12　如图 8-27 所示，杆件已知 $A_1=5\ 000\ \text{mm}^2$，$A_2=3\ 000\ \text{mm}^2$ 材料的弹性模量$E=2\times10^5$ MPa。求杆件的总伸长量。

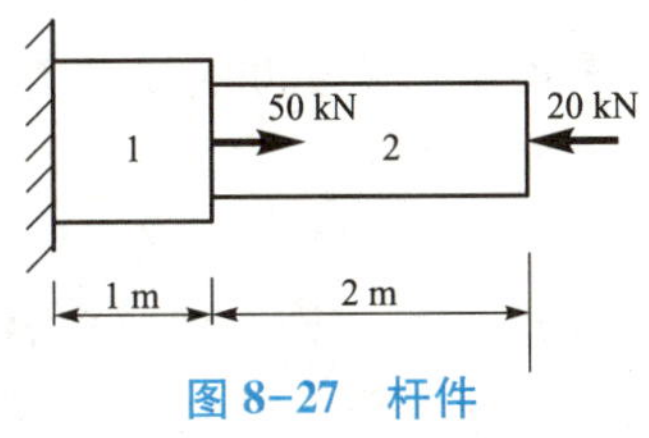

图 8-27　杆件

解　杆件分两段

$$N_1=30\ \text{kN}$$

$$N_2=-20\ \text{kN}$$

各段伸长量为

$$\Delta l_1=\frac{N_1l_1}{EA_1}=\frac{30\times10^3\times1}{2\times10^{11}\times5\ 000\times10^{-6}}=3\times10^{-5}\ (\text{m})=0.03\ \text{mm}$$

$$\Delta l_2=\frac{N_2l_2}{EA_2}=-\frac{20\times10^3\times2}{2\times10^{11}\times3\ 000\times10^{-6}}=-6.7\times10^{-5}\ (\text{m})=-0.067\ \text{mm}$$

总伸长量为

$$\Delta l=\Delta l_1+\Delta l_2=0.03-0.067=-0.037\ (\text{mm})$$

负号表示缩短。

8.4.3　轴的扭转变形

1. 扭转角

圆轴扭转的变形可以用扭转角 φ 表示。所谓扭转角，是指变形时圆轴上任意两截面相对转过的角度，如图 8-28 所示，其单位是 rad（弧度）。可以证明，扭转角 φ 与扭矩 M_T、长度 l、材料的剪切弹性模量 G 和截面的极惯性矩 I_p 有关，即

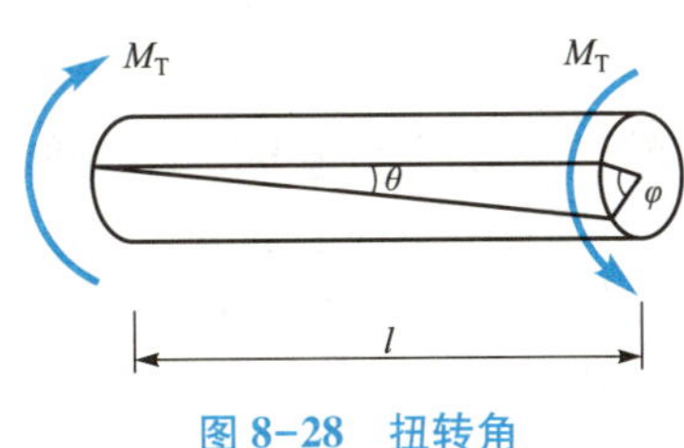

图 8-28　扭转角

$$\varphi=\frac{M_T\cdot l}{GI_p}$$

从上式可以看出，扭转角 φ 的大小与长度

l成正比。为消除l的影响，工程上常用单位长度扭转角θ来表示其变形程度，即

$$\theta=\frac{\varphi}{l}=\frac{M_T}{GI_p}$$

式中，θ的单位为rad/m。

2. 圆轴扭转刚度条件

有些机械，因轴的扭转角过大而影响其精度，有时还会引起振动，所以对扭转变形要加以限制。通常要求单位长度内的扭转角θ不超过许用单位长度内的扭转角［θ］，即

$$\theta=\frac{\varphi}{l}=\frac{M_T}{GI_p}\leqslant[\theta]$$

若许用单位长度的扭转角［θ］的单位为（°）/m，则上式转化为

$$\theta=\frac{\varphi}{l}=\frac{M_T}{GI_p}\times\frac{180}{\pi}\leqslant[\theta]$$

例8-13 某汽车厂制造的汽车，从发动机连接到后轮的传动轴，是用45钢制成的无缝钢管，外径$D=90$ mm，内径$d=85$ mm。轴传递的最大力偶矩为1 500 N·m，轴的许用单位扭转角$[\theta]=2°/\text{m}$，剪切弹性模量$G=80$ GPa，试校核该轴的刚度。

解 （1）计算截面极惯性矩。

$$\alpha=\frac{85}{90}=0.944$$

$$I_p=\frac{\pi D^4(1-\alpha^4)}{32}=\frac{\pi\times0.09^4\times(1-0.944^4)}{32}=1.326\times10^{-6}\ (\text{m}^4)$$

（2）核算刚度。

$$\theta=\frac{M_T}{GI_p}\times\frac{180}{\pi}=\frac{1\ 500}{80\times10^9\times I_p}\times\frac{180}{\pi}=\frac{1\ 500}{80\times10^9\times1.326\times10^{-6}}\times\frac{180}{\pi}$$
$$=0.81°/\text{m}<2°/\text{m}$$

所以刚度足够。

8.4.4 梁的弯曲变形

1. 弯曲变形

机械中受横向力作用的轴等，除了要有足够的强度以外，还要有足够的刚度，以保证其工作时弹性变形不致过多，否则在转动过程中会引起振动，影响机械的运转精度，甚至导致失效。另一方面，弯曲变形也有可利用的一面，例如汽车上的钢板弹簧，就是通过其弯曲变形来缓冲车辆的振动。下面简单地介绍梁的弯曲变形基本概念及基本计算。

为了简便起见，在研究梁变形时仍用梁的轴线来表示原梁。受弯梁轴线位于

中性层，不伸长，也不缩短，平面弯曲时梁轴线在纵向对称平面内弯曲成一曲线，该曲线称为挠曲线，也称为弹性曲线，可以用函数 $y=f(x)$ 来表示。

如图 8-29 所示，梁上距离坐标原点为 x 的截面形心，沿 y 轴方向的位移 y，称为该截面的挠度，其单位为长度单位，向上为正。x 截面除了发生形心的线位移，同时横截面还转过了一个角度 θ，称为该截面的转角。转角的单位为弧度，截面逆时针转动为正。

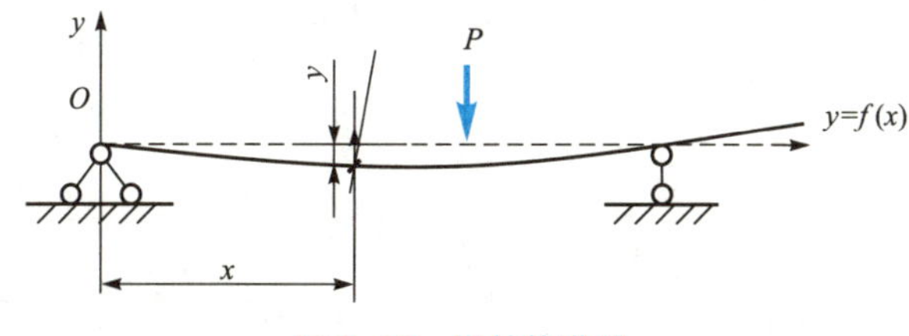

图 8-29　梁的挠曲线

研究梁的变形，就是要找出梁截面的挠度与转角。求挠度与转角的方法有积分法、虚功原理等方法，也可以通过查表，利用叠加原理求出。表 8-6 所示为几种常见梁的变形。

表 8-6　几种常见梁的变形

梁和荷载情况	挠曲线方程	梁端转角	最大挠度
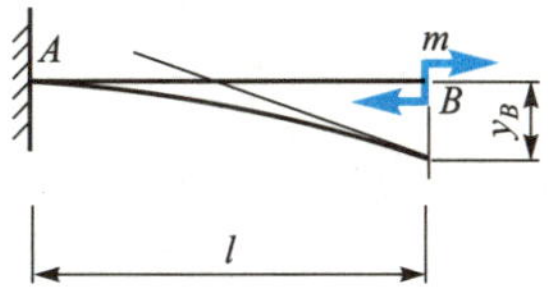	$y=-\dfrac{mx^3}{2EI}$	$\theta_B=-\dfrac{ml}{EI}$	$y_B=-\dfrac{m^2l}{2EI}$
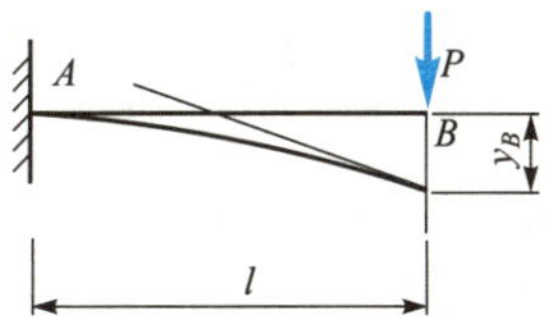	$y=-\dfrac{Px^2}{6EI}(3l-x)$	$\theta_B=-\dfrac{Pl^2}{2EI}$	$y_B=-\dfrac{Pl^3}{3EI}$
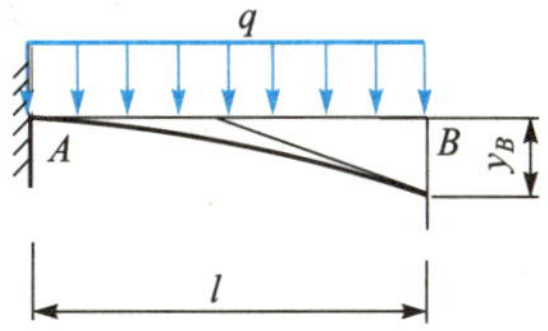	$y=-\dfrac{qx^2}{24EI}(x^2-4lx+6l^2)$	$\theta_B=-\dfrac{ql^3}{6EI}$	$y_B=-\dfrac{ql^4}{8EI}$

续表

梁和荷载情况	挠曲线方程	梁端转角	最大挠度
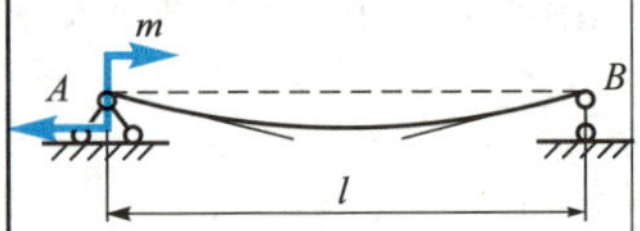	$y=-\frac{mx^2}{6EIl}(l-x)(2l-x)$	$\theta_A=-\frac{ml}{3EI}$ $\theta_B=-\frac{ml}{6EI}$	$x=1-\frac{1}{\sqrt{3}}$, $y_{\max}=-\frac{ml^3}{9\sqrt{3}EI}$; $x=l/2$, $y_{l/2}=-\frac{ml^2}{16EI}$
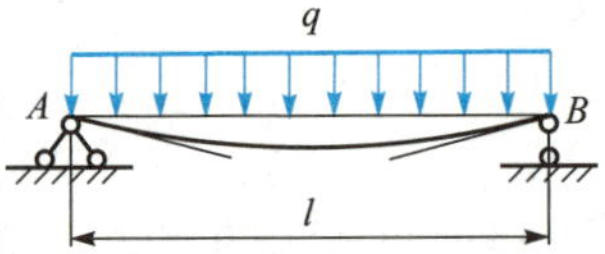	$y=-\frac{qx}{24EI}(l^3-2lx^2+x^3)$	$\theta_A=\theta_B$ $=-\frac{ql^3}{24EI}$	$y_{\max}=-\frac{5ql^4}{384EI}$
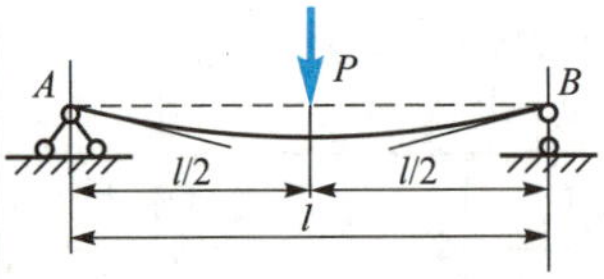	$y=-\frac{Px}{48EI}(3l^2-4x^2)$, $0\leqslant x\leqslant\frac{l}{2}$	$\theta_A=\theta_B$ $=-\frac{Pl^2}{16EI}$	$y_{\max}=-\frac{Pl^3}{48EI}$
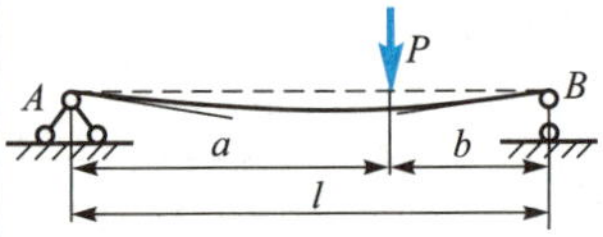	$y=-\frac{Pbx}{6EIl}(l^2-x^2-b^2)$, $0\leqslant x\leqslant a$ $y=-\frac{Pb}{6EIl}\left[\frac{l}{b}(x-a)^3+(l^2-b^2)x-x^3\right]$, $a\leqslant x\leqslant l$	$\theta_A=-\frac{Pab(l+b)}{6EIl}$ $\theta_B=\frac{Pab(l+a)}{6EIl}$	设 $a\geqslant b, x=\sqrt{\frac{l^2-b^2}{3}}$, $y_{\max}=-\frac{Pb\sqrt{(l^2-b^2)^3}}{9\sqrt{3}EIl}$; $x=l/2$, $y_{l/2}=-\frac{Pb(3l^2-4b^2)}{48EI}$
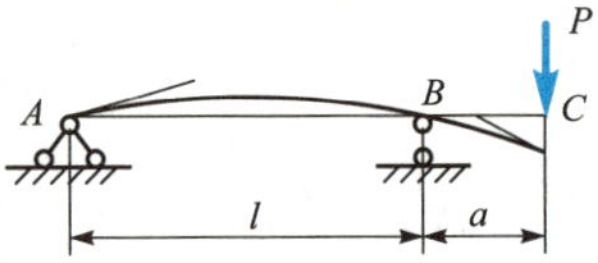	$y=-\frac{Pax^3}{6EIl}(l^2-x^2)$, $0\leqslant x\leqslant l$ $y=-\frac{P(x-l)}{6EI}\cdot$ $[a(3x-l)-(x-l)^2]$, $l\leqslant x\leqslant l+a$	$\theta_A=-\frac{\theta_B}{2}$ $=\frac{ml}{6EI}$ $\theta_C=-\frac{Pa(2l+3a)}{6EI}$	$y_C=-\frac{Pa^2(l+a)}{3EI}$

2. 梁的刚度条件

梁的刚度条件是限制绝对值最大的挠度和转角，或某指定截面的挠度和转角不超过其许用值，即

$$|y_{max}| \leqslant [y]$$
$$|\theta_{max}| \leqslant [\theta]$$

以上两式均称为梁的刚度条件，许用挠度和许用转角由不同工程规范和特殊工程要求确定，其数值可以查阅有关手册或参考以下数据。

一般用途的轴

$$[y]=(0.000\,3 \sim 0.000\,5)l$$

刚度要求较高的轴

$$[y]=0.000\,2l$$

滑动轴承处

$$[\theta]=0.001$$

例 8-14　某简易吊车的横梁 *AB* 为工字钢，如图 8-30（a）所示，最大起重量为$P=10$ kN（包括电葫芦自重），许可挠度$[y]=l/500$，$E=210$ GPa。若选用型号为 20a 的工字钢，试在考虑梁自重的情况下校核其刚度。

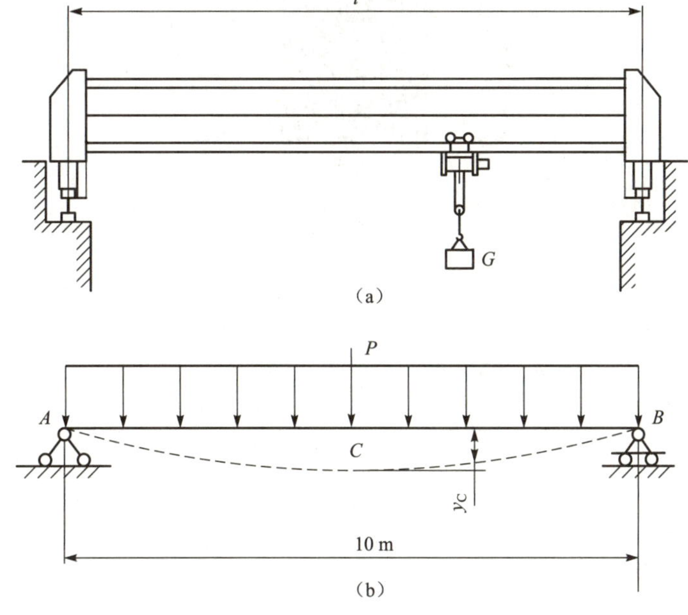

图 8-30　简易吊车梁的刚度校核

解　（1）画 *AB* 梁的计算简图，如图 8-30（b）所示，当荷载位于梁中点 *C* 截面时，挠度最大。

（2）计算梁中点截面的挠度。

$[y]=l/500=0.02\ \text{m}=20\ \text{mm}$

查机械设计手册可知，$I=2\ 370\ \text{cm}^4$，理论重量 $q=274\ \text{kN/m}$。查表 8-6，在荷载 P 单独作用下

$$y_{C1}=-\frac{Pl^3}{48EI}=-\frac{10\times10^3\times10^3}{48\times210\times10^9\times2\ 370\times10^{-8}}=4.19\times10^{-2}(\text{m})=41.9\ \text{mm}>[y]$$

20a 工字钢不满足刚度要求。

（3）改用 28a 工字钢，查手册可知 $I=2\ 370\ \text{cm}^4$，理论重量 $q=426\ \text{kN/m}$。查表 8-6 可知，在荷载 P 作用下

$$y_{C1}=-\frac{Pl^3}{48EI}=-\frac{10\times10^3\times10^3}{48\times210\times10^9\times7\ 114\times10^{-8}}=-1.39\times10^{-2}(\text{m})=-13.9\ \text{mm}$$

在自重 q 作用下

$$y_{C2}=-\frac{5ql^4}{384EI}=-\frac{5\times426\times10^4}{384\times210\times10^9\times7\ 114\times10^{-8}}=-3.7\times10^{-3}(\text{m})=-3.7\ \text{mm}$$

AB 梁在荷载与自重共同作用下

$$y_C=y_{C1}+y_{C2}=-13.9-3.7=-17.6(\text{mm})<[y]$$

可知，选用 28a 工字钢满足刚度要求。

拉伸试验

第三篇

汽车工程材料

制成一部汽车的零件数量达2万多个，都是由不同种类和性能的工程材料（包括金属材料与非金属材料）制成。其中金属材料应用最为广泛。本篇主要介绍常用金属材料、非金属材料的性能及应用知识。

第 9 章 金属材料的性能

学习目标

1. 了解金属材料性能的概念；
2. 掌握金属材料的力学性能和工艺性能；
3. 掌握金属材料的力学性能指标的含义及在实际生产中的应用。

9.1 金属材料的力学性能

金属材料在受力过程中各种物理性质的数据可以表征材料的力学性能，它们都是通过材料试验来测定的。

1. 拉伸试验

拉伸试验是将预先制成的拉伸试样装在拉力试验机上，随后对试样缓慢施加拉力，使试样随拉力的逐渐增加而不断变形，直至拉断为止。根据试样在拉伸过程中承受的载荷和产生相应变形量的大小即可测定试样金属材料的强度指标，并通过计算可得出金属材料的塑性指标，如图 9-1 所示。低碳钢的拉伸图及应力应变图如图 9-2 所示。

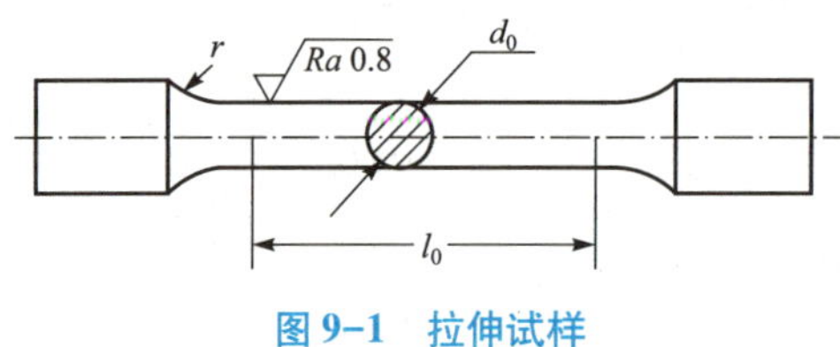

图 9-1　拉伸试样

2. 强度

金属材料抵抗变形直至断裂的能力称为强度。按照受力大小不同，强度由小到大的性能指标依次有以下几种。

1）弹性极限

在应力应变图上，弹性变形区最高应力值称为弹性极限，用 σ_e 表示。

2）屈服极限 σ_s

一些材料的应力应变图上存在一段水平的台阶，即应力不增加而应变继续增加，这种现象称为材料的屈服，或者称流动。这时的应力称为屈服应力，用 σ_s 表示。

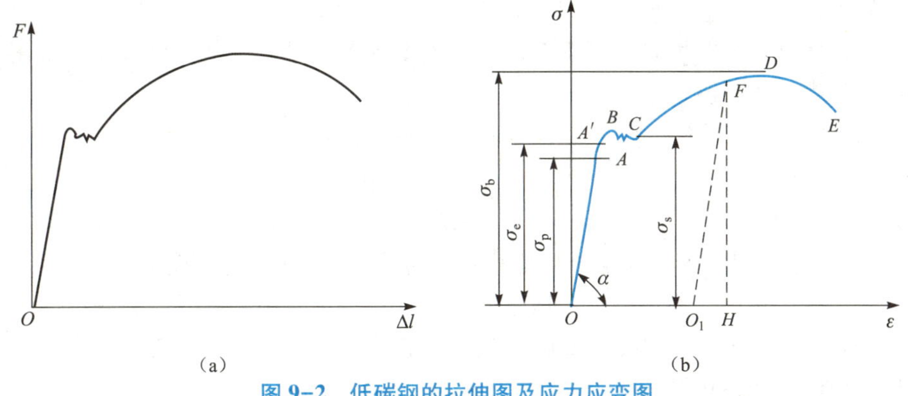

图 9-2　低碳钢的拉伸图及应力应变图

对于无明显屈服现象的金属材料如高碳钢、铸铁等，测量屈服点很困难，工程上规定产生 0.2% 塑性应变所对应的应力值作为屈服应力，称为条件应力，用 $\sigma_{0.2}$表示。

3）强度极限 σ_b

使材料丧失承载能力的最大应力称为强度极限，用 σ_b 表示。

汽车零件生产加工过程

3. 塑性

金属材料在载荷作用下产生变形而不破坏的能力称为塑性。

常用的塑性指标有：

1）延伸率（断后伸长率）

试样拉断后，标距的伸长量与原始标距的百分比称为延伸率。

$$\delta=\frac{L_1-L_0}{L_0}\times 100\%$$

式中，L_0为试样原始标距；L_1为试样拉断后的标距。

应当指出：同一种材料短试样与长试样所测得的延伸率值不同，短试样的延伸率大于长试样的延伸率。因此，不同长度试样测定的延伸率不能比较，只有相同长度试样测定的延伸率才能进行比较。为便于区别，将长、短比例试样的延伸率分别用符号 δ_{10}和 δ_5表示，习惯上 δ_{10}也常写成 δ。

2）断面收缩率

断面收缩率是指试样拉断后，颈缩处横截面积的最大缩减量与原始横截面积的百分比。

$$\Psi=\frac{S_0-S_1}{S_0}\times 100\%$$

式中，S_0 为试样开始横截面积；S_1 为试样拉断后劲缩处横截面积。

金属材料的延伸率 δ 和断面收缩率 Ψ 也是重要的机械性能指标，其数值越大，表明材料的塑性越好，显然金属材料的塑性越好其使用的安全可靠性越好。

4. 硬度

金属材料的硬度指其抵抗比其更硬的物体压入或刻划其表面的能力。常用的硬度指标有以下几种。

1）布氏硬度 HB

$$HB=\frac{F}{S}=0.102\frac{2F}{\pi D(D-\sqrt{D^2-d^2})}$$

式中，F 为试验力；S 为压痕球形面积；D 为球体直径；d 为压痕平均直径。

在实际应用中，布氏硬度一般不用计算，只需用专用刻度放大镜测出压痕平均直径 d，根据该直径的大小及试验条件（图 9-3），查布氏硬度数值表可直接得出相应的布氏硬度数值。

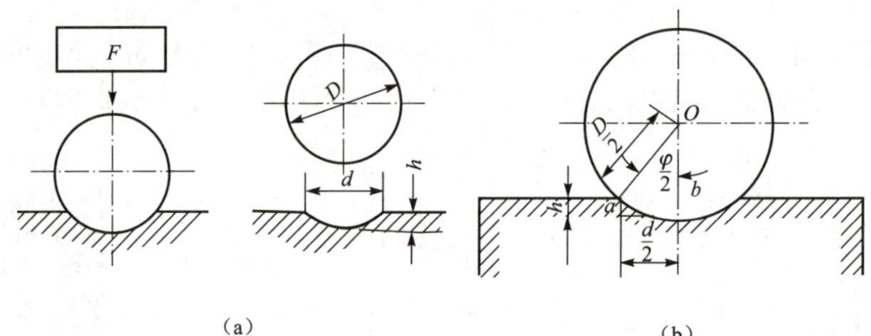

图 9-3 布氏硬度试验原理图

2）洛氏硬度 HR

$$HR=K-\frac{h}{0.002}$$

式中，HR 为洛氏硬度值；K 为常数，当使用金刚石圆锥压头时 $K=100$，当使用钢球压头时 $K=130$；h 为压头受主载荷作用，在试件表面产生的塑性变形深度；0.002 为 1 个洛氏硬度单位（mm）。

实际测量时，可以从洛氏硬度计的刻度盘上直接读出硬度值。刻度盘读数越大，材料硬度越高，反之材料硬度越低。洛氏硬度试验原理如图 9-4 所示。

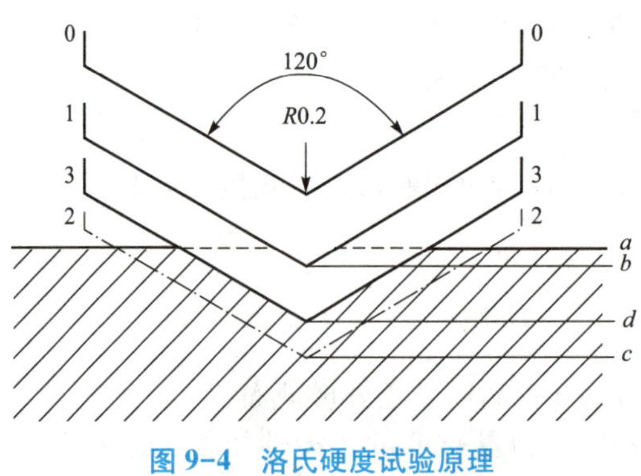

图 9-4 洛氏硬度试验原理

5. 冲击韧度

机器中的许多零件工作时受到冲击载荷使用（或载荷速度增加）时，其性能就不能用上述的静载荷下的性能来衡量，而必须用抵抗冲击载荷而不被破坏的能力来衡量，这种抵抗能力称为冲击韧度。

$$a_k = \frac{A_k}{S}$$

式中，A_k为试样吸收的冲击功（J）；S 为试样缺口底部横截面积（cm^2）；a_k为冲击韧度（J/cm^2）。

冲击试验原理图如图 9-5 所示。

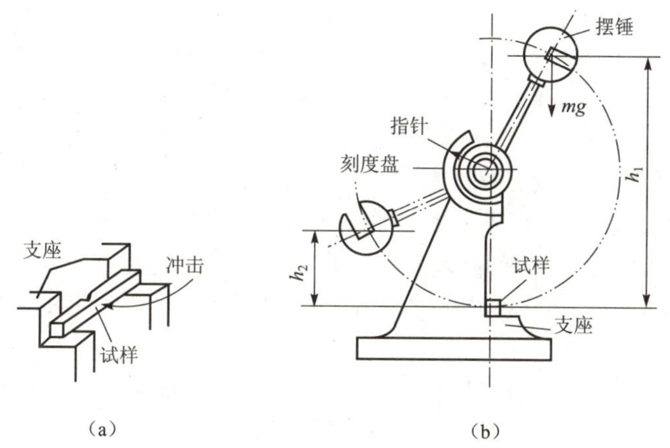

图 9-5　冲击试验原理图

环境温度的变化将直接影响 a_k值的大小。

6. 疲劳强度

金属材料在交变应力作用下，虽其所受应力值小于材料的 σ_s，甚至小于 σ_e，但经长时间运转后虽无显著外观变化仍发生断裂的现象称疲劳断裂。

金属材料抵抗疲劳断裂的能力用疲劳强度（疲劳极限）σ_{-1}表示，σ_{-1}在一定试验条件下获得。

9.2　金属材料的工艺性能

金属材料的工艺性能指材料被加工成零件的难易程度，包括铸造性能、锻造性能、焊接性能、热处理性能及切削加工性能等。

1. 铸造性能

铸造是将熔化了的金属液注入已经制好的铸型型腔，经冷却凝固后获得所需铸件（毛坯或零件）的一种热加工工艺方法。

铸造生产所采用的材料是铸造性能较好的铸铁、有色金属及铸钢。

铸造性能指经铸造生产后所获得的铸件（毛坯或零件）的质量好坏。

2. 锻造性能

锻造采用塑性较好的金属材料，通过加热、塑性变形获得所需毛坯或零件的一种热加工工艺方法，其特点是零件机械性能好。

锻造性能指经锻造生产后所获得的锻件（毛坯或零件）的质量好坏。

3. 焊接性能

焊接是通过加热（加压或不加压）使两块分离的金属结合成整体的一种热加工工艺方法，其特点是可以小拼大，采用双金属结构、简化结构等。焊接性能指经焊接时被焊材料的可焊性及焊缝接头质量的好坏及焊后变形等。

4. 热处理性能

汽车钢材的使用

热处理是将金属材料加热到固态下的不同温度保温一段时间，以不同的速度冷却获得所需晶体结构及相应性能的一种工艺方法。

热处理的方法有普通热处理（淬火、回火、退火、正火），表面热处理（只改变金属表层的性能），表面化学热处理（即改变表层化学成分，也改变表层性能）等。

热处理性能指金属材料经热处理后所能获得不同力学性能的可能性。

5. 切削加工性能

切削加工性能指金属材料被切削加工成零件的难易程度。切削加工性与金属材料的化学成分及组织结构有关，常用金属材料中，含碳量低、中的碳钢切削加工性好，高碳钢切削加工性差。

切削加工的方法有：车削、铣削、刨削、磨削、镗削、插削、拉削、齿轮加工、电加工、数控机床加工、计算机辅助系统机床加工等。上述方法用来将金属材料加工成各种不同几何形状的零件。

加工内、外圆表面的切削加工方法有：车削、镗削等，磨削用于精加工。

加工平面、沟槽等表面的切削加工方法有：刨削、铣削、插削等，磨削用于精加工。

拉削用于加工异形孔。

第 10 章 金属材料

学习目标

1. 了解各种金属材料的性能特点；
2. 掌握各种金属材料在实际生产中的应用；
3. 掌握各种金属材料的钢号及含义，并能正确选用金属材料。

金属材料与陶瓷材料，以及高分子材料为现代工业三大固体工程材料。其中金属材料由于其性能好、品种多，在现代工业领域得到广泛的应用。金属材料主要有黑色金属（碳钢、合金钢、铸铁等），以及铜、铝、钼、钛、镁、锡及其合金等有色金属。

10.1 碳　　钢

工业上广泛使用的含碳量小于 2. 11% 并含有少量杂质元素（Si、Mn、S、P）的铁碳合金称为碳钢。碳钢能满足绝大多数机械零件在工作时的机械性能要求，并具有工艺性能良好、生产成本低、价格低廉等特点。碳钢中除了主要的铁和碳元素外，其他少量的杂质元素的存在将对钢的性能产生影响。

10.1.1 碳钢的分类

碳钢的分类方法有很多，常用的分类方法有以下几种。

1. 按含碳量分

低碳钢：含碳量<0. 25%。

中碳钢：含碳量 0. 25% ~0. 60%。

高碳钢：含碳量>0. 60%。

2. 按质量分

根据钢中有害杂质硫、磷含量将钢分为三类：

普通质量钢：S≤0.050%、P≤0.045%。

优质钢：S≤0.035%、P≤0.035%。

高级优质钢：S≤0.025%、P≤0.030%。

3. 按用途分

结构钢：主要用于制造各种工程构件（如桥梁、船舶、建筑用钢）和机械零件（如齿轮、轴、螺钉、螺母、弹簧、曲轴及连杆等）。

工具钢：主要用于制造各种刃具、量具及模具。

10.1.2 碳钢的编号与用途

1. 碳素结构钢

新国标 GB/T 700—2006 将原来的普通碳素结构钢改名为碳素结构钢。由代表钢材屈服点的指标进行编号。

以 Q235AF 为例："Q" 代表屈服点"屈"字汉语拼音首写字母；"235"为屈服点数值，单位 MPa；"A"为冶金质量等级（共 A、B、C、D 四级，其中 A 级硫、磷含量最高，D 级硫、磷含量最低）；"F"为脱氧方法符号 F，即沸腾钢"沸"字汉语拼音首写字母（脱氧不完全的钢）。

碳素结构钢适合做一般结构件，如高压线塔、车辆构架、起重机构架等，或用于热轧钢板、钢带、型钢、棒钢用材，还可供焊接、铆接、拴接构件使用。

2. 优质碳素结构钢

优质碳素结构钢的钢号用两位数字表示钢中平均含碳量的万分数。如 10 号钢表示平均含碳量为 0.1% 的优质碳素结构钢。当钢中平均含锰量小于 0.8% 时称为正常含锰量钢。而当钢中含锰量为 0.7%～1.2% 时称为较高含锰量钢，在钢号尾部加注元素符号以区别于普通含锰量钢。如 40Mn 表示含碳量为 0.40% 的较高含锰量钢。

优质碳素结构钢由于结构性能优良，并可通过热处理进行强化，而广泛用于各类机械零件和汽车的制造。

如 45 钢常用来做机床中中等强度、韧性的零件如齿轮、曲轴、螺栓、螺母等。65 钢常用来做直径小于 12 mm 的一般机器上的弹簧等。

3. 易切削碳素结构钢

其钢号用"Y"（易字汉语拼音首写字母）加数字表示，如 Y12 钢表示含碳量为 0.12% 的易切削碳素结构钢。

4. 碳素铸钢

用于铸造成零件的毛坯，而以后不再锻造加工的钢称为碳素铸钢。其钢号用"铸钢"两字的汉语拼音首写字母"Z、G"并加上两组数字表示。

以 ZG200—400 为例："ZG"代表铸钢；"200"代表屈服点数值，单位 MPa；"400"代表抗拉强度，单位 MPa。

铸钢含碳量一般在 0.15%~0.60%。在机构制造业中一些形状复杂，难以进行锻造而又要求有较高强度及塑性的零件，仍采用铸钢制造。由于铸钢的铸造性能不好，加之铸钢设备昂贵，故近年来有以球墨铸铁代替铸钢的趋势。

5. 碳素工具钢

这类钢的钢号用汉语拼音碳字的首字母“T”或汉字“碳”表示碳素工具钢，其后用数字表示平均含碳量的千分数，如 T9（碳 9）表示含碳量为 0.9% 的碳素工具钢。

钢号尾部用“A”表示高级优质，如 T12A 表示含碳量为 1.2% 的高级优质碳素工具钢。

碳素工具钢在质量上都是优质或高级优质的，广泛用于制造刃具、量具、模具等。

10.2 合　金　钢

为改善碳钢的性能，炼钢时有目的加入一些合金元素的钢称为合金钢。

通常加入的合金元素有 Ti、Zr、V、Nb、W、Mo、Cr、Mn、Al、Cu、Ni、Co 及稀土元素等，有时也加入非金属元素，如 Si、B、N 等。

10.2.1 合金钢分类

按用途不同可将合金钢分为四大类。

（1）合金结构钢：用于制造各种机械零件。

（2）合金工具钢：用于制造各种刃具、量具、模具。

（3）滚动轴承钢：用于制造各种滚动轴承。

（4）特殊性能钢：用于制造特殊条件下工作的零件。

10.2.2 合金钢编号

1. 合金结构钢

合金结构钢包括：低合金钢、合金渗碳钢、合金调质钢、合金弹簧钢。

合金结构钢编号采用两位数字加元素符号及其后的百分数表示，其中两位数字表示平均含碳量的万分数。当合金元素的含量不大于 1.5% 时，只标出元素符号，不标出含量，如 16Mn 表示平均含碳量为 0.16%，含 Mn 不大于 1.5% 的低合金钢。

当合金元素含量大于 1.5% 时则应标出元素符号及含量百分数，如 20Mn2 表示平均含碳量为 0.2%，含 Mn 量为 2% 的合金渗碳钢。

45CrMo 表示平均含碳量为 0.45%，含 Cr、Mo 均不大于 1.5% 的合金调质钢。

65SiMnV 表示平均含碳量为 0.65%，含 Si、Mn、V 均不大于 1.5% 的合金弹簧钢。

钢号尾部“A”代表高级优质钢，“E”代表特高级优质。保证淬透性钢在钢号后加“H”，如45H。

2. 合金工具钢

当合金工具钢中的含碳量小于1%时，用一位数字表示平均含碳量的千分数，当含碳量大于1%时，将不标出含碳量，合金元素的种类及含量的表示方法与合金结构钢相同。如9SiCr表示平均含碳量为0.9%，含Si、Cr不大于1.5%的合金工具钢。

另外，高速工具钢钢号只标出合金元素种类及含量，通常不标出含碳量。如W18Cr4V钢表示含碳量为0.7%左右，并含有约18%W、4%的Cr平均含V量小于1.5%的高速工具钢。

3. 滚动轴承钢

在含碳量大于1%的高碳铬轴承钢中，通常不标出碳量，其Cr含量用千分数表示，并在钢号前面加符号“G”表示，如GCr9表示含碳量大于1%，含铬为0.9%的高碳铬轴承钢。

含铬量小于1%的低铬轴承钢，其Cr含量也用千分数表示，并在Cr含量数值前加一数字“0”。

如0Cr6表示含碳量大于1%，平均铬量为0.6%左右的低铬轴承钢。

020CrMo表示平均含碳量为0.9%，平均含Cr量为18%左右的高碳铬不锈钢轴承钢。

4. 特殊性能钢

在不锈耐酸钢及耐热钢中一般用一位数字表示平均含碳量的千分数，平均含碳量小于1‰的用“0”表示；平均含碳量不大于0.03%的用“00”表示；合金元素则采用元素符号及其后的百分数表示。

如0Cr13表示平均含碳量小于1‰，平均含Cr量约13%的不锈钢。

2Cr13表示平均含碳量为0.2%，含Cr13%的不锈耐酸钢。

00Cr18Ni10表示平均含碳量小于0.03%，平均含Cr量约18%，平均含Ni量约10%的不锈耐酸钢。

10.2.3 合金结构钢

用于制造各种机械零件以及建筑工程结构的钢，称为结构钢。

合金结构钢按成分及用途不同分为低合金钢、合金渗碳钢、合金调质钢及合金弹簧钢。

1. 低合金钢

碳素结构钢已远远不能满足现代工业发展的需要，近几十年来，在碳素结构钢的基础上，加入少量合金元素的低合金钢得到迅速发展。其化学成分为：含碳量在0.12%~0.20%，S、P不大于0.45%，合金元素总量不大于3%，主要加入元素为Si、Mn及少量的Ti、V、Nb、Cu及稀土元素等。虽然合金元素的含量少，但由于合金元素 Si、Mn 能固溶于铁素体而起到固溶强化的作用，V、Ti、Nb 能起弥散强化以及可增加珠光体量等作用，使低合金钢的屈服点比相同含碳量的碳钢高 25%～50%以上，故这类钢强度较高。

低合金钢具有良好的冲击韧性及低温韧性，因此特别适合作寒冷地区使用的构件，并具有良好的塑性和韧性及焊接性能，易于冲压成型及制造各种构件及压力容器等。低合金钢通常是在热轧或正火状态下使用。

2. 合金渗碳钢

用于制造表面渗碳零件的钢称为合金渗碳钢。

合金渗碳钢中的含碳量一般为 0.1%～0.25%，渗碳钢中含低碳是为了零件在心部保持良好的塑性和韧性。渗碳钢中加入的合金元素有 Mn、Cr、Ni、Mo、V、Ti、B 等，目的是便于渗碳过程的进行，并使零件在渗碳淬火后表面获得高硬度、耐磨性。合金元素在渗碳钢中还可起到提高淬透性和细化晶粒的作用。合金渗碳钢经过渗碳、淬火、低温回火的热处理后，具有外硬内韧的最佳性能，常用来做齿轮、凸轮、轴、齿圈、齿轮轴及承受冲击载荷并要求表面耐磨的零件。

3. 合金调质钢

调质（淬火+回火）状态下使用的钢称为调质钢。

调质钢中含中碳（0.3%～0.5%）是为了使钢经调质处理后获得足够的强度和硬度，一定的塑性和韧性即良好的综合机械性能。调质钢中加入的合金元素有 Ti、Mn、Mo、Cr、Ni、B、W、V 等，目的是为了强化铁素体，提高钢的淬透性和回火稳定性。

由于调质钢具有良好的综合机械性能，因此常用来制造受力状况较为复杂的重要机器零件，如汽车、拖拉机曲轴、连杆、齿轮、机床主轴、齿轮等。

调质钢的预备热处理一般为退火或正火。最终热处理状态为淬火、高温回火，组织为回火索氏体，有时根据零件的不同性能要求，调质钢亦可在淬火、低温回火或淬火、中温回火状态下使用，并可用来做表面淬火零件。

4. 合金弹簧钢

弹簧用来完成消除振动、储备能量、驱动机械、开闭阀门等工作，弹簧工作时受到重要交变载荷作用，因此弹簧钢要求高的强度、弹性极限、韧性及疲劳极限。为获得高的弹性极限及疲劳极限，要求弹簧钢具有高强度及屈服极限，尤其是要求高的屈强比$\left(\dfrac{\sigma_e}{\sigma_b}\right)$，为保证足够的强度，弹簧钢含碳量一般为 0.45%～0.75%，加入合金元素 V、Cr、Mn、Si 是为了提高淬透性，强化铁素体，提高回火稳定性，细化晶粒，由于含有提高回火稳定性元素 Cr、V，可使弹簧钢在中温回火获得较高的弹性极限及韧性。

弹簧钢常采用淬火+中温回火的热处理，组织为回火屈氏体。冷卷弹簧钢在淬火前需进行低温退火以消除冷卷时的加工应力。

生产中常对弹簧采用喷丸或表面强化处理，在其表面造成压应力状态以提高弹簧的疲劳强度及表面质量。

5. 滚动轴承钢

专门用于制造各种滚动轴承的内、外套圈及滚动体的钢称为滚动轴承钢。

滚动轴承由内、外圈，滚动体（滚珠、滚柱、滚针）及保持架组成。其在工作时承受强烈的滚动、滑动摩擦和极高的交变载荷及接触应力，因此滚动轴承钢要求具有高的抗疲劳性能以及高的硬度和耐磨性，良好的韧性和耐腐蚀性。

1）高碳滚动轴承钢

高碳滚动轴承钢中一般含碳量1.0%左右，以保证钢具有高的硬度和耐磨性。钢中主要加入合金元素Cr以提高钢的淬透性、耐磨性及疲劳强度，另外加入合金元素Si、Mn可起到固溶强化及提高回火稳定性的作用。这类钢通常在淬火及低温回火的热处理状态下使用。

2）高碳铬不锈轴承钢

当滚动轴承钢中的铬含量高达18%时，为不锈轴承钢，耐蚀性增强。

3）渗碳轴承钢

渗碳钢有时也可作为要求心部较高的强韧性及承受较大冲击载荷而表面高硬度、耐磨的滚动轴承钢使用。

渗碳轴承钢通常在淬火及低温回火的热处理状态下使用。

10.2.4 合金工具钢

1. 量具钢

用来制造测量工具如游标卡尺、块规、卡规、千分尺、样板等的钢称为量具钢。量具在使用过程中经常与被测量的对象接触，在摩擦和碰撞的条件下工作，因此要求量具应有较高的硬度和耐磨性，故量具钢中的含碳量通常高达0.90%～1.5%，并含有铬、钨、锰等碳化物形成元素以提高钢的淬透性和保证钢有足够的硬度、耐磨性。另外还要求量具本身应具有较高的尺寸精确性和稳定性。

精度低、形状简单的块规、卡规等可用碳工具钢T10A、T12A或合金工具钢9SiCr来制造，或用渗碳钢采用渗碳淬火处理，也可采用弹簧钢进行高频感应淬火处理。

精度高、形状复杂的量具如塞规、块规等采用CrMn、CrWMn、GCr15钢制造，这类钢的特点是热处理变形小。

对要求耐腐蚀的量具可用不锈工具钢制造。

2. 刃具钢

用于制造各种车刀、铣刀等切削加工刀具的钢称为刃具钢。

碳素工具钢虽然价格低廉，热处理后具有较高的硬度、耐磨性，但由于其不含合金元素，故淬透性差，热处理时易变形、开裂，其热硬性（即在温度升高时保持原有硬度的性能）差，故不能用来做截面尺寸大、形状复杂或高精度的刃具。为此在碳素工具钢的基础上加入少量约5%的合金元素，可大大提高工具钢的性能。

刃具用来对金属材料进行切削加工。因此刃具的硬度必须高于被切削材料的硬度，故刃具钢中一般含碳量为 0.7%~1.5% 以保证钢有足够的硬度。常加入的元素有 Cr、Si、Mn 以提高钢的淬透性。Cr 还能形成稳定的合金碳化物以提高钢的硬度和耐磨性。合金元素还可以提高钢的回火稳定性，降低回火脆性，刃具钢通常在淬火+低温回火的热处理状态下使用。

10.2.5　模具钢

按工作条件的不同，模具钢分为冷作模具钢和热作模具钢，使用时应注意区分。

1. 冷作模具钢

冷作模具的作用是使金属在室温条件下产生塑性变形从而获得具有一定几何尺寸及形状的毛坯或零件，如冲模、弯曲模、冷锻模等。冷作模具在工作时受各种形式外力的作用，如压力、剪切力、弯曲力、冲击力，同时模具与坯料间还产生强烈的摩擦。因此冷作模具钢应具有高的硬度和耐磨性，高的强度及疲劳极限和足够的韧性。鉴于上述性能要求，冷作模具钢中的含碳量一般较高，常加入的元素有 Cr、Si、Mn、W、Mo、V 以提高钢的淬透性、硬度及耐磨性。

常用的模具钢有 CrM_2MoV 及 CrWMn。

冷作模具钢的热处理一般为锻后退火+淬火+低温回火。

2. 热作模具钢

用来使热状态下的金属产生变形的模具称为热作模具（如热锻模、压铸模）钢。热作模具钢在工作时除受到锻压弯曲力的作用外，还与高温金属接触，这些金属在模具空腔中流动时产生强烈的摩擦，同时模具也被加热，温度升高。模具在反复被加热、冷却的条件下工作，极易产生热疲劳现象，使模具产生断裂。为此热作模具钢应具备以下性能：足够的硬度、耐磨性，良好的强韧性、回火稳定性、抗氧化性、抗疲劳性以及良好的导热性。因此热作模具钢中的含碳量较冷作模具钢低得多，通常为 0.3%~0.6%，常加入的合金元素有 Si、Mn、Cr、Mo、W、V 以提高钢的淬透性、硬度、耐磨性、回火稳定性及热疲劳性，并可防止第二类回火脆性。

常用的热作模具钢有 5CrNiMo 及 $3Cr_2Mo$。

热作模具钢的热处理一般为调质或淬火+中温回火。

10.2.6　高速工具钢

高速工具钢是一种含碳量高（0.7%~1.6%），并含有大量 W、Cr、Mo、V 等高熔点元素的钢，因此其在高温下仍能保持常温硬度，故其热硬性好。因此高速工具钢主要用于制造各种车刀、铣刀、钻头等以及汽车、柴油机、喷油器针阀。

10.2.7 特殊性能钢

具有特殊的物理及化学性能并用来制造特殊条件下工作零件的钢称为特殊性能钢。工业上使用的一般是不锈钢、耐热钢和耐磨钢。

1. 不锈钢

在空气或某些化学介质中具有抵抗锈蚀能力的钢称为不锈钢。

1）金属的腐蚀现象

金属在外部介质中，由于化学和电化学作用发生的破坏称为腐蚀。腐蚀是较为常见的现象，如零件的生锈就是腐蚀，腐蚀的结果使零件的性能变坏，最后失效。

2）常用不锈钢

不锈钢的主要合金元素是铬，其含量一般不低于13%。铬不锈钢呈单相铁素体，因此又称为铁素体不锈钢，按金相组织不同可把不锈钢分为铁素体钢、马氏体钢、奥氏体钢等。必须指出的是：不锈是相对的，当介质改变时，不锈钢还可能会生锈。

不锈钢的化学成分具有低碳、高铬的特点，由于铬是碳化物形成元素，因此在钢中形成一部分含铬的碳化物会使钢的耐蚀性下降，故不锈钢中含碳量较低，一般为0.1%~0.15%，含铬量为12%~14%。大量的铬能在钢的表面产生致密的氧化膜，使介质与钢隔离而起到保护作用，而且如前已叙，大量的铬会使钢获得单相组织，防止了电化学腐蚀的产生，进一步提高钢的耐腐蚀性。不锈钢广泛应用于船舶制造、医疗、食品、家用、化工及汽车（轿车）工业等制造业中。

通常，还可采用表面金属镀层的方法提高零件表面的抗蚀能力，常用的镀层有镀锡、镀锌、镀镉、镀铬等。

2. 耐热钢

金属材料在高温下抗氧化并具有一定高温强度的性能统称为耐热性，具有耐热性的钢称为耐热钢。

金属材料的强度随温度的升高将会下降，因此其室温强度不能作为高温强度指标。

通常在耐热钢中加入Cr、Si、Al等元素，在零件表面形成致密的氧化（保持）膜而提高钢的抗氧化性，加入Mo、W、Ti、V这些碳化物形成元素以形成稳定的碳化物，产生弥散强化作用，而且能提高钢的再结晶温度，以保证钢在高温下的强度。

耐热钢主要用于制造内燃机、汽轮机、燃气轮机、高压锅炉等机械零件。

3. 耐磨钢

耐磨钢一般是指冲击载荷下发生冲击硬化的高锰钢。由于其难以切削加工，因此常采用铸造的方法获得零件，如铸钢锰13，记为ZGMn13，其含碳量为 1.0%~1.3%，含锰量为 13%。

为了改善某些奥氏体钢的组织，以提高韧性，将钢加热到高温使过剩相溶解，然后水冷却处理，称为水韧处理。高锰钢采用水韧处理时，将钢加热到 1 100 ℃，使碳化物全部溶入奥氏体中得到单相的奥氏体，然后在水中急速冷却至室温，这时高锰钢具有较好的塑性和韧性，硬度并不高，不耐磨。高锰钢在使用过程中受到强烈的冲击和撞击以及摩擦力的作用时，表面因塑性变形而产生加工硬化现象，使硬度大大提高而产生较高耐磨性。

必须指出高锰钢在一般的受力条件下并不能使其产生加工硬化，故其并不耐磨。

耐磨钢主要用于制造坦克、拖拉机履带板、铁路道岔、挖掘机铲齿、碎石机板、防弹钢板及保险箱等。

中碳马氏体钢主要依靠淬火、低温回火获得马氏体的高硬度、强度来满足零件工作时的耐磨性。中碳马氏体耐磨钢适于中等冲击条件下工作。低冲击条件下工作的耐磨零件可采用耐磨铸铁制造。

10.2.8　粉末冶金与硬质合金

将几种金属粉末或金属与非金属粉末均匀混合压制成型，然后经高温烧结而成的冶金制品的工艺方法，称为粉末冶金法。这是一种不同于熔炼和铸造技术，而用压制、烧结金属粉末来制造金属材料及成品的方法。其生产过程与陶瓷制品相类似，故又称金属陶瓷法。这种方法可制成具有某些特殊性能的材料或成品，而且具有节约材料、节省工时、减少加工设备、可降低生产成本等特点。

1. 粉末冶金的生产过程

粉末冶金的生产一般经过生产粉末、混料、压制成型、烧结及最后处理等过程。

1）生产粉末

粉末的生产过程包括粉末的制取、粉料的混合等步骤。为改善粉末的成型性和可塑性，通常加入汽油、橡胶或石蜡等增塑剂。

2）压制成型

粉末在 500~600 MPa 压力下，压成所需形状。

3）烧结

烧结在高温炉或真空炉中进行。烧结不同于金属熔化，烧结时至少有一种元素仍处于固态。烧结过程中粉末颗粒间通过扩散、再结晶、熔焊、化合、溶解等一系列的物理化学过程，成为具有一定孔隙度的冶金产品。

4）后处理

一般情况下，烧结好的制件可直接使用。但对于某些要求尺寸精度高，并且有高的硬度、耐磨性制件还要进行烧结后处理。

后处理包括精压、滚压、挤压、淬火、表面淬火、浸油及熔渗等。

2. 粉末冶金的应用

按用途不同，粉末冶金可分为五种：机械零件材料、工具材料、电工材料、磁性材料及高温材料。

用粉末冶金的方法来制造各种衬套和轴套已有较长历史，近年来又发展用粉末冶金的方法制造机械零件，机械工业中应用的粉末冶金制品主要有铁基或铝基零件，如齿轮、凸轮、摩擦片、含油轴承等。

用粉末冶金法制造的含油轴承用作滑动轴承及衬套，其本身不仅含有一定量的润滑剂（石墨、铅、氧化铅及二氧化钼等），而且还有占整个轴承体积达 1/4 的孔隙可供储存和浸渗润滑油，使轴承在使用时不需常添润滑油，使用既安全又方便。

用粉末冶金法还可制造一些具有特殊性能的制件，如硬质合金、难熔金属及合金、金属陶瓷、无偏析高速钢、耐热材料、磁性材料及过滤器等。

3. 硬质合金

硬质合金是将一些难熔的化合物粉末，用粉末冶金法制取的工具材料。它具有硬度高（HRA86~93，相当于 69~81HRC），热硬性好（工作温度可高达 900~1 000 ℃），耐磨、耐蚀性及膨胀系数小等特点。

硬质合金刀具的切削速度可比高速钢提高 4~10 倍，刀具寿命可提高 5~8 倍，硬质合金刀具还可用于其他刀具无法切削加工的奥氏体耐热钢及不锈钢的切削加工。但由于硬质合金硬度很高，不便用机械加工的方法制成不同形状的刀具，故硬质合金常制成一定形状的刀片，镶焊在刀体上。

4. 金属陶瓷硬质合金

主要是用一些难熔的金属碳化物（WC、TiC）粉末和黏结剂粉末混合烧结而成，分为钨钴类和钨钴钛类合金。

5. 钨钴类硬度合金

由碳化物（WC）和 Co 组成，其代号用“硬”“钴”两字的汉语拼音首写字母“YG”表示钨钴类硬质合金，数字表示 Co 的百分数。如 YG8 表示含 Co8%，余量为 WC 的钨钴类硬质合金，其主要用来加工脆性材料。

6. 钨钴钛类硬质合金

由碳化物（WC、TiC）和 Co 组成，其代号用“硬”“金钛”两个字的汉语拼音首写字母“YT”表示钨钴钛类合金；数字表示 TiC 的百分数。如 YT15 表示含 TiC 15%，余量为 WC 和 Co 的钨钴类硬质合金。其主要用来加工塑性材料。钨钴类比钨钛类合金有更高的强度和韧性，而钨钛类比钨钴类有较高的硬度和较好的耐磨性及热硬性。

硬质合金中碳化物含量多，钴含量较少时，合金具有较高的红硬性及耐磨性，但强韧性低。当钴含量相同时，钨钴钛类合金中由于碳化钛的加入，使合金具有高硬度、耐磨性，并且氧化钛薄膜可使刀具切削时不易粘刀，因此具有较好的红硬性。但其强韧性较钨钴类合金低。因此钨钴类合金常用来加工脆性材料（如铸铁等）；而钨钴钛类合金则用来加工塑性材料（如钢等）。同类合金中，钴含量较高的合金适于做粗加工刀具，反之则适于做精加工刀具。

7. 钢结硬质合金

钢结硬质合金是一种以碳化物为硬化相，以合金钢（如高速钢、铬钼钢等）粉末为黏结剂，混合烧结而成的一种新型刀具材料。

钢结硬质合金可用一般的切削加工方法而获得形状较为复杂的刀具、模具和耐磨零件。

10.3　铸　　铁

铸铁是含碳量大于 2.11%，并含有较多 Si、Mn、S、P 等元素的铁碳合金。工业上常用铸铁的成分范围是 2.5% ~ 4.0% C，1.0% ~ 3.0% Si，04% ~ 1.4% Mn，0.01% ~ 0.50% P，0.02% ~ 0.2% S。可见，铸铁与钢化学成分的主要区别在于含碳、硅量较高，含杂质元素硫、磷较多，因此与钢的组织和性能都有较大差别。

10.3.1　铸铁的分类

在铸铁中，碳以两种形式存在，一是化合状态的渗碳体；一是自由状态的石墨（用符号 G 表示）。根据碳的存在形式不同，铸铁可以分为以下几种。

1. 白口铸铁

碳主要以渗碳体形式存在，其断口呈白亮色，称为白口铸铁。白口铸铁中存在着大量渗碳体，其性能硬而脆，很难进行切削加工，除少量用于表面要求高硬度和耐磨性的铸件（如轧辊、铧犁等）外，很少直接用来制造机器零件，绝大部分用作炼钢原料以及可锻铸铁件的毛坯。

2. 灰铸铁

碳大部分或全部以片状石墨形式存在，断口呈暗灰色，故称为灰铸铁。灰铸铁具有许多优点，是应用广泛的铸铁材料。

3. 球墨铸铁

碳大部分或全部以球状石墨形式存在，故称为球墨铸铁。这类铸铁的机械性能比普通灰铸铁高得多，其综合机械性能接近于钢。因其生产工艺简单、成本低廉，并可通过热处理进一步提高其强度，因此在工业中得到广泛应用。

4. 可锻铸铁

碳主要以团絮状石墨形式存在的铸铁称为可锻铸铁。这种铸铁具有较高的塑性和韧性，故称为可锻铸铁或韧性铸铁，但是其并不能锻造。这类铸铁的机械性能较普通灰铸铁高，可部分代替碳钢使用，多用于制造形式复杂、承受冲击和振动的铸件及薄壁小铸件，如汽车后桥壳等。

5. 蠕墨铸铁

碳大部分或全部以蠕虫状石墨形式存在的铸铁称为蠕墨铸铁。其石墨形态介于片状和球状之间，在光学显微镜下，呈互不相连的短状蠕虫形态。这类铸铁是近十几年来发展起来的一种新型高强度铸铁，已在生产中大量应用。

10.3.2 灰铸铁

灰铸铁是价格便宜、应用最广泛的一种铸铁。在各类铸铁的总产量中，灰铸铁约占80%以上。灰铸铁具有以下优良性能：

（1）优良的铸造性能。

灰铸铁的熔点低，流动性好，加之石墨的比容扩大，当灰铸铁铸件在凝固过程中析出石墨时，可部分地补偿铸件在凝固时基体的收缩，故收缩率比钢小。

（2）良好的减摩性和耐磨性。

灰铸铁中的石墨是良好的固体“润滑剂”，它从灰铸铁铸件表面脱落后能起润滑作用，同时，脱落后留下的孔洞有吸附和储油能力，因而使灰铸铁具有良好的减摩性和耐磨性。

（3）良好的切削加工性。

进行切削加工时，石墨起着减摩和断屑作用，故切削加工性好，刀具磨损小。

（4）良好的减振性和低的缺口敏感性。

由于石墨组织松软，能够吸收振动，因而使铸铁具有良好的减振性。片状石墨本身就相当于许多微缺口，故铸铁具有低的缺口敏感性。

（5）灰铸铁的钢号及用途。

灰铸铁的钢号用“HT”（即“灰铁”二字的汉语拼音首写字母）及后面一组数字组成。数字表示其最低抗拉强度，单位为 N/mm^2。如HT200表示最低抗拉强度为200 N/mm^2的灰铸铁等。

10.3.3 可锻铸铁

可锻铸铁是由白口铸铁通过退火处理得到的一种石墨呈团絮状的高强度铸铁。它有较高的强度和一定的塑性、韧性。按退火方法不同，可锻铸铁有黑心和白心两种类型。黑心可锻铸铁依靠石墨化退火来获得；白心可锻铸铁则利用氧化脱碳退火来制取。后者由于韧性差，退火周期长，故生产中已很少使用，我国主要生产黑心可锻铸铁。

钢号中的字母“KTH”表示黑心可锻铸铁；“KTZ”表示珠光体可锻铸铁。字母后面的两组数字分别代表可锻铸铁的最低抗拉强度和延伸率。如KTZ450-06表示珠光体可锻铸铁，其最低抗拉强度为450 N/mm^2，最低延伸率为6%。

由于可锻铸铁中的石墨呈团絮状，对基体的裂作用和应力集中比片状石墨小，因而可锻铸铁的强度和塑性、韧性比灰铸铁高。可锻铸铁常用来制造形状复杂、承受冲击和振动载荷的零件，如汽车拖拉机后桥壳、管接头、低压阀门等。

可锻铸铁所用原料是白口铁，需要长时间石墨化退火，生产率低，成本高，所以原用可锻铸铁制造的零件多数已改用球墨铸铁。

10.3.4　球墨铸铁

球墨铸铁是 20 世纪 50 年代发展起来的一种高强度铸铁材料。它是通过对铁水进行球化处理和孕育处理而制得，即在铁水浇注前，向铁水中加入一定量的球化剂和少量的孕育剂，促使石墨呈球状析出。

目前，国外使用的球化剂主要是金属镁，实践证明，铁水中含 0.04% ~ 0.08% 的镁时，石墨就能完全球化。我国普遍使用的是稀土镁球化剂。加入稀土元素能克服由球化剂造成的夹渣、疏松等缺陷，并减少镁的烧损。但镁是强烈阻碍石墨化的元素，为了避免出现白口，并使石墨球细小、均匀、光圆，还要加入少量的孕育剂，常用的孕育剂为 75% 的硅铁和硅钙合金。

球墨铸铁的钢号用“QT”（即“球铁”二字汉语拼音首写字母）加二组数字表示。第一组数字表示球墨铸铁最低抗拉强度，单位是 N/mm^2；第二组数字表示材料的最低延伸率（δ_5）。如 QT450-10 表示最低抗拉强度为 450 N/mm^2，最低延伸率为 10% 的球墨铸铁。

10.3.5　蠕墨铸铁

蠕墨铸铁的强度接近于球墨铸铁，并具有一定的韧性、较高的耐磨性，同时又具有灰铸铁良好的铸造性能和导热性。目前，蠕墨铸铁已在生产中大量应用，主要用来制作气缸盖、气缸套、排气管等在高温下工作的零件。

蠕墨铸铁中的石墨片的长度比较小，端部较圆、较钝，金属基体和球墨铸铁相近。

蠕墨铸铁是用高碳，低硫、磷的铁水加入适量的蠕化剂经蠕化处理而制得，其方法和程序与球墨铸铁基本相同。蠕化剂目前主要采用镁钛合金、稀土镁钛合金或稀土镁钙合金等。

钢号中的字母“RuT”表示蠕墨铸铁，数字表示蠕墨铸铁的最低抗拉强度，单位是 N/mm^2。

10.3.6　合金铸铁

向灰铸铁或球墨铸铁中加入某些合金元素后，可生产出具有某些特殊性能的合金铸铁，例如耐磨铸铁、耐热铸铁和耐蚀铸铁等。这些特殊性能铸铁的运用为进一步发挥铸造工艺的特点，扩大铸铁的使用范围创造了条件。它们与相似条件下使用的合金钢比较，具有熔炼简便、成本低廉、使用性能良好的优点，但机械性能比合金钢低，脆性较大，容易破裂。

1. 耐磨铸铁

耐磨铸铁根据工作条件不同，大致分为两类：一类是在无润滑干摩擦条件下工作的抗磨铸铁；另一类是在润滑条件下工作的减摩铸铁。

在干摩擦条件下，铸铁件磨损的主要形式是磨料磨损，例如犁铧、轧辊及球磨机零件所承受的摩擦。在这种摩擦条件下工作的铸铁件，应具有高而均匀的硬度。白口铸铁就属这类耐磨铸铁，但白口铸铁脆性较大，不能承受冲击载荷。在生产中常采用激冷的方法来获得冷硬铸铁，即利用工件表层冷却速度快，而得到高硬度耐磨性的白口组织，心部由于冷却速度慢，得到具有一定强度的灰铸铁组织。用激冷方法制造耐磨铸铁，已广泛应用于轧辊和车轮等的铸造生产中。

2. 耐热铸铁

耐热铸铁具有良好的耐热性，可代替耐热钢广泛应用于在高温下工作的铸件，如炉底板、换热器、坩埚、热处理炉内的运输链条等。

铸铁的耐热性是指其在高温下的抗氧化和抗生长的能力。普通灰铸铁在高温下除了会发生表面氧化外，还会发生“热生长”现象，即氧化气体沿石墨片边界和裂纹内渗，造成内部氧化以及渗碳体分解成石墨，使其体积产生不可逆的膨胀现象。热生长会造成铸件承载能力降低，发生变形和开裂，以致报废。

耐热铸铁主要是在铸铁中加入了Al、Si、Cr等元素，一方面在铸件表面形成致密的氧化膜，阻碍继续氧化；另一方面提高铸铁的临界温度，使基体变为单相铁素体，不发生石墨化过程，从而防止或减小热生长。球墨铸铁因其石墨呈孤立分布，互不相连，不易形成氧化性气体渗入铸铁内部的通道，故其耐热性更好。

3. 耐蚀铸铁

耐蚀铸铁主要用于化工部门，如阀门、管道、泵、容器等。生产中主要通过向铸铁中加入Si、Al、Ni、Cr等合金元素，在铸铁表面形成保护膜或使基体电极电位升高来提高铸铁的耐蚀性。

常用的耐蚀铸铁有高硅、高硅相、高铝、高铬耐蚀铸铁等。生产中应用最广泛的是高硅耐蚀铸铁，它在含氧酸（如HNO_3、H_2SO_4）中的耐蚀性不亚于不锈钢。

10.4 有色金属及其合金

前已阐述，金属分为黑色金属和有色金属两大类。有色金属具有许多黑色金属所不具备的优良性能，如密度小，质量小，良好的导电、导热性，塑性、韧性及优良的耐蚀性等，因而有色金属在机械制造业特别是汽车制造业中获得越来越广泛的应用。

大多数有色金属的化学活性高，冶炼困难，故生产成本高；且有色金属在地壳的蕴藏量少，因此在使用有色金属时，要坚持合理使用、注意节约的原则。

10.4.1　铝及其合金

铝合金在汽车中的应用

1. 工业纯铝

工业上使用的纯铝呈银灰白色，相对密度为2.72 g/cm³（约为钢的1/3），熔点为660 ℃，具有良好的导电、导热性，其导电性仅次于银、铜、金而居第四位。

在空气中，铝能在表面形成致密的 Al_2O_3 氧化膜，隔开了空气与铝的接触，可阻止铝的继续氧化而起到耐大气腐蚀的作用。但铝不能耐酸、碱、盐的腐蚀。

纯铝具有面心立方晶格，没有同素异构转变，强度低，塑性好，σ_b 为80~100 MPa，δ 可达80%，因此常用来做导线、电缆等。

工业纯铝编号采用“铝”字的汉语拼音首写字母加序号表示。如L1、L2、L3、L4…，L1为1号纯铝，序号越大铝的纯度越低。含杂质元素越多，塑性及导电导热性越差。

2. 铝合金

由于纯铝的强度低，不能用来做结构件，因此常在铝中加入合金元素制成铝合金。铝合金保持了纯铝的优良性能，且强度较纯铝高。由于铝合金密度小，在相同强度要求下，用铝合金制造的零件其质量大大小于钢质零件，因此铝合金在飞机及汽车制造业中获得越来越广泛的应用。铝合金分为形变铝合金和铸造铝合金两大类。形变铝合金又分为热处理能强化的形变铝合金及热处理不能强化的形变铝合金。

1）形变铝合金

形变铝合金分为防锈铝（LF）、硬铝（LY）、超硬铝（LC）、锻铝合金（LD）等。其编号采用汉语拼音加序号表示，如“LF5”代表序号为5的防锈铝合金，其成分和性能可查有关手册（不能从序号上直接反映出来）。

（1）防锈铝合金（LF）。防锈铝合金是铝-锰和铝-镁系合金。这类合金具有较好的耐蚀性及塑性、焊接性，但切削加工性差，因此适于压力加工或焊接。这类合金不能进行热处理强化，只能用变形加工的方法提高合金的强度，其主要用于制造低载荷零件或焊接件，如飞机油箱、防锈蒙皮及导管、铆钉等。

（2）硬铝合金（LY）。硬铝合金是铝-铜-镁系合金，国外又称杜拉铝。在硬铝中加入镁可获得较好的时效强化效果，这类合金具有良好的切削加工性，但由于存在晶间腐蚀倾向，故这类合金耐蚀性差，为此，多数硬铝板材表面蒙有一层纯铝，以提高耐蚀性。硬铝合金常用来做锻件和冲压零件，如飞机螺旋桨叶片、大型高载荷铆钉等。

（3）超硬铝合金（LC）。超硬铝合金是在铝-铜-镁系硬铝合金的基础上加入一定量的锌获得的。该合金的最大特点是由于存在大量的强化相（$MgZn_2$），其强度硬度大大提高。LC4是飞机上广泛应用的超硬铝，常用来做飞机上的结构件。但这类合金的耐蚀性及焊接性差，并且有较高的缺口敏感性。

（4）锻铝合金（LD）。锻铝合金是铝-铜-镁-硅系和铝-镁-镍-铁系合金，由于其热塑性好，故称锻铝合金。其机械性能与硬铝相近，通常用做形状复杂的锻件，如叶轮、导风轮、飞机操作系统中的摇臂、支架等。

形变铝合金在汽车制造方面主要用于空调系统零件（换热器、冷凝器等），压缩机件，行驶部分零件，发动机冷却系统散热器件以及车身零件和装饰件等。

2）铸造铝合金

铸造铝合金有铝-硅、铝-铜、铝-镁、铝-锌合金等。铸造铝合金除具有优良的铸造性能外，还具有较好的使用性能，铸造铝合金代号采用汉语拼音 ZL 加上 3 位数字表示。第一位数表示合金系列：1 为铝-硅系、2 为铝-铜系、3 为铝-镁系、4 为铝-锌系。第二、三位数表示合金序号，如 ZL102 表示 2 号铝-硅系铸造铝合金。

（1）铝-硅系合金。铝-硅合金又称硅铝明，分为简单铝硅合金和复杂铝硅合金两种。这类合金的流动性极好，且铸造收缩率及线膨胀系数小，并具有良好的抗蚀性及焊接性。因此，应用较为广泛。

在铝-硅系合金中加入适量的铜与镁时（称为复杂铝硅合金或复杂硅铝明）可获得二相强化效果。我国常用的 ZL105、ZL108 铝活塞材料都采用变质处理与热处理来提高其强度。目前在国内的汽车、拖拉机及各种内燃机的发动机上获得广泛的应用。

（2）铝-铜系合金。铝-铜系合金有较好的耐高温强度，但铸造性能差，其主要用作高强度或高温下工作的汽车、摩托车、内燃机的活塞及内燃机气缸盖等。

（3）铝-镁系合金。铝-镁系合金具有良好的耐蚀性，强度高，密度小，多用于制造在腐蚀性介质中工作的铸件，如氨用泵体、泵盖以及海轮配件等。

（4）铝-锌系合金。铝-锌系合金具有良好的铸造性和较高的强度，但耐蚀性差，热裂倾向大，常用于工作温度小于 200 ℃的汽车、拖拉机及飞机的复杂零件的制造。

3）铝-锌-镁系合金

铝-锌-镁系合金是由内蒙古包头铝厂研制的新型高强度材料。其具有较高的室温及高温强度，并可通过时效强化提高合金的性能。这类合金还具有较好的可焊性、切削加工性及铸造性能等。由于具有上述良好性能，此类合金受到了很大重视，是具有很大使用价值和发展前景的新型材料，可用来做精密仪表、仪器等零件。

10.4.2 铜及其合金

1. 纯铜

纯铜是用电解的方法制造出来的，又称电解铜。纯铜呈紫红色，也称紫铜。

其具有面心立方晶格，熔点为 1 083 ℃、相对密度为 8.94 g/cm^3。纯铜具有优良的导电性和导热性，及良好的塑性和耐蚀性。由于其强度低，不宜作结构材料，通常用来作电线、电缆、铜管以及配制合金的原料。

工业铜分冶炼产品（铜锭）及压力加工产品（铜材）两种。铜锭按杂质分为 Cu-1～Cu-4 四种，压力加工产品分为 T_1～T_4四种。数字越大，纯度越低，杂质越多。由于纯铜的强度、硬度低，因此机械中的结构零件使用的是铜合金。常用的铜合金有黄铜和青铜两大类。

2. 黄铜

黄铜是以锌为主加元素的合金，黄铜又分为普通黄铜和特殊黄铜。

1）普通黄铜

普通黄铜是铜和锌组成的合金。其代号采用黄字的汉语拼音首写字母“H”+数字表示（数字表示平均含铜量的百分数）。锌溶入铜中的含量小于 39%时，可形成单相 α-固溶体，这时具有良好的塑性、导热性能及耐蚀性，如 H60、H70 常用来做形状复杂并要求耐热、耐腐蚀的零件，如汽车散热器的上、下外壳。H68 是有名的弹壳黄铜。

当黄铜中的含锌量大于 39%时，其室温组织为 α-固溶体和化合物，称为（α+β）两相黄铜，即其强度升高，但常温塑性差，只能进行热加工，常用来做弹簧、垫圈、散热器以及热加工零件。

2）特殊黄铜

在普通黄铜的基础上加入合金元素称为特殊黄铜。常加入的合金元素有 Sn、Pb、Al、Si、Fe 等，通常根据加入的元素名称相应地称为锡黄铜、铅黄铜等。由于合金元素的加入，机械性能、耐蚀性及其他工艺性能得到改善。按工艺方法的不同可将黄铜分为压力加工黄铜和铸造黄铜。用代号“H”+主加元素符号及铜的百分数表示，如 HPb59-1 表示含 Cu 约 59%，含 Pb 约 1%，余量为 Zn 的压力加工铅黄铜。铸造黄铜的代号用“Z”表示铸造，如 ZHpb59-1 表示含 Cu 约 59%，含 Pb 约 1%，余量为 Zn 的铸造铅黄铜。其切削加工性良好，表面光洁，常用来做阀体。

3. 青铜

1）锡青铜

锡青铜也称普通青铜，是以锡为主加元素的铜合金。含锡量的不同，将对青铜性能产生显著影响。锡青铜中含锡量小于 6%时，随含锡量增加，锡青铜的强度升高，并同时具有较好的可塑性，这时可对青铜进行各种变形加工。当青铜中的含锡量大于 6%时，随锡量增加，硬脆的 δ 相增加，锡青铜强度增高，但可塑性急剧下降，不便进行变形加工。

（1）压力加工锡青铜。工业上常用的压力加工青铜含 Sn 量一般小于 7%，由于其可塑性好，适于冷、热加工，通常加工成板、带、棒、管等型材。

这类合金经加工硬化后，强度、硬度明显提高，但塑性下降，然而加工硬化后可采用去应力退火的方法，在保持高强度的情况下改善塑性，尤其是获得较高的弹性极限。

压力加工锡青铜常用来做要求耐腐蚀及耐磨零件，如机器中的轴承、轴套，弹簧及抗磁零件等，常用的有锡、锌青铜 QSn4-3 及锡、磷青铜 QSn6.5-1 等。

（2）铸造锡青铜。铸造锡青铜的含 Sn 量较压力加工青铜高，其突出的优点是经铸造冷凝收缩后体积变化很小（小于 1%）。一般用于制造形状复杂，致密度和气密性要求不高的铸件。常用来做蜗轮、蜗杆及机床中的滑动轴承等。常用的有铸造锡、磷青铜 ZQSn10-1 及铸造锡、锌、铅青铜 ZQSn6-6-3 等。

2）铝青铜

铝青铜是以铝为主加入元素的铜合金。含铝量不同时将对铝青铜的性能产生显著影响。

随含铝量增加，铝青铜的强度与塑性均为上升趋势，这时可对其进行变形加工。而当含铝量大于 7% 时塑性急剧下降，含铝 10% 左右时强度最高而塑性最低，这时只能对其进行变形加工或铸造加工。

铝青铜与黄铜和锡青铜相比较具有更高的强度、硬度，在大气、海水及大多数有机酸中有较好的抗腐蚀性。此外铝青铜还具有耐磨损、耐寒冷、受冲击时不产生火花等特性。其主要用来做耐磨、耐蚀及弹性零件如齿轮、蜗杆及船用零件等，是一种广泛应用的合金材料。

3）硅青铜

硅青铜是以硅为主加元素的铜合金，硅青铜的铸造性能及冷、热压力加工的性能都很好。含硅量为 2% ~5% 的硅青铜具有较高的弹性和耐蚀性。常用于制造在海水中工作的耐蚀弹簧，以及其他要求耐腐蚀场合使用的零件如齿轮、蜗轮、蜗杆等。

在硅青铜中加镍可提高合金的机械性能，且具有较好的导电、导热及耐腐蚀性，故广泛用作航空工业和长距离架空的电话线和送电线。

在硅青铜中加入铅可大大提高合金的耐磨性，从而可代替磷青铜或铅青铜制造高级轴瓦。

4）铍青铜

铍青铜是以铍为主加元素的铜合金。工业用铍青铜含铍量为 1.7% ~2.5%。由于铍的加入可使合金的强度、硬度、弹性和耐磨性得以提高，而且铍青铜的耐蚀性、导热性、导电性及耐热性能都较好，并且具有无磁性和受冲击时不产生火花等特性，此外还具有较好的切削加工性能。因此常用来做各种重要的弹簧、弹性零件及耐磨件，如钟表齿轮、航海罗盘仪中的零件以及防爆工具和电焊机电极等。但因铍青铜的价格太贵，工艺复杂，而妨碍了其在工业上的大量使用。

5）铅青铜

铅青铜是以铅为主加元素的铜合金，主要用作耐磨材料，如滑动轴承合金材料。

10.4.3 滑动轴承合金

滑动轴承合金指用于制造滑动轴承轴瓦及内衬的合金。

1. 锡基轴承合金

锡基轴承合金又称锡基巴氏合金。锡基轴承合金的代号以“铸造轴承”的汉语拼音首写字母“ZCh”+基体元素符号+主加元素符号+主加及辅加元素的百分数组成。如 ZChSnSb11-6 表示含 Sb 约 11%（主加元素）、含 Cu 约 6%（辅加元素）的锡基铸造轴承合金。

锡基轴承合金的含锡量较高，可形成较为理想的组织，即软的基体分布硬的质点。软的基体是 Sb 溶入 Sn 中形成的 α 固溶体呈暗黑色，硬的质点是 Sn 与 Sb 的化合物 SnSb 呈白亮方块，铜在合金中起到防止密度偏析且使硬质点分布均匀的作用。

锡基轴承合金与其他轴承材料相比较，具有较小的膨胀系数和良好的减摩性，而且具有良好的导热性、耐蚀性和韧性，但疲劳强度低，并且锡的熔点低，由于我国锡元素较稀缺，故锡基轴承合金常用作工作温度小于 150 ℃且较重要的轴承，如汽车发动机、汽轮机等用的高速轴承。

为提高锡基轴承的强度和使用寿命，生产上常采用离心铸造的方法将其镶铸在钢质轴瓦表面上，形成薄且均匀的一层内衬（这种方法称为挂衬）。这种双金属层结构的轴承也称为“双金属轴承”。

2. 铅基轴承合金

铅基轴承合金又称铅基巴氏合金。铅基轴承合金的编号方法与锡基合金相同。铅基轴承合金是以铅锑为主，并加入少量的锡、铜等元素形成的合金。

铅基轴承合金的性能较锡基合金低，因此一般用于低载、低速或静载条件下工作的轴承。

3. 铝基轴承合金

铝基轴承合金是以铝为主，并加入少量锑和锡的合金。铝基轴承合金具有密度小、导热性好、疲劳强度高、耐蚀性好等特点，而且原料丰富，价格低廉，可用于高速、重载的汽车、拖拉机及内燃机车上。其主要缺点是线膨胀系数大，运转过程中易与轴咬死，因此通常采用加大轴与轴承之间的间隙来防止咬合；也可用降低轴与轴承的表面粗糙度或镀锡等办法改善磨合性，来减少运动时发生咬合的危险。另外，铝基轴承合金本身硬度高。为防止损伤轴，应提高轴的表面硬度。目前采用的铝基轴承合金有铝、锑、镁轴承合金及 20 高锡铝基轴承合金。其中 20 高锡铝基轴承合金的应用范围最为广泛。

1）高锡铝基轴承合金

高锡铝基轴承合金又称 20 高锡铝轴承合金，是近年来发展起来的一种既有较高的疲劳强度，又有适当硬度的优良合金，其成分为 20% 左右的锡，1% 左右的铜，余量为铝。由于锡与铜的直接粘结性很差，故生产上是先将高锡铝合金表面与铝箔轧制成双金属板，然后再与08钢一起轧制成钢-铝-高锡合金三层金属结构，然后经过数小时退火处理，最终可获得在硬基体（铝为基体）上弥散分布较软的球状锡的理想组织。这种高锡铝合金具有较高的承载能力、良好的抗咬合性，并具有工艺简单、成本不高、使用寿命长等优点，故目前已广泛代替锡基轴承合金，用于高速、重载的汽车、拖拉机及内燃机车上。

2）铝锑镁轴承合金

铝锑镁轴承合金的化学成分为4%左右的锑，0.3%~0.7%的镁，余量为铝，合金的组织为铝基α固溶体的基体上分布着AlSb的金属化合物的硬质点。其有较高的屈服强度和耐磨性及良好的冲击韧性，工艺简单，价格低廉。其缺点是承载能力不够大，允许滑动的线速度不够大，冷起动性能不好，故只适合做低载荷柴油机轴承。

3）国外发动机曲轴、连杆轴承材料简介

F-66铝铅合金是由日本NDC公司研制的，含有Al、Pb、Si、Sn、Cu等元素的合金，其具有较好的强度，合适的硬度，良好的耐磨性和耐蚀性。F-66合金用作轴承减摩合金层不需表面镀层，只是在作为库存备件时镀锡以防锈蚀。美国通用、福特等汽车制造公司以及我国的北京内燃机总厂引进的通用公司的GMZL发动机，一汽公司引进的克莱斯勒CA488发动机及北京切诺基吉普车的发动机曲轴和连杆轴承等都使用F-66铝铅合金作为减摩合金衬层。

第 11 章

非金属材料

学习目标

1. 了解非金属材料的性能特点；
2. 掌握非金属材料在实际生产中的正确选用。

非金属材料目前已成为工程材料中的重要组成部分。汽车及机械制造中的非金属材料包括高分子材料、陶瓷材料及复合材料。

高分子材料是指分子量特别大的有机化合物，一般分子量在 5 000 以上。高分子化合物的分子量虽然很高，但化学组成并不复杂，它的每个分子都是由一种或几种较简单的低分子（也称单体）重复连接而成。如聚乙烯是由低分子乙烯（$CH_2=CH_2$）连接组成，聚氯乙烯是由低分子氯乙烯（$CH_2=CHCl$）连接组成。低分子化合物聚合形成高分子化合物的过程称为聚合反应，所以高分子化合物也叫聚合物或高聚物。

高分子化合物分为天然和人工合成两大类。天然高分子化合物主要有羊毛、蚕丝、纤维素、橡胶以及存在于生物组织中的淀粉、蛋白质等。工程上应用的高分子化合物主要是人工合成的各种有机物，包括各种塑料、合成橡胶、胶黏剂等，其中以塑料的产量最大，应用范围最广，它几乎占全部合成材料的 68%。同时，高分子化合物也是重要的工程结构材料。

11.1 塑料和橡胶

11.1.1 塑料

塑料在汽车中的应用

1. 塑料的特性

塑料是以合成树脂为基材，加入适量的添加剂制成的。塑料的品种很多，机械和物理化学性能各异，有的塑料坚韧如钢，连枪弹也难打穿；有的像海绵一样多孔；有的像棉花一样柔软和富有弹性；有的像玻璃一样透明等。概括起来塑料与其他工程材料相比，其主要的特性有以下几点：

（1）质量轻。塑料的相对密度通常在0.83~2.2，仅为钢的1/8~1/4，铝的1/2。质量轻是塑料的最大优点之一。

（2）比强度大。虽然塑料的强度比金属材料低得多，一般为30~150 MPa，但密度小，因此具有较高的比强度（强度与密度之比）。用塑料制作与金属同样大小尺寸的受力不大的构件，可大大减轻质量。

（3）耐蚀性好。塑料对酸、碱、盐等溶液具有良好的抗腐蚀能力，可长期在潮湿或腐蚀气氛的环境中工作。

（4）绝缘性好。塑料是良好的绝缘体，它的绝缘性能与陶瓷相当，是电器、电力工程中必不可少的绝缘材料。

（5）吸振和消声效能高。塑料大多具有良好的吸振、消声性能，常用于发动机罩内衬及轿车车身。

（6）易于加工成型。塑料的熔点低，易于软化，通常采用压注、压制、挤压、浇铸、吹塑等方法成型，生产率高。如一台普通的塑料注射机可年产15万件塑料齿轮。此外还易于对塑料进行切消、焊接、喷涂、黏接等加工。

（7）导热性差、热膨胀系数大。塑料是很好的绝热材料，它的导热性不及金属的1%，用于制作操纵手柄、汽车转向盘等，会使人感到温暖，但对摩擦件来说导热性差是个缺点，同时塑料热膨胀系数比金属大3~10倍，摩擦时零件温度升高，使其尺寸改变以及机械性能变坏而失效。

（8）减摩、耐磨性差异大。大部分塑料的减摩、耐磨性较金属材料差，但有些塑料如聚四氟乙烯、尼龙等，摩擦因数却很小，只有0.04左右，几乎是所有固体材料中最低的。此外，塑料的磨损率低，自润性能良好，是很好的轴承材料，大量地用来制造密封件、齿轮、轴承等零件。

（9）同金属比较，塑料的耐热性比较低。如聚乙烯、尼龙等塑料使用温度在100 ℃以下，耐高温塑料也只能在200~300 ℃范围内使用。此外，塑料容易老化。在加工、储存和使用过程中，由于受氧、热、光、湿、高能辐射、机械应力等外部因素的作用，塑料制品会老化，即变脆、变软、变粘、开裂、退色等。在塑料中增加稳定剂，改进成型工艺，可提高塑料的抗老化能力。

2. 塑料的组成

塑料按其组成不同，分为单组分塑料和多组分塑料。

单组分塑料由树脂组成，如有机玻璃等。多组分塑料是以树脂为基材，加入各种添加剂组成。

树脂占塑料全部组成成分的40%~100%，它将添加剂等其他组分黏合起来，决定塑料工艺性能和使用性能。目前使用的树脂主要是各类合成树脂，如聚乙烯、聚氯乙烯、聚苯乙烯等合成树脂，它可直接用作塑料；酚醛树脂、氨基树脂等合成树脂，须加入添加剂才能制成塑料。

合成树脂中加入添加剂后可改良品种。因此，添加剂对塑料的性能起很大作用。添加剂的主要类型有：填充剂、增塑剂、固化剂、稳定剂、润滑剂、抗静电剂、阻燃剂、着色剂等。

填充剂又叫填料，加入填料的主要目的是改善塑料的性能。如加入铝粉可提高塑料对光的反射能力及防老化；加入二硫化钼可提高塑料的自润；加入石棉粉可提高耐热性；在酚醛树脂中加入木屑可提高强度（即常用的胶木板）。填料的用量可达 20%~50%。

增塑剂用以提高合成树脂的可塑性和柔韧性，并使热变形温度降低。如聚氯乙烯树脂中加入邻苯二甲酸二丁酯，可变为橡胶一样的软塑料。

固化剂是热固性塑料不可缺少的成分，它在塑料加工过程中使树脂硬化，从而达到使用性能要求。

稳定剂主要提高树脂在受热和光作用时的稳定性，以抑制老化速度，延长塑料的使用寿命。如加入少量的酚类及胺类有机物，可使塑料的抗氧能力提高。

润滑剂可防止塑料黏附在设备或模具上，常用的润滑剂为硬酯及其盐类。

抗静电剂可减少静电荷积聚，保证安全和不易吸尘。

阻烧剂可使塑料难于燃烧或不燃烧。

3. 塑料的分类

塑料的种类繁多，分类方法也各不相同，常见的有以下两种分类方法。

1）按热性能和成型特点分类

可分为热塑性塑料和热固性塑料两类。

凡受热软化，冷却后硬化，可多次反复的塑料称为热塑性塑料。常用的热塑性塑料有聚乙烯、聚丙烯、聚氯乙烯、ABS 塑料、聚甲醛、聚酰胺（尼龙）及有机玻璃等。这类塑料的成型工艺简单、生产周期短，废旧塑料可回收使用，但耐热性和刚性比较差。

凡一次加热成型后，再也不能通过加热使其软化、熔解的塑料称为热固性塑料。常用的热固性塑料有酚醛塑料、氨基塑料及环氧塑料等，这类塑料耐热性和刚度较高，受压不易变形。采用模塑成型时，生产周期长，且废旧塑料不可回收使用。

2）按塑料的用途分类

可分为通用塑料和工程塑料两类。

通用塑料又称常用塑料，是指应用范围广、产量大、成本低广泛用于日用品和农用的塑料。主要品种有聚乙烯、聚氯乙烯、聚苯乙烯、聚丙烯、ABS 塑料、酚醛塑料等。通用塑料的产量约占塑料总产量的 3/4 以上。

工程塑料是工程结构和设备中应用的塑料，一般强度、刚度和韧性较好，且耐高温、耐辐射、耐腐蚀，绝缘性能良好，因而能代替金属制作某些机械结构件。这类塑料主要有聚甲醛、聚酰胺（尼龙）、聚碳酸酯和 ABS 塑料等四种。在实际应用中，工程塑料和通用塑料并没有严格的界限。

3）工程塑料

目前在各种机械设备和汽车上用塑料制作结构件的数量日益增多，常用来制作的零件有：一般结构件、耐磨传动件、自润滑减摩件、耐热件和透明构件等，以取代部分金属件，或减轻设备自身质量，或起装饰作用。

用于制作上述各种结构件的工程塑料主要有以下几种。

（1）聚乙烯（PE）。聚乙烯分低压聚乙烯和高压聚乙烯两种。低压聚乙烯又称高密度聚乙烯，是由乙烯在催化剂下聚合制得，具有较低的摩擦系数，较高的化学稳定性，能在-70~80 ℃内使用，可制作轻载荷齿轮、轴承以及汽车上的油桶、水桶、手柄等。高压聚乙烯又称低密度聚乙烯，是由乙烯在高温高压下聚合制得，透明性好，常吹制成塑料薄膜用于工业包装或农业育秧。

（2）聚苯乙烯（PS）。聚苯乙烯是无色透明的塑料，透光性能仅次于玻璃。聚苯乙烯表面光泽，耐蚀性能、绝缘性能好，着色性佳，易于成型，宜制作各种仪表外壳、汽车灯罩、贮酸槽、电绝缘材料和光学仪器等。

（3）聚丙烯（PP）。聚丙烯耐热性能良好，机械性能比聚乙烯高，并有突出的刚性，故可制作机械零件，如法兰、齿轮、接头、把手、风扇叶轮、汽车转向盘调节盖及千分表盒等。在电气工业上可用于制造收音机和录音机外壳等。

玻璃纤维增强聚丙烯力学性能高于聚丙烯，可制作汽车、拖拉机挡板、蓄电池外壳、空气过滤器及指示盘等。

（4）ABS塑料。由丙烯腈、丁二烯、苯乙烯三种组元组成，兼有三种成分的性能。具有较高的强度和冲击韧性，良好的耐热性、耐磨性和抗蚀性，容易电镀，易于加工成型，尺寸稳定。在电气工业上用于制作电话机、收音机、电视机、电风扇等外壳。在汽车工业上用于制作转向盘、手柄、仪表盘、挡泥板、扶手和变速杆头等。在化学工业上用于低浓度酸、碱、溶剂的管道和容器。

（5）聚酰胺（PA）。聚酰胺又称尼龙或绵纶。常温下的拉抻、冲击、疲劳性能及耐油性较好，摩擦系数小，耐热、耐蚀、自润滑性能良好，多用于制作小型零件，如汽车离合器踏板轴衬套、横拉杆球头碗、半轴齿轮受磨垫片、钢板弹簧销衬套、转向器衬套、喇叭钮盖、油管以及正时齿轮等。

（6）聚四氟乙烯（F-4）。聚四氟乙烯比其他塑料具有更优良的化学稳定性，强酸、强碱对它都无腐蚀作用，化学稳定性超过玻璃、陶瓷、不锈钢，故有“塑料王”美称。聚四氟乙烯既不吸水，又不怕氧和紫外线的作用，也不燃烧，摩擦系数极低，可在-180~260 ℃下长期使用，电绝缘性能良好。其缺点是强度较低，当加热到390 ℃时会分解出剧毒气体，加工性差。目前主要用作减摩密封件，如自润滑轴承、耐磨片、密封环、阀座、活塞环等。在化工或冷冻工业中用作耐蚀泵、过滤板、各类管、阀门接头等。

（7）聚砜（PSF）。聚砜的机械性能良好，耐热性、绝缘性好，化学稳定性高。在汽车上用于制作分电器盖、仪表盘、风扇罩。经镀铬、镀铝的聚砜还可做车灯反光镜等。

常用工程塑料的种类、性能特点及用途见表 11–1。

表 11–1　常用工程塑料的种类、性能特点及用途

类别	名称	使用温度/℃	主要特点	应用举例
热塑性塑料	聚乙烯	-70～100	高压聚乙烯柔软性、透明性较好，低压聚乙烯强度高、耐磨、耐蚀、绝缘性良好	高压聚乙烯：制薄膜、软管和塑料瓶； 低压聚乙烯：制塑管、塑料板、塑料绳，承载不高的零件如齿轮、轴承等
	聚酰胺（尼龙）	小于 100	有韧性、耐磨、耐疲劳、耐油、耐水等综合性能。但吸水性大，成型收缩不稳定	制造一般机器零件；减摩、耐磨、传动件，如轴承、齿轮、凸轮轴、蜗轮等
	浓缩塑料（聚甲醛）	-40～100	有优良的综合机械性能；尺寸稳定性高；减摩、耐磨、耐老化性能良好；吸水性小	制造减摩、耐磨及传动件，如轴承、齿轮、凸轮轴、仪表外壳等
	ABS 塑料（苯乙烯—丁二烯—丙烯腈）	-40～90	兼有三组元的共同性能：“坚韧、质硬、刚性好”。同时耐热、耐蚀、尺寸稳定性好，易于加工成型	制造一般机械的减摩、耐磨及传动件，如齿轮、电视机外壳、转向盘、凸轮等
	聚四氟乙烯（塑料王）	-180～260	几乎不受任何化学物质的侵蚀；摩擦系数是固体物质中最低的；耐老化性能较好	制造耐蚀、耐磨件、密封件、高温绝缘件等，如容器、管道过滤器、工作温度较高但载荷较轻的轴承等
	有机玻璃	-60～100	透光性好，强度高，耐磨性、绝缘性良好	制造航空、仪器仪表和无线电工业中的透明件，如飞机的座舱、电视机屏幕、汽车风挡玻璃、光学镜片等
	聚碳酸酯	-100～130	强度、韧性较高；电绝缘性、化学稳定性和耐有机溶剂性好	制造耐磨、受力、冲击的机械和仪表零件，透明、绝缘件等
热固性塑料	环氧塑料	-80～155	有优良的耐热、绝缘、化学稳定性、尺寸稳定性和抗蠕变性，这些性能均优于热塑性塑料	制造塑料模具、精密量具、电气、电子元件及线圈的灌封与固定以及修复机件
	酚醛塑料	小于 100		制造一般机械零件、绝缘件、耐蚀零件及水润滑轴承等

11.1.2 橡胶

橡胶是具有高弹性的有机高分子材料。由于它具有高的弹性，优良的伸缩性能，优异的吸振性和绝缘性，以及良好的耐磨性、隔音性和电绝缘能力，所以用途极广。

橡胶的主要缺点是易于老化。主要表现为丧失弹性、变硬、变脆、发黏甚至龟裂。使用或存放期过长，光照、较高的环境温度等因素都会加速橡胶的老化。

橡胶分为天然橡胶和合成橡胶两大类。天然橡胶是以生长在热带的橡胶树中流出的胶乳为原料，经处理制成生胶。生胶与各种不同的配合剂调配混炼后，再经热硫化处理，即成为性能各异的橡胶制品。合成橡胶是以石油、天然气、煤和农副产品为原料，通过化学合成的方法制成的与天然橡胶性质相似的高分子材料。

合成橡胶按性能和用途可分为通用橡胶和特种橡胶两类。通用橡胶（如丁苯橡胶、异戊橡胶）性能与天然橡胶相似，物理、机械和加工性较好，常用于轮胎和其他一般橡胶配件。特种橡胶（如氯丁橡胶、硅橡胶、氟枸胶等）常用于制作耐油、耐热、耐寒、耐化学腐蚀等特殊性能的橡胶制品，如输油管、耐油密封垫圈等。

在机械工业和汽车工业中，橡胶的用途主要有以下几方面：

(1) 动、静密封件，如旋转轴密封、管道接口密封。

(2) 减振防振件，如机座减振垫片、汽车底盘橡胶弹簧。

(3) 传动件，如三角带。

(4) 运输胶带、管道。

(5) 电线、电缆和电工绝缘材料。

(6) 各种轮胎。

此外，还有耐辐射、防霉、制动等特性的橡胶制品。

常用橡胶的种类、性能特点及用途见表11-2。

表11-2 常用橡胶的种类、性能特点及用途

种类	使用温度/℃	主要特点	应用举例
天然橡胶	-50~120	强度高，耐磨性、抗撕性良好；加工性能良好。但耐高温、耐油和耐溶剂性差，易老化	用于制造轮胎、胶带、胶管及通用橡胶制品等
丁苯橡胶	-50~140	耐磨性优良；耐老化和耐热性比天然橡胶好，机械性能与天然橡胶相近。但加工性能较天然橡胶差，特别是自黏性差	用于制造轮胎、胶带、胶管及通用橡胶制品等

续表

种类	使用温度/℃	主要特点	应用举例
氯丁橡胶	−35~150	机械性能、耐光照的老化性能好；耐腐蚀、耐油性及耐溶剂性较好。但密度大、电绝缘性差、加工时易粘辊、粘模	用于制造胶管、胶带、电缆黏胶剂、模压制品及汽车门窗嵌条
硅橡胶	−70~275	良好耐气候性、耐臭氧性，优良的电绝缘性，但强度低，耐油性不好	用于制造耐高、低温制品，电绝缘制品，如各种管道系统的接头、垫片、O 形密封圈
氟橡胶	−50~300	耐高温、耐油、耐高真空、耐腐蚀性高于其他橡胶，抗辐射性能优良。但加工性能差，价格较贵	用于制造耐化学腐蚀制品，如化工衬里、垫圈、高级密封件、高真空橡胶件

11.2 陶瓷材料

陶瓷在传统上是指陶器和瓷器，现在则作为所有无机非金属材料如陶瓷、玻璃、搪瓷、耐火材料、砖瓦、水泥、石灰、石膏等的统称。由于这些材料是用天然硅酸盐矿物（即含 SiO_2 的化合物）如黏土、石灰石、长石及石英砂等原料生产的，所以陶瓷材料也称硅酸盐材料。

近些年来，陶瓷材料发展很快，除应用于传统的陶瓷制品外，还广泛用于制造零件、工具和工业构件等。现代陶瓷材料已和高分子材料、金属材料并称为三大固体工程材料。

11.2.1 陶瓷材料的分类

陶瓷按成分和用途，可分为普通陶瓷、特种陶瓷和金属陶瓷三大类。

1. 普通陶瓷

普通陶瓷又称传统陶瓷，它是以天然硅酸盐材料（如黏土、石英或长石）为主要原料，经过粉碎、配料、制坯和烧结等工序而制成的，主要用作日用、建筑、卫生、化工以及电器绝缘材料。

2. 特种陶瓷

特种陶瓷是指具有各种独特的力学、物理或化学性能的陶瓷。它是以人工化合物（如氧化物、氮化物、硅化物、碳化物和硼化物等）为原料，经粉碎、配料、制坯和烧结等工序而制成，可满足工程上的特殊需要。特种陶瓷主要用于化工、冶金、机工、电子和某些新技术中。

3. 金属陶瓷

金属陶瓷是由金属和陶瓷组成的非均质合成材料。用粉末冶金生产方法（包括制粉、成型和烧结三大工序）制成，可以做成工具材料、高温材料和耐蚀材料。以陶瓷为主的多为工具材料；金属含量较高时常为结构材料。以前把它们归属于陶瓷材料一类，现在多将其视为复合材料一类。

11.2.2 陶瓷的性能及用途

陶瓷的性能受许多因素影响，波动范围很大，但还是存在一些共性。陶瓷材料的共同特点是：硬度高，抗压强度大，耐高温，耐磨损，耐腐蚀，不易老化，不可燃烧和抗氧化性能好。但陶瓷性脆，经不起碰撞和急冷急热，没有延展性，抗拉、抗弯性能差。

常用陶瓷的种类、性能特点及用途见表11-3。

表11-3 常用陶瓷的种类、性能特点及用途

种类	名称	性能特点	应用举例
普通陶瓷（黏土类陶瓷）	日用陶瓷、绝缘陶瓷、耐酸陶瓷	质地坚硬、耐腐蚀、不导电、能耐一定高温，成本低。但强度较低，耐高温性能差	用于电气、化工、建筑、纺织等行业，如化工中耐酸、碱容、反应塔、管道以及电气行业中的绝缘子
氧化铝陶瓷（Al_2O_3）	刚玉瓷、刚玉-莫来石瓷、莫来石瓷	强度比普通陶瓷高2~3倍；硬度仅次于金刚石、碳化硼等材料而居第五；能耐高温，可在1 500 ℃下工作；具有优良的电绝缘性和耐蚀性。其缺点是脆性大，抗急冷急热性差	用作高温容器和盛装熔融的铁、钴、镍等的坩埚；测温热电偶的绝缘套管、内燃机火花塞、切削高硬材料的刀具等
氮化硅陶瓷（Si_3N_4）	反应烧结氮化硅瓷	具有良好的化学稳定性、能耐各种无机酸；有良好的耐磨性；优异的电绝缘性能和抗急冷急热性能	用于耐磨、耐蚀、耐高温、绝缘的零件，如各种泵的密封件、高温轴承、输送铝液的电液泵管道、阀门等
	热压氮化硅瓷	力学性能比反应烧结氮化硅好	用于形状简单的制品，如刀具、高温轴承、转子发动机中的刮片
氮化硼陶瓷（BN）	六方氮化硼陶瓷	具有良好的耐热性、抗急冷急热性。热导神经与不锈钢相当，热稳定性好；具有良好的绝缘性和化学稳定性	因硬度低可进行切削辊加工，用作高温轴承、玻璃制品的成型模具
			用作磨料和刀具

11.3 复合材料

11.3.1 复合材料的组成和分类

1. 复合材料的组成

复合材料由基体材料和增强材料两部分组成。基体材料起黏结作用，分非金属基体材料和金属基体材料两类。非金属基体材料主要有：合成树脂、碳、石墨、橡胶、陶瓷等。金属基体材料主要有：铝、镁、铜及其合金。增强材料主要在于提高复合材料的强度或韧性。常用的增强材料有：玻璃纤维、碳纤维等。

汽车复合材料生产过程

2. 复合材料的分类

1）根据其组成分类

（1）金属与金属复合材料，如金属轴承合金。

（2）金属与非金属复合材料，如夹网玻璃、金属陶瓷。

（3）非金属与非金属复合材料，如纤维-树脂复合材料。

2）根据复合形式分类

（1）纤维复合材料，这种材料通常置纤维状材料于基体内，如橡胶轮胎、玻璃钢。

（2）层叠复合材料，由两种或两种以上不同材料叠合而成，如钢-铜-塑料三层复合无油润滑轴承材料。

（3）细粒复合材料，将硬质细粒均匀分布于材料中填充其他材料，如孔隙中充填氟塑料的减摩材料。

11.3.2 常用复合材料及用途

1. 玻璃纤维复合材料（玻璃钢）

玻璃纤维复合材料又称玻璃钢，是第二次世界大战时期发展起来的一种重要的工程结构材料。它是以玻璃纤维为增强材料，以工程塑料为基体制成的复合材料。

玻璃经高温熔化成液体，并以极快速度获得玻璃纤维。玻璃纤维柔软如丝，抗拉强度高达1 000~2 000 MPa，比玻璃的强度高，比高强度钢约高两倍。弹性模量为30 000~70 000 MPa，为钢的1/3~1/6，且制取方便，价廉。

1）热塑性玻璃钢

玻璃纤维与热塑性塑料组成的复合材料，也称玻璃纤维增强塑料。用作基体材料的热塑性塑料主要有：尼龙、聚碳酸酯、聚乙烯和聚丙烯等。

热塑性玻璃钢同基体材料相比，强度和抗疲劳性能可提高2~3倍以上，冲击韧性可提高 2~4 倍（脆性塑料时），比强度高于铝合金，耐蚀性和工艺性能良好，所以应用广泛。

以尼龙为基体的玻璃钢的强度、刚度和减磨性好，可代替有色金属制作轴承、轴承架、齿轮等精密机械零件以及汽车上的仪表盘、前后灯罩等。

以聚丙烯为基体的玻璃钢强度、耐热性和抗蠕变性能好，耐水性优良，可用于制作转矩变换器、干燥器壳体等。

以苯乙烯类树脂为基体的玻璃钢广泛用于制作汽车内装制品、收音机壳体、磁带录音机底盘、照相机壳等部件。

2）热固性玻璃钢

指玻璃纤维与热固性塑料组成的复合材料。用作基体材料的热固性塑料有环氧树脂、酚醛树脂、聚酯树脂以及有机硅树脂等。

热固性玻璃钢的质量轻，比强度比铝合金高，比刚度则低于铝合金，耐蚀性、热绝缘性好，收缩率小，成型性能优良。常用于制作自身质量轻的结构件，如汽车车身、发动机罩等。

2. 碳纤维复合材料

碳纤维复合材料是 20 世纪 60 年代迅速发展起来的一种新型结构材料。它是以碳纤维为增强材料，工程塑料或金属、陶瓷为基体组成的复合材料。

碳纤维是以人造纤维为原料，在隔绝空气的条件下，经高温碳化而成。碳纤维比玻璃纤维具有更高的强度和弹性模量，并且在 200 ℃左右时仍不降低，在 −150 ℃ 以下也不变脆，所以碳纤维是比较理想的增强材料，可用来增强塑料、陶瓷和金属等材料。

碳纤维与塑料（环氧树脂、酚醛树脂、聚四氟乙烯等）组成的复合材料性能优于玻璃钢，其强度和弹性模量都超过铝合金与钢接近。此外还具有化学稳定性高、摩擦因数小、自润性、耐热性好、尺寸稳定等优点，常用作宇宙飞行器的外壳材料，人造卫星和火箭的机架、壳体，也可用于制作汽车传动轴、连杆、齿轮、活塞、轴承及密封圈等结构件。

第四篇

汽车常用零部件及机构

汽车行驶时，是靠其内部的各种传动机构和各种零部件相互配合工作来传递运动和动力的，因此这些机构和零部件的设计、使用和维护是否合理将直接影响整台汽车的工作性能。本篇重点阐述汽车常用零部件及机构的基本原理、结构特点、运动特性、使用维护知识等问题。

第 12 章 汽车常用零部件

学习目标

1. 了解汽车常用零部件类型、结构原理及材料组成；
2. 认识各类汽车常用零部件实物；
3. 掌握常用零部件在汽车上的连接关系；
4. 掌握常用零部件的拆卸与装配工作。

12.1 轴

轴是机械中的重要零件，其功用主要是承受转矩与弯矩，支撑其他回转件，如齿轮、带轮等，并传递运动和动力。本节主要介绍轴的分类、结构、材料等。

12.1.1 轴的分类

轴一般根据其承受的载荷和结构形状来分类。

根据所受载荷的不同，轴可分为芯轴、传动轴和转轴三种。

（1）芯轴。只承受弯矩作用的轴称为芯轴，如图 12-1 所示。芯轴可以是转动的，如火车的轮轴，如图 12-1（a）所示；也可以是固定的，如自行车的前轮轴，如图 12-1（b）所示。

（2）传动轴。只传递转矩的轴称为传动轴，如连接汽车变速器与后桥的轴，如图 12-2 所示。

（3）转轴。既承受弯矩又传递转矩的轴称为转轴。转轴是机械中最常见的轴，如齿轮减速箱的轴均是转轴，如图 12-3 所示。

按照轴的结构形状不同，可划分为直轴（图 12-4）和曲轴［图 12-5（a）］、光轴［图 12-4（a）］和阶梯轴［图 12-4（b）］、空心轴［图 12-4（c）］和实心轴［图 12-4（a）、（b）］、刚性轴和挠性轴［图 12-5（b）］。曲轴多用于往复式机械中，如汽车发动机等；挠性轴可将转动灵活地传递到所需要的任何位置；阶梯轴广泛应用于汽车变速器等各种机械设备中。

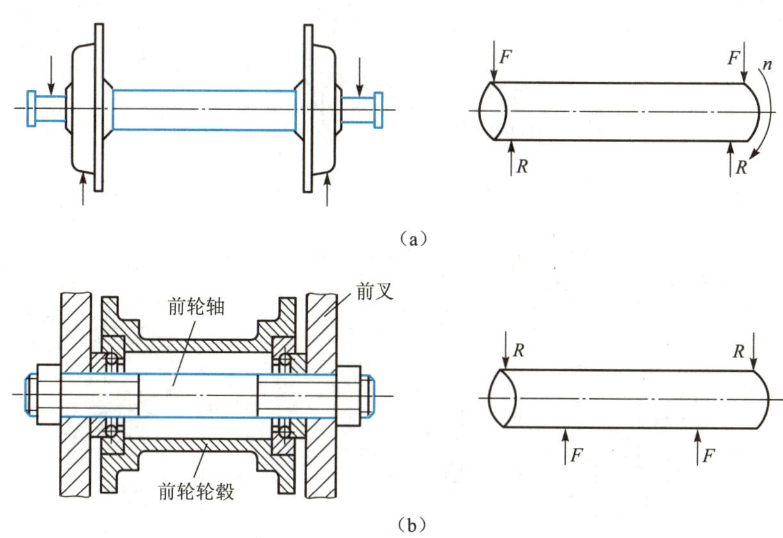

图 12-1　芯轴及受力简图

(a) 转动芯轴；(b) 固定芯轴

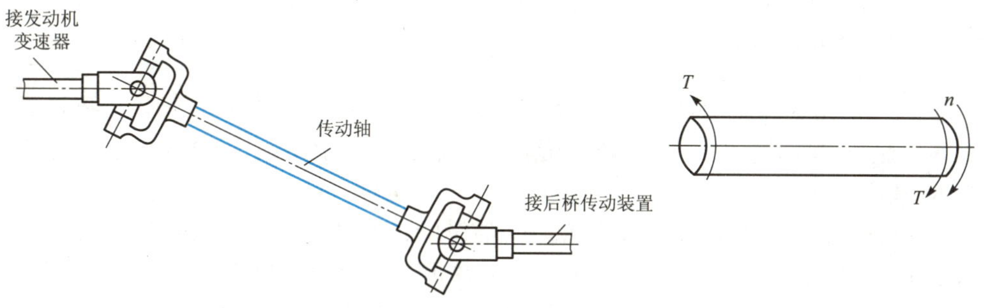

图 12-2　传动轴及其受力简图

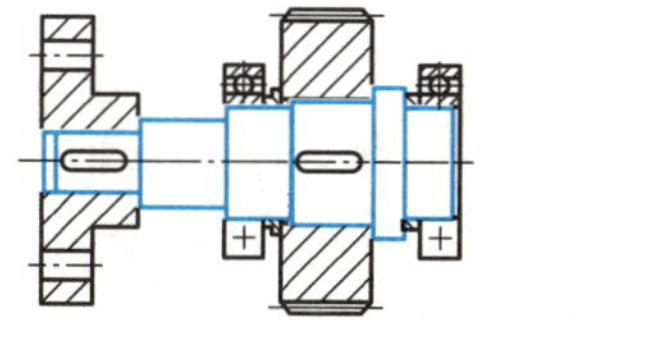

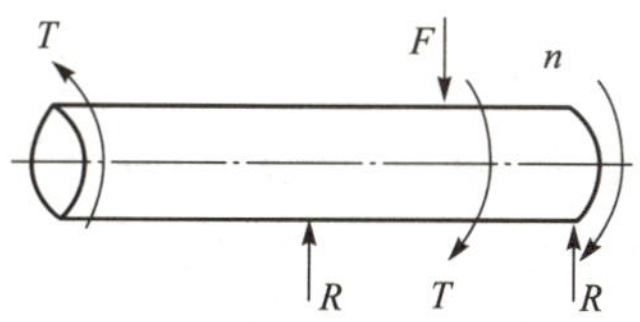

图 12-3　转轴及其受力简图

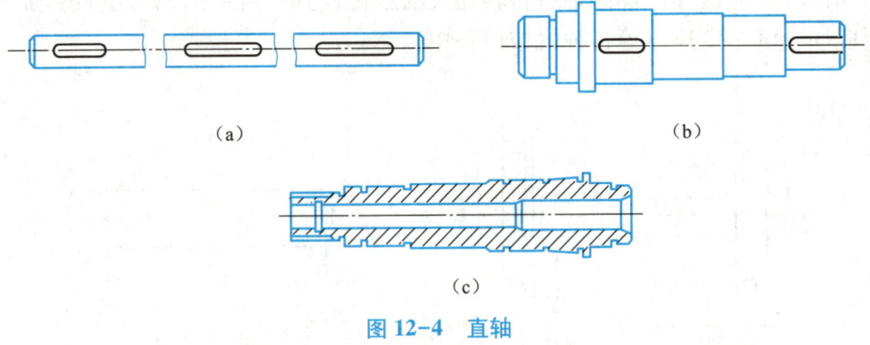

图 12-4　直轴

(a) 光轴；(b) 阶梯轴；(c) 空心轴

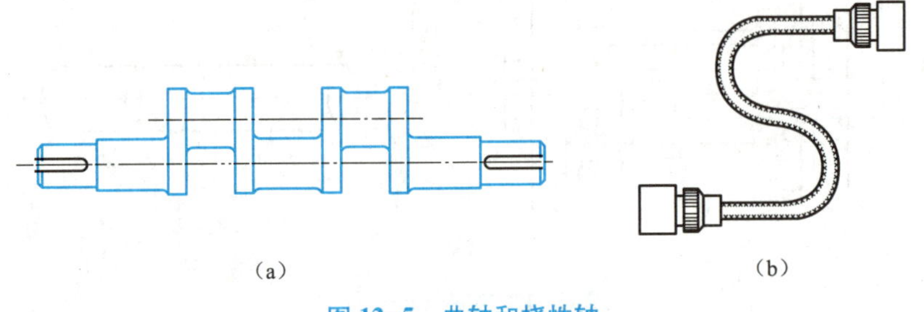

图 12-5　曲轴和挠性轴

(a) 曲轴；(b) 挠性轴

12.1.2　轴的结构

轴一般由轴头、轴身和轴颈三部分组成。轴上与传动零件或联轴器、离合器相配合的部分，称为轴头；与轴承相配合的部分，称为轴颈；连接轴头和轴颈的其余部分称为轴身。

轴的结构形状和尺寸受到很多因素的影响，如轴上载荷的大小、分布及性质，轴上零件的数目、类型、布置及固定方式，轴的加工和装配方法等。因此，在进行轴的设计时要根据具体的工作情况，综合考虑各种影响因素，不存在一个固定形式，而是随着工作条件与要求的不同而不同。轴的结构一般应主要考虑以下三方面问题。

1. 轴上零件的固定

为实现轴的功能，必须保证轴上零件有准确的工作位置，要求轴上零件沿周向和轴向固定。

1）周向定位和固定

周向定位和固定是指将轴上的零件在圆周方向进行定位和固定。零件的周向固定可采用键、花键、成型、销、弹性环以及过盈配合等连接，如表 12-1 所示。

表 12-1　轴上零件的周向定位和固定方法

定位、固定方法	简　图	特点与应用
键	平键　楔键	平键：对中性好，可用于较高精度、高转速及受冲击或变载荷作用的场合。 楔键：不适于要求严格对中、有冲击载荷及高速回转的场合，能承受单向的轴向力
花键		承载能力高，定心性和导向性好，但制造困难，成本高
销		结构简单，用于受力不大，同时需要周向定位和固定的场合
过盈配合		结构简单，对中性好，承载能力高，可同时起到轴向固定作用，不宜用于经常拆卸的场合。常与平键联合使用，以承受大的交变、振动和冲击载荷
非圆截面		成型连接，可承受大载荷，制造困难

2）轴向定位和固定

轴向定位和固定是指将轴上的零件沿轴线方向进行定位和固定。常见的轴向固定方式、特点及应用如表 12-2 所示。其中轴肩、轴环、套筒、轴端挡圈及圆螺母应用更为广泛。

表 12-2 常见的轴向固定方式、特点及应用

固定方式	固定件标准	简　图	特点及应用
套筒	—	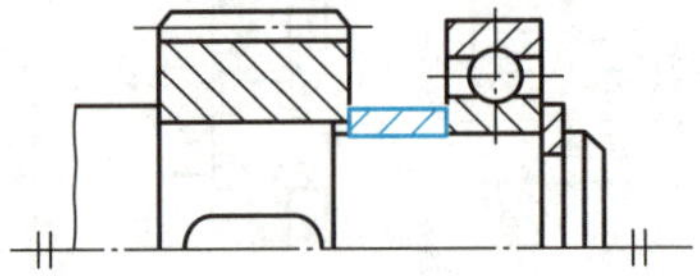	结构简单（不用在轴上开槽、钻孔），固定可靠，承受轴向力大，多用于轴上两零件相距不远的场合
双圆螺母	GB/T 812—1988	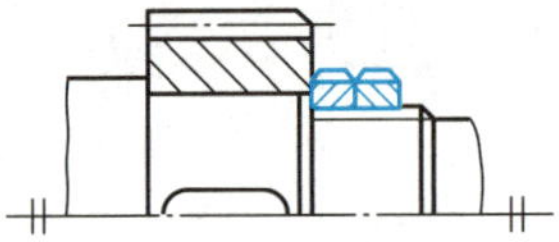	固定可靠，可承受大的轴向力。但轴上的细牙螺纹和退刀槽对轴的强度削弱较大，应力集中较严重。一般用于两零件间距离较大不适宜用套筒固定的场合
圆螺母和止动垫圈	GB/T 812—1988 GB/T 858—1988	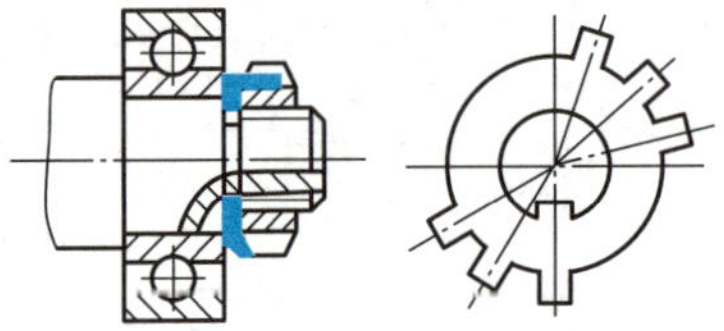	圆螺母起固定作用，止动垫圈用于防松，故固定可靠，承受轴向力大。但轴上螺纹、螺纹退刀槽和轴向沟槽对轴的强度削弱较大，主要用于固定轴端零件
弹性挡圈	轴用： GB/T 894—2017 孔用： GB/T 893—2017	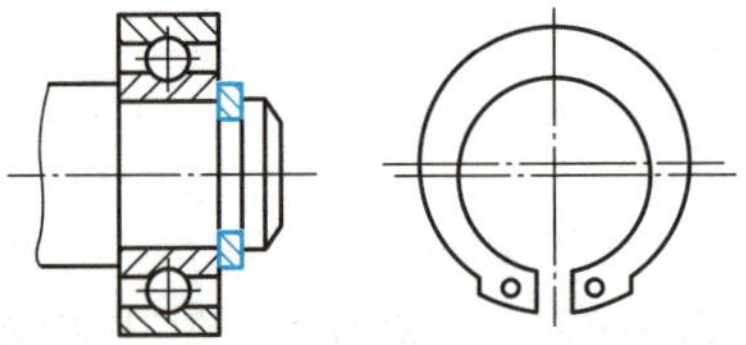	结构简单紧凑，但只能承受很小的轴向力，常用作滚动轴承（内圈或外圈）的轴向固定

续表

固定方式	固定件标准	简　　图	特点及应用
紧定螺钉	GB/T 71—2018 （GB/T 73～75—2017）	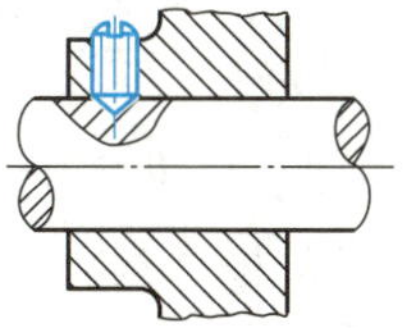	结构简单，只用于承受轴向力小或不承受轴向力的场合，在光轴上应用较多
圆锥销	GB/T 117—2000	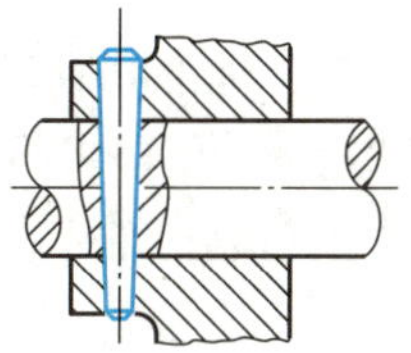	兼起轴向固定和周向固定的作用，但对轴的强度削弱严重，只能用于传递小功率的场合
轴端挡圈	GB/T 891—1986 GB/T 892—1986	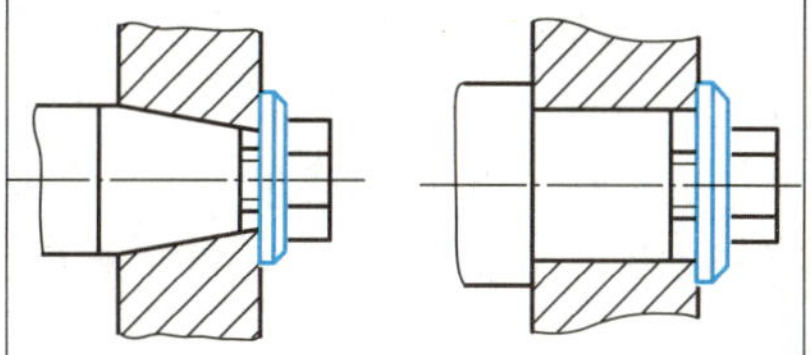	常用于圆锥形轴端或圆柱形轴端上的零件需要轴向固定的场合。轴端零件装拆方便，固定可靠
锁紧挡圈	GB/T 884—1986 （GB/T 883—1986） （GB/T 885—1986）	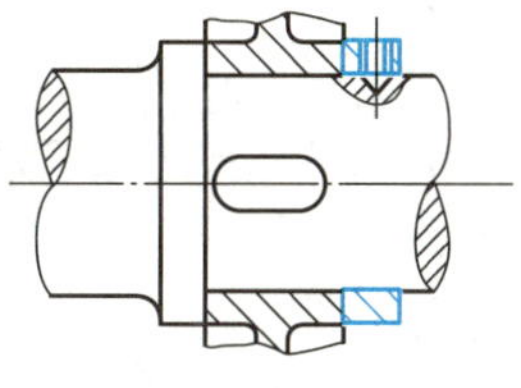	有锥销锁紧挡圈、螺钉锁紧挡圈和带锁圈的螺钉锁紧挡圈三种，只能承受较小的轴向力

2. 良好的结构工艺性

在进行轴的结构设计时，应尽可能使轴的形状简单，并且具有良好的加工工艺性能和装配工艺性能。

1）加工工艺性

轴的直径变化应尽可能少，应尽量限制轴的最大直径与各轴段的直径差，这

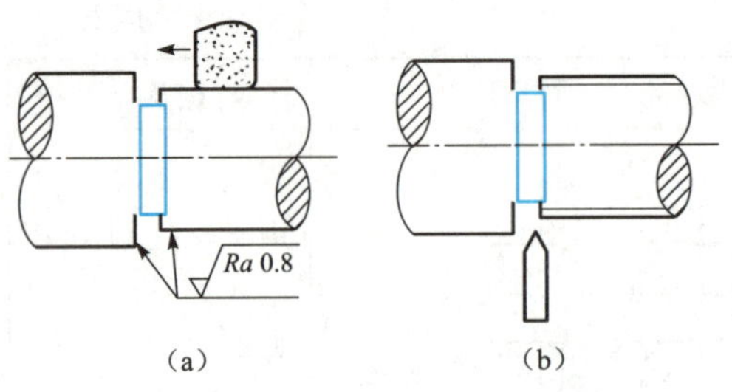

图 12-6 砂轮越程槽与螺纹退刀槽
(a) 砂轮越程槽；(b) 螺纹退刀槽

样既能节省材料，又可减少切削量。

轴上有磨削与切螺纹处，要留砂轮越程槽和螺纹退刀槽（图 12-6），以保证加工的完整和方便。

轴上有多个键槽时，应将键槽布置在同一母线上，以免加工键槽时多次装夹，从而提高生产效率。

如有可能，应使轴上各过渡圆角、倒角、键槽、越程槽、退刀槽及中心孔等尺寸分别相同，并符合标准和规定，以利于加工和检验。

轴上配合轴段直径应取标准值（GB/T 2822—2005）；与滚动轴承配合的轴段直径应按滚动轴承内径尺寸选取；轴上的螺纹部分直径应符合螺纹标准等。

2）装配工艺性

为了便于轴上零件的装配，常采用直径从两端向中间逐渐增大的阶梯轴，使轴上零件通过轴的轴段直径小于轴上零件的孔径。轴上的各阶梯，除轴上零件轴向固定的可按表 12-3 确定轴肩高度外，其余仅为便于安装而设置的轴肩，轴肩高度可取 0.5~3 mm。

轴端应倒角并去掉毛刺，以便于装配。

固定滚动轴承的轴肩高度应符合轴承的安装尺寸要求，以便于轴承的拆卸。

3. 提高轴的疲劳强度

轴通常在变应力下工作，多数轴因疲劳而失效，因此设计轴时，应设法提高其疲劳强度。常采取的措施有以下两种。

1）改进轴的结构形状

轴的破坏大多是因为疲劳破坏。提高轴的抗疲劳破坏强度的关键是减少应力集中，尽量使轴径变化处过渡平缓，并采用较大的过渡圆角。如相配合零件内孔倒角或圆角很小时，可采用凹切圆角［图 12-7（a）］或过渡肩环［图 12-7（b）］。键槽端部与阶梯处距离不宜过小，以避免损伤过渡圆角及减少多种应力集中源重合的机会。键槽根部圆角半径越小，应力集中越严重。因此在重要轴的零件图上应注明其大小。避免在轴上打印及留下一些不必要的痕迹，因为它们可能成为初始疲劳裂纹源。

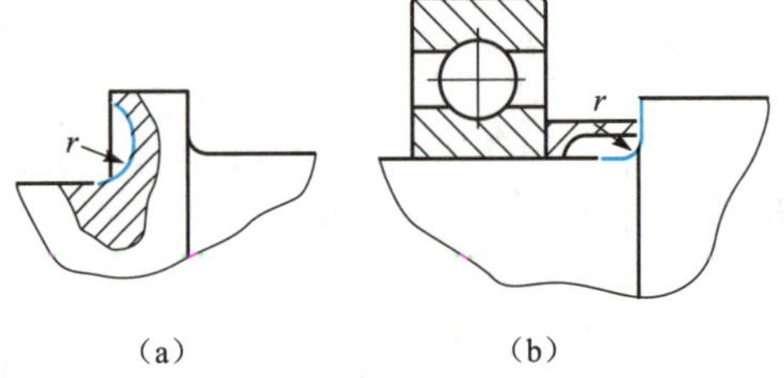

图 12-7 减小圆角应力集中的结构
(a) 凹切圆角；(b) 过渡肩环

2）改善轴的表面质量

提高轴的表面质量可通过提高轴的表面精度、进行热处理或表面强化处理来实现。采用滚压、喷丸或渗碳、氰化、氮化、高频淬火等表面强化处理方法，可以大大提高轴的承载能力。

12.1.3　轴的材料

轴的常用材料是碳素钢及合金钢，有时也用球墨铸铁。

1. 碳素钢

优质中碳钢 35~50 钢因具有较高的综合机械性能，常用于承载质量较大的轴，其中 45 钢的应用范围最广。对于这类材料，可通过调质或正火等热处理方法改善和提高其机械性能。普通碳素钢 Q235、Q275 等可用于不重要或承载较小的轴。

2. 合金钢

合金钢具有较高的综合力学性能和较好的热处理性能，常用于承载质量很大而尺寸受限或有较高耐磨性、防腐性要求的轴。例如，采用滑动轴承的高速轴，常用 20Cr、20CrMnTi 等低碳合金钢，经渗碳淬火后可提高轴颈耐磨性；汽轮发电机转子轴在高温、高速和重载条件下工作，必须具有良好的高温机械性能，常采用 27Cr2Mo1V、38CrMoAlA 等合金结构钢。值得注意的是：钢材的种类和热处理对其弹性模量影响甚小，因此如欲采用合金钢代替碳素钢或通过热处理来提高轴的刚度，收效甚微。此外，合金钢对应力集中敏感性较强且价格较高。

3. 球墨铸铁

球墨铸铁适于制造成型轴（如曲轴、凸轮轴等），具有价廉、强度较高、良好的耐磨性、吸振性和易切性以及对应力集中的敏感性较低等优点。但铸铁件品质不易控制，可靠性差。钢轴毛坯多是轧制圆钢或锻件。轴的常用材料及其主要机械性能如表 12-3 所示。

表 12-3　轴的常用材料及其主要机械性能　MPa

材料牌号	热处理	毛坯直径/mm	硬度 HB	抗拉强度 $\sigma_b \geq$	屈服强度 $\sigma_c \geq$	弯曲疲劳极限 $\sigma_{-1} \geq$	扭转疲劳极限 $\tau_{-1} \geq$	许用弯曲应力			备注
								$[\sigma_{+1}]$	$[\sigma_0]$	$[\sigma_{-1}]$	
Q235-A	—	—	—	440	240	180	105	125	70	40	用于不重要或载荷不大的轴
20	正火	25	≤156	420	250	180	100	125	70	40	用于载荷不大，要求韧性较高的场合
	正火回火	≤100 >100~300 >300~500 >500~700	103~156	400 380 370 360	220 200 190 180	165 155 150 145	95 90 85 80	125	70	40	

续表

材料牌号	热处理	毛坯直径/mm	硬度 HB	抗拉强度 $\sigma_b \geqslant$	屈服强度 $\sigma_c \geqslant$	弯曲疲劳极限 $\sigma_{-1} \geqslant$	扭转疲劳极限 $\tau_{-1} \geqslant$	许用弯曲应力			备注
								$[\sigma_{+1}]$	$[\sigma_0]$	$[\sigma_{-1}]$	
35	正火	25	≤87	540	320	230	130	165	75	45	用于有一定强度要求和加工塑性要求的轴
	正火回火	≤100 >100~300 >300~500 >500~750 >750~1 000	 149~187 143~187 137~187	520 500 480 460 440	270 260 240 230 220	210 205 190 185 175	120 115 110 105 100	165	75	45	
	调质	≤100 >100~300	156~207	560 540	300 280	230 220	130 125	175	85	50	
45	正火	25	≤241	610	360	260	150	195	95	55	应用最广泛
	正火回火	≤100 >100~300 >300~500 >500~750	170~217 162~217 156~217	600 580 560 540	300 290 280 270	240 235 225 215	140 135 130 125	195	95	55	
	调质	≤200	217~255	650	360	270	155	215	100	60	
40Cr	调质	25		1 000	800	485	280	245	120	70	用于载荷较大，而无很大冲击的场合
		≤100 >100~300	241~286 229~269	750 700	550 500	350 320	200 185				
38SiMnMo	调质	S100 >100~300 >300~500 >500~800	229~286 217~269 196~241 187~241	750 700 650 600	600 550 500 400	360 335 310 270	210 195 175 155	275	120	70	性能接近于35CrMo
37SiMn2MoV	调质	25		1 000	850	495	285	275	120	70	用于高强度、大尺寸和重载荷的轴
		≤200 >200~400 >400~600	269~302 241~286 241~269	880 830 780	700 650 600	425 395 370	245 230 215	275	120	70	
38CrMoAlA	调质	30	229	1 000	850	495	285	275	125	75	用于要求耐磨、高强且热处理变形很小的（氮化）轴
20Cr	渗碳淬火、回火	15 ≤60	表面 HKC 56~62	850 650	550 400	375 280	215 160	215	100	60	用于要求强度、韧性均较高的轴

续表

材料牌号	热处理	毛坯直径/mm	硬度 HB	抗拉强度 $\sigma_b \geq$	屈服强度 $\sigma_c \geq$	弯曲疲劳极限 $\sigma_{-1} \geq$	扭转疲劳极限 $\tau_{-1} \geq$	许用弯曲应力			备注
								$[\sigma_{+1}]$	$[\sigma_0]$	$[\sigma_{-1}]$	
20CrMnTi	渗碳淬火、回火	15	表面 HRC 56~62	1 100	850	525	300	365	165	100	（如齿轮轴、蜗杆）
1Cr13	调质	≤60	187~217	600	420	275	155	275	130	75	用于腐蚀条件下工作的轴
2Cr13	调质	≤100	197~248	660	450	295	170	275	130	75	
1Cr18Ni9Ti	淬火	≤60 >60~180 2 100~200	≤192	550 540 500	220 200 200	205 195 185	120 115 105	165	75	45	用于在高、低温及强腐蚀条件下工作的轴
QT400-15	—	—	156~197	400	300	145	125	100			用于结构、形状复杂的轴
QT450-10	—	—	170~207	450	330	160	140	110			
QT500-7	—	—	187~255	500	380	180	155	125			
QT600-3	—	—	197~269	600	420	215	185	150			

注：1. 表中所列疲劳极限数据，均按下式计算：$\sigma_{-1} \approx 0.27$（$\sigma_{-1}+\sigma_{-1}$），$\tau_{-1}=0.156$（σ_b，σ_n）。

2. 其他性能，一般可取 $\sigma_{-1} \approx$（0.55~0.62）σ_n，$\sigma_n \approx 1.40$，$\tau_{-1} \approx 1.5\tau_{-1}$。

3. 球墨铸铁 $\sigma_{-1} \approx 0.36\sigma_b$，$\tau_{-1} \approx 0.31\sigma_b$。

4. 许用静应力 $[\sigma_{-1}]=\sigma_b/[S]$，许用疲劳应力 $[\sigma_{-1}] \sim \sigma_{-1}/[S]_{-1}$。

5. 选用 $[\sigma_{-1}]$ 时，重要零件取小值，一般零件取大值。

12.2 轴　　承

12.2.1 滚动轴承

滚动轴承是依靠滚动体与轴承座圈之间的滚动接触来工作的轴承，用于支撑旋转零件或摆动零件。它广泛应用于各种机械设备中，如汽车变速器、分动器等全部采用滚动轴承。滚动轴承的尺寸已标准化，并由专门的轴承厂成批生产。所谓滚动轴承的设计，只是根据具体的载荷、转速、旋转精度和工作条件等方面的要求，正确地选择轴承的类型和型号（尺寸）及进行轴承的组合设计。

1. 滚动轴承的结构

滚动轴承一般由外圈、内圈、滚动体和保持架组成，如图 12-8 所示。通常内圈紧套在轴颈上，随轴一起转动；外圈固定在机座或零件的轴承孔内，起支撑作用。内、外圈上加工有滚道。工作时，滚动体在内、外圈滚道上滚动，形成滚

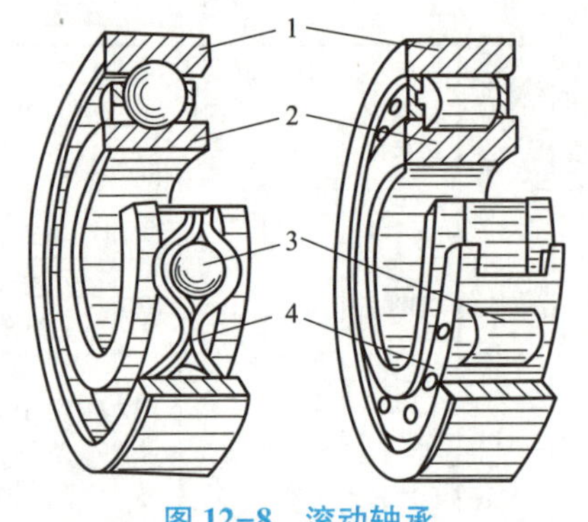

图 12-8 滚动轴承

1—外圈；2—内圈；3—滚动体；4—保持架

动摩擦。保持架使滚动体均匀地相互隔开，以避免滚动体之间的摩擦和磨损。滚动体是滚动轴承的核心元件，其形状如图 12-9 所示，有球形滚动体、短圆柱滚子、圆锥滚子、鼓形滚子及滚针等。

滚动体和内、外圈间是点或线接触，表面接触应力大，故滚动体和内、外圈的材料选用强度高、耐磨性和冲击韧性好的铬锰高碳钢制造，如 GCr15、GCr15SiMn 等，热处理后的硬度应不低于 61~65HRC，工作表面要求磨削抛光。保持架多用低碳钢板冲压制成，也可用有色金属合金或塑料制成。

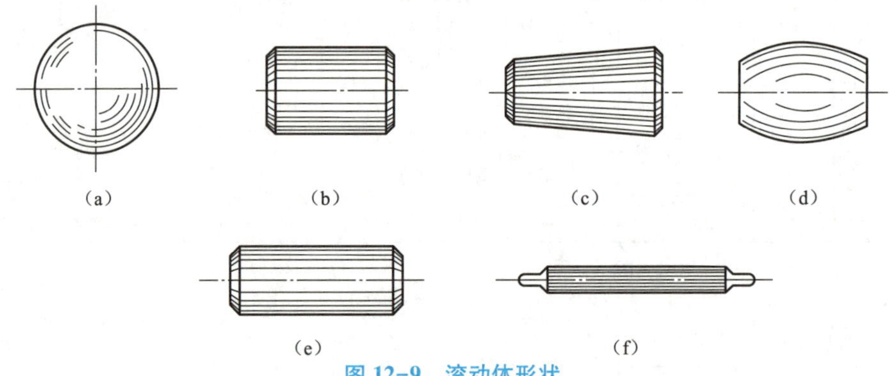

图 12-9 滚动体形状

（a）球形滚动体；（b）短圆柱滚子；（c）圆锥滚子；（d）鼓形滚子；（e）长圆柱滚子；（f）滚针

2. 滚动轴承的主要类型及其特性

滚动轴承类型较多，可以适应各种机械装置的多种要求。滚动轴承按滚动体的形状可分为球轴承和滚子轴承。球形滚动体与内、外圈是点接触，滚子滚动体与内、外圈是线接触。在相同条件下，球轴承制造方便、价格低、运转时摩擦损耗少，但承载能力和抗冲击能力不如滚子轴承。

按轴承所承受载荷的方向或公称接触角的不同，滚动轴承可分为向心轴承和推力轴承。轴承公称接触角是指滚动轴承的滚动体与外圈滚道接触点的法线和轴承径向平面的夹角 α，如图 12-10 所示。α 越大，滚动轴承承受轴向载荷的能力也越大。

向心轴承主要用于承受径向载荷，$0° \leqslant \alpha \leqslant 45°$。向心轴承分为：径向接触轴承，$\alpha=0°$，如图 12-10（a）所示；向心角接触轴承，$0°<\alpha \leqslant 45°$，如图 12-10（c）所示。推力轴承主要用于承受轴向载荷，$45°<\alpha \leqslant 90°$，如图 12-10（b）所示。推力轴承又可分为轴向接触轴承，$\alpha=90°$；推力角接触轴承，$45°<\alpha<90°$。

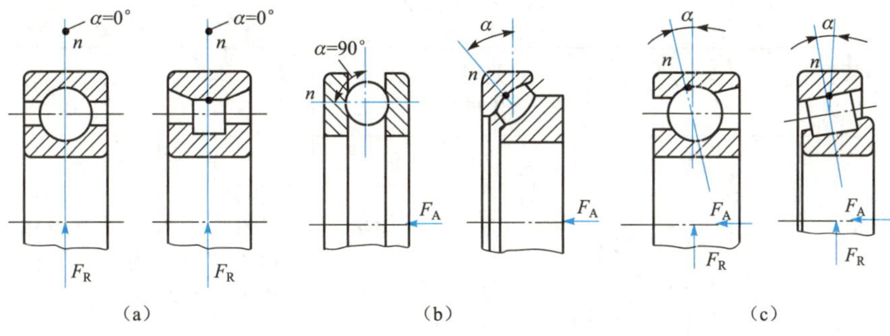

图 12-10 滚动轴承接触角

(a) 径向接触轴承；(b) 推力轴承；(c) 向心角接触轴承

按滚动体的列数，滚动轴承分为单列、双列及多列。

根据国标 GB/T 272—2017《滚动轴承 代号方法》规定，滚动轴承按轴承所承受的载荷方向及结构的不同进行分类。常用滚动轴承的类型、尺寸系列代号及基本代号和特点如表 12-4 所示。

调心轴承

表 12-4 常用滚动轴承的类型、尺寸系列代号及基本代号和特点

轴承类型 及标准号	结构简图	类型 代号	尺寸系列 代号	基本 代号	性能和特点
调心球轴承 GB/T 281—2013		1 (1) 1 (1) 1 1	(0) 2 22 (0) 3 23 30 39	1200 2200 1300 2300 13030 13940	主要承受径向载荷，同时亦可承受较小的轴向载荷。 轴（外壳）的轴向位移限制在轴承的轴向游隙的限度内，允许内圈（轴）对外圈（外壳）相对倾斜不大于 3°的条件下工作（调心滚子轴承允许倾角 2.5°）
调心滚子轴承 GB/T 288—2013		2 2 2 2 2 2 2 2 2 2 2 2	13 22 23 30 31 32 38 39 40 41 48 49	21304 22205 22307 23020 23120 23216 23856 23936 24015 24120 24892 249710	
推力调心滚子轴承 GB/T 5859—2008		2 2 2	92 93 94	29200 29300 29400	承受轴向载荷为主的轴、径向联合载荷，但径向载荷超过轴向载荷的 55%，并可限制轴（外壳）一个方向的轴向位移

续表

<table>
<tr><th>轴承类型
及标准号</th><th>结构简图</th><th>类型
代号</th><th>尺寸系列
代号</th><th>基本
代号</th><th>性能和特点</th></tr>
<tr><td>圆锥滚子轴承
GB/T 297—2015</td><td>α</td><td>3
3
3
3
3
3
3
3
3
3</td><td>02
03
13
20
22
23
29
30
31
32</td><td>30200
30300
31300
32000
32200
32300
32900
33000
33100
33200</td><td>可同时承受以径向载荷为主的径向与轴向载荷。
不宜用来承受纯轴向载荷。当成对使用时，可承受纯径向载荷，可调整径向、轴向游隙</td></tr>
<tr><td>推力球轴承
GB/T 301—2015</td><td></td><td>5
5
5
5</td><td>11
12
13
14</td><td>51100
51200
51300
51400</td><td>只能承受一个方向的轴向载荷，可限制轴（外壳）一个方向的轴向位移</td></tr>
<tr><td>双向推力球轴承
GB/T 301—2015</td><td></td><td>5
5
5</td><td>22
23
24</td><td>52200
52300
52400</td><td>能承受两个方向的轴向载荷，可限制轴（外壳）两个方向的轴向位移</td></tr>
<tr><td>深沟球轴承
GB/T 276—2013</td><td></td><td>6</td><td>17
37
18
19
(0) 0
(1) 0
(0) 2
(0) 3
(0) 4</td><td>61700
63700
61800
61900
16000
6000
6200
6300
6400</td><td>主要用以承受径向载荷，也可承受一定的轴向载荷，当轴承的径向游隙加大时，具有角接触球轴承的性能。
允许内圈（轴）对外圈相对倾斜 8′~15′</td></tr>
<tr><td>角接触球轴承
GB/T 292—2007</td><td>α</td><td>7</td><td>19
(1) 0
(0) 2
(0) 3
(0) 4</td><td>71900
7000
7200
7300
7400</td><td>可同时承受径向载荷和单向的轴向载荷，也可承受纯轴向载荷。接触角 α 越大，承受轴向载荷的能力越大，极限转速较高。一般应成对使用</td></tr>
</table>

续表

轴承类型及标准号	结构简图	类型代号	尺寸系列代号	基本代号	性能和特点
圆柱滚子轴承 GB/T 283—2007		N N N N N N	10 (0) 2 22 (0) 3 23 (0) 4	N1000 N200 N2200 N300 N2300 N400	只承受径向载荷，内、外圈沿轴向可分离
滚针轴承 GB/T 5801—2006		NA NA NA	48 49 69	NA4800 NA4900 NA6900	在内径相同的条件下，与其他类型轴承相比，其外径最小，内圈或外圈可分离，也可单独用滚动体。径向承载能力较大

3. 滚动轴承的代号

滚动轴承的类型很多，每一类型的轴承中，在结构、尺寸、精度和技术要求等方面又各不相同，为了便于组织生产和合理选用，国标 GB/T 272—2017 规定滚动轴承的代号用字母和数字表示，并由前置代号、基本代号和后置代号构成。滚动轴承代号的构成见表 12-5。

表 12-5　滚动轴承代号的构成

前置代号	基本代号					后置代号								
	五	四	三	二	一	1	2	3	4	5	6	7	8	9
轴承分部件代号	类型代号	尺寸系列代号：宽度系列代号	尺寸系列代号：直径系列代号	内径系列代号		内部结构	密封和防尘与外部形状	保持架及其材料	轴承零件材料	公差等级	游隙	配置	振动及噪声	其他

1）基本代号

基本代号用来表示轴承的类型、结构和尺寸，是轴承代号的基础。基本代号由类型代号、尺寸系列代号和内径代号组成。类型代号用数字或拉丁字母表示，后两者用数字表示。

（1）类型代号。滚动轴承的常用类型代号参见表 12-4。

（2）尺寸系列代号。尺寸系列代号由宽度系列代号和直径系列代号组成，宽度系列是指内外径相同的轴承有几个不同的宽度；直径系列是指内径相同的轴承有几个不同的外径，宽度系列代号、直径系列代号及组合成的尺寸系列代号都用数字表示。常用的向心轴承和推力轴承的尺寸系列代号见表 12-6。

表 12-6　尺寸系统代号

直径系列代号	向心轴承								推力轴承			
	宽度系列代号								高度系列代号			
	8	0	1	2	3	4	5	6	7	9	1	2
	尺寸系列代号											
7	—	—	17	—	37	—	—	—	—	—	—	—
8	—	08	18	28	38	48	58	68	—	—	—	—
9	—	09	19	29	39	49	59	69	—	—	—	—
0	—	00	10	20	30	40	50	60	70	90	10	—
1	—	01	11	21	31	41	51	61	71	91	11	—
2	82	02	12	22	32	42	52	62	72	92	12	22
3	83	03	13	23	33	—	—	—	73	93	13	23
4	—	04	—	24	—	—	—	—	74	94	14	24
5	—	—	—	—	—	—	—	—	—	95	—	—

（3）内径代号。内径代号表示轴承的内径尺寸，用数字表示，表示方法见表 12-7。

表 12-7　内径代号

轴承公称内径/mm		内径代号	示例
0.6~10（非整数）		用公称内径毫米数直接表示，在其与尺寸系列代号之间用“/”分开	深沟球轴承　617/0.6　$d=0.6$ mm 深沟球轴承　618/2.5　$d=2.5$ mm
1~9（整数）		用公称内径毫米数直接表示，对深沟及角接触球轴承直径系列 7、8、9，内径与尺寸系列代号之间用“/”分开	深沟球轴承　625　$d=5$ mm 深沟球轴承　618/5　$d=5$mm 角接触球轴承　707　$d=7$mm 角接触球轴承　719/7　$d=7$mm
10~17	10	00	深沟球轴承　6200　$d=10$ mm
	12	01	调心球轴承　1201　$d=12$ mm
	15	02	圆柱滚子轴承　NU 202　$d=15$ mm
	17	03	推力球轴承　51103　$d=17$ mm

续表

轴承公称内径/mm	内径代号	示例
20~480（22，28，32 除外）	公称内径除以 5 的商数，商数为个位数，需在商数左边加“0”，如 08	调心滚子轴承　22308　d=40 mm 圆柱滚子轴承　NU 1096　d=480 mm
≥500 以及 22，28，32	用公称内径毫米数直接表示，但在与尺寸系列之间用“/”分开	调心滚子轴承　230/500　d=500 mm 深沟球轴承　62/22　d=22 mm

2）前置代号和后置代号

前置代号和后置代号是轴承的结构形状、尺寸、公差、技术要求等有改变时，在其基本代号的前、后增加的补充代号，其排列顺序见表 12-5。

（1）前置代号。前置代号是表示成套轴承的分部件，用字母表示。

（2）后置代号。用字母（或字母加数字）表示，共有 8 组，见表 12-5。

内部结构代号表示轴承内部结构变化，内部结构代号见表 12-8。

表 12-8　内部结构代号（节录）

代号	含　义	示例
A	无装球缺口的双列角接触或深沟球轴承	3205A
	滚针轴承外圈带双锁圈（d>9 mm，F_m>12 mm）	—
	套圈直滚道的深沟球轴承	—
AC	角接触球轴承　公称接触角 α=25°	7210 AC
B	角接触球轴承　公称接触角 α=40°	7210 B
	圆锥滚子轴承　接触角加大	32310 B
C	角接触球轴承　公称接触角 α=15°	7005 C
	调心滚子轴承　C 型　调心滚子轴承设计改变，内圈无挡边，活动中挡圈，冲压保持架，对称型滚子，加强型	23122 C

公差等级代号有/PN、/P6、/P6X、/P5、/P4、/P2 等 6 个代号，分别表示标准规定的 0、6、6X、5、4、2 等级的公差等级；0 级精度最低即普通级，2 级精度最高；0 级可以省略不写。例如，6203（公差等级为 0 级），6203/P6（公差等级为 6 级）。

例 12-1　解释轴承代号 7210AC、62/22/P4 的含义。

解　（1）7210AC

7：角接触球轴承；

2：尺寸系列，（0）2为宽度系列，（0）省略，直径系列2为轻窄系列；

10：轴承内径 $d=10\times5=50$（mm）；

AC：公称接触角 $\alpha=25°$；

公差等级为普通级，省略。

（2）62/22/P4

6：深沟球轴承；

2：尺寸系列，（0）2为宽度系列，（0）省略，直径系列2为轻窄系列；22表示轴承内径 $d=22$ mm；

P4：公差等级为P4。

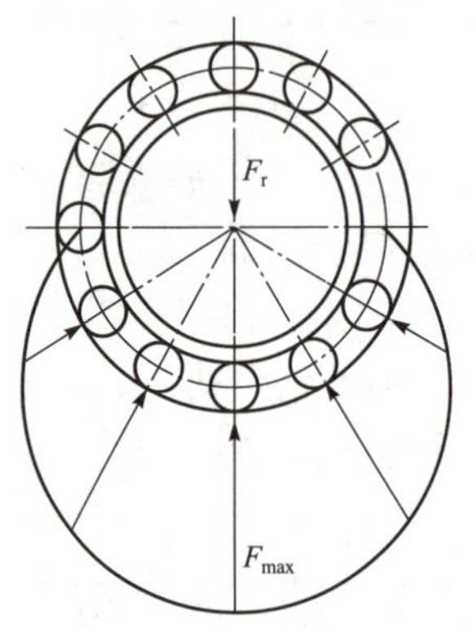

图12-11　滚动轴承的受力情况

4. 滚动轴承的失效形式

滚动轴承的失效形式主要有三种：疲劳点蚀、塑性变形和磨损。

滚动轴承载荷分布

1）疲劳点蚀

滚动轴承工作时，在滚动体、内圈、外圈的接触表面将产生接触应力。由于它们之间的相对运动及受力周期性变化，如图12-11所示，使得其表面受脉动循环接触应力作用。当接触应力超过材料的极限应力时，滚动体、内圈或外圈的表面将发生疲劳点蚀。这使轴承运转时产生振动、噪声，温度升高，最后导致不能正常工作。

2）塑性变形

在重载或冲击载荷的作用下，可能使滚动体和套圈滚道表面接触处的局部应力超过材料的屈服强度，产生永久性凹坑，出现振动、噪声，破坏轴承的正常工作。

3）磨损

在润滑不良、密封不当的情况下，粉尘、杂质进入轴承中，造成磨粒磨损而使轴承失效。此外，由于安装、维护、使用不当，特别是在高速、重载条件下工作的轴承，由于摩擦产生高温而使轴承产生胶合、卡死现象，或由于离心力过大而使保持架破坏，使轴承不能正常工作或使用寿命缩短。

综上所述，对于制造良好、安装维护使用正常的轴承，最常见的失效形式是疲劳点蚀和塑性变形，应针对疲劳点蚀进行接触疲劳承载能力计算和针对塑性变形进行静强度计算。

12.2.2　滑动轴承

在滑动摩擦下运转的轴承称为滑动轴承。滑动轴承主要应用于高速、重载、要求剖分结构等场合中，如汽轮机、离心式压缩机、内燃机、大型电机等设备的主轴承都采用滑动轴承；此外，在低速重载、冲击载荷较大的一般机械中，如冲压机械、农业机械和起重设备也广泛采用滑动轴承。

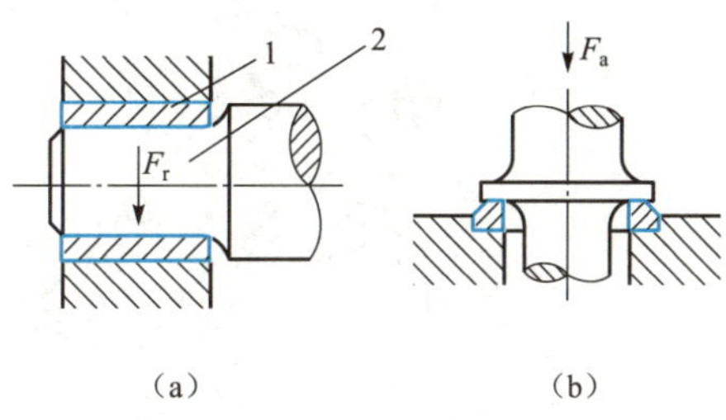

图 12-12　滑动轴承的受载情况

(a) 径向滑动轴承；(b) 推力滑动轴承
1—轴瓦；2—轴颈

1. 滑动轴承的结构及分类

滑动轴承按所受载荷的方向分为径向滑动轴承［图 12-12（a）］和推力滑动轴承［图 12-12（b）］。

1）径向滑动轴承

对于常用的径向滑动轴承，我国已制定了有关标准，通常可根据工作条件选用。径向滑动轴承的主要结构形式有整体式和剖分式两大类。

（1）整体式径向滑动轴承。图 12-13 所示为整体式轴承（JB/T 2560—1991），由轴承座和轴瓦（轴套）等组成。轴承座和轴瓦采用较紧的配合，一般为 H8/s7。轴承座用螺栓与机座连接，顶部设有安装注油杯的螺纹孔，轴套上开有油槽。这种轴承构造简单、成本低，但磨损后无法修整，且装拆不方便，轴颈只能从端部装入。因此，粗重的轴和具有中间轴颈（如内燃机曲轴）的轴就不便或无法安装。所以，整体式轴承常用于低速、轻载的间歇工作机械中，如手动机械、农业机械等。

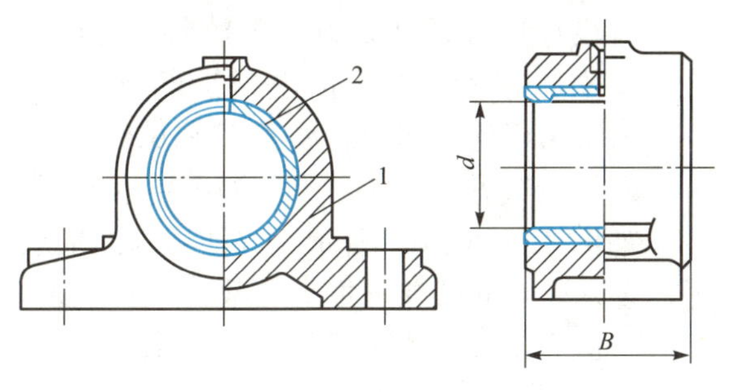

图 12-13　整体式轴承

1—轴承座；2—轴瓦（轴套）

（2）剖分式径向滑动轴承。如图 12-14 所示，剖分式轴承由轴承座、轴承盖、剖分轴瓦和双头螺柱等组成。根据所受载荷的方向，剖分面应尽量取在垂直于载荷的直径平面内，通常为 180°剖分。当剖分面为水平面时，轴承称为对开式正滑动轴承，如图 12-14 所示；当剖分面与水平面成一定角度时，轴承称为对开式斜滑动轴承，如图 12-15 所示。为防止轴承盖和轴承座横向错位并便于装配时对中，轴承盖和轴承座的剖分面均制成阶梯状。剖分式滑动轴承在拆装轴时，轴颈不需要轴向移动，拆装方便。适当增减轴瓦剖分面间的调整垫片，可调节轴颈与轴承间的间隙，间隙调整后修刮轴瓦。图 12-15 中给出的 35°角为允许载荷方向偏转的范围。

2）推力滑动轴承

推力滑动轴承用来承受轴向载荷。最简单的结构形式如图 12-16（a）所示，轴颈端面与止推轴瓦组成摩擦副。由于工作面上相对滑动速度不等，越靠近中心处，相对滑动速度越小，摩擦越轻；越靠近边缘处，相对滑动速度越大，摩擦越

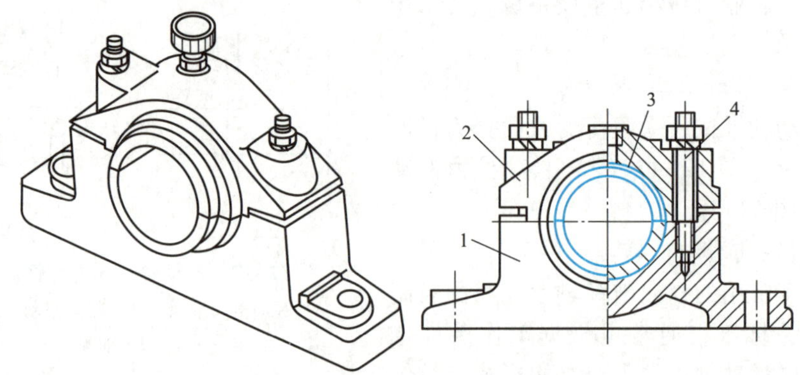

图 12-14　对开式正滑动轴承

1—轴承座；2—轴承盖；3—轴瓦；4—双头螺柱

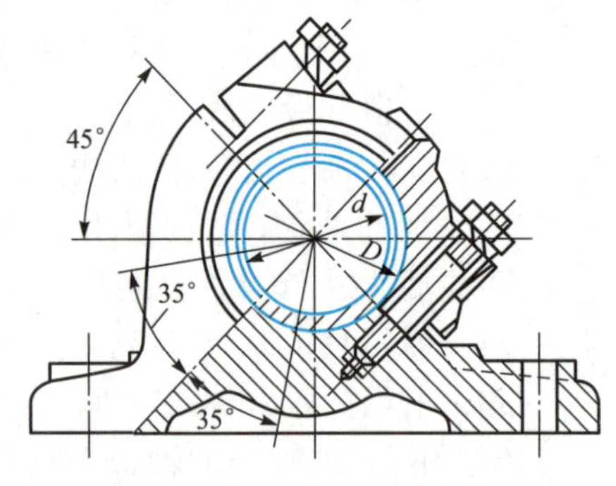

图 12-15　对开式斜滑动轴承

重，会造成工作面上压强分布不均。有时设计成如图 12-16（b）所示的空心轴颈。为避免工作面上压强严重不均，通常采用环状端面，如图 12-16（c）所示。当载荷较大时，可采用多环轴颈，如图 12-16（d）所示，这种结构的轴承能承受双向载荷。推力环数目不宜过多，一般为 2~5 个，否则载荷分布不均现象更为严重。

上述结构形式的推力轴承由于轴颈端面与止推轴瓦之间为平行平面的相对滑动，不易形成流体动力润滑，故轴承通常处在边界润滑状态下工作，多用于低速、轻载机械。

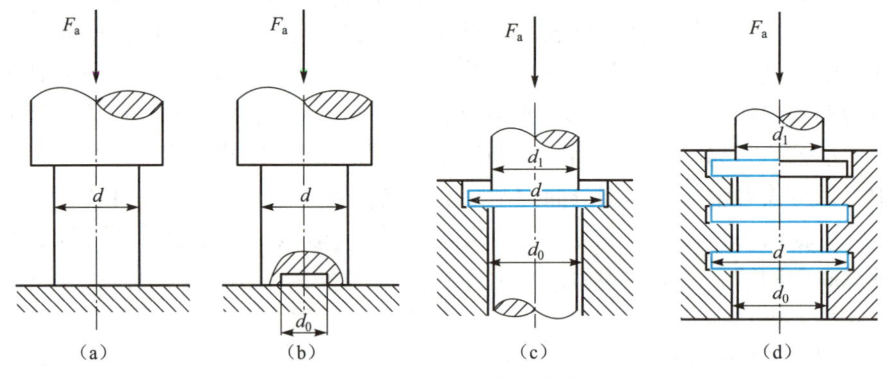

图 12-16　固定瓦推力轴承

2. 轴瓦结构

轴瓦是滑动轴承的主要零件，设计轴承时，除了选择合适的轴瓦材料以外，还应该合理地设计轴瓦结构，否则会影响滑动轴承的工作性能。当采用贵重金属轴承材料作轴瓦时，为了节省贵重材料和增加强度，常在轴瓦基体（钢或铜）内表面上浇铸一层轴承合金作为轴承衬，基体叫瓦背。瓦背强度高，轴承衬减磨性好，两者结合起来构成效果满意的轴瓦。轴承衬应可靠地贴合在轴瓦基体表面上，为此可采用如图 12-17 所示的结合形式（图中下面部分为轴承衬）。

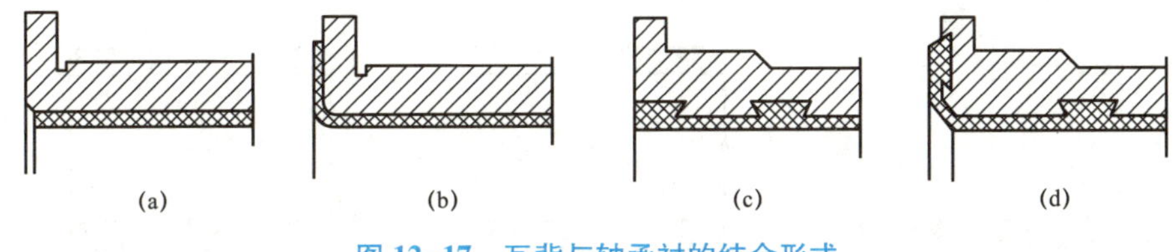

图 12-17　瓦背与轴承衬的结合形式

轴瓦在轴承座中应固定可靠，轴瓦形状和结构尺寸应保证润滑良好，散热容易，并有一定的强度和刚度，装拆方便。因此设计轴瓦时，不同的工作条件采用不同的结构形式。整体式轴瓦如图 12-18 所示。图 12-18（a）所示为无油沟的轴瓦，图 12-18（b）所示为有油沟的轴瓦。轴瓦和轴承座一般采用过盈配合。为连接可靠，可在配合表面的端部用紧固螺钉固定，如图 12-18（c）所示。

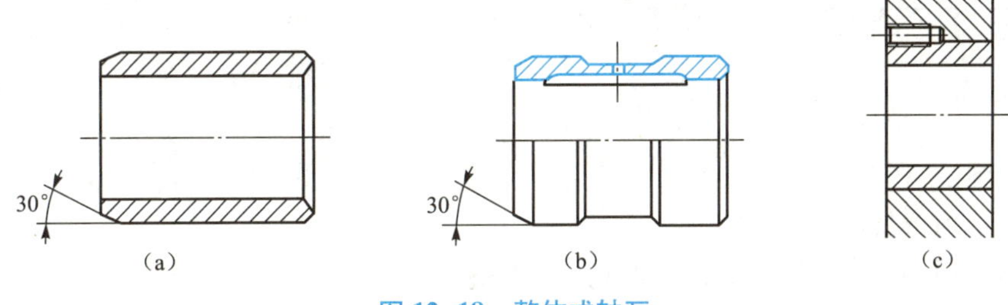

图 12-18　整体式轴瓦

剖分式轴瓦如图 12-19（a）所示。轴瓦两端的凸缘用来实现轴向定位。周向定位采用定位销［图 12-19（b）］，也可以根据轴瓦厚度采用其他定位方法。在剖分面上开有轴向油沟，轴瓦厚度为 b，轴颈直径为 d，一般取 $b/d>0.05$。轴承衬厚度通常由十分之几毫米到 6 mm，直径大的取大值。

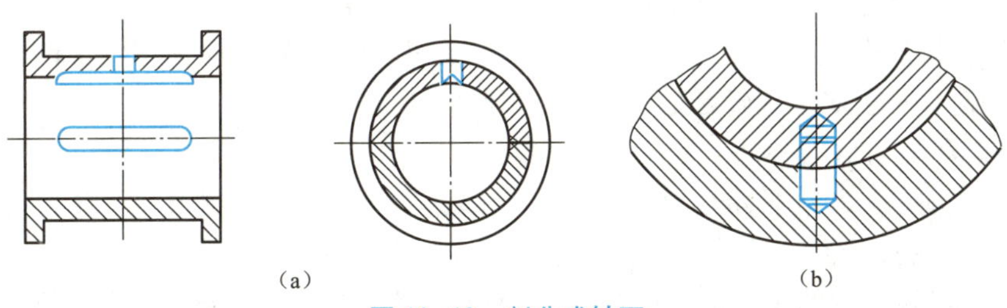

图 12-19　剖分式轴瓦

为了向摩擦表面间加注润滑剂，在轴承上方开设注油孔，压力供油时油孔也可以开在两侧。为了向摩擦表面输送和分布润滑剂，在轴瓦内表面开有油沟。图 12-20 和图12-21 所示分别为整体轴瓦和剖分轴瓦内表面上的油沟，从图中可以看出，油沟有轴向的、周向的和斜向的，也可以设计成其他形式的油沟。设计油沟时必须注意以下问题：轴向油沟不得在轴承的全长上开通，以免润滑剂流失过多，油沟长度一般为轴承长度的 80%；液体摩擦轴承的油沟应开在非承载区，周向油沟应开在轴承的两端，以免影响轴承的承载能力。

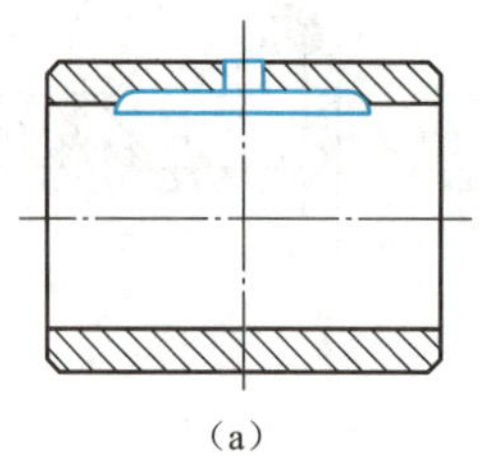
(a)

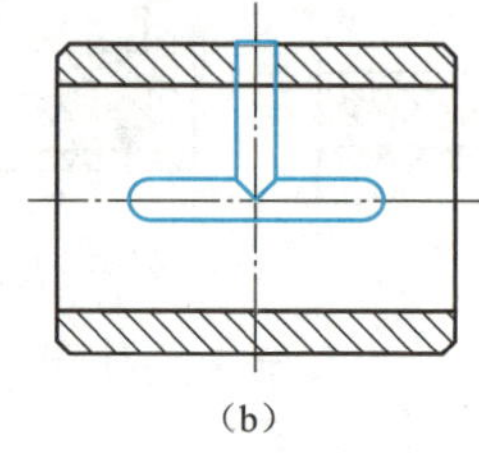
(b)

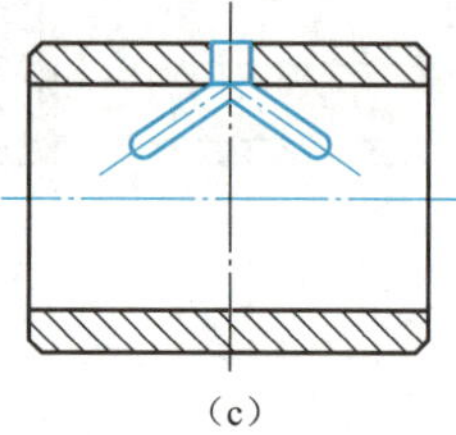
(c)

图 12-20 整体轴瓦上的油沟

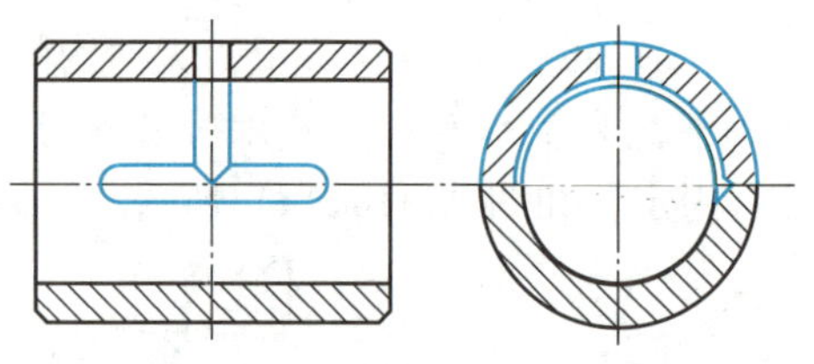

图 12-21 剖分轴瓦上的油沟

3. 滑动轴承的失效形式及材料

1）主要失效形式

滑动轴承的失效通常由多种原因引起，失效形式也有多种，有时几种失效形式并存，相互影响，所以，很难把各种失效形式截然分开。最常见的失效形式是轴瓦磨损、胶合（烧瓦）、疲劳破坏和由于制造工艺原因而引起的轴承衬脱落。其中，最主要的是轴瓦磨损和胶合。

2）轴承材料的性能要求

滑动轴承中，轴承座和盖通常选用铸铁制造。所以，轴承材料主要是指轴瓦和轴承衬材料。根据轴承的主要失效形式，对轴承材料的主要要求如下：

（1）良好的减摩性、耐磨性和抗胶合性。

（2）良好的跑合性、顺应性、嵌藏性和塑性。

（3）足够的抗压强度和疲劳强度。

（4）良好的导热性、加工工艺性，热膨胀系数低，耐腐蚀等。

应该指出的是，上述轴承材料的性能有些彼此有联系，有些则相互矛盾；任何一种材料很难全面满足这些要求。因此，选用轴承材料时应根据轴承的具体工作条件，有侧重地选用较合适的材料。

3）常用轴承材料

常用轴承材料有轴承合金、青铜、铸铁、多孔质金属材料及非金属材料。

（1）轴承合金（可称巴氏合金）。轴承合金有锡锑轴承合金和铅锑轴承合金两类。它们各以较软的锡或铅作基体，悬浮锑锡及铜锡硬晶粒，软基体具有良好的跑合性、顺应性和嵌藏性，硬晶粒则起耐磨作用。轴承合金由于其特有的金属组织，具备了作轴承材料的优良性质，并且易浇铸；但由于其机械强度较低、价格高，故通常作为轴承衬材料，浇铸在青铜、钢或铸铁轴瓦上，如图 12-15 所示。

锡基轴承合金的热膨胀系数低、摩擦因数小、耐腐蚀、易跑合、抗胶合能力强，常用于高速、重载机械。铅基轴承合金较脆，不宜承受较大载荷，常用于中速、中载机械。

(2) 青铜。在一般机械中，有 50% 的滑动轴承采用青铜材料。青铜主要有锡青铜、铅青铜和铝青铜等。

锡青铜和铅青铜既有较好的减摩性和耐磨性，又有足够的强度且熔点高，但跑合性较差，故适用于重载、中速机械。

铝青铜的强度和硬度都较高，但抗胶合能力差，适用于重载、低速机械。

(3) 铸铁。常用的铸铁材料有灰铸铁和减磨铸铁。由于铸铁材料塑性差、跑合性差，故只在低速、轻载或不重要的场合采用。

(4) 其他材料。除上述常用的三种金属材料外，轴承材料还可采用多孔质金属材料和非金属材料。

用多孔质金属材料制成的轴承，又称含油轴承。由于这种材料具有多孔组织，轴承在工作前经润滑油浸泡，其材料孔隙中吸存了润滑油。工作时，由于轴颈转动的抽吸作用及热膨胀作用，使孔隙中储存的润滑油流出而润滑轴承。含油轴承在一定的使用期限内不必加油，可自行润滑，这种轴承主要用于轻载、低速和不易注油的场合。

非金属轴承材料中应用最多的是各种塑料、尼龙和夹布胶木等。塑料材料具有摩擦因数低、抗压强度高、耐磨性好等优点，但导热能力差，易变形。因此，在使用中应注意冷却。

4. 滑动轴承的润滑

润滑的目的是减少摩擦，降低磨损，同时还有散热冷却、缓冲吸振、密封和防锈等作用。

1) 润滑剂及其选用

润滑剂主要有固体润滑剂、润滑脂、液体润滑剂和气体润滑剂四种，其中最常用的是液体润滑剂（润滑油）和润滑脂。

(1) 润滑油及选用。润滑油是滑动轴承中应用范围最广的一种润滑剂。最常用的润滑油是矿物油，对于特殊工况还可以采用合成油。润滑油最主要的物理性能指标是黏度，它反映了润滑油流动时内摩擦阻力的大小。黏度越大，内摩擦阻力越大，流动性越差，承载后润滑油不易流失，有利于形成压力油膜。黏度的表示方法很多，主要有动力黏度、运动黏度和相对黏度。

工业上常用运动黏度标定润滑油的黏度。根据国标，润滑油产品油牌号一般按 40 ℃时的运动黏度平均值（单位为 mm^2/s）划分。例如 L-FC46 润滑油表示在 40 ℃时，其运动黏度平均值为 46 mm^2/s。

润滑油的选用一般主要指润滑油黏度的选择。选择黏度时，主要考虑轴承压强、滑动速度、工作温度、摩擦表面状况及润滑方式等条件。一般原则是：

① 在压强大或有冲击、变载荷等工作条件下，应选用黏度较大的油。

② 滑动速度高时，应选用黏度低的油。

③ 轴承散热条件差，工作温度高，应选用黏度较大的油。

④ 摩擦表面粗糙或未经跑合，应选用黏度较大的油。

滑动轴承常用润滑油牌号的选择见表 12-9。

表 12-9　滑动轴承常用润滑油牌号（GB/T 443—1989）的选择

轴颈圆周速度 v/（m·s^{-1}）	轻载（P_m<3 MPa）工作温度（10~60 ℃）		中载（P_m=3~7.5 MPa）工作温度（10~60 ℃）		重载（P_m>7.5~30 MPa）工作温度（20~80 ℃）	
	运动黏度 v_{40}/(mm^2·s^{-1})	适用油牌号	运动黏度 v_{40}/(mm^2·s^{-1})	适用油牌号	运动黏度 v_{40}/(mm^2·s^{-1})	适用油牌号
0.3~1.0	60~80	L-AN①46 L-AN68	85~115	L-AN100	10~20	L-AN100 L-AN150
1.0~2.5	40~80	L-AN46 L-AN68	65~90	L-AN100 L-AN150		
5.0~9.0	15~50	L-AN15 L-AN22 L-AN32				
>9.0	5~22	L-AN7 L-AN10 L-AN15				

注①：表示全损耗系统用油。

（2）润滑脂及选用。润滑脂是由润滑油（主要是矿物油）和各种增稠剂（如钙、钠、锂等金属皂）混合制成，属于半固体润滑剂。最常用的润滑脂有钙基润滑脂（钙脂）、钠基润滑脂（钠脂）和锂基润滑脂（锂脂）。润滑脂的主要性能指标是锥入度、滴点和耐水性。

锥入度是表征润滑脂黏稠程度的指标，锥入度越小，润滑脂越稠；反之，流动性越好。润滑脂稠度大，不易流失，但摩擦功耗大，不宜在温度变化大或高速运转条件下使用，一般在轴承相对滑动速度低于 1~2 m/s 时或不便注油的场合使用。

润滑脂的选择主要根据轴承的工作温度、压强和速度进行选择，可参考表 12-10。

表 12-10　滑动轴承润滑脂（GB/T 491—2008）的选择

轴承压强 P/MPa	轴颈圆周速度 v/（m·s^{-1}）	最高工作温度/℃	润滑脂牌号
<1.0	≤1.0	75	钙、锂基脂 L-XAAMHA3，ZL-3
1.0~6.5	0.5~5.0	55	钙、锂基脂 L-XAAMHA2，ZL-2
>6.5	≤0.5	75	钙、锂基脂 L-XAAMHA3，ZL-3
≤6.5	0.5~5.0	120	钙、锂基脂 L-XACMGA2，ZL-2
1.0~6.5	≤0.5	110	钙钠基脂 ZGN-2
1.0~6.5	≤1.0	50~100	锂基脂 ZL-3

2）润滑方法和润滑装置

为保证轴承良好的润滑状态，除合理选择润滑剂外，合理选择润滑方法和润滑装置也是十分重要的。常用的润滑方法和润滑装置包括以下几方面。

（1）油润滑。油润滑的润滑方法有间歇供油润滑和连续供油润滑两种。

间歇供油润滑有手工油壶注油和油杯注油供油。这种润滑方法只适用于低速不重要的轴承或间歇工作的轴承。

对于重要轴承，必须采用连续供油润滑。连续供油润滑方法及装置主要有以下 4 种。

① 油杯滴油润滑。图 12-22、图 12-23 分别为针阀油杯和芯捻油杯。针阀油杯可调节油滴速度，以改变供油量，在轴承停止工作时，可通过油杯上部手柄关闭油杯，停止供油。芯捻油杯利用毛细管作用将油引到轴承工作表面上，这种方法不易调节供油量。

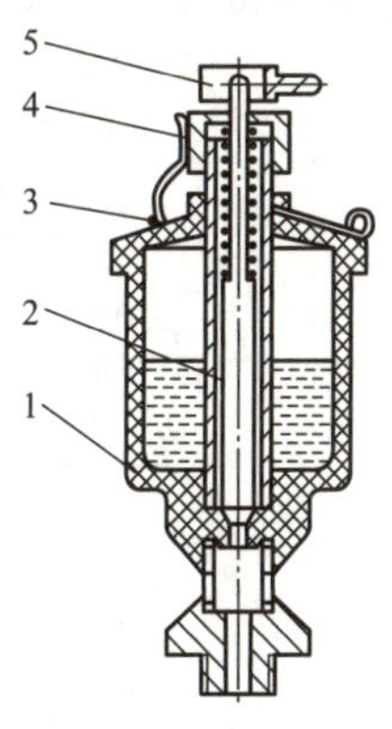

图 12-22　针阀油杯

1—杯体；2—针阀；3—弹簧；4—调节螺母；5—手柄

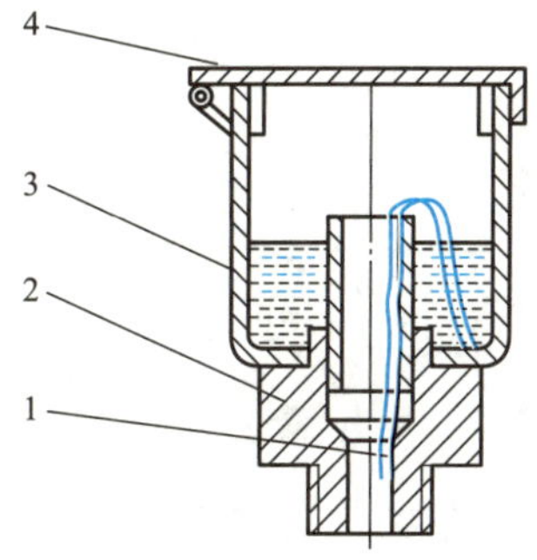

图 12-23　芯捻油杯

1—油芯；2—接头；3—杯体；4—盖

② 浸油润滑。将部分轴承直接浸入油池中润滑，如图 12-24 所示。

③ 飞溅润滑。飞溅润滑主要用于润滑如减速器、内燃机等机械中的轴承。通常直接利用传动齿轮或甩油环（图 12-25）将油池中的润滑油溅到轴承上或箱壁上，再经油沟导入轴承工作面以润滑轴承。采用传动齿轮溅油来润滑轴承，齿轮圆周速度 $v \geq 2$ m/s；采用甩油环溅油来润滑轴承，适用于转速为 500~3 000 r/min 的水平轴上的轴承，转速太低，油环不能把油溅起，而转速太高，油环上的油会被甩掉。

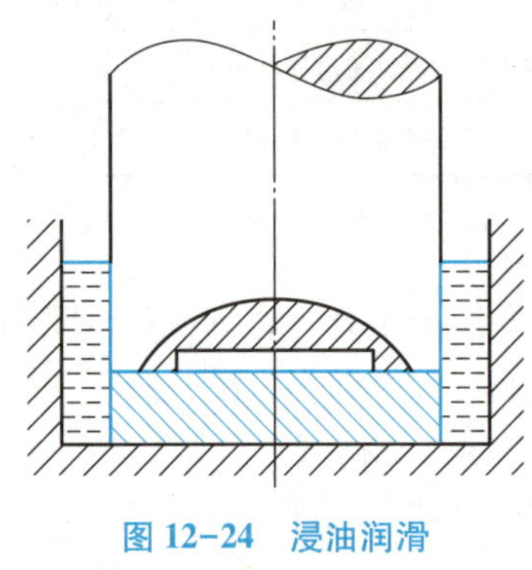

图 12-24　浸油润滑

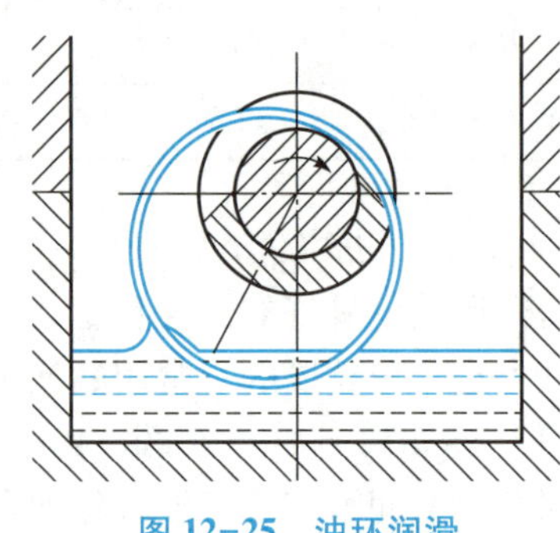

图 12-25　油环润滑

④ 压力循环润滑。如图 12-26 所示，压力循环润滑是一种强制润滑方法。润滑油泵将一定压力的油经油路导入轴承，润滑油经轴承两端流回油池，构成循环润滑。这种供油方法供油量充足，润滑可靠，并有冷却和冲洗轴承的作用，但润滑装置结构复杂、费用较高，常用于重载、高速或载荷变化较大的轴承中。

（2）脂润滑。润滑脂只能间歇供给。常用润滑装置为旋盖油杯（图 12-27）和压注油杯（图 12-28）。旋盖油杯靠旋紧杯盖将杯内润滑脂压入轴承工作面；压注油杯靠油枪压注润滑脂至轴承工作面。

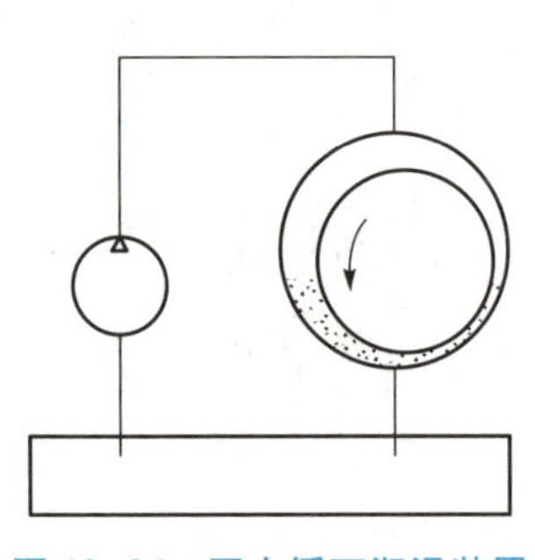

图 12-26　压力循环润滑装置

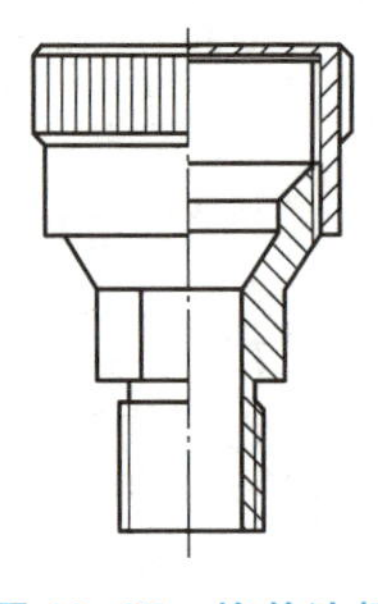

图 12-27　旋盖油杯

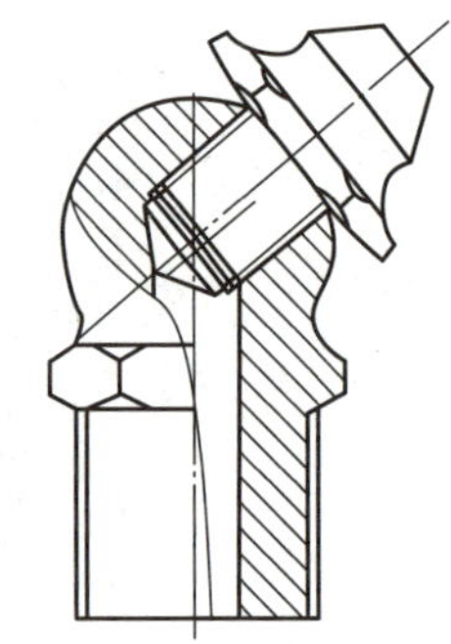

图 12-28　脂润滑压注油杯

12.3　联轴器及离合器

浸油润滑

12.3.1　联轴器

1. 联轴器的功用

联轴器主要用于轴与轴之间的连接并使它们一同旋转，以传递转矩和运动的一种机械传动装置。若要使两轴分离，必须通过停车拆卸才能实现。

如图 12-29 所示，联轴器所要连接的轴之间，由于存在制造、安装误差，受载、受热后的变形以及传动过程中会产生振动等因素，往往存在着轴向、径向或偏角等相对位置的偏移。因此，联轴器除了传动外，还要有一定的位置补偿和吸振缓冲的功用。

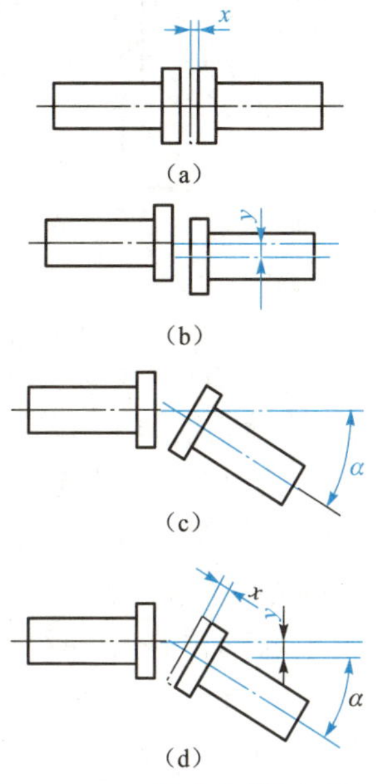

图 12-29　两轴之间的相对位移

(a) 轴向偏移；(b) 径向偏移；(c) 角偏移；(d) 综合偏移

2. 联轴器类型

根据各种位移有无补偿能力，联轴器可分为刚性联轴器和挠性联轴器两大类。在挠性联轴器中，又以是否存在弹性元件来区别，中间连接件是弹性元件的联轴器称为弹性联轴器。

1）刚性联轴器

（1）套筒联轴器。套筒联轴器如图 12-30 所示，其材料通常用 45 钢，适于轴径小于 60~70 mm 的对中性较好的场合。其径向尺寸小、结构简单，可根据不同轴径自行设计制造，在仪器中应用较广。

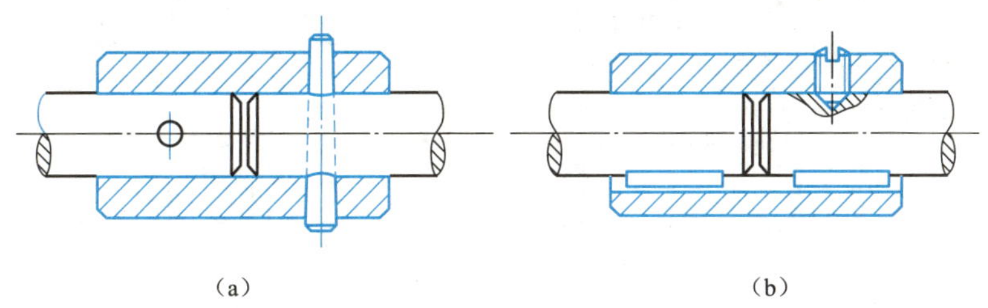

图 12-30　套筒联轴器

(a) 销连接的套筒联轴器；(b) 单键连接的套筒联轴器

（2）凸缘联轴器。凸缘联轴器由两个带凸缘的半联轴器组成，半联轴器分别由键与两轴连接，然后两个半联轴器用螺栓连接。对中方式有两种，如

图12-31所示。凸缘联轴器结构简单、传递转矩大，传力可靠、对中性好、装拆方便、应用广泛，应按标准选用，但它不具有位移补偿功能。

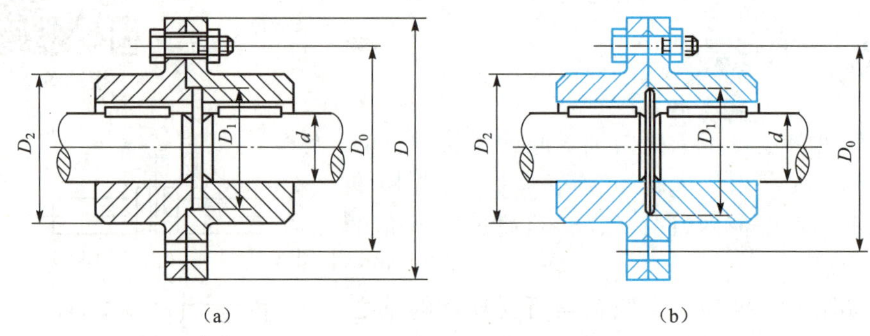

图12-31　凸缘联轴器
（a）用凸肩和凹槽对中；（b）用配合螺栓连接对中

2）挠性联轴器

（1）无弹性元件的挠性联轴器。无弹性元件的挠性联轴器是利用其组成元件间构成的动连接具有某一方向或几个方向的活动来补偿两轴相对位移的。因无弹性元件，这类联轴器不能缓冲减振，主要类型有齿式联轴器、十字滑块联轴器。

齿式联轴器是允许综合位移刚性联轴器中具有代表性的一种联轴器。图12-32（a）、（b）分别所示为齿式联轴器的结构和位移补偿示意图。由两个带有内齿及凸缘外套筒和两个带有外齿的内套筒组成。两个外套筒用螺栓连接，两个内套筒用键与两轴连接，内、外齿相互啮合传递转矩。

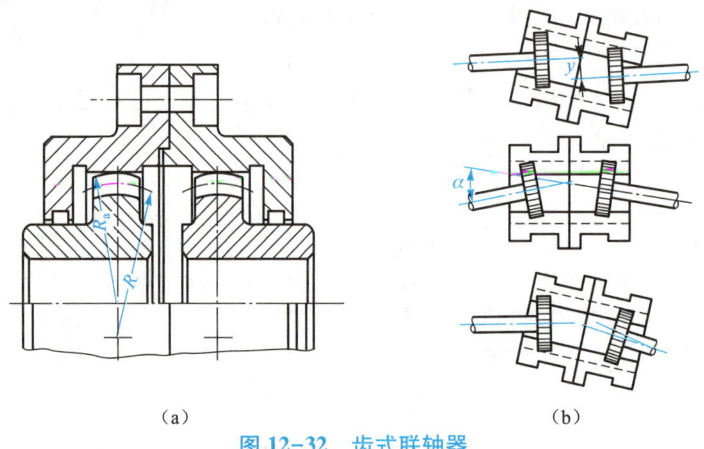

图12-32　齿式联轴器
（a）齿式联轴器的结构；（b）位移补偿示意图

由于内、外齿啮合时具有较大的顶隙和侧隙，因此这种联轴器具有径向、轴向和角度位移补偿的功能。由于内、外齿廓均为渐开线，故制造和安装精度要求较高，成本高。但由于传递载荷能力与位移补偿能力强，所以在汽车、重型机械中广泛应用。

十字滑块联轴器如图 12-33 所示，由两个具有径向通槽的半联轴器和一个具有相互垂直凸榫的十字滑块组成。由于滑块的凸榫能在半联轴器的凹槽中移动，故补偿了两轴间的位移。为了减少滑动引起的摩擦，要予以一定的润滑并对工作表面进行热处理以提高硬度。

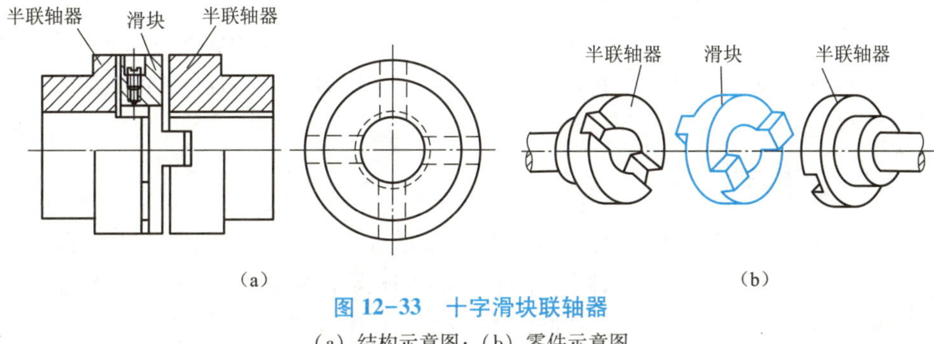

图 12-33　十字滑块联轴器

(a) 结构示意图；(b) 零件示意图

十字滑块联轴器常用 45 钢制造，要求较低时也可以采用 Q275，此时不需热处理。

在无弹性元件的挠性联轴器中还有万向联轴器，简称为万向节。它是汽车传动系统中重要而且常用的传动装置，在后面内容中介绍。

(2) 有弹性元件的挠性联轴器。有弹性元件的挠性联轴器是靠弹性元件的弹性变形来补偿两轴轴线的相对偏移，而且可以缓冲减振。常用有弹性元件的挠性联轴器有弹性套柱销联轴器、弹性柱销联轴器。

弹性套柱销联轴器的构造与凸缘联轴器类似，不同之处是用有弹性的柱销代替刚性的螺栓。图 12-34 中的弹性套常用耐油橡胶制造，作为缓冲吸振元件。柱销材料为 45 钢，半联轴器的材料用铸铁或铸钢。其与轴的配合可以采用圆柱或圆锥配合孔。

弹性套柱销联轴器结构简单，制造容易，装拆方便，成本较低，适用于转矩小、转速高、频繁正反转、需要缓和冲击振动的地方。

弹性柱销联轴器的构造也与凸缘联轴器的构造相仿。如图 12-35 所示，弹性的柱销将两个半联轴器连接起来。为防止柱销脱落，采用了挡板。柱销多用尼龙或酚醛布棒等弹性材料制造。

弹性柱销联轴器虽然与上述的弹性套柱销联轴器十分相似，但其载荷传递能力更大、结构更为简单，使用寿命及缓冲吸振能力更强。但由于柱销材料的缘故，它的工作温度受到限制。

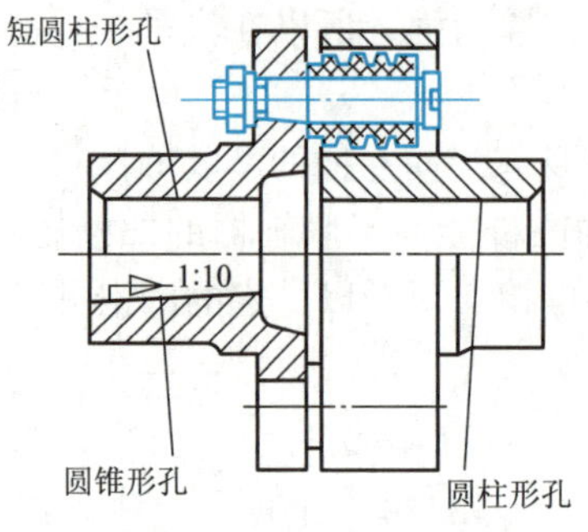

图 12-34 弹性套柱销联轴器

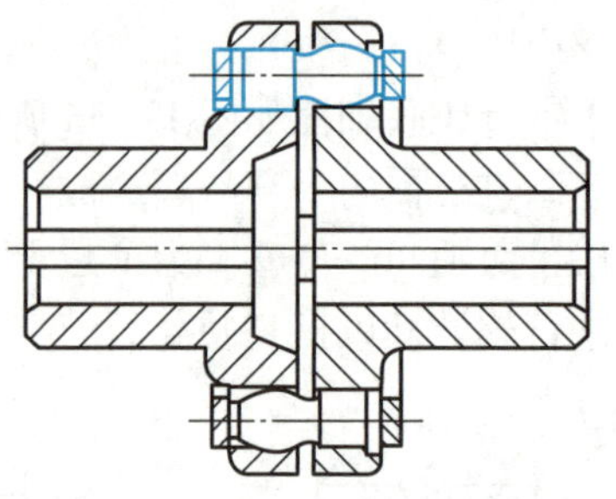

图 12-35 弹性柱销联轴器

12.3.2 万向节

万向节是汽车万向传动装置中实现变角度传动的一种联轴器。它可以分为刚性万向节和挠性万向节。刚性万向节又可分为不等速万向节（十字轴式）、准等速万向节（双联式、三销轴式等）和等速万向节（球笼式、球叉式等）。下面介绍汽车中最常见的不等速万向节。

1. 十字轴式万向节结构

十字轴式刚性万向节在汽车传动系统中应用最为广泛，它允许相邻两轴的最大夹角为15°~20°。它一般由一个十字轴、两个万向节叉和四个滚针轴承等机件组成。

图 12-36 所示为解放 CA1091 型汽车上使用的十字轴式刚性万向节。万向节叉 7 与前传动轴后端凸缘盘用四个螺栓连接。两个万向节的两对孔通过四个滚针轴承（由滚针 4 和套筒 5 组成）分别与十字轴 9 的两对轴颈相铰接。这样，当主动轴转动时，从动轴即可随之转动。为了润滑轴承，十字轴的轴颈上套着装在金属座圈内的毛毡油封 3，以防止润滑油流失或灰尘进入轴承。

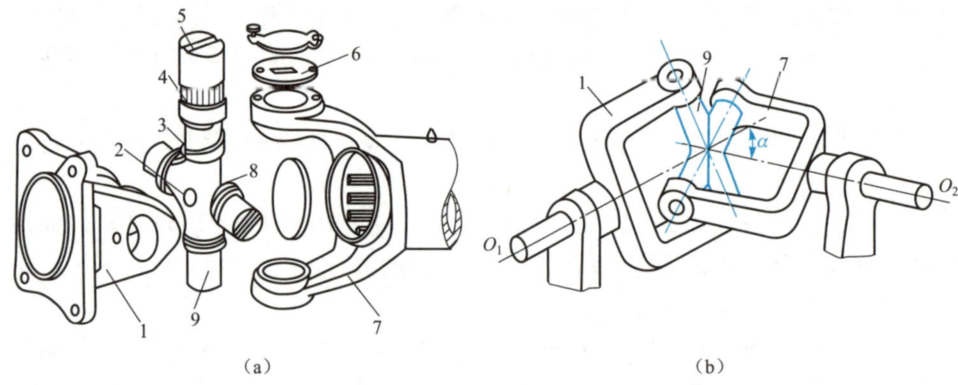

图 12-36 十字轴式刚性万向节

（a）零件示意图；（b）结构示意图

1，7—万向节叉；2—安全阀；3—油封；4—滚针；5—套筒；6—轴承盖；8—油嘴；9—十字轴

2. 十字轴式万向节工作特点

刚性万向节结构简单，传动效率较高。但其不足之处是对于单个万向节而言，在输入轴和输出轴之间有夹角的情况下，其两轴的角速度不相等，这就是单个万向节的不等速性，如图 12-37 所示。

如图 12-37（a）所示，当主动叉在垂直位置，十字轴平面与主动轴相垂直时，十字轴上 A 点的瞬时圆周速度 v_A 为

$$v_A=\omega_1 r=\omega_2 r\cos\alpha$$

所以

$$\omega_1=\omega_2\cos\alpha$$

式中，ω_1是主动叉角速度；ω_2是从动叉角速度；r 是十字轴旋转半径（$r=OA=OB$）；α 是两轴偏转角。

此时 $\omega_2>\omega_1$，即从动轴的转速大于主动轴的转速。

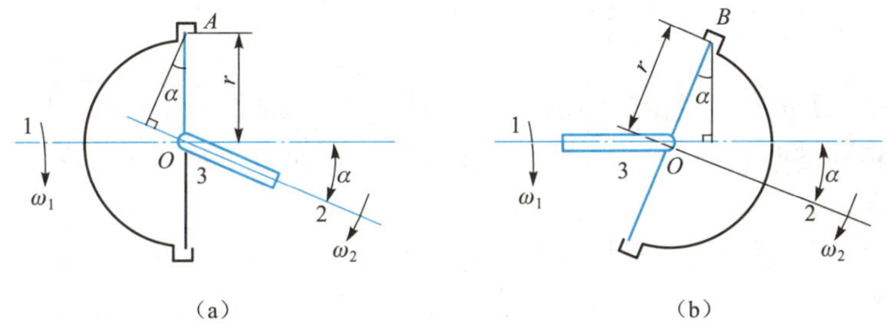

图 12-37　十字轴式刚性万向节角速度分析

（a）主动叉在垂直位置；（b）主动叉在水平位置

1—主动叉；2—从动叉；3—十字轴

如图 12-37（b）所示，当主动叉转到水平位置，十字轴平面与从动轴相垂直时，十字轴上 B 点的瞬时圆周速度 v_B 为

$$v_B=\omega_1 r\cos\alpha=\omega_2 r$$

所以

$$\omega_2=\omega_1\cos\alpha$$

此时 $\omega_1>\omega_2$，即从动轴的转速小于主动轴的转速。

由上面两个位置的角速度分析可见，若主动叉从 0°开始以 ω_1 匀速转动时，从动叉角速度 ω_2 的变化则由快到慢；当主动叉转过 90°后，从动叉 ω_2 又由慢变快，即主动叉每转过半圈，从动叉的角速度变化一个周期。由前述转角关系可以看出，当主动叉每转过 90°时，从动叉刚好转过相同的角度。当只从 0°转到 90°时，从动轴转角相对于主动轴转角是超前的，即 $\psi_2>\psi_1$ 且两角差在 $\psi_1=45°$ 时达到最大，随后开始减小。当 ψ_1 从 90°到 180°时，从动轴转角是滞后的，即 $\psi_2<\psi_1$ 且两角差在 $\psi_1=135°$ 时达到最大值。后半圈与前半圈情况相同。

一般，两轴偏转角 α 越大，转角差 $\psi_1-\psi_2$ 也越大，即万向节传动的不等速性越严重。单个十字轴式万向节传动的不等速性，将使从动轴及与其相连的传动部件产生严重的扭转振动，从而产生附加的交变载荷，影响部件寿命。因此，当两轴间有

较大偏转角时，单个十字轴万向节不宜采用。在汽车上，万向传动装置往往采用双十字轴万向节来实现等速传动，但必须满足如下两个条件，如图 12-38 所示。

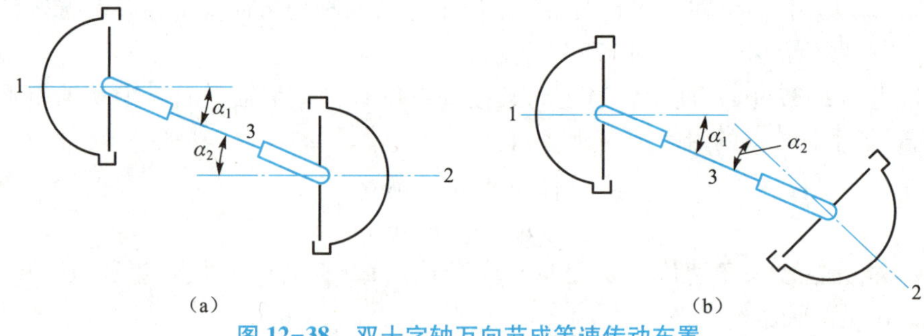

图 12-38　双十字轴万向节成等速传动布置

（a）平行排列；（b）等腰式排列

1—主动叉；2—从动叉；3—传动轴

（1）第一万向节两轴偏转角 α_1 与第二万向节两轴偏转角 α_2 相等，即 $\alpha_1=\alpha_2$。

（2）传动轴两端的两个万向节叉（即第一万向节的从动叉与第二万向节的主动叉）在同一平面内。

在上述两个条件中，条件（2）完全可以由传动轴和万向节叉的正确装配来保证，而条件（1）只有通过机械的总体布置设计和装配工艺来实现。

12.3.3　离合器

1. 离合器的功用

离合器主要用于轴与轴之间在机器运转过程中的分离与接合。在汽车传动系统中，离合器直接与发动机相连。由于内燃机只能在无载荷的情况下起动，所以在汽车起步前必须先将发动机与驱动轮之间的传动路线切断；另外，汽车在换挡和制动前也需要切断动力传递。为此，在发动机与变速器之间设有离合器。由于离合器是在不停车的状况下进行两轴的接合与分离，因而离合器应保证离合迅速、平稳、可靠，操纵方便，耐磨且散热好。

2. 离合器的类型

离合器按其工作原理可分为啮合式离合器和摩擦式离合器。啮合式离合器依靠齿的嵌合来传递转矩和运动。摩擦式离合器则依靠工作表面间的摩擦力来传递转矩和运动。离合器按其离合方式，又可分为操纵式离合器和自动离合器。离合器的操纵方式可以是机械的、液力的和电磁的等。自动离合器不需要外力操纵即可根据一定的条件自动分离或接合。

1）牙嵌离合器

牙嵌离合器主要由端面带齿的两个半离合器组成，通过齿面接触来传递转矩。如图12-39 所示，半离合器 1 固定在主动轴上，可动的半离合器 2 装在从动轴上，操纵滑块 4 可使它沿着导向平键 3 移动，以实现离合器的接合与分离，5

为对中环。

牙嵌离合器结构简单、尺寸小、工作时无滑动，因此应用广泛。但它只宜在两轴不回转或转速差很小时进行离合，否则会因撞击而断齿。

2）摩擦离合器

（1）单片摩擦式离合器。

如图 12-40 所示，单片摩擦离合器主要是利用两圆盘 3 和 4 的压紧或松开，使摩擦力产生或消失，以实现两轴的接合或分离。

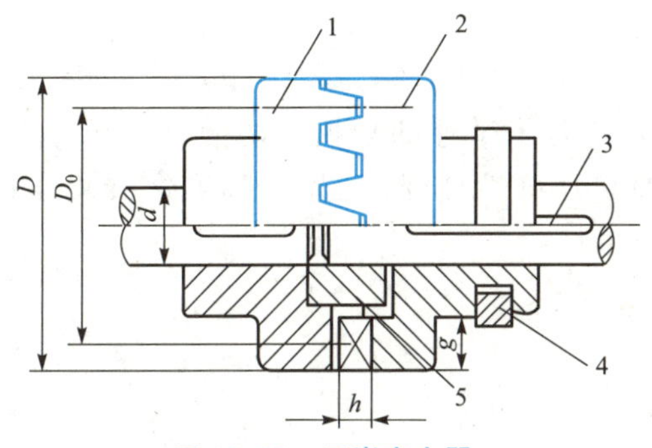

图 12-39　牙嵌离合器

1，2—半离合器；3—导向平键；4—操纵滑块；5—对中环

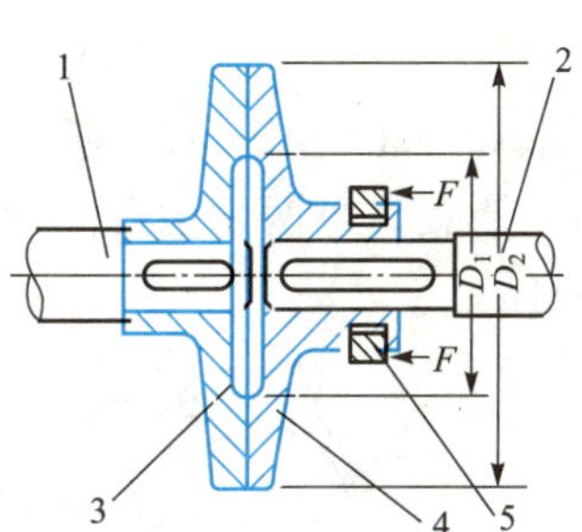

图 12-40　单片摩擦式离合器

1—主动轴；2—从动轴；3—主动盘；4—从动盘；5—移动滑环

操纵拨叉使移动滑环 5 和从动盘 4 左移。以压力 F 将其压在主动盘 3 上，从而使两圆盘接合；反向操纵拨叉，使从动盘 4 右移，则使两圆盘分离。

单片摩擦式离合器结构简单，但径向尺寸大，而且只能传递不大的转矩。它常用于轻型机械上，如多用于中型或轻型载货汽车上。东风 EQ1090E 型载货汽车装用的便是单片摩擦式离合器。

（2）多片摩擦式离合器。

多片摩擦式离合器的结构如图 12-41 所示，有两组摩擦片，内、外摩擦片分别带有凹槽和凸齿。其主动轴 1、外壳 2 与一组外摩擦片 4 组成主动部分，其中外摩擦片可沿外壳 2 的槽移动。从动轴 10、套筒 9 与一组内摩擦片 5 组成从动部分，其中内摩擦片可在套筒 9 的槽上

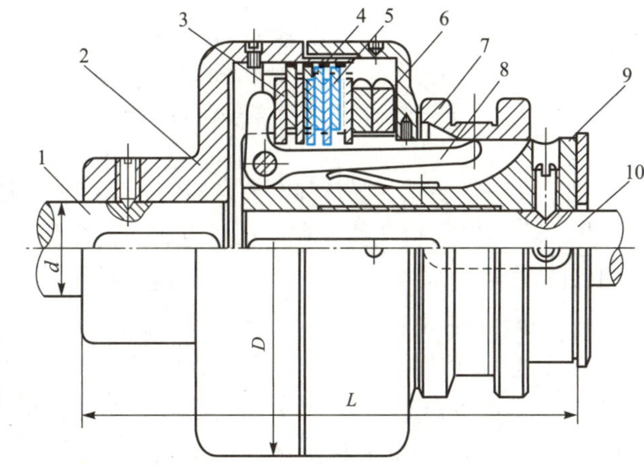

图 12-41　多片摩擦式离合器的结构

1—主动轴；2—外壳；3—压板；4—外摩擦片；5—内摩擦片；6—双螺母；7—滑环；8—杠杆；9—套筒；10—从动轴

滑动。当滑环7向左移动时，使杠杆8绕支点顺时针转动，通过压板3将两组摩擦片压紧，于是主动轴带动从动轴一起转动；反过来，滑环7向右移动时，杠杆8下面的弹簧使杠杆绕支点逆时针转动，两组摩擦片松开，于是主动轴带动从动轴脱开。

由于多片摩擦式离合器采用两组摩擦盘，摩擦面积比单片摩擦式离合器大大增加，可传递转矩的能力显著增大，但结构比较复杂。因此，它主要应用在重型机械中，如中、重型载货汽车上。

（3）膜片弹簧离合器。

图12-42（a）所示为膜片弹簧离合器，碟形膜片弹簧用优质钢板制成，其形状如图12-42（b）所示，其上开有若干个径向切槽，切槽的内端开通，外端为圆孔，每两切槽之间的钢板形成一个弹性杠杆，它既是压紧弹簧又是分离杠杆。

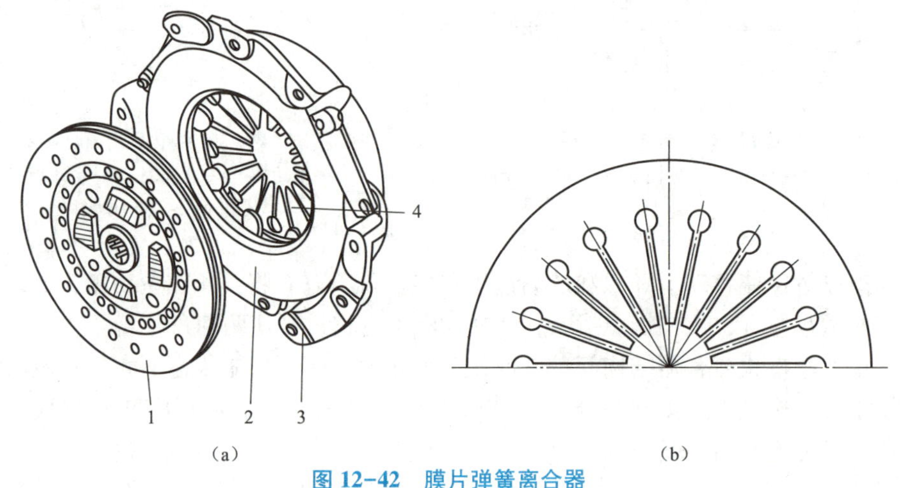

图12-42 膜片弹簧离合器

（a）结构示意图；（b）膜片弹簧的形状

1—离合器从动盘；2—离合器压板；3—离合器盖；4—膜片弹簧

如图12-43所示，膜片弹簧离合器的压紧装置由压盘3、离合器盖2、膜片弹簧4、支撑圈5和7、分离钩6和传动片组成。膜片弹簧中间的两侧有支撑圈5和7，用铆钉装在离合器盖2上。支撑圈为膜片弹簧工作时的支点。如图12-43（a）所示，在离合器盖未装到飞轮1上时，膜片弹簧不受力，处于自由状态，此时，离合器盖与飞轮之间有一距离 L。如图12-43（b）所示，当把离合器盖靠向飞轮时，支撑圈5压迫膜片弹簧4，使之发生弹性变形（锥角变小）。这样，膜片弹簧的反弹力使其外缘对压盘及从动盘产生压紧力，从而使离合器处于压紧状态。如图12-43（c）所示，当离合器分离时，分离轴承8位移，膜片弹簧被压在支撑圈7上，膜片弹簧内缘前移，其径向截面以支撑圈为支点转动（膜片弹簧呈反锥形），其外缘通过分离钩6拉动压盘3而使离合器分离。

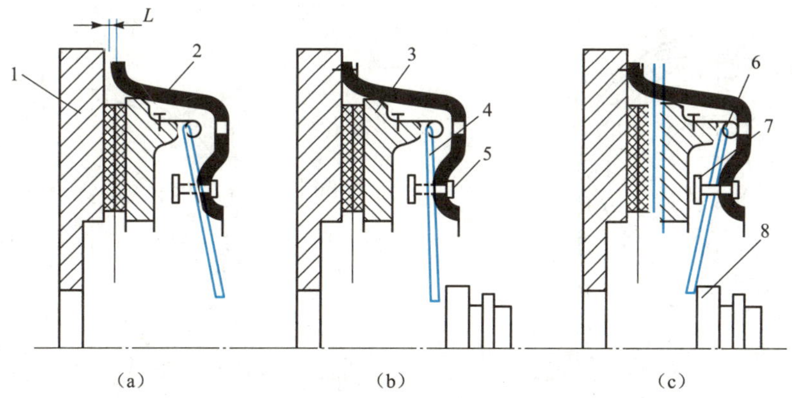

图 12-43　膜片弹簧离合器工作原理

（a）安装前的位置；（b）接合位置；（c）分离位置

1—飞轮；2—离合器盖；3—压盘；4—膜片弹簧；5，7—支撑圈；6—分离钩；8—分离轴承

膜片弹簧离合器具有结构简单、轴向尺寸小、弹性特性好、弹力不受离心力影响等优点，因此在汽车（尤其是轿车）上得到了广泛的应用。

12.3.4　制动器

制动器是利用摩擦力来减小运动物体的速度或迫使其停止运动的装置。制动器的种类很多，按制动零件的结构特征分为块式、带式、盘式制动器；按工作状态分为常闭式和常开式制动器。常闭式制动器经常处于紧闸状态，施加外力时才能解除制动（如起重机用制动器）。常开式制动器经常处于松闸状态，施加外力时才能制动（如车辆用制动器）。为了减小制动力矩，常将制动器装在高速轴上。

1. 带式制动器

图 12-44 所示为由杠杆控制的带式制动器的工作原理图。制动力 F_Q 通过杠杆放大后使钢带张紧并环绕于要制动的轮缘上，从而实现制动。

这种制动器构造简单，制动力矩大，但被制动的轮轴要受到弯矩作用，制动带也通常会磨损不匀，工作过程中的发热也较大，常在一些小型起重机械和汽车的手动制动系统中应用。

2. 内张蹄式制动器

图 12-45 所示为内张蹄式制动器的工作简图。两个制动蹄 2 和 7 的外表面安装了摩擦片 3，并分别通过销轴 1 和 8 与机架铰接。压力油通过油缸 4 的双向作用泵推动左右两个活塞，使两个制动蹄 2 和 7 压紧制动轮 6，达到制动的目的。压力油卸载后，两个制动蹄 2 和 7 在弹簧 5 的作用下与制动轮 6 分离。

内张蹄式制动器结构紧凑，制动力较大，在结构尺寸受限制的机械及各种车辆中应用广泛，如奥迪 100 型、捷达、桑塔纳型轿车的后轮制动器都采用了这种内张蹄式制动器。

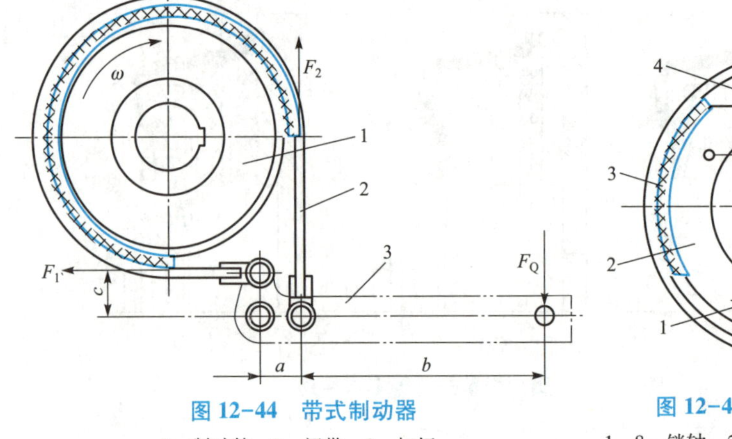

图 12-44　带式制动器

1—制动轮；2—闸带；3—杠杆

图 12-45　内张蹄式制动器

1，8—销轴；2，7—制动蹄；3—摩擦片；4—油缸；5—弹簧；6—制动轮

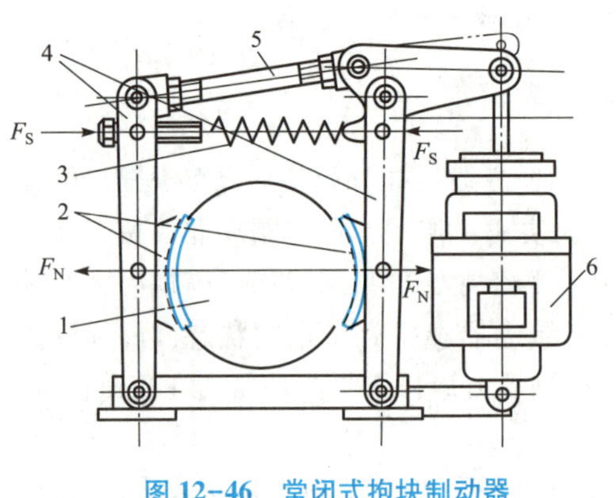

图 12-46　常闭式抱块制动器

1—制动轮；2—闸瓦块；3—主弹簧；4—制动臂；5—推杆；6—松闸器

3. 抱块式制动器

抱块式制动器按制动时的通电状态分为常闭式和常开式。常闭式抱块制动器的工作原理是：通电时松闸，断电时制动。如图 12-46 所示，当松闸器 6 断电时，主弹簧 3 通过制动臂 4 使闸瓦块 2 压紧在制动轮 1 上，达到制动的目的。当松闸器 6 通电时，电磁力顶起立柱，通过推杆 5 和制动臂 4 操纵闸瓦块 2 与制动轮 1 松开。闸瓦块 2 磨损时可以调节推杆 5 的长度进行补偿。常闭式抱块制动器经常处于闭合状态，这种制动器结构简单，性能可靠，间隙调整方便且散热较好。但由于接触面有限，使制动力矩较小，且外形尺寸较大，一般用于制动频繁且空间较大的场合。常闭式抱块制动器比较安全，一般用于起重运输机械。

常开式抱块制动器与常闭式的工作原理相反，即通电时制动，断电时松闸，常用于车辆的制动，如汽车防抱死制动系统（简称 ABS）等。

12.4　其他常用零部件

汽车中除传动机构、轴系零部件外，还有其他一些常用的零部件，如键、螺栓、弹簧等。一般情况下，为了便于机器的制造、安装、运输及维修，机器各零部件间广泛采用各种机械连接。机械连接有两大类：一类是机器工作时，被连接的零部件间可以有相对运动，称为机械动连接，如各种运动副、联轴器、离合器等；另一类则是机器工作时，被连接的零部件间不允许产生相对运动，称为机械静连接。

机械静连接按拆卸性质又可分为两类：一类是可拆连接，另一类是不可拆连接。可拆连接是不损坏连接中的任一零件，即可将被连接件拆开的连接，如螺纹连接、键连接及销连接等，这种连接经多次装拆无损于其使用性能。不可拆连接是必须破坏或损伤连接件或被连接件才能拆开的连接，如焊接、铆接及黏接等。

弹簧是机械中乃至日常生活中广泛使用的弹性零件。它利用材料的弹性和自身的结构特点，使其在产生或恢复弹性变形时产生力，达到支撑、拉紧、复位或吸振等目的。

12.4.1　键连接与花键连接

1. 键连接

键连接由键、轴与轮毂所组成，主要用来实现轴和轴上零件（如带轮、齿轮和联轴器等）之间的周向固定，以传递转矩和运动，有的还能实现轴上零件的轴向固定或轴向滑动。它在汽车及其他机械中有广泛的应用。

1）平键连接

平键的两侧面是工作面，上下表面为非工作面，上表面与轮毂上的键槽底部之间留有空隙（图 12-47），工作时靠键与键槽侧面的挤压来传递转矩，故定心较好。平键可分为普通平键、导向平键和滑键等。

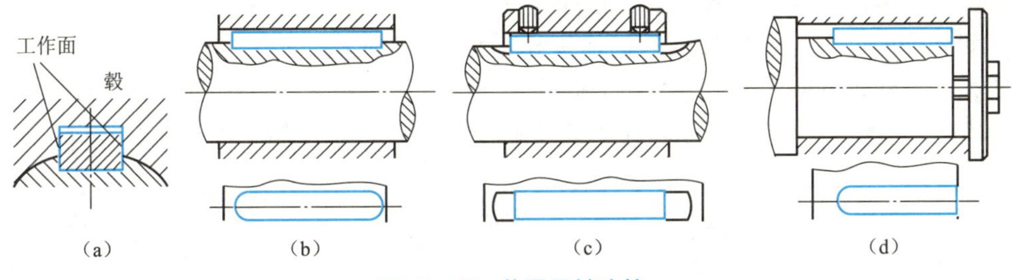

图 12-47　普通平键连接

(a) 键剖面图；(b) A 型平键；(c) B 型平键；(d) C 型平键

(1) 普通平键。其结构如图 12-47 所示，按键端形状分为圆头（A 型）、方头（B 型）和单圆头（C 型）三种。轴上键槽可用指状铣刀或盘铣刀加工，轮毂上的键槽可用插削或拉削加工。A 型平键牢固地卧于指状铣刀铣出的键槽中，但键槽两端会引起较大的应力集中；B 型平键卧于盘状铣刀铣出的键槽中，应力集中较小，常用螺钉紧固；C 型平键常用在轴伸处。普通平键结构简单，装拆方便，对中性好，易于加工，但不能承受轴向力，常用于相配零件要求定心性好和转速较高的静连接。

（2）导向平键。其结构如图 12-48 所示，当轮毂需沿轴向移动时，可应用导向平键。导向平键较长，通常用螺钉固定于键槽内，且在键的中部加工一个起键螺孔，以便于键的拆卸。导向平键连接属于动连接，轮毂与键槽的配合较松。

2）半圆键连接

如图 12-49 所示，键是半圆形，用圆钢切制或冲压后磨制而成，键槽是用半径与键相同的盘铣刀铣出。半圆键连接属于静连接，其侧面为工作面，能在槽中绕其几何中心摆动，以适应毂上键槽的斜度，但因键槽较深，对轴的强度削弱较大，适于轻载、锥形轴端的连接。

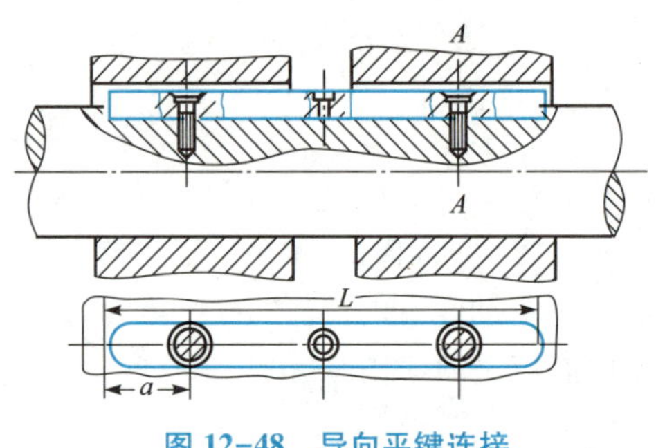

图 12-48 导向平键连接

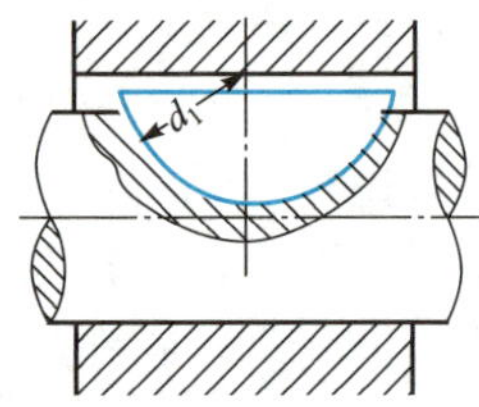

图 12-49 半圆键连接

3）楔键连接

楔键连接如图 12-50 所示，楔键的上下表面为工作面，两侧面为非工作面。楔键的上表面与轮毂上的键槽底面各有一定的斜度，装配时将键打入，使键的上下两工作面分别与轮毂和轴的键槽工作面压紧，通过挤压产生的摩擦力传递转矩，并可实现轴向固定，承受单方向的轴向力。由于楔紧而产生的装配偏心，使其定心精度降低，故只适于转速不高及旋转精度要求低的连接中。

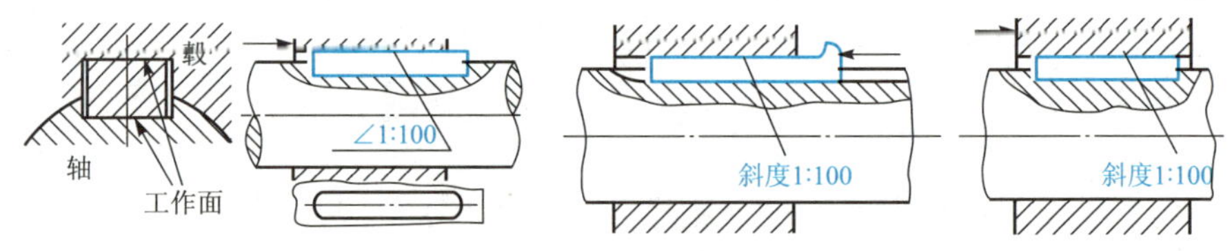

图 12-50 楔键连接

2. 花键连接

花键连接是通过轴和毂孔沿周向分布的多个键齿的互相啮合传递转矩，可用于静连接或动连接，如图 12-51 所示。齿的侧面是工作面。由于是多齿传递转矩，且键与轴做成一体，所以花键连接比平键连接具有承载能力高，对轴的强度削弱程度小（齿浅、应力集中小），定心好和导向性好等优点。它适合用于定心精度要求高、载荷大或经常滑移的连接。花键连接按其齿形不同，可分为矩形花键连接［图 12-52（a）］和渐开线花键连接［图 12-52（b）］。

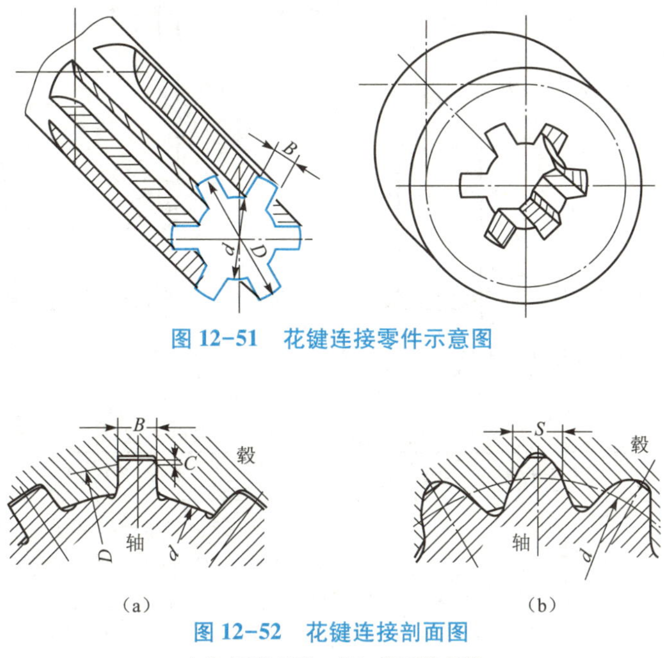

图 12-51　花键连接零件示意图

图 12-52　花键连接剖面图

（a）矩形花键；（b）渐开线花键

花键连接的失效形式有齿面的压溃或磨损，齿根的剪断或弯断等。对于实际采用的材料组合和标准尺寸来说，齿面的压溃或磨损是主要失效形式。

12.4.2　螺纹连接

1. 螺纹的形成及主要参数

螺纹连接是利用螺纹零件构成的一种可拆连接。它具有结构简单、装拆方便、连接可靠、螺纹紧固件多数已标准化并由专业工厂大批量生产等优点，因此在机械制造和工程结构中应用最广泛。

1）螺纹的形成和分类

如图 12-53 所示，将底边长 πd_2 的直角三角形 ABC 的纸片绕在直径为 d_2 的圆柱面上，并使其底边 BC 和圆柱面底周边相重合，则斜边 AB 在圆柱面上形成的一条曲线即为螺旋线。再取一个通过圆柱面轴线的牙型平面 N（如矩形、三角形、梯形），使其沿螺旋线移动，则此牙型平面的空间轨迹即构成螺纹，如图 12-54 所示。

按照牙型平面 N 的不同，可将螺纹分为普通螺纹、管螺纹、梯形螺纹、锯齿形螺纹等，其特点和应用见表 12-11。除矩形螺纹外，均已标准化。

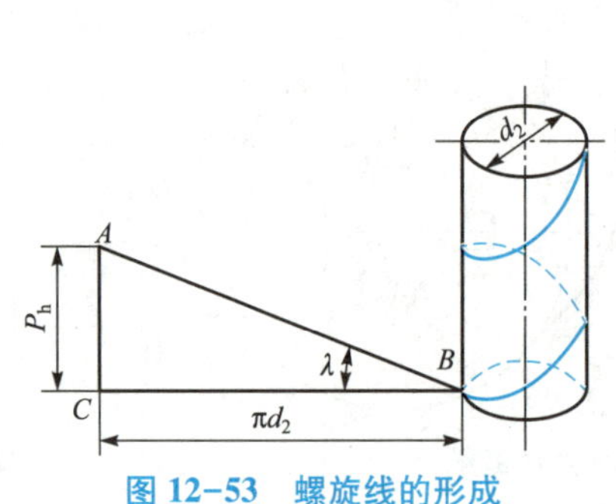

图 12-53　螺旋线的形成

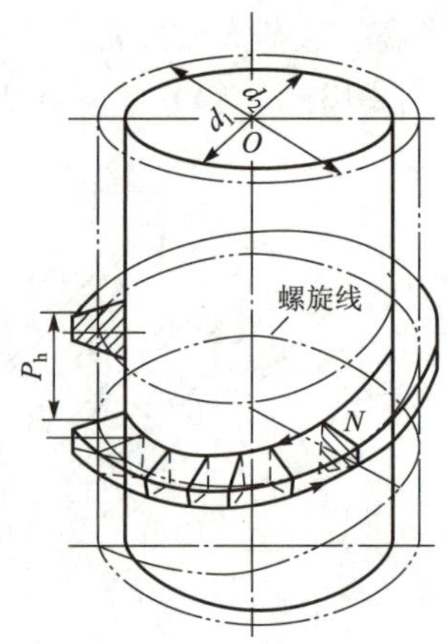

图 12-54　螺纹的形成

表 12-11　常用螺纹的特点和应用

螺纹类型	牙型图	特点和应用
普通螺纹	60°	牙型角 $\alpha=60°$，当量摩擦系数大，自锁性能好。同一公称直径，按螺距 P 的大小分为粗牙和细牙。粗牙螺纹用于一般连接，细牙螺纹常用于细小零件和薄壁件的连接，也可用于微调机构
圆柱管螺纹	55°	牙型角 $\alpha=55°$，牙顶有较大的圆角，内、外螺纹旋合后无径向间隙。该螺纹为英制细牙螺纹，公称直径近似为管子内径，紧密性好，用于压力在 1.5 MPa 以下的管路连接
梯形螺纹	30°	牙型角 $\alpha=30°$，牙根强度高，对中性好，传动效率较高，是应用较广的传动螺纹
锯齿形螺纹	30°　3°	工作面的牙型斜角为 3°，非工作面的牙型斜角为 30°，传动效率较梯形螺纹高，牙根强度也高，用于单向受力的传动螺旋机构，如用于轧钢机的压下螺旋和螺旋压力机等机械上
注：除管螺纹采用英制（以每英寸牙数表示螺距）外，其他螺纹均采用国际单位制		

根据螺旋线绕行方向，可将螺纹分为右旋螺纹［图 12-55（a），标注时可省略］和左旋螺纹［图 12-55（b），标注代号为 LH］。当螺纹体的轴线垂直放置时，螺旋线的可见部分自左向右上升，称为右旋，反之为左旋。右旋螺纹应用最广。

按照圆柱表面上螺旋线的数目，又可将螺纹分为单线螺纹［图 12-55（a）］

和多线螺纹［图 12-55（b）］。为制造方便，螺纹线数一般不超过 4。单线螺纹自锁性好，常用于连接；多线螺纹传动效率较高，常用于传动。根据母体形状，螺纹可分为圆柱螺纹和圆锥螺纹，常用的是圆柱螺纹，圆锥螺纹多用于管件连接中。

此外，根据螺纹是分布在内圆柱面上还是外圆柱面上，可以将其分为圆柱内螺纹和圆柱外螺纹，两者共同组成螺旋副，如图 12-56 所示。一般内螺纹的尺寸参数用大写字母表示，外螺纹的尺寸参数用小写字母表示。

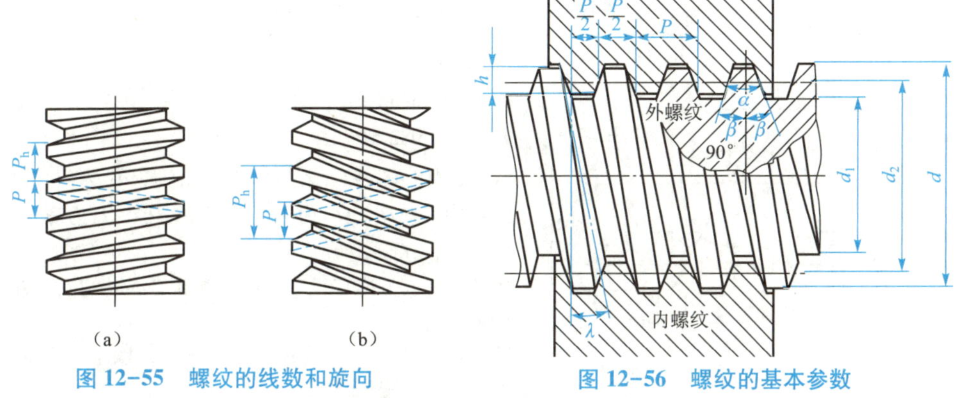

图 12-55 螺纹的线数和旋向

（a）单线右旋螺纹；（b）多线左旋螺纹

图 12-56 螺纹的基本参数

2）螺纹的基本参数和几何尺寸

下面以普通螺纹为例说明螺纹的基本参数和几何尺寸，如图 12-56 所示。

（1）大径 d（D）：螺纹的最大直径，与外螺纹牙顶（内螺纹牙底）相重合的假想圆柱直径，它是螺纹的公称直径。

（2）小径 d_1（D_1）：螺纹的最小直径，与外螺纹牙底（内螺纹牙顶）相重合的假想圆柱直径。

（3）中径 d_2（D_2）：螺纹的牙厚与牙间相等的假想圆柱直径。

（4）螺距 P：相邻两牙在中径上对应两点间的轴向距离。根据螺距的大小，普通螺纹可分为粗牙（螺距可不标注）和细牙。

（5）线数：线数 n 是螺纹的螺旋线数。沿一条螺旋线形成的螺纹称为单线螺纹，沿 n 条等距螺旋形成的螺纹称为 n 线螺纹。

（6）导程 P_h：同一条螺旋线上的相邻两牙在中径上对应两点间的轴向距离。设螺旋线数为 n，则 $P_h = nP$。

（7）导程角 λ：在中径圆柱上，螺旋线的切线与垂直于螺纹轴线的平面间的夹角，其展开形状如图 12-53 所示。计算公式为

$$\lambda = \arctan \frac{nP}{\pi d_2} \tag{12-1}$$

（8）牙型角 α：轴向剖面内，螺纹牙型两侧边的夹角。

（9）牙型斜角 β：轴向剖面内，螺纹牙型两侧边与螺纹轴线的垂线间的夹角。

对三角形、梯形等对称牙型，$\beta=\alpha/2$。α 和 β 影响螺纹牙根强度、螺纹自锁性和传动效率。

（10）螺纹接触高度 h：内、外螺纹相互旋合后，牙侧重合部分在垂直于螺纹轴线方向上的距离。

国标 GB/T 196—2013《普通螺纹　基本尺寸》规定了普通螺纹的基本尺寸和标注方法，如表 12-12 所示。

表 12-12　普通螺纹的基本尺寸系列（GB/T 196—2013） mm

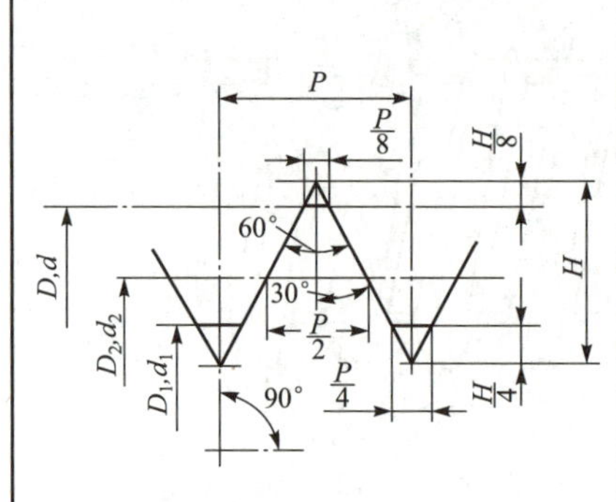

$H=0.866P$

$d_2=d-0.6495P$

$d_1=d-1.0825P$

式中，D，d 为内、外螺纹大径；D_2，d_2 为内、外螺纹中径；D_1，d_1 为内、外螺纹小径；P 为螺距。

螺纹标记示例：

M24　表示公称直径 24 mm，螺距 3 mm 的右旋粗牙普通螺纹；

M24×1.5LH　表示公称直径 24 mm，螺距 1.5 mm 的左旋细牙普通螺纹

公称直径（大径）D、d	螺距 P	中径 D_2、d_2	小径 D_1、d_1
4.5	0.75	4.013	3.688
	0.5	4.175	3.959
5	0.8	4.480	4.134
	0.5	4.675	4.459
5.5	0.5	5.175	4.959
6	1	5.350	4.917
	0.75	5.513	5.188
7	1	6.350	5.917
	0.75	6.513	6.188
8	1.25	7.188	6.647
	1	7.350	6.917
	0.75	7.513	7.188
9	1.25	8.188	7.647
	1	8.350	7.917
	0.75	8.513	8.188
10	1.5	9.026	8.376
	1.25	9.188	8.647
	1	9.350	8.917
	0.75	9.513	9.188

2. 螺纹连接的基本类型

螺纹连接有以下四种基本类型。

1）螺栓连接

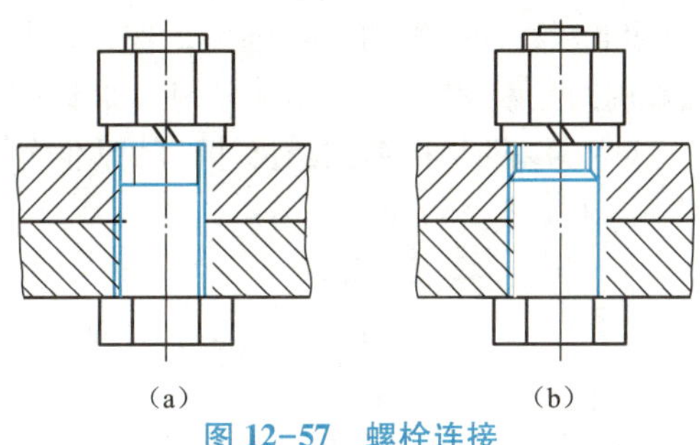

图 12-57　螺栓连接
(a) 普通螺栓连接；(b) 铰制孔用螺栓连接

螺栓连接是利用螺栓穿过被连接件的光孔，拧紧螺母后将被连接件固连成一体的一种连接形式，如图 12-57 所示。通常用于被连接件不太厚、便于做通孔和两边有足够装配空间的场合。

螺栓连接分为普通螺栓和铰制孔用螺栓连接两种。普通螺栓连接的结构特点是被连接件上的通孔和螺栓杆间留有间隙，对孔的加工精度要求低，结构简单，装拆方便，应用广泛，如图 12-57（a)所示。而铰制孔用螺栓连接的结构特点是被连接件上的通孔和螺栓杆间是相互配合的，常采用基孔制过渡配合（H7/m6，H7/n6)，故对孔的加工精度要求高，如图 12-57（b）所示，适用于利用螺栓杆承受横向载荷或需精确固定被连接件相对位置的场合。

2）双头螺柱连接

双头螺柱连接是将双头螺柱的一端旋紧在一被连接件的螺纹孔中，另一端则穿过另一被连接件的光孔，再拧螺母而将被连接件固连在一起的一种连接形式，如图 12-58 所示。它适用于被连接件之一太厚、不便做通孔，且需经常装拆或结构上受限制不能采用螺栓连接、螺钉连接的场合。为保证双头螺柱旋入端在拆卸时不被旋出，常采用使螺尾过渡部分拧入螺纹孔中的锁紧方法。

3）螺钉连接

螺钉连接是利用螺钉（或螺栓）穿过一被连接件的孔并旋入另一被连接件的螺纹孔中而将被连接件固连在一起的一种连接形式，如图 12-59 所示。它适用于被连接件之一太厚、不便做通孔或无法拧紧螺母而又不需经常装拆的场合。

4）紧定螺钉连接

紧定螺钉连接是利用紧定螺钉旋入一被连接件的螺纹孔，并以其末端顶紧另一被连接件来固定两零件间相对位置的一种连接形式，如图 12-60 所示。它可以传递较小的力和转矩，多用于轴和轴上零件的连接。

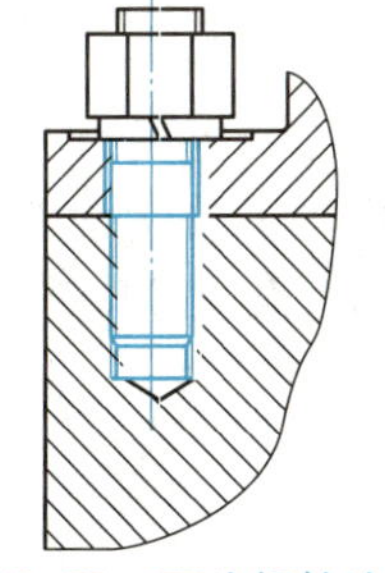
图 12-58　双头螺柱连接

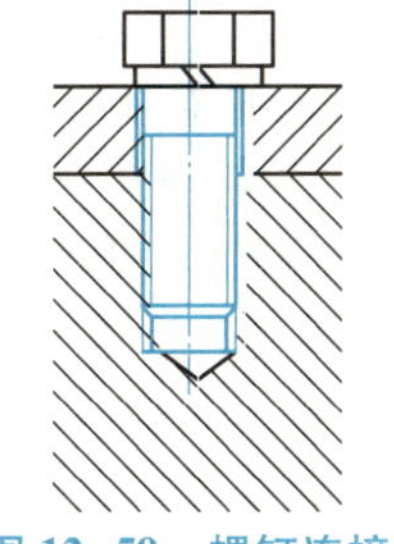
图 12-59　螺钉连接

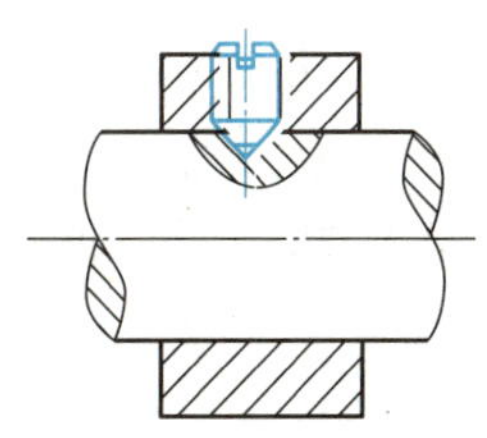
图 12-60　紧定螺钉连接

标准螺纹连接件的种类很多，在机械制造业中常用的标准螺纹连接件有螺栓（最常用的是六角螺栓）、双头螺柱、螺钉、螺母（最常用的是六角螺母）和垫圈等。这些零件的结构形式和尺寸都已标准化了。

3. 螺纹连接的预紧与防松

1）螺纹连接的预紧

大多数螺纹连接在装配时都必须预先拧紧，使螺栓受到拉伸和被连接件受到压缩。这种在承受工作载荷之前就使螺栓受到的拉伸力称为预紧力。预紧的目的是为了提高连接的可靠性、紧密性和防松能力，以防止受载后被连接件之间出现缝隙或发生相对滑移。对于既受预紧力又受轴向载荷拉伸作用的螺栓，适当增加预紧力还可以提高螺栓的疲劳强度；对于承受横向载荷的普通螺栓组连接，有利于增大连接中的摩擦力。但是，过大的预紧力会导致整个连接的结构尺寸增大，也会使螺栓在装配时因过载而断裂。

2）螺纹连接的防松

连接用的三角形螺纹具有自锁性，而且螺母的螺栓头部支撑面处还存在摩擦，因此，在静载荷作用下且工作温度变化不大时，螺纹连接不会自动松脱。但是，在冲击、振动和变载荷作用下，或当工作温度变化很大时，螺纹副间的摩擦力可能减小或瞬时消失，虽然螺纹连接的参数仍然满足自锁条件，但可能会松动，这种现象多次重复就会使连接松脱，影响连接的正常工作，甚至会发生严重事故。

螺纹连接防松的根本问题在于防止螺纹副的相对转动。防松的方法很多，按其工作原理可分为摩擦防松、机械防松和破坏螺纹副关系三类。螺纹连接常用的防松方法见表 12-13。

表 12-13　螺纹连接常用的防松方法

摩擦防松	弹簧垫圈	双螺母	尼龙圈
	弹簧垫圈材料为弹簧钢，装配后垫圈被压平，其反弹力能使螺纹间保持压紧力和摩擦力	利用两螺母的对顶作用，使螺栓始终受到附加的拉力和附加的摩擦力。结构简单，可用于低速重载场合	螺母中嵌有尼龙圈，拧上后尼龙圈内孔被胀大，箍紧螺栓

续表

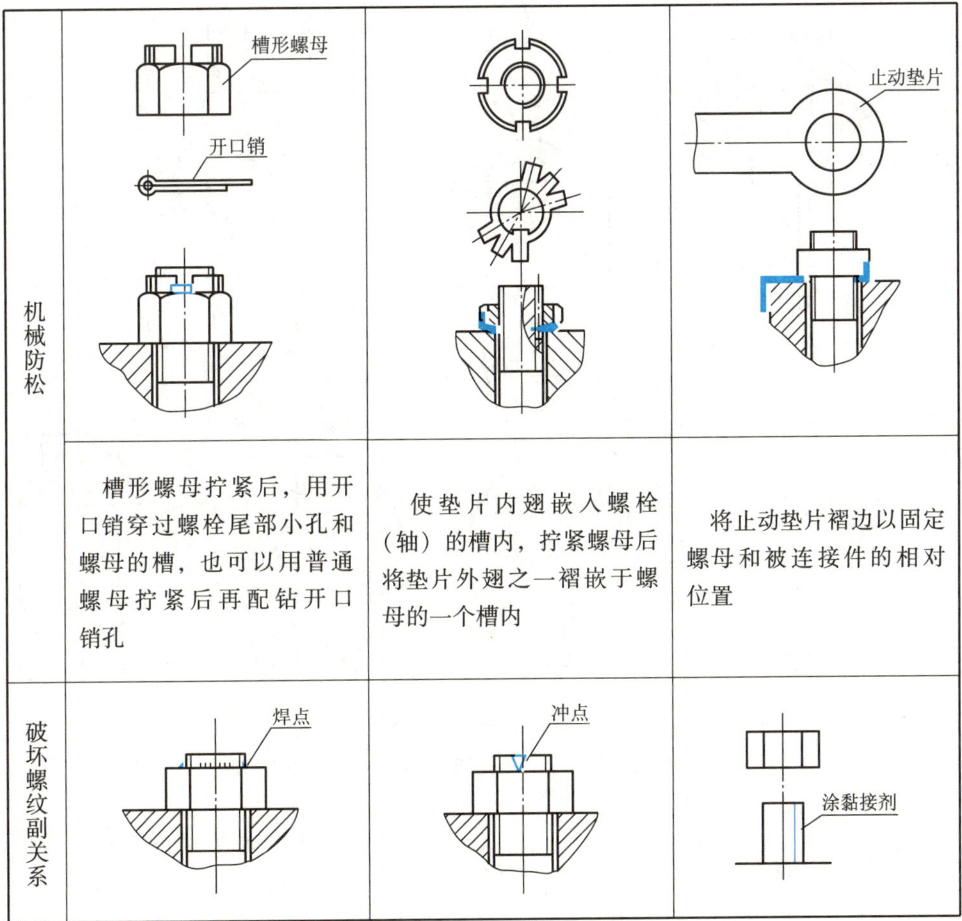

机械防松	槽形螺母拧紧后，用开口销穿过螺栓尾部小孔和螺母的槽，也可以用普通螺母拧紧后再配钻开口销孔	使垫片内翅嵌入螺栓（轴）的槽内，拧紧螺母后将垫片外翅之一褶嵌于螺母的一个槽内	将止动垫片褶边以固定螺母和被连接件的相对位置
破坏螺纹副关系			

4. 螺栓组连接的结构要求

一般情况下，大多数螺栓都是成组使用的，螺栓组连接的结构设计的主要目的就在于合理地确定连接接合面的几何形状、螺栓的数目及布置形式，力求各螺栓和接合面间受力均匀、合理，便于加工和装配。

1）螺栓位置

在布置螺栓位置时，各螺栓间及螺栓中心线与机体壁之间应留有扳手空间，以便于装拆，如图12-61所示，图中尺寸 *A*、*B*、*C*、*D*、*E* 应能满足扳手活动所需要的空间。

2）螺栓组的布置

螺栓组的布置应遵循下列原则：

（1）螺栓组的布置应力求对称、均匀。通常将接合面设计成轴对称的简单几何形状，如图12-62所示，以便于加工，并应使螺栓组的对称中心与接合面形心重合，以保证接合面受力比较均匀。

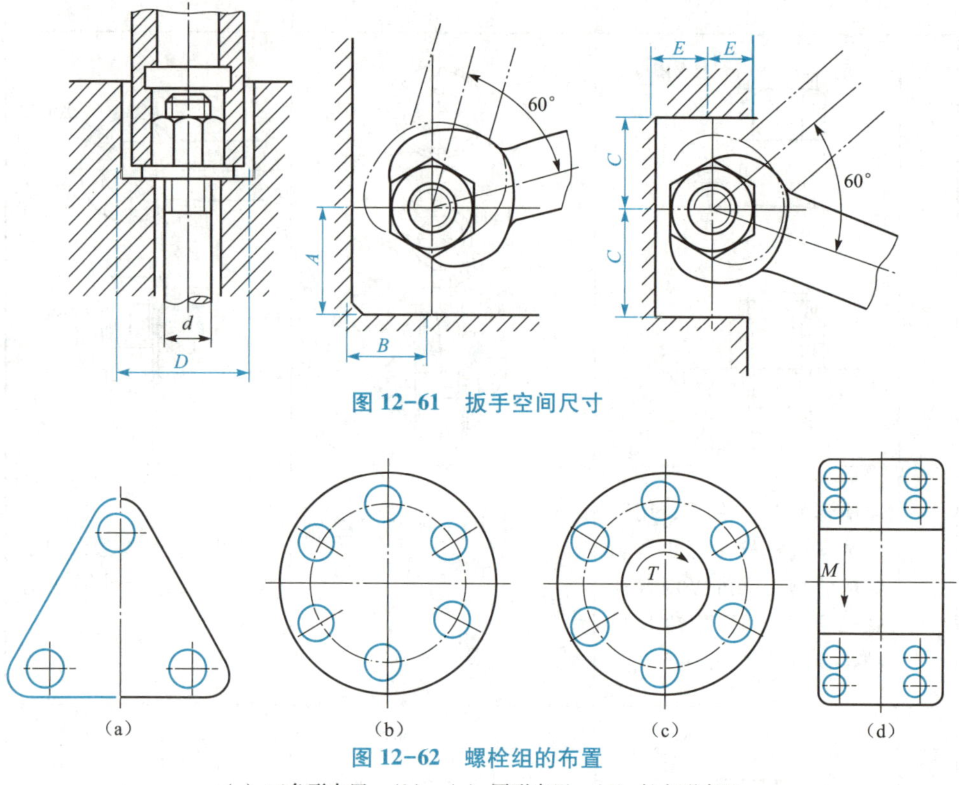

图 12-61 扳手空间尺寸

图 12-62 螺栓组的布置

（a）三角形布置；（b）、（c）圆形布置；（d）长方形布置

（2）对于铰制孔螺栓连接的受剪螺栓，在平行于工作载荷方向上成排布置的螺栓数目不应超过 8 个，以免载荷分布过于不均。对承受弯矩或转矩的螺栓组连接，应尽量将螺栓布置在靠近接合面的边缘，以便充分和均衡地利用各个螺栓的承载能力，如图 12-62（c）、（d）所示。

（3）螺栓数目应取为 2、3、4、6 等易于分度的数目，以便加工，如图 12-62 所示。

12.4.3 紧固连接

常用的紧固连接有销连接、铆接、黏接和过盈连接。它们在汽车结构中得到广泛的应用。

1. 销连接

销连接可用于固定零件之间的相互位置、传递较小的转矩，也可作为加工装配时的辅助零件或安全装置。

销的类型很多，基本类型为圆柱销和圆锥销，如图 12-63 所示。圆柱销经过多次拆装，其定位精度会降低。圆锥销有 1∶50 的锥度，可自锁，安装比圆柱销方便，多次拆装对定位精度的影响小。

销的常用材料为 35、45 钢，一般强度极限不低于 500~600 MPa。

用做连接的销工作时通常受到挤压和剪切，有的还受弯曲。

定位销通常不受或只受很小的载荷，其尺寸由经验决定。同一平面的定位销至少要有两个。

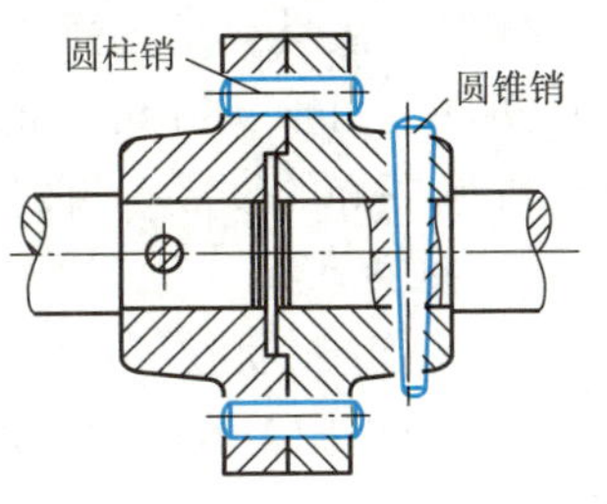

图 12-63　销连接

2. 焊接

焊接是利用局部加热的方法使两个以上的金属元件在连接处形成原子间的结合而构成的不可拆连接。焊接的常用形式有电弧焊、气焊等，其中尤以电弧焊应用最广。

电弧焊是利用电焊机的低压电流通过焊条（为一个极）与被连接件（为另一个极）形成的电路，在两极间引起电弧来熔化被连接件部分的金属和焊条，使熔化金属混合并填充接缝而形成焊缝。被焊接材料主要为低碳钢和低碳合金钢。焊条材料一般应与被焊材料相同或接近。与铆接相比，焊接具有质量小、强度高、工艺简单等优点，所以应用日益广泛。

3. 黏接

黏接是用胶黏剂把两个工件连接在一起，并使结合处获得所需连接强度的连接方法。它是靠胶黏剂和工件结合面之间的机械作用、吸附作用和扩散作用等实现连接。黏接强度受到胶黏剂和工件材料以及黏接工艺的影响。随着合成高分子胶黏剂的出现，促进了黏接技术的迅速发展。黏接在汽车制造中得到广泛的应用。

常用的胶黏剂有酚醛乙烯、聚氨酯、环氧树脂等。

4. 铆钉连接

如图 12-64（a）所示，铆钉连接是利用具有钉杆和预制头的铆钉通过被连接件的预制孔，然后利用铆枪施压再制出另一端的铆头构成的不可拆连接。铆钉已标准化，一般都采用钢制实心铆钉。铆钉头有多种形式，其中以半圆头铆钉应用最广，其他钉头形式只用于特殊情况，如沉头铆钉用于连接表面光滑的场合，如图 12-64（b）所示；平截头铆钉用于要求耐腐蚀的场合，如图 12-64（c）所示。

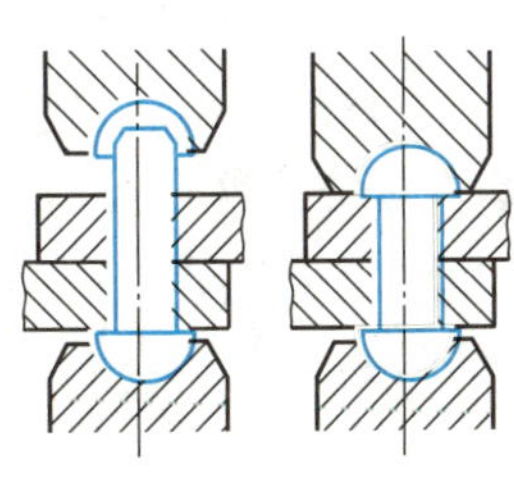
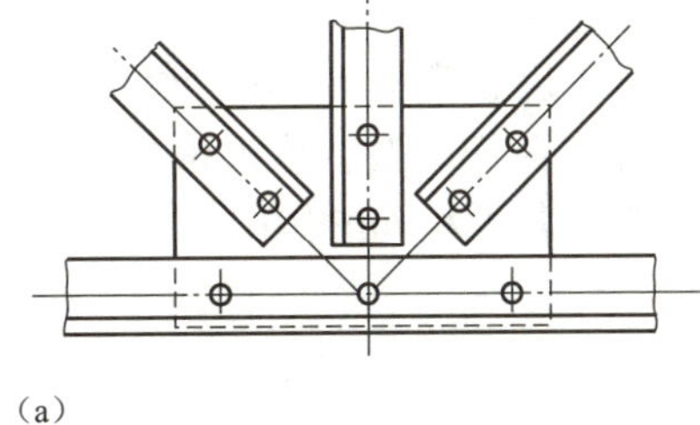
（a）
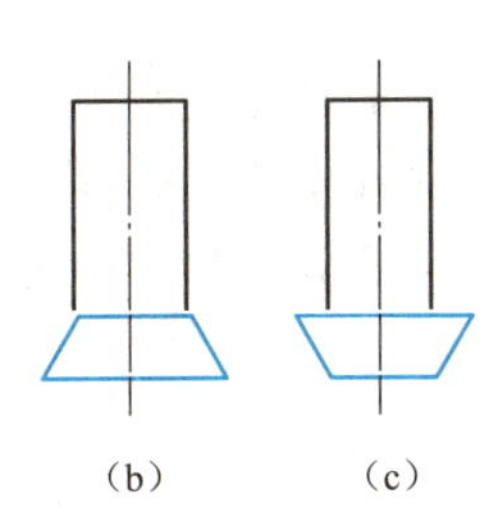
（b）　（c）

图 12-64　铆钉连接及铆钉头

（a）铆钉连接的过程；（b）沉头铆钉；（c）平截头铆钉

铆钉连接具有工艺简单、耐冲击和牢固可靠等优点；但结构一般较为笨重，被连接件上由于有钉孔，强度因而受到了削弱。现在，由于焊接、黏接以及高强度螺栓摩擦焊的发展，铆钉连接的应用已逐渐减少。

5. 过盈连接

过盈连接是利用包容件（如轮毂）与被包容件（如轴）间存在过盈量实现的连接，如图 12-65（a）所示。圆柱面过盈连接后，由于材料的弹性，在配合面之间的径向变形产生压力 p，工作时靠此压力产生的摩擦力来传递转矩 T 和轴向力 F_a，如图 12-65（b）所示。其承载能力主要取决于过盈量的大小。

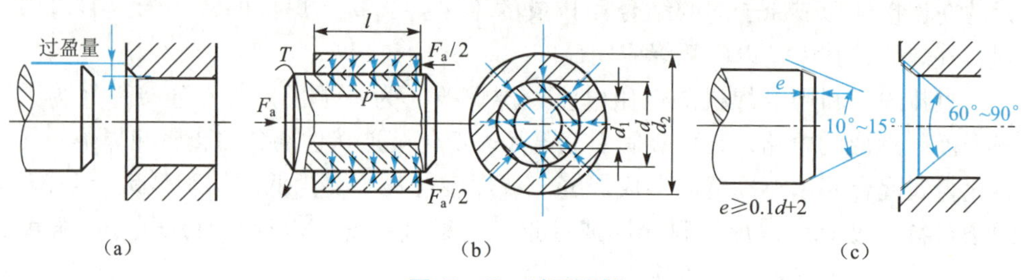

图 12-65　过盈连接

（a）示意图；（b）受力分析；（c）尺寸要求

过盈量不大时，一般用压入法装配。为方便压入，孔口和轴端的倒角尺寸均有一定的要求，如图 12-65（c）所示。过盈量大时，可用温差法装配，即加热包容件或冷却被包容件以形成装配间隙。用温差法装配，不像压入法那样会擦伤配合表面。一般情况下，拆开过盈连接要用很大的力，常会使零件配合表面或整个零件损坏，故属不可拆连接。但如果装配过盈量不大，或者过盈量虽大而采取适当的装拆方法，则这种连接也是可拆的。现在，利用高压油压入连接的配合表面来拆卸过盈连接时，配合表面不受损坏，可实现多次装拆，这种方法日渐广泛。

过盈连接结构简单，同轴性好，对轴的强度削弱小，耐冲击性能好，对配合面的加工精度要求高。滚动轴承内圈与轴、蜗轮齿圈与轮芯均为过盈连接。

12.4.4　弹簧

弹簧是汽车等机械设备中广泛应用的一种弹性元件。在受外载荷作用后，它能产生较大的弹性变形；外载荷卸除时，变形消失恢复原形。弹簧的这种性质，使它在很多机构和机器中起着各不相同的作用。另外，弹簧还能把机械能或动能转变为变形能，或把变形能转变为动能或机械能，所以弹簧又是转换能量的元件。

1. 弹簧的功用

弹簧在机械中作为弹性元件，主要功用有：

（1）控制机构的运动或零件的位置，如内燃机中的阀门弹簧、凸轮机构、离合器以及各种调速器中的弹簧。

(2) 缓冲及吸振，如火车、汽车上的钢板弹簧，各种缓冲器及弹性联轴器中的弹簧。

(3) 储存能量作为动力源，如钟表、仪器中使用的弹簧发条。

(4) 测量载荷的大小，如弹簧秤中的弹簧。

2. 弹簧的类型

弹簧的种类很多，按照弹簧的形状不同，有螺旋弹簧、板弹簧、环形弹簧、碟形弹簧和平面涡卷弹簧等。螺旋弹簧按其形状又可分为圆柱形螺旋弹簧和圆锥形螺旋弹簧等。

从其受载荷的性质分，有压缩弹簧、拉伸弹簧、扭转弹簧、弯曲弹簧等。在工程中也常采用非金属弹簧，如橡胶弹簧、塑料弹簧等。常用弹簧的主要类型和特点见表 12-14。

表 12-14　常用弹簧的主要类型和特点

<table>
<tr><th colspan="2">类型</th><th>承载形式</th><th>简　图</th><th>特点及应用</th></tr>
<tr><td rowspan="4">螺旋弹簧</td><td rowspan="3">圆柱体</td><td>压缩</td><td>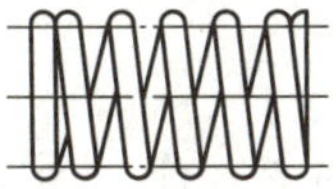</td><td rowspan="2">刚度稳定，结构简单，制造方便。应用范围最广，适用于各种机械</td></tr>
<tr><td>拉伸</td><td>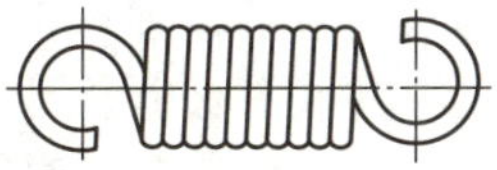</td></tr>
<tr><td>扭转</td><td>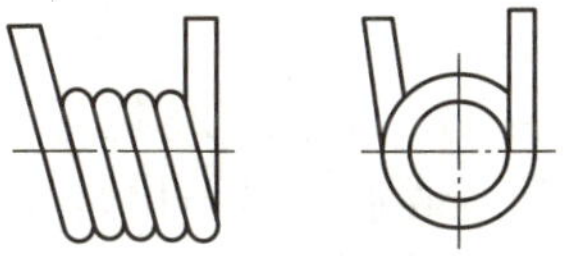</td><td>主要用于各种装置中的压紧和储能</td></tr>
<tr><td>圆锥形</td><td>压缩</td><td></td><td>稳定性好，结构紧凑，刚度随载荷而变化，多用于需承受较大载荷和减振的场合</td></tr>
<tr><td colspan="2">碟形弹簧</td><td>压缩</td><td>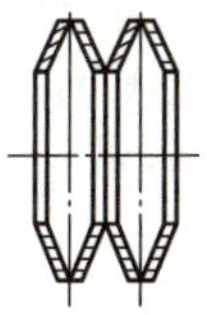</td><td>刚度大，缓冲吸振能力强，适用于载荷很大而弹簧轴向尺寸受限制的地方。具有变刚度的特性</td></tr>
</table>

续表

类型	承载形式	简　图	特点及应用
环形弹簧	压缩		能吸收较多能量，有很高的缓冲和吸振能力，用于重型设备的缓冲装置
平面涡卷弹簧	扭转		变形角大，能储存的能量大，轴向尺寸很小，多用作仪器、钟表中的储能弹簧
板弹簧	弯曲		缓冲和减振性能好，多板弹簧减振能力强，主要用于汽车、拖拉机、火车车辆的悬挂装置

3. 弹簧的材料

弹簧在机械中常承受具有冲击性的变载荷，为了保证弹簧能安全可靠工作，弹簧材料必须具有高的弹性极限和疲劳极限、足够的韧性和塑性以及良好的热处理性能。常用的弹簧材料有：碳素弹簧钢、合金弹簧钢、不锈钢等，当受力较小而又有防腐蚀或防磁等特殊要求时，可以采用有色金属，如青铜。非金属弹簧材料主要是橡胶和塑料。选择弹簧材料时，应综合考虑弹簧的功用、重要程度、载荷性质和大小、使用工况、加工工艺及热处理等因素。

4. 螺旋弹簧的制造

螺旋弹簧的制造过程主要包括：① 卷绕；② 钩环的制作或两端面的加工；③ 热处理；④ 工艺试验及必要的强压或喷丸等强化处理。

卷绕的方法有冷卷和热卷两种。直径较小（d<8 mm）的弹簧钢丝制造弹簧时用冷卷，冷卷弹簧多用冷拉并预先已经过热处理的优质碳素弹簧钢丝，卷成后不需淬火，只做低温回火，以消除内应力。直径较大的弹簧钢丝制造弹簧时用热卷，根据弹簧丝直径的不同，热卷温度在800~1 000 ℃范围内选择，卷成后要进行淬火及回火处理。

为了提高弹簧的承载能力，可进行强压、强拉处理或喷丸处理。压缩弹簧的强压处理是在弹簧卷成以后，用超过弹簧材料弹性极限的载荷把弹簧压缩到各圈相接触，保持6~48 h，从而在弹簧丝内产生塑性变形，卸载后在弹簧中产生了残余应力。因为残余应力的方向与工作应力相反，弹簧在工作时的最大应力比未经过强压处理的弹簧小，所以可以提高弹簧的承载能力。对于重要的压缩弹簧，为了保证两端的支撑面与其轴线垂直，应将端面圈在专用的磨床上磨平，以减少在受载时产生歪斜的可能；对于拉伸及扭转弹簧，为了便于连接和加载，两端应做出钩环。拉伸弹簧可进行强拉处理。弹簧经强压、强拉处理后，不允许再进行任何热处理，也不宜在高温（150~450 ℃）和长期振动情况下工作，否则将失去上述作用。此外，弹簧还需进行工艺试验及精度、冲击、疲劳等试验，以检验弹簧是否符合技术要求。

5. 圆柱螺旋压缩弹簧与拉伸弹簧

1）圆柱螺旋压缩弹簧

圆柱螺旋压缩弹簧与拉伸弹簧的结构不同，主要表现在端部。压缩弹簧的两端通常备1~1.5 圈与邻圈并紧，以便弹簧能直立，起支撑作用。这几圈不参与工作变形，故称为支撑圈或死圈。支撑圈端面与弹簧座相连，常见的端部结构有并紧磨平端和并紧不磨平端两种，如图 12-66 所示。一般在重要场合采用 YI 型，以保证支撑面与弹簧轴线垂直。

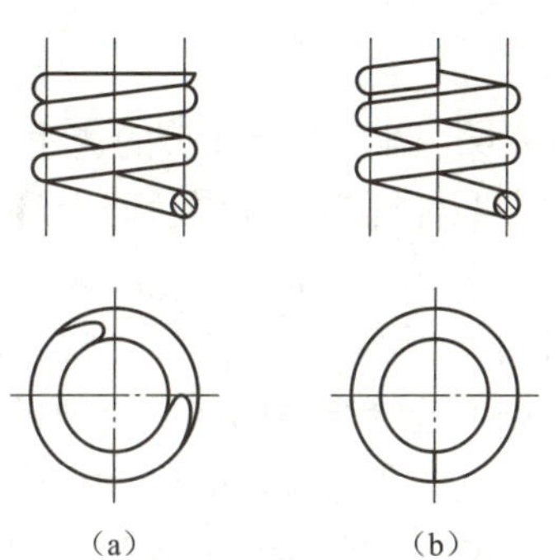

图 12-66　圆柱螺旋压缩弹簧的端面结构

(a) 并紧磨平端（YⅠ型）；
(b) 并紧不磨平端（YⅡ型）

2）圆柱螺旋拉伸弹簧

拉伸弹簧的端部制有挂钩，以便安装和加载。常见的挂钩形式如图 12-67 所示，其中半圆钩环形［图 12-67（a）］和圆钩环形［图 12-67（b）］制造方便，应用广泛；但由于挂钩过渡处受拉时会产生很大的弯曲应力，故只适宜于中、小载荷的场合。如图 12-67（c）所示，装有活动挂钩，挂钩下端和弹簧端部的弯曲应力较小。如图 12-67（d）所示装有螺旋块式挂钩。两者受力情况好，且可转向任何位置，便于安装；但制造成本高，适用于受载较大的场合。

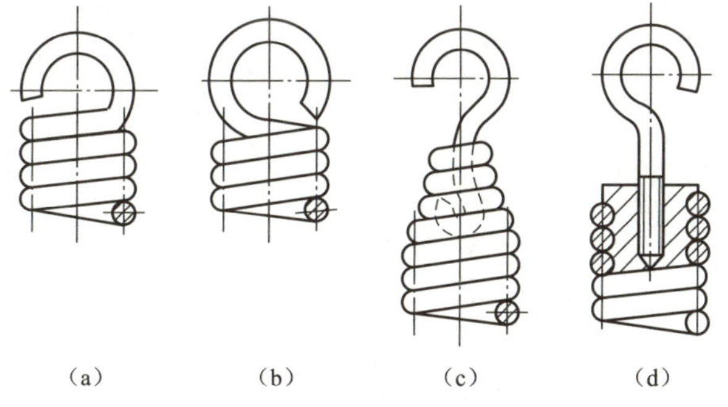

图 12-67　拉伸弹簧的端部结构形式

3）圆柱螺旋弹簧基本参数和尺寸

如图 12-68 所示，圆柱螺旋弹簧的主要参数有弹簧丝直径 d，弹簧圈外径 D、内径 D_1 和中径 D_2，节距 t，螺旋升角 α，弹簧工作圈数 n 和自由高度 H_0 等。

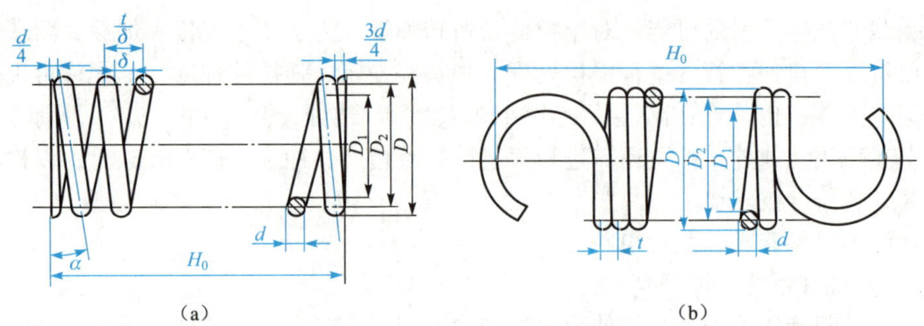

图 12-68　圆柱螺旋弹簧的主要参数

4）圆柱螺旋弹簧的选用

圆柱螺旋压缩弹簧已标准化（GB/T 2089—2009）。选用弹簧时应满足以下要求：要有足够的强度；符合载荷-变形特性曲线的要求，即刚度要求；不侧弯，即稳定性要求等。然后，确定满足要求所需的弹簧丝直径和弹簧圈数。先根据工作条件选择合适的弹簧材料及结构形式；再根据强度条件计算出弹簧丝直径，根据刚度条件计算出弹簧的工作圈数；最后根据结构尺寸计算公式计算出各有关尺寸，对压缩弹簧还需校核其稳定性。

第 13 章

平 面 机 构

学习目标

1. 了解机构及运动副的概念，知道平面机构运动简图的绘制；
2. 掌握平面机构自由度的计算；
3. 熟练掌握铰链四杆机构基本形式、演化及应用；
4. 掌握平面四杆机构的基本特性；
5. 了解凸轮机构的应用和分类；
6. 掌握凸轮机构的工作过程及从动件的运动规律。

13.1 平面机构运动分析

13.1.1 机构的组成

机构是具有确定的相对运动的构件组合体。构件在机构中具有独立运动的特性，它是机构的运动单元。构件可以是一个零件，也可以是若干零件的刚性组合体。

在组成机构的所有构件中，必须以一个相对固定的构件作为支持，以便安装其他活动构件，这个构件称为机架，一般以机架作为研究机构运动的静参考系。在活动构件中输入已知运动规律的构件称为主动件，其他的活动构件称为从动件。

若机构的各构件上各点的运动轨迹都是平面轨迹，且各轨迹平面都与某固定平面平行，则称该机构为平面机构。平面机构应用最广泛，本章仅讨论平面机构。

13.1.2 运动副及分类

机构既然是具有确定的相对运动的构件组合体，那么由构件组成机构时各构件就不应该再有各自独立的自由运动，当然也不能连成刚体。为此必须以适当的方式相互连接，既对构件的运动加以限制，又使彼此连接的两构件之间仍能产生一定的相对运动。这种两个构件间的可动连接称为运动副。机构中各个构件之间的运动和动力的传递都是通过运动副来实现的。

如图 13-1（a）所示，构件 1 和构件 2 用铰链连接成运动副后，两构件只能绕铰链轴线在一个平面内做相对转动。在图 13-1（b）中，构件 1 与构件 2 连接成一个运动副后，它们之间只能沿某一轴线做相对移动。这都是由连接而产生相互限制的结果。

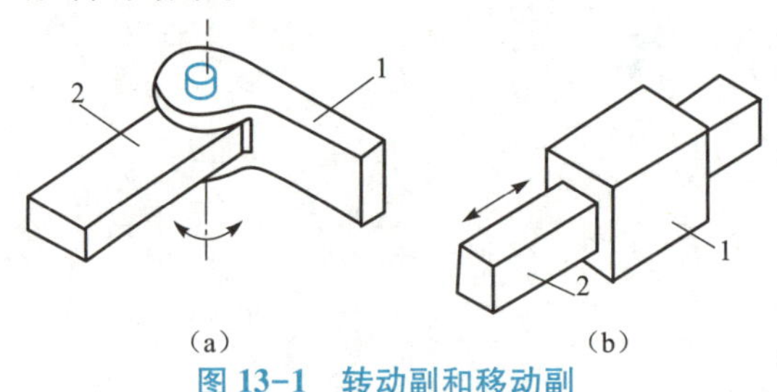

图 13-1　转动副和移动副

两构件通过面与面接触而构成的运动副称为低副，低副又可分为转动副和移动副，两构件只能在平面内做相对转动的称为转动副，如图13-1（a）所示；两构件只能在平面内做相对移动的称为移动副，如图 13-1（b）所示。

两构件通过点或线接触而构成的运动副称为高副，如图 13-2 所示，构件 2 可以相对于构件 1 绕接触点 *A* 转动，又可以沿接触点的切线方向移动，只是沿公法线方向的运动受到限制。

移动副

转动副

13.1.3　自由度及约束

一个做平面运动的自由构件可以产生三个独立运动，如图 13-3（a）所示，即构件随任一点 *A* 沿 *x* 轴方向和 *y* 轴方向的两个位移以及绕 *A* 点的转动。构件的这种独立运动称为自由度，所以做平面运动的构件具有三个自由度。如图 13-3（b）所示，当构件 2 与固连在坐

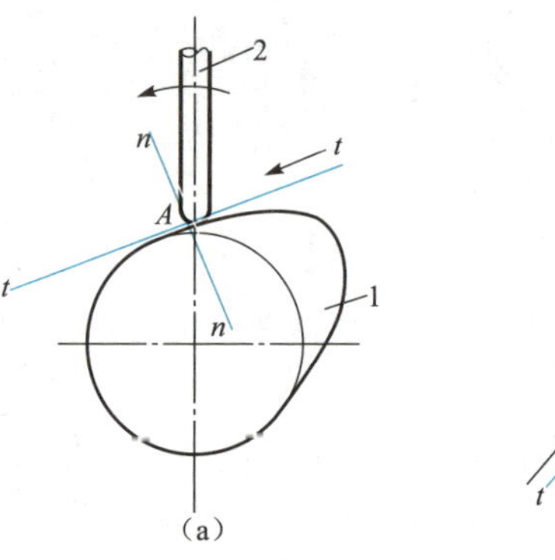

图 13-2　凸轮副和齿轮副

图 13-3　平面运动构件的自由度

标轴上的构件 1 在 A 点铰接而形成运动副时，构件 2 沿 x 轴方向和 y 轴方向的独立运动将受到限制。这种连接对独立运动的限制称为约束。由此可见，平面机构中低副引入两个约束，仅保留一个自由度；高副引入一个约束，而保留两个自由度。

13.1.4　机构运动简图及绘制

研究机构的运动时，为使问题简化，可以不考虑那些与运动无关的因素（如组成构件的零件数目、零件的外形与截面尺寸、运动副的具体结构等），仅用一些规定的简单线条和符号，按比例作出相应的图形，以说明机构的运动情况和受力分析，这种图形称为机构运动简图。研究已有的机械和设计新的机械时都需要画出相应的运动简图，以便进行运动分析和受力分析。运动简图中一般应包括下列信息：

（1）构件数目。

（2）运动副的数目及类型。

（3）构件之间的连接关系。

（4）与运动变换相关的构件尺寸参数。

（5）主动件及其运动特性。

运动副和构件的表示方法有如下几种。

转动副：转动副用小圆圈表示。两构件 1 和 2 组成转动副时，其表示方法如图 13-4 所示。图面垂直于回转轴线时用图 13-4（a）表示；图面不垂直于回转轴线时用图 13-4（b）表示。一个构件具有多个转动副时用图 13-4（c）表示。

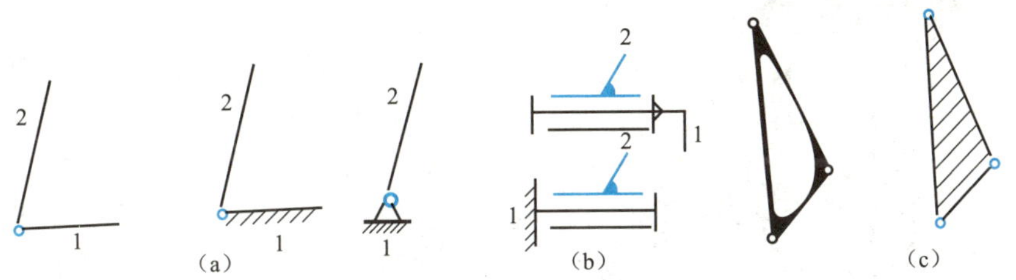

图 13-4　转动副的表示方法

移动副：两构件组成移动副时其表示方法如图 13-5 所示。其中构件 2 一般都用小方块表示，称为滑块，图 13-5 中的直线 1 表示移动导路，其方向必须与相对移动方向一致。

高副：当两构件组成高副时，通常用画出两构件在接触处的轮廓曲线的方法来表示。

对于齿轮副，常用点画线画出其节圆，如图 13-6 所示。对于凸轮副，应画出凸轮的轮廓曲线和从动件在接触处的形状，如图 13-2（a）所示。

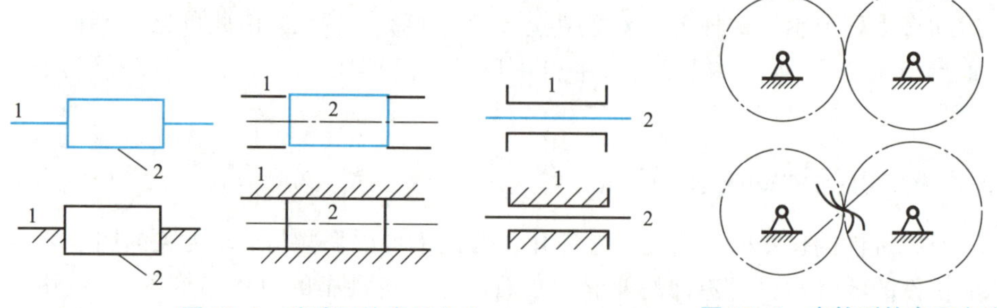

图 13-5 移动副的表示方法

图 13-6 齿轮副的表示方法

构件：先在构件上组成运动副的地方以规定符号画出运动副，再用简单线条把这些运动副连接起来，所得图形即表示该构件。机架的表示方法是在代表机架的构件上均匀地画出若干短斜线。

绘制机构运动简图的步骤：

（1）认真研究机构的结构和运动情况，分清机构中的固定件（机架），确定主动件。

（2）从主动件开始，循着运动传递的路线，仔细分析各构件间相对运动的性质，确定构件的数目、运动副的类型及数目。

（3）测量出运动副间的相对位置。

（4）选择能清楚地表达各构件间运动关系的视图平面，根据图纸的幅面和构件的实际尺寸，选择适当的比例尺，用规定的符号和线条绘制机构的运动简图。

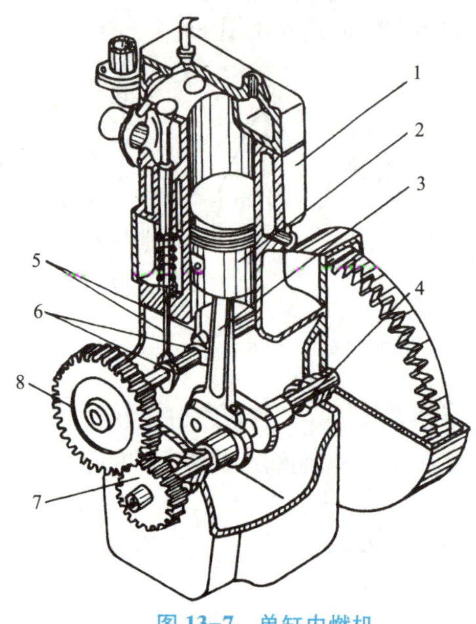

图 13-7 单缸内燃机

1—气缸；2—活塞；3—连杆；4—曲轴；5—气门推杆；6—凸轮；7，8—齿轮

例 13-1 绘制图 13-7 所示单缸内燃机的机构运动简图。

解 1）曲柄滑块机构

（1）由于气缸 1 与内燃机机体可视为固联，故对整个机构而言是相对静止的固定件，即为机架；活塞 2 在燃气的推动下运动，是主动件；其余的构件是从动件。

（2）活塞 2 与其气缸 1 之间的相对运动是移动，从而构成移动副；活塞 2 与连杆 3、连杆 3 与曲轴 4、曲轴 4 与机体之间的相对运动是转动，所以都构成转动副。

上述四个构件中，用了一个移动副和三个转动副，从固定件开始，经主动件到从动件沿运动传递路线按顺序相连，又回到固定件，从而形成一个独立的封闭构件组合体，即组成一个独立的机构，称为曲柄滑块机构。

（3）选择平行于曲柄滑块机构运动的平面作为视图平面。

（4）当活塞 2（主动件）相对气缸 1 的位置确定后，选取适当的比例尺用规定的构件和运动副的符号，可绘制出机构的运动简图。

2）平面齿轮机构

齿轮 7 与曲轴 4 固连，因曲轴运动已知，所以齿轮 7 是主动件；齿轮 8 是从动件。齿轮 7、8 分别通过曲轴 4、凸轮轴由气缸 1 支持，故气缸 1 是机架。

齿轮 7、8 分别相对机架做转动，所以组成转动副；齿轮 7、8 之间的接触是线接触，构成高副。因此，三个构件用两个转动副和一个高副沿运动传递路线按顺序相连，形成一个独立的封闭的构件组合体，即平面齿轮机构。

选择齿轮的运动平面作为视图平面，并选用与曲柄滑块机构相同的比例尺，用规定的构件和运动副的符号绘制出机构运动简图。

3）平面凸轮机构

凸轮 6 与机架 1 构成转动副，并与气门推杆 5 构成高副，形成一个独立封闭的构件组合体，即平面凸轮机构。

选择凸轮的运动平面作为视图平面，并选用与曲柄滑块机构相同的比例尺，用规定的构件和运动副的符号绘制出机构运动简图。

以上内燃机三个机构的运动简图组成了内燃机主运动机构的运动简图，如图 13-8 所示。

由上述可知，内燃机的主动件是活塞，齿轮 7 与凸轮 6 的运动均取决于活塞。当活塞 2 的位置一定时，齿轮 7 与凸轮 6 的位置也就确定了，不可任意变动，随着活塞 2 位置的改变，则可绘制出一系列相应的机构运动简图。

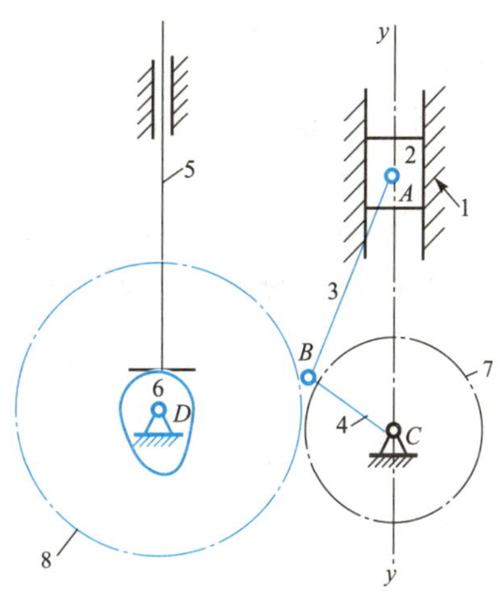

图 13-8　内燃机的机构运动简图

13.1.5　平面机构自由度的计算

平面机构的自由度是指机构相对于机架所具有的独立运动的数目，它取决于组成机构的构件数、运动副的类型和数目。

设一个平面机构中共有 N 个构件，其中一个构件是机架，故活动构件数 $n=N-1$，再假设该机构中共有 P_L 个低副和 P_H 个高副。由于一个活动构件有 3 个自由度，在没有用运动副相连之前，n 个活动构件共有 $3n$ 个自由度。每一个低副引入 2 个约束，使构件失去 2 个自由度；每一个高副引入 1 个约束，使构件失去

1 个自由度。当用 P_L 个低副和 P_H 个高副连接起来后，共引入（$2P_L+P_H$）个约束，也就失去了（$2P_L+P_H$）个自由度，所以该机构的自由度为

$$F=3n-2P_L-P_H \tag{13-1}$$

例 13-2 计算图 13-8 所示内燃机主运动机构的自由度。

解 由前述可知，曲轴 4 与齿轮 7、齿轮 8 与凸轮 6 均都是固连成一个构件，因此该机构共有 6 个构件，即 $N=6$，$n=6-1=5$。另外，机构中有 2 个移动副、4 个转动副和 2 个高副，则 $P_L=6$，$P_H=2$，由式（13-1）可得该机构的自由度 F 为

$$F=3n-2P_L-P_H=3\times5-2\times6-2=1$$

计算平面机构自由度时，要注意三种特殊情况。

复合铰链

1. 复合铰链

两个以上的构件共用同一个转动轴线所构成的转动副称复合铰链。如图 13-9（a）所示，构件 1、2、3 在同一处构成转动副，而从俯视图 13-9（b）可见，该处包含 2 个转动副。

显然，如有 K 个构件的复合铰链，应有（$K-1$）个转动副。

2. 局部自由度

在机构中不影响运动输出与输入关系的个别构件的独立运动自由度称为局部自由度。如图 13-10（a）所示，凸轮机构中，滚子绕本身轴线的转动不影响其他构件的运动，因此滚子绕本身轴线的转动就是凸轮机构的局部自由度。在计算时先把滚子看成与从动件连成一体，消除局部自由度。如图 13-10（b）所示，然后再计算该机构的自由度。但是，滚子能将从动件与凸轮轮廓之间的滑动摩擦变为滚动摩擦，减轻凸轮轮廓与从动件之间的摩擦。

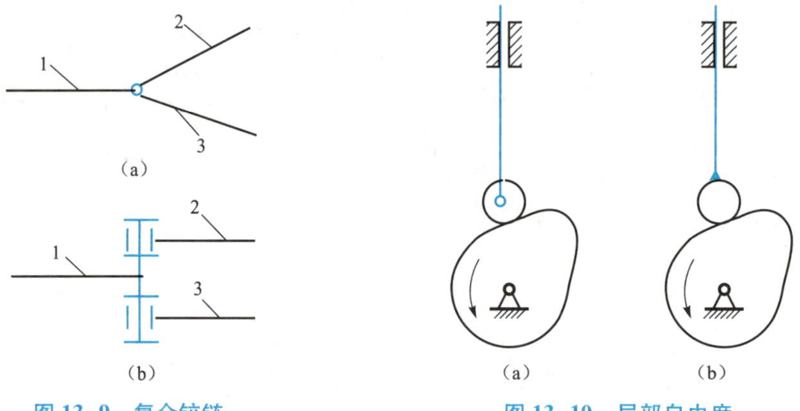

图 13-9 复合铰链　　图 13-10 局部自由度

3. 虚约束

在机构中与其他约束重复而对运动不起独立限制作用的约束称为虚约束。在计算自由度时应先去除虚约束。

平面机构中的虚约束常在下列情况下发生：

虚约束

（1）重复移动副：两构件组成多个移动方向相同的移动副时，其中只有一个是真实约束，其余的都是虚约束，如图 13-11 所示。

（2）重复转动副：两构件组成多个轴线重合的转动副时，其中只有一个是真实约束，其余的都是虚约束，如图 13-12 所示。

（3）重复结构：机构中对传递运动不起独立作用的对称部分会形成虚约束。如图 13-13 所示，三个对称布置的行星轮中，只有一个起实际的约束作用，另外两个为虚约束。为了提高承载能力并使机构受力均匀，图中采用了三个行星轮对称布置。

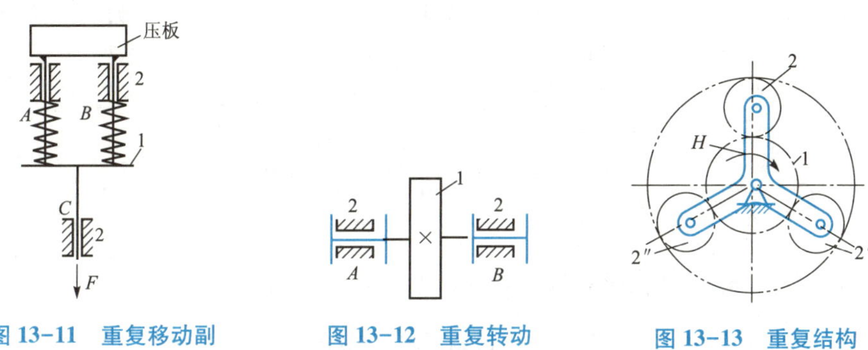

图 13-11　重复移动副　　图 13-12　重复转动　　图 13-13　重复结构

（4）重复轨迹：机构中某构件连接点的轨迹与另一构件被连接点的轨迹重合。如图 13-14（a）所示，因为 EF 平行于 AB、CD 且长度相等，杆 5 上 E 点的轨迹与杆 3 上 E 点的轨迹重合，所以 EF 杆引入了虚约束，计算时先将其简化为图 13-14（b）。但是如果不满足上述几何条件，则 EF 杆引入的为有效约束，如图 13-14（c）所示，该机构的自由度为 0。

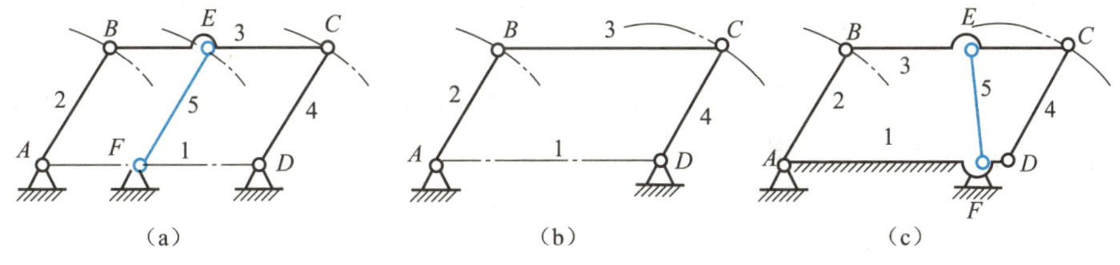

图 13-14　重复轨迹

13.1.6　平面机构具有确定运动的条件

机构是具有确定的相对运动的构件组合体，无相对运动的构件组合或无规则运动的构件组合都不能实现预期的运动传递和变换。当机构中一个或几个主动件位置确定时，其余从动件的位置也随之确定，则称机构具有确定的相对运动。平面机构具有确定运动的充分必要条件为：机构自由度大于 0，且主动件数目等于机构的自由度。

例 13-3 计算图 13-15 所示大筛机构的自由度。

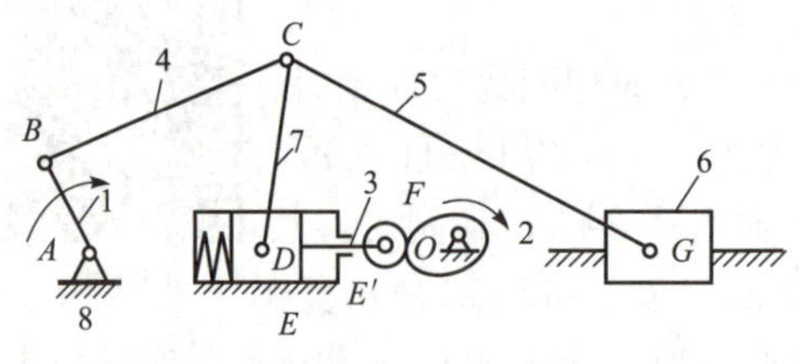

图 13-15 大筛机构

解 图 13-15 中滚子具有一个局部自由度，顶杆 3 与机架 8 在 E 和 E' 处组成两个导路平行的移动副，其中一个为虚约束，C 处为复合铰链。现将滚子 F 与顶杆 3 视为一体，消除局部自由度，再去除掉移动副 E 和 E' 中的 1 个虚约束，C 处复合铰链含有 2 个转动副，则可得该机构的可动件数 $n=7$，$P_L=9$（其中有 2 个移动副、7 个转动副），$P_H=1$。由式（13-1）可得该机构的自由度 F 为

$$F=3n-2P_L-P_H=3\times7-2\times9-1=2$$

此机构自由度是 2，应有 2 个主动件。

13.2 平面连杆机构

13.2.1 平面连杆机构的特点和应用

平面连杆机构是由若干构件以低副连接而成的机构，也称平面低副机构。其主要特点是：平面连杆机构能进行多种运动的变换及实现一些比较简单的运动规律和运动轨迹；由于它的运动副全部都为低副，是面接触，故压力小、耐磨损、寿命较长；而且转动副和移动副的接触表面是圆柱面和平面，易于加工、成本低。但是，由于低副中存在着间隙，机构将不可避免地产生运动误差，使运动精度降低；此外它的设计比较复杂，不易精确地实现复杂的运动规律。

平面连杆机构由于具有以上特点，因此广泛应用于汽车、其他各种机械、仪表和操纵机构中。

最简单的平面连杆机构是由四个构件组成的，称为四杆机构。它不仅应用广泛，而且还是组成多杆机构的基础。

13.2.2 铰链四杆机构

在四杆机构中各杆之间均以转动副相连时，称为铰链四杆机构。如图 13-16 所示，构件 4 称为机架，与机架 4 相连的构件 1、3 称为连架杆，构件 2 称为连杆。相对机架可做 360°转动的连架杆又称为曲柄；相对机架做摆动的连架杆又称为摇杆。按两连架杆是曲柄还是摇杆的不同组合，可将铰链四杆机构分为三种基本类型：曲柄摇杆机构、双曲柄机构和双摇杆机构。

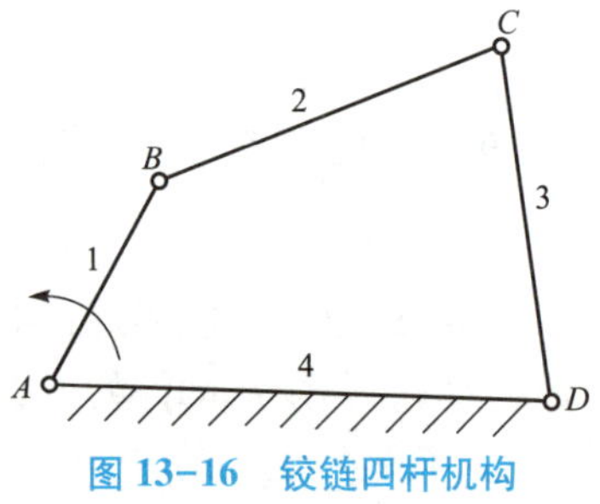

图 13-16 铰链四杆机构

1. 曲柄摇杆机构

曲柄遥杆

两连架杆中一个为曲柄，另一个为摇杆的铰链四杆机构，称为曲柄摇杆机构，其主要用途是将转动变为摆动。图 13-17 所示为雷达天线俯仰角调整机构，天线固定在连架杆 3（即摇杆）上，由主动件 1（曲柄）通过连杆 2 使天线缓慢摆动以调整俯仰角。

图 13-18 所示为汽车前窗的刮水机构，当主动曲柄 AB 回转时，从动摇杆作往复摆动，利用摇杆的延长部分实现刮水作用。

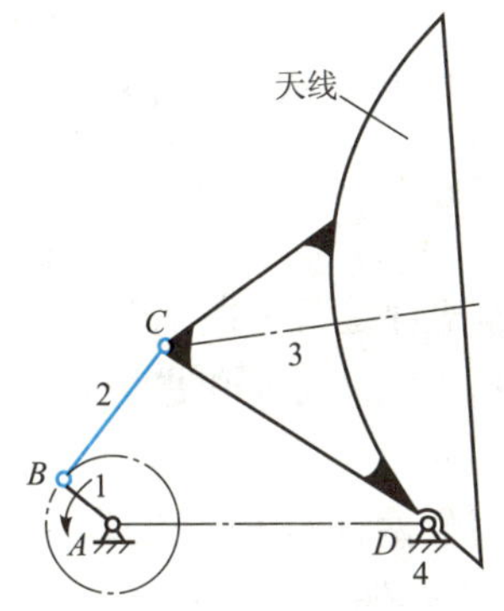

图 13-17　雷达天线俯仰角调整机构

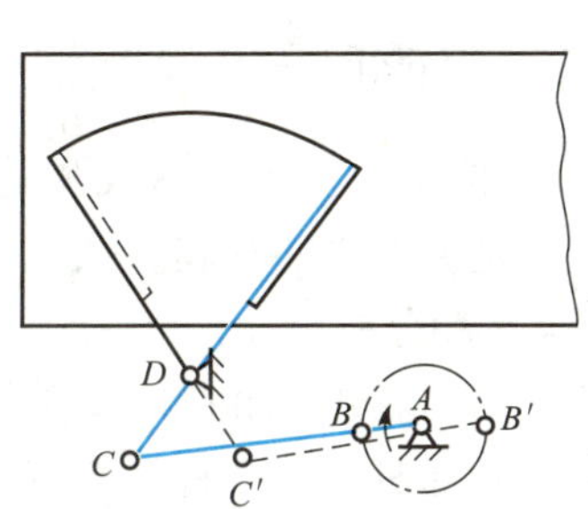

图 13-18　汽车前窗的刮水机构

2. 双曲柄机构

铰链四杆机构的两个连架杆均为曲柄时，称为双曲柄机构。当两个曲柄的长度相等，机架与连杆的长度也相等时，称为平行四边形机构或平行双曲柄机构，如图 13-19 所示。

图 13-20 所示为机车车轮联动机构，是平行双曲柄机构的应用实例。在双曲柄机构中，若主动曲柄为等速转动时，从动曲柄一般为变速转动；只有在平行双曲柄机构中，当两曲柄转向相同时，它们的角速度才在任何瞬时相等。但平行双曲柄机构在两个曲柄与机架共线时，可能由于某些偶然因素的影响而使两个曲柄反向回转，机车车轮联动机构采用三个曲柄的目的就是为了防止其反转。

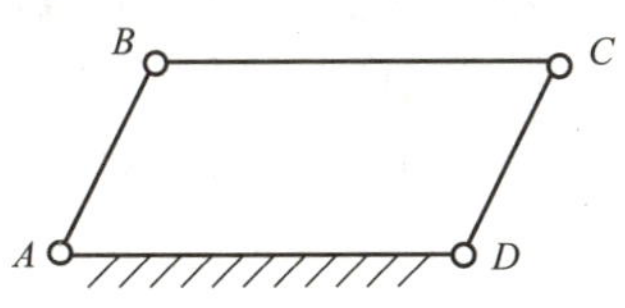

图 13-19　平行四边形机构

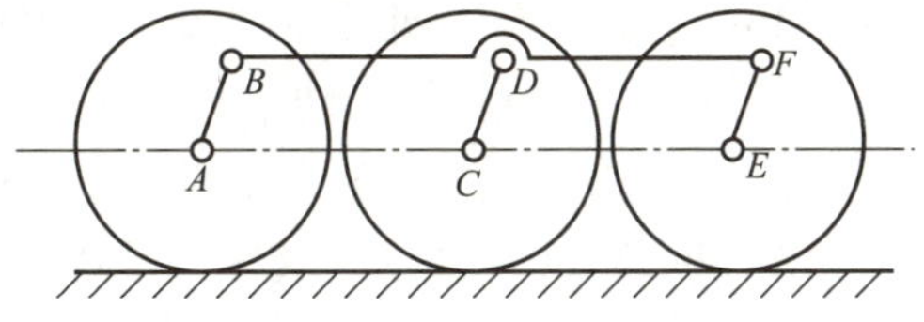

图 13-20　机车车轮联动机构

3. 双摇杆机构

铰链四杆机构的两个连架杆均为摇杆时，称为双摇杆机构。汽车转向四杆机构（图 13-21）及起重机（图 13-22）都为双摇杆机构。

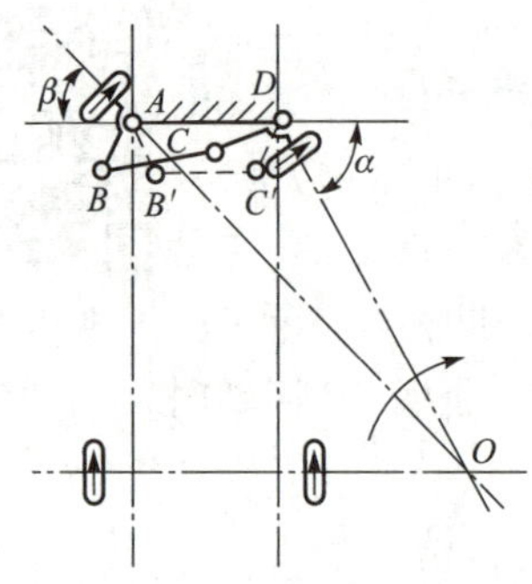

图 13-21 汽车转向四杆机构

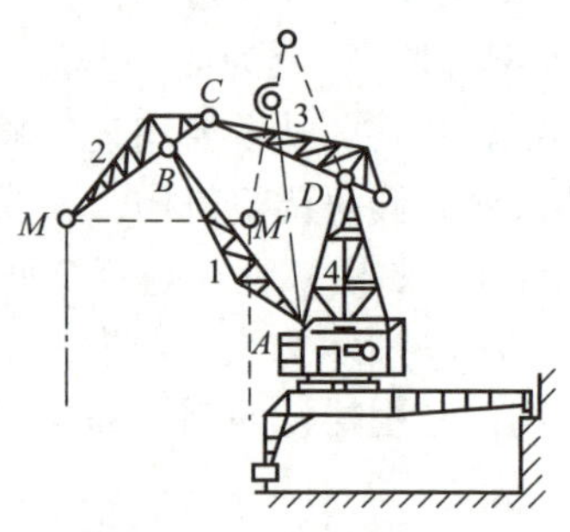

图 13-22 起重机

13.2.3 铰链四杆机构类型的判别

铰链四杆机构三种基本类型的主要区别在于连架杆是否为曲柄和存在几个曲柄。机构是否有曲柄存在，取决于机构中各构件的相对长度和最短杆所处的位置。根据运动分析可知：

（1）当最短杆与最长杆长度之和小于或等于另外两杆长度之和时，则：

① 若最短杆为连架杆时，该机构一定是曲柄摇杆机构；

② 若最短杆为机架时，该机构一定是双曲柄机构；

③ 若最短杆为连杆时，该机构一定是双摇杆机构。

（2）当最短杆与最长杆长度之和大于另外两杆长度之和时，则无论取哪一个构件为机架，都无曲柄存在，机构只能是双摇杆机构。

（3）当构件的长度具有特殊的关系，如不相邻的杆长度两两分别相等，该机构无论以哪个杆件为机架，都是双曲柄机构（平行双曲柄机构或反向双曲柄机构）。

13.2.4 铰链四杆机构的演化

铰链四杆机构通过将转动副演化成移动副或选取不同构件为机架等途径，还可获得平面四杆机构的其他演化形式。

1. 曲柄滑块机构

图 13-23 所示为曲柄滑块机构，1 为曲柄；2 为连杆；3 为滑块。若滑块移动方位线 m—m 通过曲柄回转中心，则称为对心曲柄滑块机构，如图 13-23（a）所示；若滑块移动方位线 m—m 不通过曲柄回转中心，则称为偏置曲柄滑块机构，如图 13-23（b）所示，其中 e 为偏心距。

曲柄滑块机构能将回转运动变为往复直线运动，或做相反的转换，它广泛应用于内燃机、空气压缩机及各种冲压机器中。

2. 导杆机构

导杆机构可看成是由改变曲柄滑块机构中的固定构件演化而来的。如图 13-24（a）所示，曲柄滑块机如取构件 1 为机架，构件 2 为主动件，构件

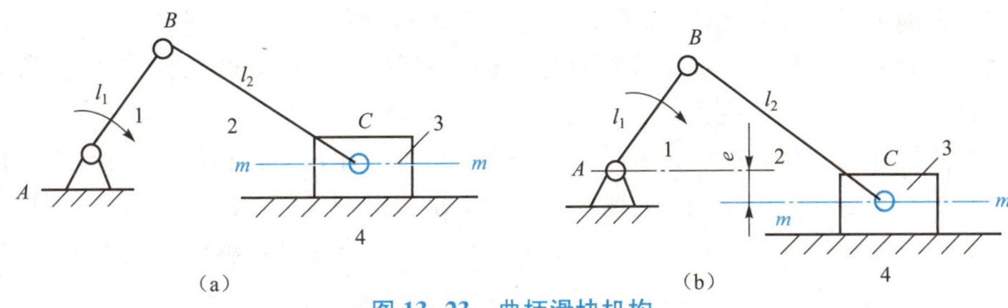

图 13-23　曲柄滑块机构

4 为导杆，滑块 3 相对导杆滑动并一起绕 A 点转动，构件 2 的长度小于机架 1，则当构件 2 做整周回转时，导杆 4 只能做往复摆动，称为摆动导杆机构。如图 13-24（b）所示，构件 2 的长度大于机架 1，则当构件 2 做整周回转时，导杆 4 也做整周回转，此机构称为转动导杆机构。

曲柄滑块机构

3. 摇块机构

在转动导杆机构中，如取构件 2 为机架，构件 1 做整周回转，构件 4 与滑块 3 组成移动副，滑块 3 与机架 2 组成转动副，滑块 3 成了绕机架上 C 点做来回摆动的摇块，如图13-25（a）所示，故称摇块机构。如图 13-25（b）所示，摆动液压泵即为摇块机构的应用。

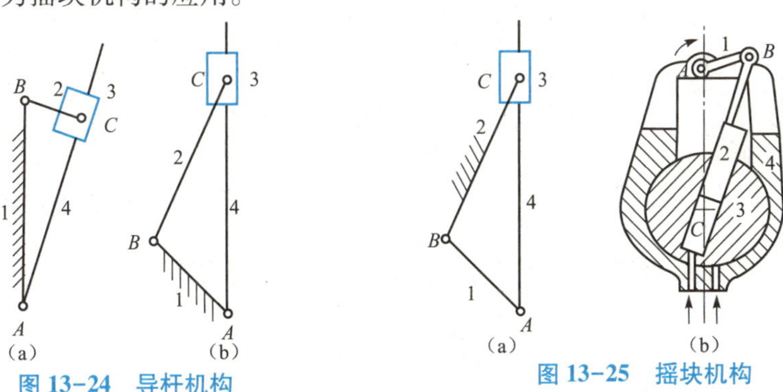

图 13-24　导杆机构

图 13-25　摇块机构

4. 定块机构

在摇块机构中若将滑块 3 作为机架，称为定块，构件 2 绕 C 点摆动，构件 4 相对滑块 3 做往复移动，如图 13-26（a）所示，则称这种机构为定块机构。如图 13-26（b）所示，手动压水机即为定块机构的应用实例。

13.2.5　平面四杆机构的基本特性

1. 急回特性

如图 13-27 所示，在曲柄摇杆机构中，在主动件曲柄 AB 转动一周的过程中，曲柄 AB 与连杆 BC 有两次共线位置 AB_1 和 AB_2，这时从动件摇杆 CD 分别位于左、右两个极限位置 C_1D 和 C_2D，其夹角 ϕ 称为摇杆摆角，它是从动件的摆动范围，故又称为行程。曲柄在摇杆处于两个极限位置时其对应的两个位置所夹锐角 θ 称为曲柄的极位夹角。

若曲柄 AB 以等角速度 ω 顺时针从与 BC 共线位置 AB_1 转到共线位置 AB_2 时，转过的角度为 $\varphi_1=（180°+\theta）$，摇杆 CD 则从左边极限位置 C_1D 摆到右边极限位置 C_2D，所需时间为 t_1，C 点的平均速度为 v_1；当曲柄 AB 继续转过角度 $\varphi_2=（180°-\theta）$，从 AB_2 到 AB_1，摇杆 CD 从 C_2D 摆回到 C_1D，所需时间为 t_2，C 点的平均速度为 v_2，因为 $\varphi_1>\varphi_2$，所以 $t_1>t_2$，$v_2>v_1$，机构中摇杆的这种返回行程速度大于工作行程速度的特性称为急回特性。

为了表示摇杆做往复运动时急回的程度，通常用行程速比系数 K 来表示，即

$$K=\frac{v_2}{v_1}=\frac{t_1}{t_2}=\frac{180°+\theta}{180°-\theta} \tag{13-2}$$

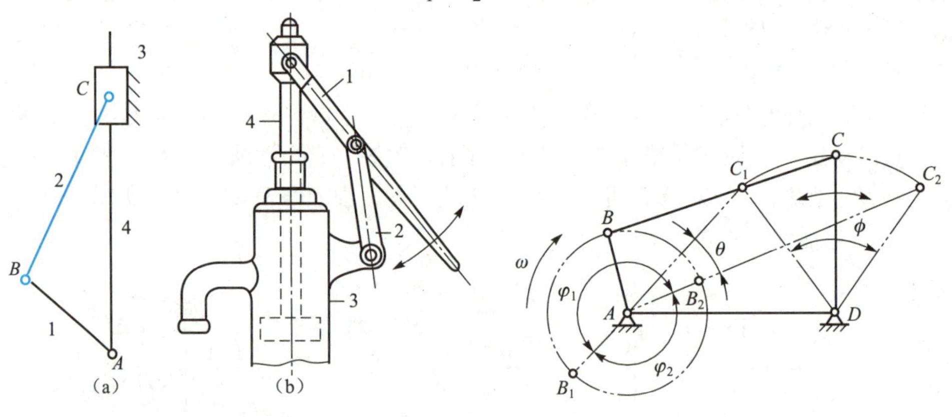

图 13-26　定块机构

图 13-27　曲柄摇杆机构急回特性

当给定行程速比系数 K 后，机构的极位夹角可由式（13-3）确定，即

$$\theta=180°\frac{K-1}{K+1} \tag{13-3}$$

若 $K>1$，表示机构返回行程的速度 v_2 大于工作行程的速度 v_1，机构具有急回特性，能够减少返回时间，提高生产率。由式（13-2）可知，θ 越大，急回特性越显著。若 $\theta=0$，则 $K=1$，机构就不具有急回特性。因此，极位夹角是判断平面连杆机构急回特性的依据。

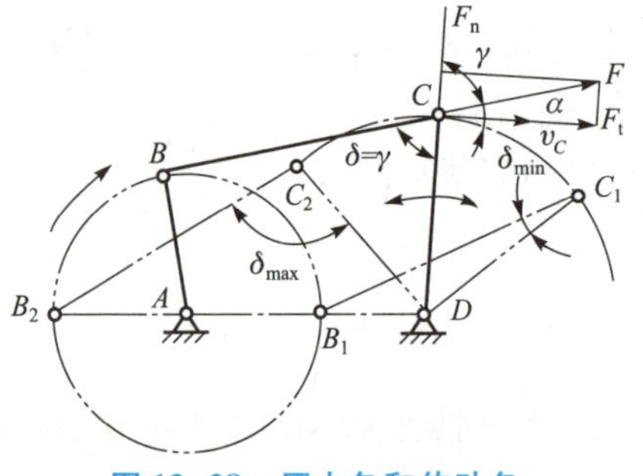

图 13-28　压力角和传动角

2. 压力角和传动角

如图 13-28 所示，铰链四杆机构中，主动曲柄 AB 经连杆 BC 推动摇杆 CD，若不计构件本身的重力和运动副中的摩擦力，则连杆 2 为二力构件。摇杆上 C 点所

受力 F 的方向（沿连杆 BC）与 C 点的速度 v_C 方向（与 CD 垂直）间所夹的锐角 α，称为压力角。力 F 沿 v_C 方向的分力 $F_t = F\cos\alpha$，它能推动摇杆做有效功，是有效分力；沿摇杆 CD 方向的分力 $F_n = F\sin\alpha$，它只能增加摩擦阻力矩，产生有害的摩擦功，是无效分力。可见压力角越小，有效分力越大，机构越省力，效率也高，所以压力角 α 是判别机构传力性能的重要参数。

传动角 γ 是压力角 α 的余角，因为 γ 角便于观察与测量，工程上常以 γ 角来度量机构的传动性能。机构的传动角越大，传力性能越好。

机构运动时，其压力角和传动角都是不断变化的，为保证机构有良好的传力性能，要限制工作行程的最小传动角。对于一般机械，$\gamma_{min} \geqslant 40°$，对于大功率机械，$\gamma_{min} \geqslant 50°$。

3. 死点

如图 13-29（a）所示，曲柄摇杆机构中，摇杆 CD 为主动件，曲柄 AB 为从动件。当连杆 BC 与从动件 AB 共线时，传动角 $\gamma = 0°$（$\alpha = 90°$），这时连杆作用于从动曲柄上的力 F 通过其转动中心 A，转动力矩为零，不能推动曲柄转动，机构停顿，该位置称为死点位置。

四杆机构中是否存在死点，取决于从动件是否与连杆共线。如图 13-29（b）所示的曲柄滑块机构，当滑块为主动件时，则从动曲柄与连杆有两个共线位置，因此该机构存在死点。但是当上述的曲柄摇杆机构和曲柄滑块机构若均以曲柄为主动件时，则两机构都不存在死点。

从传动的角度来说，机构中存在死点是不利的，因为这时从动件会出现卡死或运动方向不确定的现象，需设法加以克服。一般采用安装惯性较大的飞轮，利用其惯性将机构带过死点位置。

工程上有时也利用死点来实现一定的工作要求。图 13-30 所示为夹具，当工件被夹紧后，BCD 成一条直线，此时机构（夹具）处于死点位置，无论工件的反力有多大，都不会使夹具自动松脱。

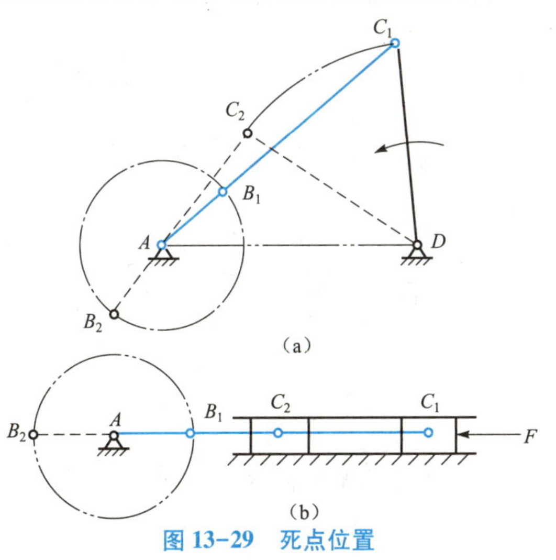

图 13-29　死点位置

工件
(a)
工件
(b)
图 13-30　夹具

13.3 凸轮机构

13.3.1 凸轮机构的组成与特点

凸轮机构通常由主动件凸轮、从动件和机架组成；由于凸轮与从动件组成的是高副，所以属于高副机构。凸轮机构通常用来将凸轮的转动（或移动）转换为从动件的移动或摆动。

与平面连杆机构相比，凸轮机构的特点是结构简单、紧凑，工作可靠，容易设计，便于准确地实现给定的运动规律和轨迹；但由于凸轮与从动件构成的高副是点或线接触，易磨损，凸轮轮廓制造也比较困难，因此凸轮机构主要用于传递动力不大的场合。

图 13-31 所示为内燃机配气机构。凸轮 1 转动时，推动从动件 2（气门）按预定的运动规律上下移动，从而实现气门开启和关闭。

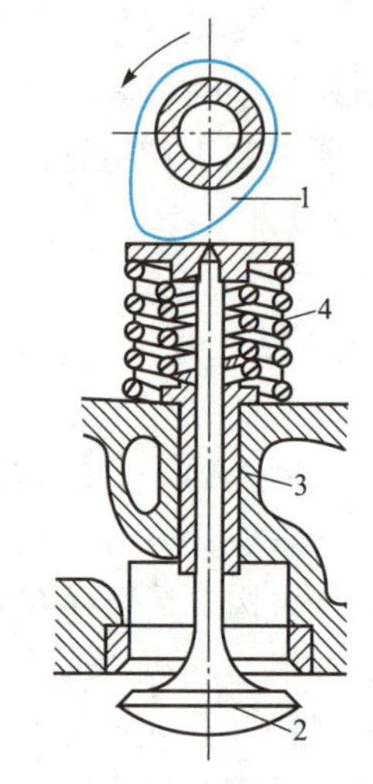

图 13-31 内燃机配气机构

1—凸轮；2—气门；
3—气门导管；4—气门复位弹簧

13.3.2 凸轮机构的分类

凸轮机构的类型取决于凸轮和从动件的类型。

1. 按凸轮形状分类

（1）盘形凸轮。盘形凸轮是能绕固定轴线转动并具有变化向径的凸轮，它是凸轮最基本的形式。图 13-31 中的构件 1 即为盘形凸轮。

（2）移动凸轮。当盘形凸轮的回转中心趋于无穷远时，凸轮就做往复直线移动，这种情况下就称为移动凸轮，如图 13-32 所示。

（3）圆柱凸轮。圆柱凸轮是轮廓曲线位于圆柱面上并绕其轴线旋转的凸轮，如图 13-33 所示。

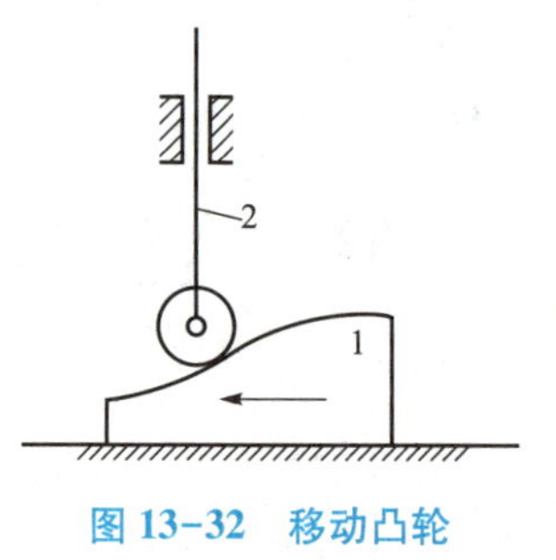

图 13-32 移动凸轮

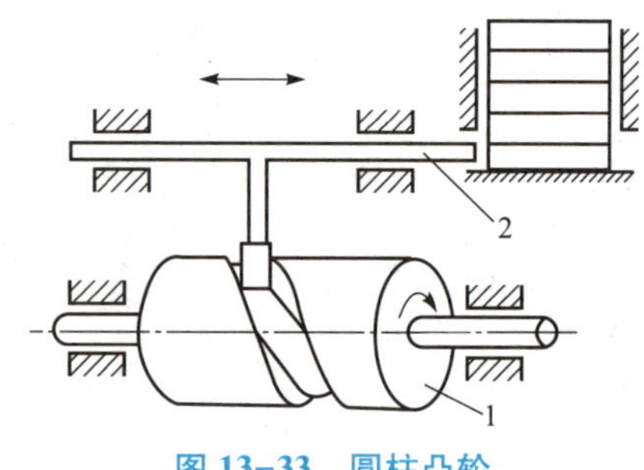

图 13-33 圆柱凸轮

2. 按从动件形状分类

（1）尖顶从动件。从动件以尖顶与凸轮轮廓接触，如图 13-34（a）所示，

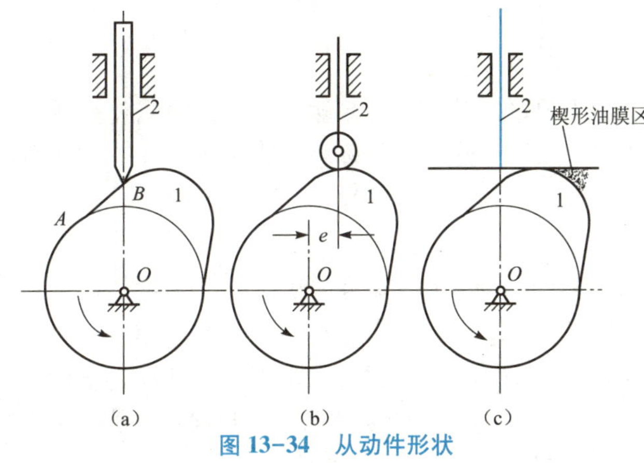

图 13-34　从动件形状

这种从动件结构最简单，能与任何复杂的凸轮轮廓保持接触，故可使从动件实现任意的运动规律。但尖顶易磨损，仅适用于传力不大的凸轮机构中。

（2）滚子从动件。从动件的端部铰接一个滚子并以滚子与凸轮轮廓接触，如图 13-34（b）所示，由于滚子与凸轮轮廓是线接触，又是滚动摩擦，磨损较小且均匀，所以可用于传递较大的力，故应用最广泛。例如，内燃机配气机构中的凸轮传动部分及柴油机喷油泵中的凸轮传动部分就采用该结构。

（3）平底从动件。从动件以平底与凸轮轮廓接触，如图 13-34（c）所示，平面与凸轮轮廓间有楔形空隙，便于形成油膜，可减少摩擦、降低磨损。当不计摩擦时，凸轮对从动件的作用力始终垂直于平底，受力比较平稳，传动效率较高，所以常用于高速凸轮机构中。但平底从动件不能与具有内凹或凹槽轮廓的凸轮相接触。

凸轮机构

13.3.3　凸轮机构工作过程

图 13-35（a）所示为凸轮机构，图示位置是凸轮转角为零，从动件位移也为零，从动件位于离凸轮轴心 O 最近位置 A，称为起始位置。以凸轮轮廓最小向径 OA 为半径作的圆，称为基圆。从动件离轴心最近位置 A 到最远位置 B' 间移动的距离 h 称为升程。

1. 推程

当凸轮以等角速 ω_1 按逆时针方向转过角 δ_0 时，从动件以一定的运动规律被凸轮轮廓由 A 推至 B'，这一过程为推程。凸轮对应的转角 δ_0 称为推程运动角。

2. 远停程

凸轮继续转过 δ_s 时，从动件与凸轮的 BC 圆弧段接触，停留在离凸轮轴心 O 最远的位置 B'，这一过程称为远停程，凸轮对应的转角 δ_s

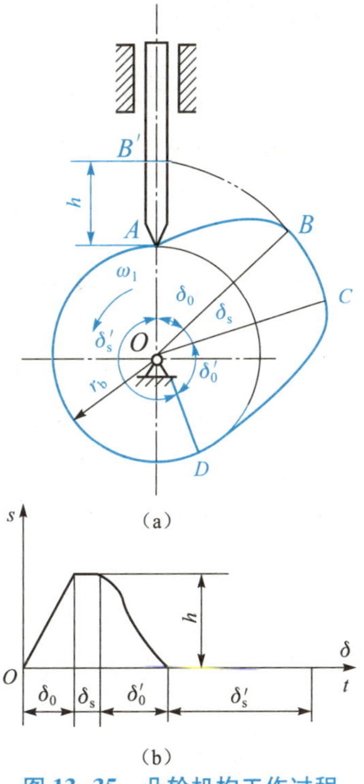

(a)

(b)

图 13-35　凸轮机构工作过程

称为远休止角。

3. 回程

凸轮继续转过δ_0'时，从动件与凸轮轮廓CD段接触，在其重力或弹簧弹力的作用下，以一定的运动规律由B'回到A，这一过程称为回程，凸轮对应的转角δ_0'称为回程运动角。

4. 近停程

凸轮继续转过δ_s'时，从动件与凸轮的DA圆弧段接触，停留在离凸轮轴心最近的位置A，这一过程称为近停程，凸轮对应的转角δ_s'称为近休止角。

凸轮转过一周，从动件经历推程、远停程、回程、近停程四个运动阶段，当凸轮继续转动时，将重复“升、停、回、停”的运动循环。升程h以及各阶段的转角是描述凸轮机构运动的重要参数。

从动件的运动过程，可用运动线图表示。以从动件的位移s、速度v、加速度a等运动参数为纵坐标，对应的凸轮转角δ（或时间t）为横坐标，根据上述凸轮与从动件的运动关系，可逐点画出从动件的位移s、速度v、加速度a等运动参数与凸轮转角δ（或时间t）间的关系曲线，称运动线图。图13-35（b）所示为凸轮机构的位移线图。

由上述分析可知，从动件的运动规律取决于凸轮的轮廓形状，轮廓形状不同，从动件的运动规律也随之变化。所以，设计凸轮的轮廓时，首先就要确定从动件的运动规律。

13.3.4 从动件常用运动规律

从动件的运动规律有很多种，常用的有以下几种。

1. 等速运动规律

等速运动规律是指当凸轮等速转动时，从动件推程和回程的速度为一常数。如图13-36所示，位移线图为一斜直线，速度线图为常数，加速度线图为零。在推程的开始点和回程的结束点，因速度突变，其加速度为无穷大，在这两个位置，由加速度产生的惯性力在理论上也突变为无穷大（实际上由于材料的弹性变形，加速度和惯性力不可能达到无穷大），使机构受到强烈的冲击，称为刚性冲击。等速运动规律只能适用于低速、轻载及特殊要求的凸轮机构。在必须采用等速运动规律时，往往经过改良，即将其推程的开始点和回程的结束点用圆弧或其

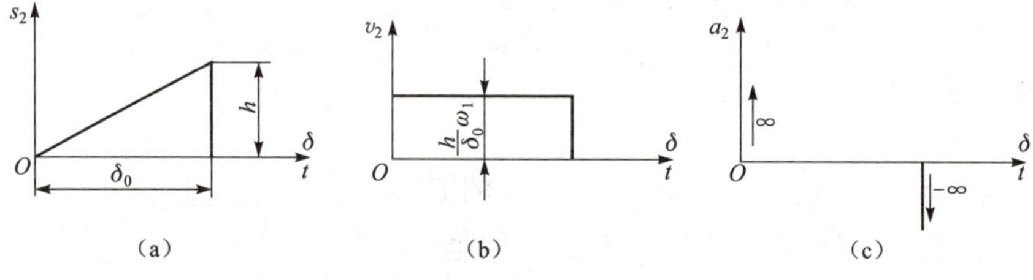

图13-36 等速运动

他曲线与直线光滑连接，以缓和冲击。

2. 等加速等减速运动规律

等加速等减速运动规律是指当凸轮等速转动时，从动件在一个推程或一个回程中，前半段做等加速运动，后半段做等减速运动，一般加速度和减速度的绝对值相等。如图 13-37 所示，位移线图由两段光滑相连的抛物线所组成，速度线图为一斜直线，加速度线图绝对值为常数。在加速度线图上的 O、A、B 三点发生加速度的有限突变，由加速度产生的惯性力突变也将是有限值，使机构产生有限的"柔性冲击"。等加速等减速运动规律也只适用于中速、轻载的场合。

3. 余弦加速度运动规律

余弦加速度运动规律是指当凸轮等速转动时，从动件的加速度是按余弦曲线变化的，如图 13-38 所示，加速度线图是余弦曲线，速度线图是正弦曲线，位移线图是简谐运动曲线。由加速度线图可见，这种运动规律在推程的开始点或回程的结束点，从动件有停歇时（休止角不为零），该点也有柔性冲击，只能适用于中速场合。如果从动件做无停歇的往复运动（休止角为零），加速度曲线变成连续的余弦曲线，运动中可以消除柔性冲击，这种情况可以用于高速的场合。

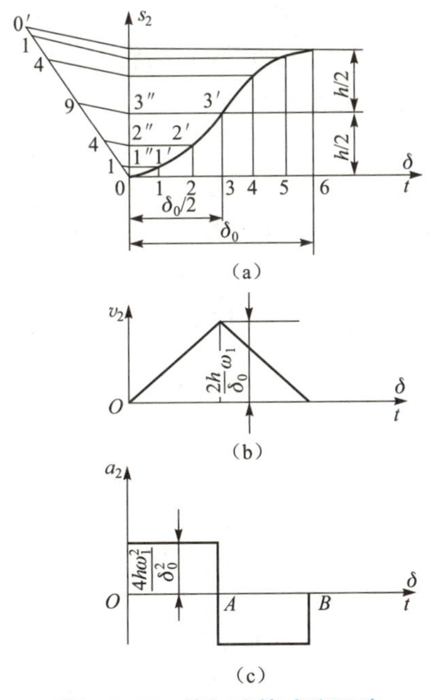

图 13-37　等加速等减速运动

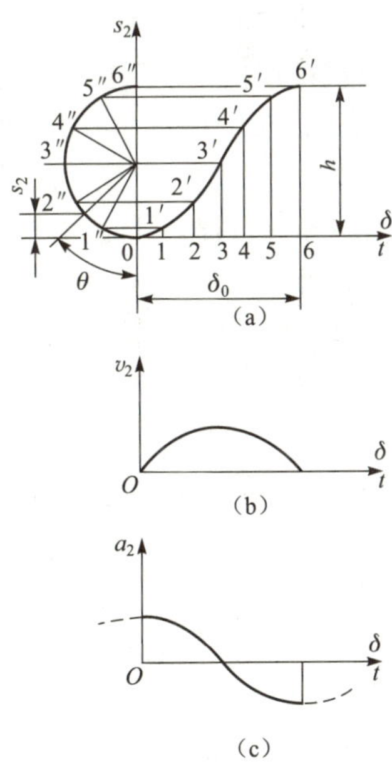

图 13-38　余弦加速度运动

13.3.5　凸轮机构的压力角

1. 凸轮机构的压力角

图 13-39 所示为凸轮机构在推程任意位置的受力情况，F_Q 为从动件所受的

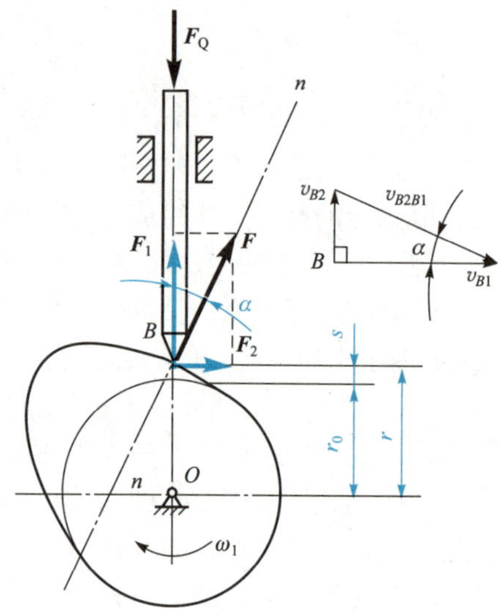

图 13-39 凸轮机构的压力角

载荷，若不计摩擦，凸轮作用于从动件上的力 F 将沿接触点 B 的法线方向，力 $\boldsymbol{F}$ 可以分解成为两个分力，即沿从动件运动方向的有效分力 F_1 和使从动件压紧导路产生有害摩擦阻力的无效分力 F_2，即

$$F_1 = F\cos\alpha$$

$$F_2 = F\sin\alpha$$

式中，α 角为从动件在接触点 B 所受的力的方向与该点速度方向所夹的锐角，称为压力角。显然，压力角 α 越大，有效分力 F_1 越小，而无效分力 F_2 越大。当压力角 α 达到一定值时，无效分力 F_2 产生的有害摩擦阻力将超过有效分力 F_1，此时，无论力 F 有多大，也不能使从动件运动，从而出现自锁。由此可见，压力角是衡量凸轮机构传动性能好坏的一个重要参数，压力角越小越好。为了保证凸轮机构的正常工作，并具有较高的传动效率，必须限制凸轮的最大压力角不得超过许用值［α］。一般情况下，［α］的选用有以下几种。

推程（工作行程）：移动从动件［α］=30°

摆动从动件［α］=45°

回程（空回行程）：因受力较小且无自锁问题，取值可大一些，［α］=70°~80°。

2. 凸轮机构的压力角与基圆半径的关系

在图 13-39 中，凸轮与从动件在任意点 B 接触时，设从动件速度为 v_{B2}，凸轮 B 点的速度为 v_{B1}，则有

$$v_{B2} = v_{B1}\tan\alpha = r\omega\tan\alpha$$

在凸轮 B 点的向径 $r = r_0 + s$，所以

$$r_0 = \frac{v_{B2}}{\omega\tan\alpha} - s \tag{13-4}$$

由式（13-4）可知，压力角 α 与基圆半径 r_0 成反比，当压力角 α 越大时，基圆半径 r_0 越小。凸轮机构的最大压力角出现在从动件速度最大的位置，此时的基圆半径为最小值，所以设计时的最小基圆半径为

$$r_{0\min} = \frac{v_{B2\max}}{\omega\tan[\alpha]} - s \tag{13-5}$$

式中，s 为从动件在最大速度时所对应的位移。

第 14 章 带传动及链传动

学习目标

1. 了解带传动和链传动的类型、特点及应用；
2. 掌握带传动的受力分析；
3. 掌握带传动和链传动的传动比计算；
4. 能正确使用和安装 V 带及链条。

14.1 带传动的特点及分类

14.1.1 带传动的特点

如图 14-1 所示，带传动一般由主动轮 1、从动轮 2、紧套在两轮上的传动带 3 及机架 4 组成。因为带与带轮之间在接触面上存在正压力，当原动机驱动带轮 1（主动轮）转动时，依靠带与带轮之间摩擦力的作用，使从动轮 2 转动，从而实现运动和动力的传递。

带传动是利用挠性传动带作为中间物，故其特点为：传动平稳，噪声低，能缓冲吸振；可实现较大中心距的运动和动力传递，结构简单，便于加工和维护，无须润滑，成本低廉；过载时，带会在带轮上打滑，能防止其他零部件的损坏，起到了安全保护作用；但由于带与带轮之间存在弹性滑动，不能保持恒定的传动比；外廓尺寸较大，传动效率低，带的寿命短，带作用于轴的力较大；不宜在高温、易燃易爆及有油有水的场合下使用。

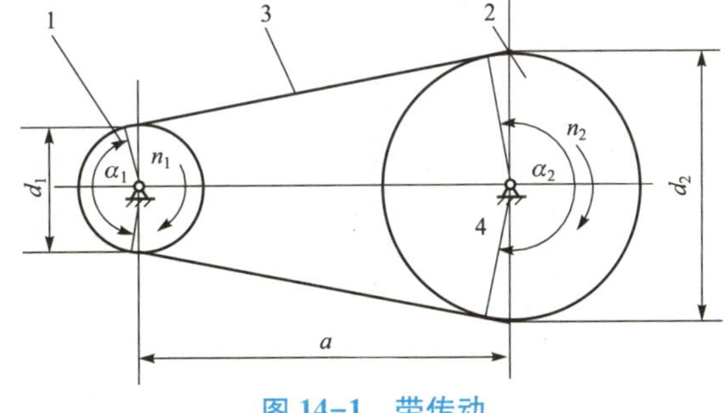

图 14-1 带传动

带传动主要用于要求传动平稳、无须保证传动比准确的中小功率的较远距离传动。一般情况下，带传动的功率 $P\leqslant 100$ kW，带速 $v=5\sim 30$ m/s，传动比 $i\leqslant 7$。

14.1.2 带传动的分类

根据工作原理的不同，带传动分为摩擦型和啮合型。

1. 摩擦型带传动

摩擦型带传动是利用带和带轮接触面间的摩擦力来进行传动的，按带的截面形状不同可分为平带传动、V 带传动、多楔带传动和圆带传动等类型，如图 14-2 所示。

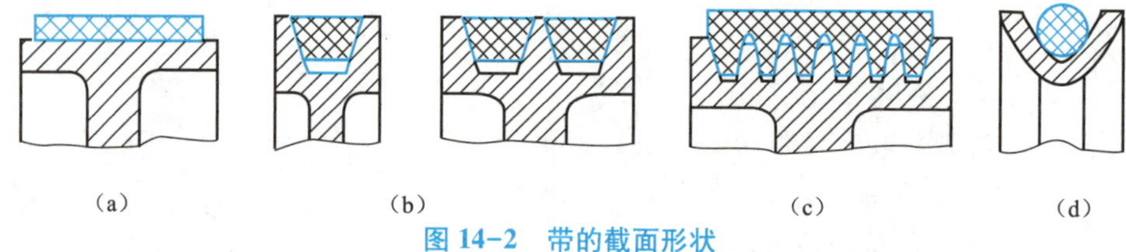

图 14-2 带的截面形状

(a) 平带传动；(b) V 带传动；(c) 多楔带传动；(d) 圆带传动

(1) 平带传动。截面形状为扁平矩形，与带轮轮面相接触的内表面为工作面，如图 14-2 (a) 所示。它主要用于两轴平行、转向相同的较远距离的传动。

(2) V 带传动。截面形状为梯形，与轮槽相接触的两个侧面为工作面，如图 14-2 (b) 所示。在相同压紧力和摩擦因数的条件下，V 带的摩擦力比平带大得多，故传递的功率也比平带大得多。此外，V 带传动允许较大的传动比，结构紧凑，所以在机械中多采用 V 带传动。

(3) 多楔带传动。截面形状相当于由一个平带和多个 V 带的组合，如图 14-2 (c) 所示。它兼有两者的优点，但结构复杂，加工不便，主要用于结构要求紧凑的大功率传动中。

(4) 圆带传动。截面形状为圆形，如图 14-2 (d) 所示。它多用于低速、小功率传动的场合。

2. 啮合型带传动

啮合型带传动是利用带与带轮上的齿相互啮合来传递运动和动力，这类带传动应用较广的是同步带，如图 14-3 所示。同步带除具有摩擦型带传动的优点外，还具有传动能力大、传动比恒定、效率较高等优点。在录音机、电子计算机、数控机床、内燃机等机械中都有同步带传动的应用。

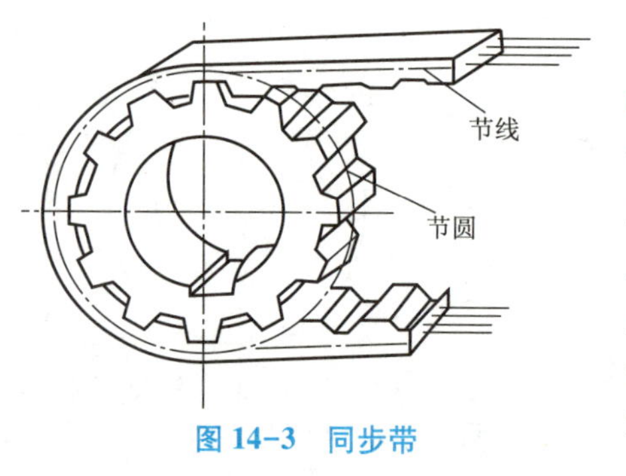

图 14-3 同步带

14.2　普通 V 带与带轮的结构

14.2.1　普通 V 带

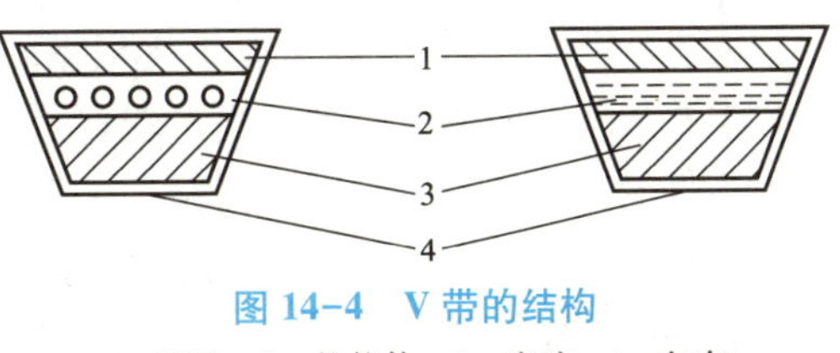

图 14-4　V 带的结构

1—顶胶；2—抗拉体；3—底胶；4—包布

V 带的结构如图 14-4 所示，由顶胶（拉伸层）1、抗拉体（强力层）2、底胶（压缩层）3 和包布 4 组成。抗拉体 2 是承受负载拉力的主体，抗拉体有帘布和绳芯两种结构，帘布结构的 V 带加工方便，抗拉强度高；而绳芯结构的 V 带柔韧性好，抗弯强度高，有利于提高 V 带的寿命。抗拉体多采用化学纤维或棉织物。顶胶和底胶采用弹性好的胶料，分别承受弯曲时的拉伸力和压缩力，包布采用橡胶帆布，起到耐磨和保护作用。

普通 V 带的尺寸已标准化，国家标准（GB/T 11544—2012）《普通 V 带和窄 V 带尺寸》规定，普通 V 带按截面尺寸不同，由小到大分为 Y、Z、A、B、C、D、E 七种型号，其截面尺寸见表 14-1。V 带的截面积越大，所传递的功率也越大。

表 14-1　普通 V 带的型号及其截面尺寸（GB/T 11544—2012）　mm

型号	节宽 b_p	顶宽 b	高度 h	楔角 φ
Y	5.3	6	4	40°
Z	8.5	10	6	
A	11.0	13	8	
B	14.0	17	11	
C	19.0	22	14	
D	27.0	32	19	
E	32.0	38	23	

普通 V 带均是无接头的环形结构。带张紧于带轮之间，其绕在带轮的部分产生弯曲，外层受拉伸长，内层受压缩短，而在带的截面上必有一个既不受拉伸长也不受压缩短的中性层，中性层面称为节面，其宽度称为节宽。V 带节面的长度称为基准长度，是带的公称长度；在带轮上与节面相对应的直径称为带轮的基准直径，是带轮的公称直径。

普通 V 带的标记是由型号、基准长度、标准代号三部分组成。如 GB/T 11544—2012 中，A1250 表示的是基准长度为 1 250 mm 的 A 型普通 V 带。

14. 2. 2　带轮

带轮材料常采用铸铁、钢、铝合金或工程塑料等，其中铸铁应用最广，如 HT150、HT200。

带轮由轮缘、轮辐和轮毂三部分组成。轮缘是安装带的部分，轮毂是与轴配合的部分，轮辐是轮缘与轮毂连接的部分。根据轮辐结构的不同，带轮可分为实心式、辐板式、孔板式和轮辐式四种。当带轮直径较小时可采用实心式，如图 14-5（a）所示；当带轮直径中等时可采用辐板式或孔板式，如图 14-5（b）、（c）所示；当带轮直径较大时可采用轮辐式，如图 14-5（d）所示。

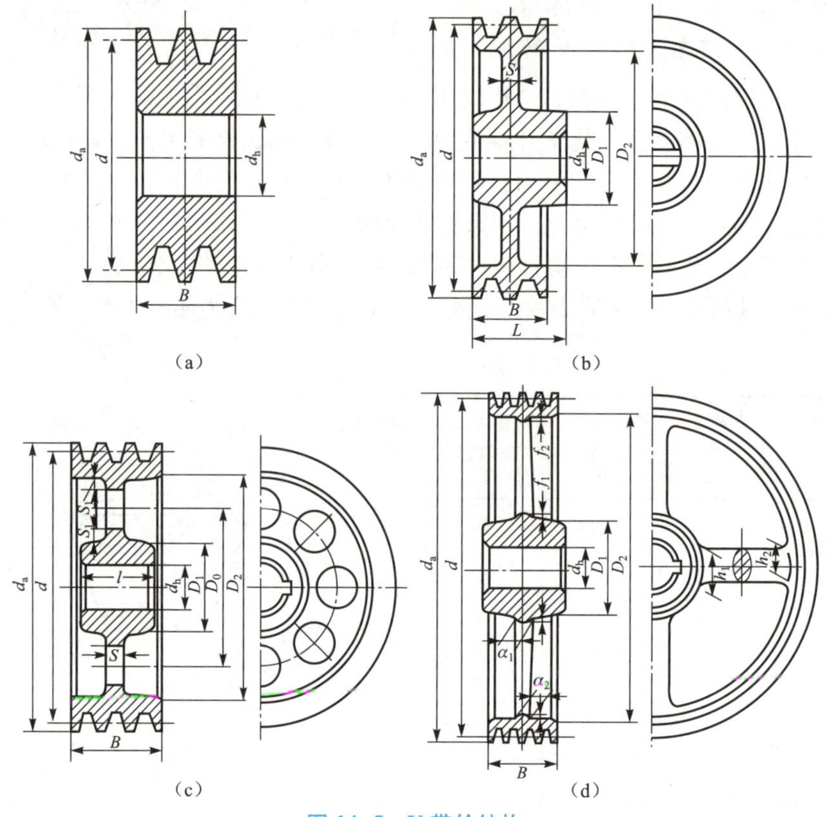

图 14-5　V 带轮结构

（a）实心式；（b）辐板式；（c）孔板式；（d）轮辐式

14. 3　普通 V 带传动

14. 3. 1　V 带传动的受力分析

带传动是靠摩擦力工作的，因此带在安装时必须以一定的张紧力套在带轮上。

静止时，在带轮的上下两边承受相等的拉力，称为初拉力 F_0，如图 14-6（a）所示。当带传动工作时，主动轮 1 以转速 n_1 转动，带与带轮接触面间便产生摩擦力，主动轮作用在带上的摩擦力的方向与主动轮的转向相同，驱动带运动；带作用在从动轮上的摩擦力（图 14-6 中未画出）驱动从动轮以转速 n_2 转动，显然，从动轮作用在带上的摩擦力的方向与从动轮的转向相反，两个带轮作用在带上的摩擦力的方向如图 14-6（b）所示。此时带两边的拉力不再相等。带进入主动轮的一边被进一步拉紧，拉力由 F_0 增大到 F_1，称为紧边；带绕出主动轮的一边则被放松，拉力由 F_0 降到 F_2，称为松边。通常认为带的总长度不变，则紧边拉力的增加量 F_1-F_0 应等于松边拉力的减少量 F_0-F_2，即

$$F_1-F_0=F_0-F_2$$

则

$$F_1+F_2=2F_0 \tag{14-1}$$

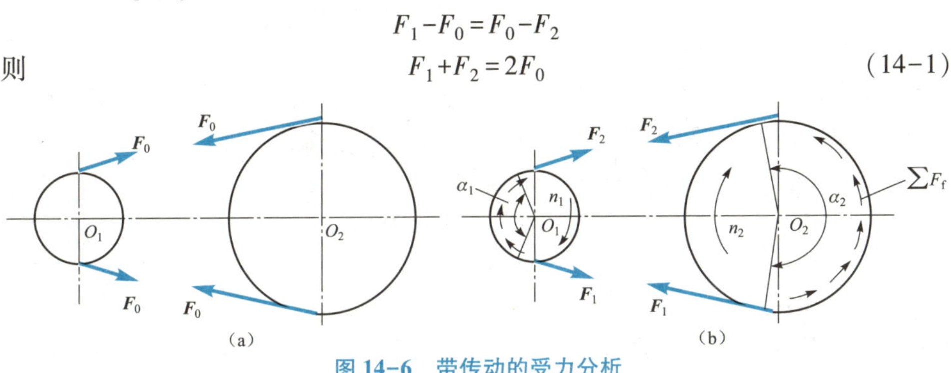

图 14-6　带传动的受力分析

紧边拉力和松边拉力之差称为带传动的有效拉力 F，即带所传递的有效圆周力。此力在数值上等于带与带轮接触面上各点摩擦力值的总和 $\sum F_f$，即

$$F=F_1-F_2=\sum F_f \tag{14-2}$$

有效圆周力 F（N）、带速 v（m/s）和带传递功率 P（kW）之间的关系为

$$P=Fv/1\,000 \tag{14-3}$$

由式（14-3）可知，当带速一定时，传递的功率 P 越大，则圆周力 F 越大，所需带与轮面之间的摩擦力也越大。

14. 3. 2　带传动的弹性滑动及其传动比

带传动

传动带是弹性体，受到拉力的作用会发生弹性伸长，伸长量随着拉力的大小而变化。带在工作时，带由紧边绕过主动轮进入松边时，带内拉力由 F_1 减小到 F_2，其伸长量也由 δ_1 减小为 δ_2。这说明带在绕经带轮的过程中，相对于轮面向后收缩了 $\delta_1-\delta_2$，带与带轮轮面间出现了局部微小向后的相对滑动，造成带的速度 v 逐渐小于主动轮 1 的圆周速度 v_1。同理，当带由松边绕过从动轮进入紧边时，带内拉力增加，带逐渐被拉长，沿轮面产生局部微小向前的相对滑动，使带的速度 v 逐渐大于从动轮 2 的圆周速度 v_2，如图 14-7 所示。这种由于带的弹性变形而引起

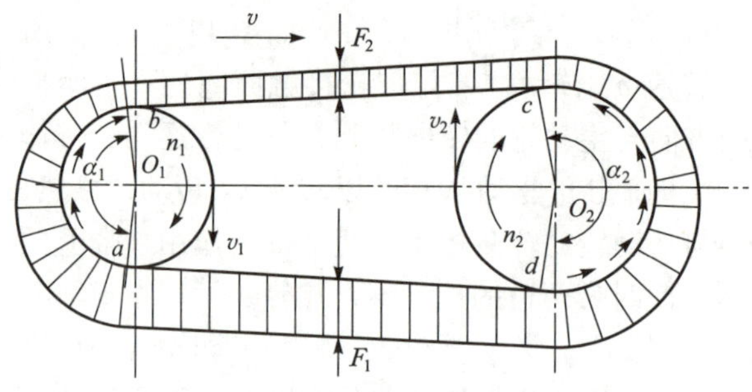

图 14-7　带传动的弹性滑动

的带在轮面上的滑动现象称为弹性滑动。

由于弹性滑动的存在，导致从动轮 2 的圆周速度 v_2 小于主动轮 1 的圆周速度 v_1，其速度降低的程度用滑动率 ε 来表示，即

$$\varepsilon=\frac{v_1-v_2}{v_1}\times 100\%=\frac{\pi n_1 d_1-\pi n_2 d_2}{\pi n_1 d_1}\times 100\% \tag{14-4}$$

式中，n_1、n_2 分别为主动轮、从动轮的转速，单位为（r/min）；d_1、d_2 分别为主动轮、从动轮的直径，单位为（mm），对 V 带传动则为基准直径。

由式（14-4）可得带传动的传动比为

$$i=\frac{n_1}{n_2}=\frac{d_2}{d_1(1-\varepsilon)} \tag{14-5}$$

由于滑动率随所传递载荷的大小而变化，故带传动的传动比也不能保持恒定。带传动正常工作时，其滑动率 $\varepsilon=1\%\sim2\%$，其值甚微，在一般计算中可不予考虑。

14.3.3　带传动的失效形式

带传动工作时其主要的失效形式有以下几种。

1. 打滑

带传动是靠摩擦工作的，当初拉力 F_0 一定时，带与带轮之间的摩擦力总和有一个极限值。当传递的有效圆周力 F 的值超过了极限摩擦力时，带将在带轮轮面上发生明显的滑动，这种现象称为打滑。打滑将使传动失效并加剧带的磨损，应予以避免。但打滑也可以起到保护其他零件的作用。

带传动所能传递的最大圆周力与初拉力 F_0、摩擦因数和带轮包角 α（即带与带轮接触弧所对应的中心角）等有关，增加初拉力 F_0、摩擦因数和包角 α，都可以提高带传动所能传递的最大圆周力。但初拉力 F_0 与摩擦因数不能太大，否则会降低传动带的寿命；包角 α 增加，带与带轮之间的摩擦力总和增加，从而提高了传动能力。因此，设计时为了保证带传动具有一定的传动能力，要求 V 带小轮上的包角 $\alpha_1\geqslant120°$。

值得注意的是，打滑和弹性滑动是两个不同的概念，弹性滑动是因为带两边的拉力差使带两边的弹性变形不等所致，是带传动正常工作时不可避免的固有特性；而打滑是因为过载所致，是可以避免的。

2. 带的疲劳破坏

带在交变应力状态下工作，当应力循环次数达到一定值时，带将发生疲劳破坏，如脱皮、撕裂和拉断，从而使传动失效。

14.3.4　带传动的张紧、安装和维护

1. 带传动的张紧

带长期在拉力作用下，要产生永久性变形，会逐渐松弛，张紧力随之减小，传动能力降低。为保证带传动正常工作能力，必须要有张紧装置重新调整带的张紧度。图 14–8 所示为常用的几种方式。水平或接近水平布置的传动可用图 14–8（a）所示的结构，用调节螺钉 2 推动电动机沿滑道 1 移动，从而将带张紧；垂直或接近垂直布置的传动可用图 14–8（b）所示的结构，用螺杆的调节螺母使电动机在托架 3 上绕定点 O 摆动将带张紧；图14–8（a）、(b）所示的结构属于定期张紧。如图 14–8（c）所示，结构是利用电动机和机架的质量自动将带张紧，使其保持固定不变的张紧力，这种结构属于自动张紧。当带传动的中心距固定时，可采用张紧轮来定期张紧，如图 14–8（d）所示，张紧轮应置于松边内侧靠近大带轮处，以免减小小带轮的包角 α_1。

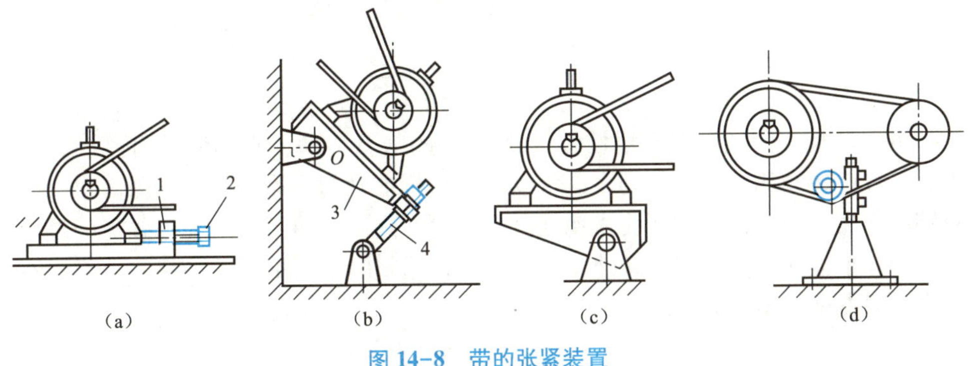

图 14–8　带的张紧装置

1—滑道；2—调节螺钉；3—托架；4—螺杆

2. 带传动的安装和维护

（1）安装时，两带轮轴线应保持平行，否则带会被扭曲和早期磨损，降低带的寿命。

（2）要保证 V 带在带轮轮槽中的正确位置，过高和过低都不利于带的正常工作。

（3）同组使用的 V 带应型号相同、长度相同，不同厂家生产的 V 带、新旧 V 带不能混用。

（4）V 带的张紧度要合适，一般中等中心距的带传动，带的张紧度以大拇指能将带按下 15 mm 左右为宜。

（5）带传动应设置防护罩，以保证安全，防止带与酸、碱或油接触而受腐蚀。

（6）要定期对带传动进行检查，如有一根松弛或损坏则应更换所有的带。

14.4 链 传 动

14.4.1 链传动及传动比

链传动是由具有特殊齿形的主动链轮 1 和从动链轮 2、套在两链轮上的链条 3、机架组成，如图 14-9 所示。工作时，主动链轮 1 转动，通过链条的链节与链轮的轮齿相啮合将运动和动力传递给从动轮。

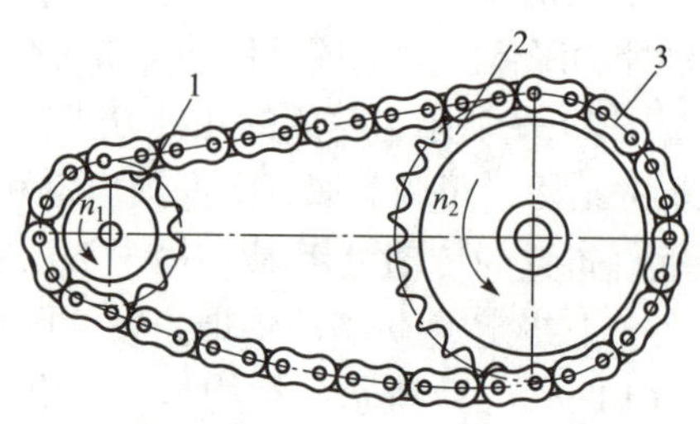

图 14-9 链传动

1—主动链轮；2—从动链轮；3—链条

设链传动中主动链轮 1 的齿数为 z_1，转速为 n_1；从动链轮 2 的齿数为 z_2，转速为 n_2，则在单位时间内两链轮转过的齿数 n_1z_1 和 n_2z_2 相等，即

$$n_1z_1=n_2z_2$$

传动比

$$i=\frac{n_1}{n_2}=\frac{z_2}{z_1} \tag{14-6}$$

链传动是一种具有中间挠性件（链条）的啮合传动，它同时具有刚、柔的特点。与带传动相比，链传动没有滑动，能得到准确的平均传动比；张力小，故对轴的作用力小；传动效率比带传动高，且可在高温、油污、潮湿等恶劣的环境下工作。但其从动链轮瞬时转速不均匀，高速运转时不如带传动平稳，工作时有噪声，且制造成本较高。

链传动适用的一般范围为：传递功率 $P\leqslant100$ kW，传动比 $i\leqslant8$，中心距 $a\leqslant6$ m，链速 $v\leqslant15$ m/s，传动效率为 95%～98%。

14.4.2 链与链轮

链传动常用的链条为滚子链，如图 14-10 所示，滚子链由内链板 1、外链板 2、销轴 3、套筒 4 及滚子 5 组成。内链板与套筒、外链板与销轴均为过盈配合固联，而套筒与销轴、滚子与套筒均为可动的间隙配合，内、外链板交错连接而构成铰链；这样可使链节与链轮啮合传动时，滚子在链轮的齿间滚动，以减少链与轮齿间的磨损。为减轻质量和使链板各截面强度大致相等，内、外链板均制成 8 字

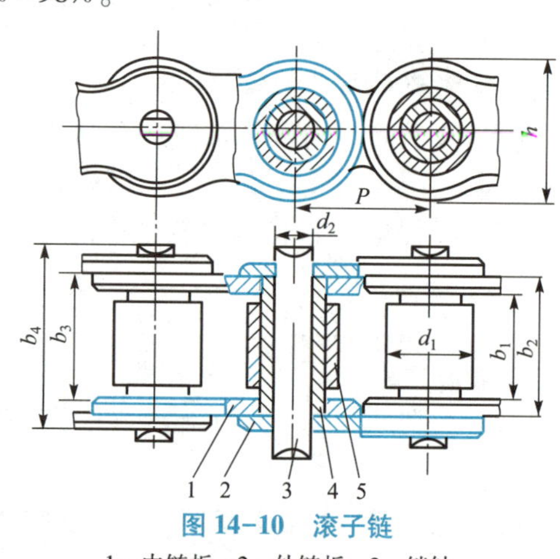

图 14-10 滚子链

1—内链板；2—外链板；3—销轴；4—套筒；5—滚子

形。滚子链使用时为封闭环形，当链节数为偶数时，链条一端的外链板正好与另一端的内链板相接，在接头处用开口销［图 14-11（a）］或弹簧夹［图 14-11（b）］锁紧；当链节数为奇数时，则需采用过渡链节［图 14-11（c）］连接。链条受拉时，过渡链节的链板承受附加弯矩的作用，一般应避免使用，最好采用偶数链节。

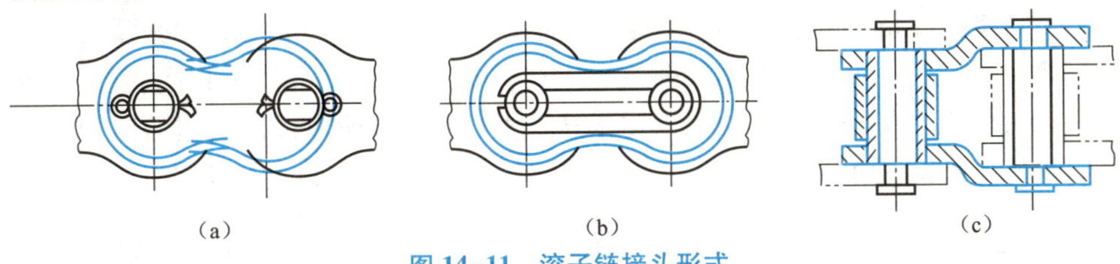

图 14-11　滚子链接头形式

链条的各零件是用经过热处理的碳素钢或合金钢制成，以提高其强度和耐磨性。链条是标准件，链条相邻两销轴中心的距离称为链节距 P，它是链条的重要参数。链节距越大，链条各零件的尺寸就越大，所能传递的功率也越大。

链轮的标准齿形已有国标规定，并用标准刀具加工。链轮常采用碳素钢或合金钢制成，并经热处理，以提高其强度和耐磨性。链轮结构如图 14-12 所示，小直径的链轮可制成整体实心式结构，如图 14-12（a）所示；中等直径的链轮多采用孔板式结构，如图 14-12（b）所示；较大直径的链轮常采用组合式结构，齿圈和轮毂可用不同材料制成，用螺栓连接［图 14-12（d）］或焊接［图 14-12（c）］成一体，齿圈磨损后可以更换。

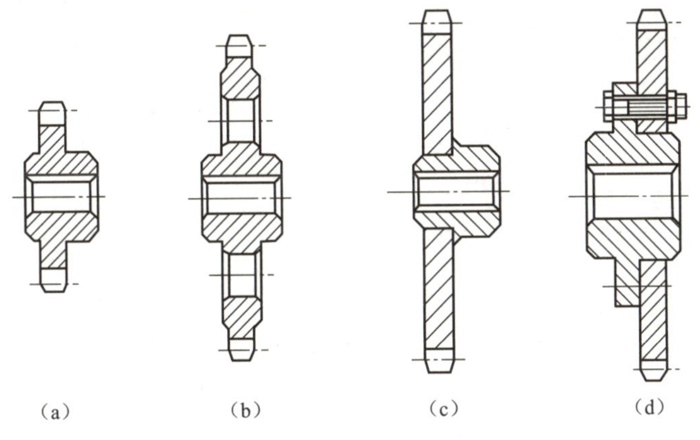

图 14-12　链轮结构

（a）整体实心式；（b）孔板式；（c）焊接组合式；（d）螺栓连接组合式

14.4.3　链传动的布置和张紧

链传动布置时，两轮轴线应平行，两链轮端面应共面，否则易引起脱链和不正常磨损。两链轮为水平布置［图 14-13（a）］或倾斜布置［图 14-13（b）］时，均应使紧边在上，松边在下，以避免松边下垂量增大后，链条和链轮卡死。倾斜布置时，应使倾角小于 45°。当垂直布置［图 14-13（c）］时，链下垂量增大后，下链轮与链的啮合齿数减少，使传动能力下降，所以，应尽量避免垂直布置。

链传动是靠链条和链轮的啮合来传递运动和动力，不需要很大的张紧力。链传动张紧的目的主要是为了避免垂度过大而引起啮合不良。张紧的方法有：通过调整两链轮中心距来张紧链条；采用张紧轮张紧，张紧轮应设在松边的内侧或外侧，如图 14-13 所示；也可拆除 1~2 个链节，缩短链条长度，使链条张紧。

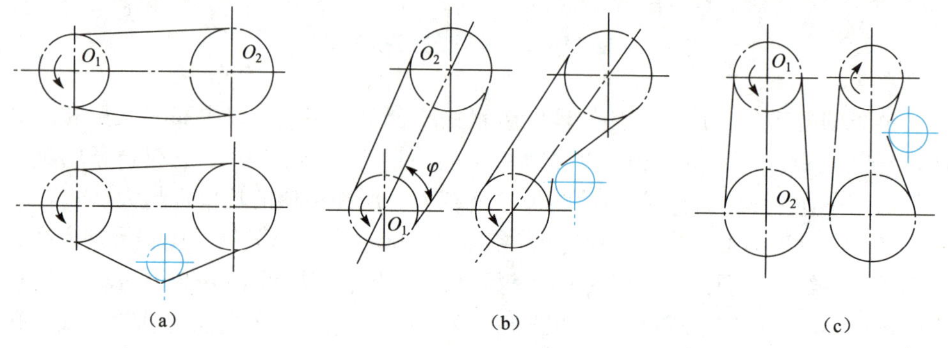

图 14-13　链传动的布置和张紧

（a）水平布置；（b）倾斜布置；（c）垂直布置

15

第 15 章

齿 轮 传 动

学习目标

1. 了解齿轮传动的特点与类型；
2. 掌握渐开线直齿圆柱齿轮主要参数及啮合特性；
3. 掌握斜齿圆柱齿轮传动的特点；
4. 了解直齿圆锥齿轮传动的特点；
5. 了解蜗杆传动的特点。

15.1 齿轮传动的特点与类型

1. 齿轮传动的特点

在机械传动中齿轮传动应用最为广泛。与其他传动形式相比，齿轮传动可用来传递空间任意两轴之间的运动和动力，传递功率可达 10^5 kW，圆周速度可达 300 m/s，齿轮直径可从 1 mm 到 150 m 以上；传动准确可靠，效率高，结构紧凑，寿命长。但制造精度和安装精度要求高，且不适于中心距较大的传动。汽车在动力传动部分中，常常用齿轮传动来传递动力、改变转速或方向。

2. 齿轮传动的类型

根据两齿轮是否在同一平面运动可分为：

（1）平面齿轮。两齿轮在同一平面运动，它们的轴线相互平行，如图 15-1（a）、(b）、(c）、(d）、(e）所示。

（2）空间齿轮。两齿轮不在同一个平面运动，它们的轴线相交或交错，如图 15-1（f）、(g）所示。

根据两齿轮啮合方式可分为：

（1）外啮合齿轮。外齿轮与外齿轮啮合，两齿轮转向相反，如图 15-1（a）、(d）、(e）(f）、(g）所示。

（2）内啮合齿轮。内齿轮与外齿轮啮合，两齿轮转向相同，如图 15-1（b）所示。

（3）齿条。外齿轮与齿条啮合，齿轮转动，齿条移动，如图 15-1（c）所示。

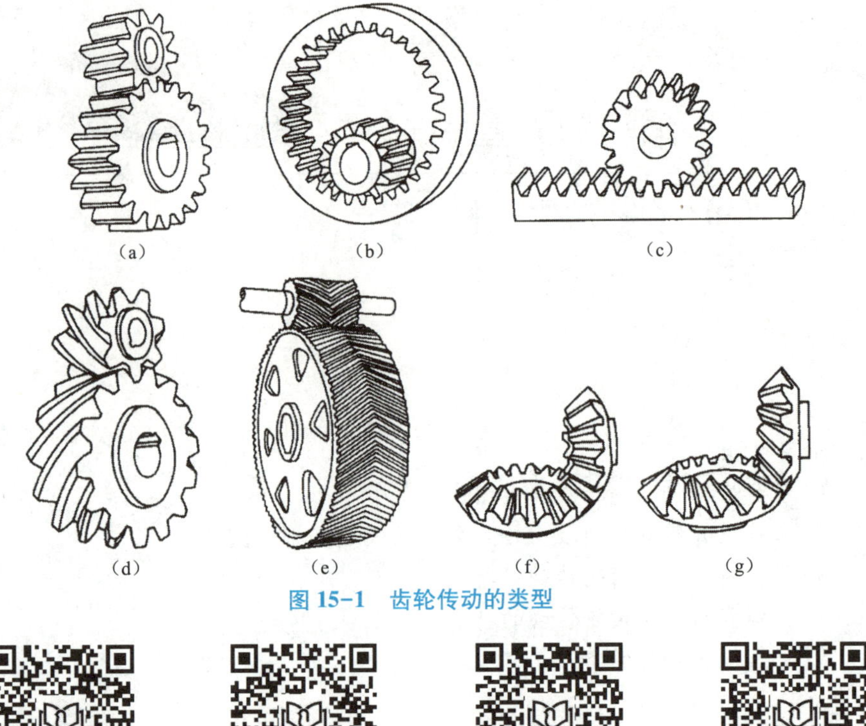

图 15-1 齿轮传动的类型

内啮合直齿轮传动

曲齿圆锥齿轮

人字齿轮机构

斜齿圆柱齿轮

根据两齿轮外观形状可分为：

(1) 圆柱齿轮。轮齿分布在圆柱体的表面，如图 15-1 (a)、(b)、(d)、(e) 所示。

(2) 锥齿轮。轮齿分布在圆锥体的表面，如图 15-1 (f)、(g) 所示。

根据轮齿形状可分为：

(1) 直齿轮。轮齿方向与齿轮母线平行，如图 15-1 (a)、(b)、(c) 所示。

(2) 斜齿轮。轮齿方向与齿轮母线方向倾斜一个角度，如图 15-1 (d)、(g) 所示。

(3) 人字齿轮。该齿轮可以看成是由两个倾斜角度相同、方向相反的斜齿轮组成，如图 15-1 (e) 所示。

根据工作条件可分为：

(1) 闭式传动。将齿轮封闭在刚性的箱体内，因此润滑及维护等条件较好，重要的齿轮传动都采用闭式传动。

(2) 开式传动。齿轮是敞开的，工作时落入灰尘，润滑不良，轮齿容易磨损，故只宜用于简易的机械设备及低速场合。

15.2　渐开线直齿圆柱齿轮

15.2.1　渐开线直齿圆柱齿轮啮合特点

如图 15-2 所示，当一条动直线 AB 沿着半径为 r_b 的圆做纯滚动时，其上任意一点 K 的轨迹曲线称为该圆的渐开线。该圆称为渐开线的基圆，该直线称为渐开线的发生线。渐开线齿轮轮齿的两侧齿廓是由两条形状相同、方向相反的一段渐开线组成，渐开线齿廓的形状由基圆决定。

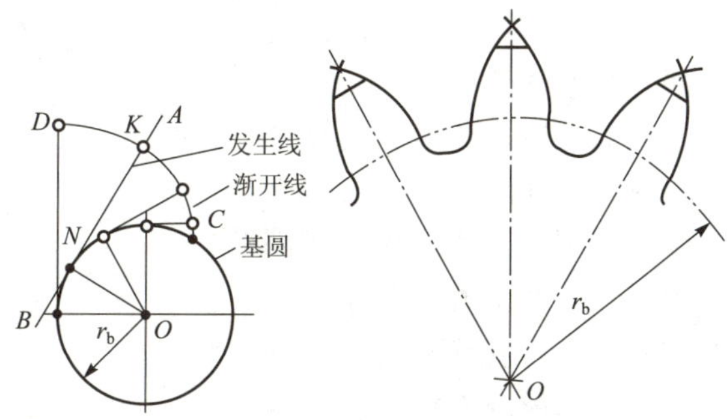

图 15-2　渐开线齿廓的形成

1. 渐开线齿轮能保证传动比恒定

两齿轮在啮合时，相当于两个圆相切做纯滚动，这两个圆即是两齿轮的节圆。在传动时两齿轮的中心距不变，所以两齿轮的节圆半径也不变。用渐开线作为齿廓曲线，必能保证恒定传动比传动，即

齿轮传递

渐开线的形成

$$i_{12}=\frac{\omega_1}{\omega_2}=\frac{\text{齿轮 2 的节圆半径}}{\text{齿轮 1 的节圆半径}}=\text{定值} \tag{15-1}$$

2. 渐开线齿轮的正确啮合条件

要使一对渐开线齿轮的各对轮齿依次正确啮合传动，就必须使两齿轮的模数 m_1、m_2 和压力角 α_1、α_2 分别相等，即

$$m_1=m_2=m \qquad \alpha_1=\alpha_2=\alpha \tag{15-2}$$

由此可进一步推出传动比公式

$$i_{12}=\frac{\omega_1}{\omega_2}=\frac{d_{b2}}{d_{b1}}=\frac{r_2}{r_1}=\frac{z_2}{z_1} \tag{15-3}$$

式中，d_{b1}、d_{b2}分别为两齿轮的基圆直径；r_1、r_2 分别为两齿轮的节圆半径；z_1、z_2 分别为两齿轮齿数。

3. 渐开线齿轮连续传动的条件

要使一对齿轮能连续传动，至少要求前一对轮齿还没退出啮合时，后一对轮齿已进入啮合，传动才能连续进行，否则啮合将会中断而引起冲击。连续传动的条件是重合度 $\varepsilon \geqslant 1$，重合度为实际啮合线段与基圆齿距之比。重合度越大，说明同时参与啮合的轮齿齿数就越多，每对轮齿分担的载荷就越小，传动就越平

稳。对于标准齿轮，采用标准中心距安装，其重合度恒大于1。

15.2.2 渐开线齿轮各部分名称、主要参数、几何尺寸

图15-3所示为一标准直齿圆柱外啮合齿轮的一部分。根据国标GB/T 3374—1992的规定，其各部分名称及符号如下：

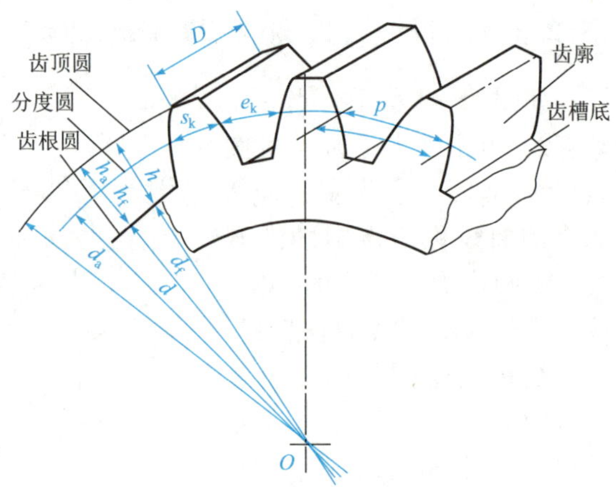

图15-3 渐开线齿轮各部分名称

(1) 齿顶圆。所有轮齿顶部所在的圆，其直径用d_a表示。

(2) 齿根圆。所有轮齿底部所在的圆，其直径用d_f表示。

(3) 齿厚。在任意直径的圆周上，同一轮齿两侧齿廓间的弧长，称为该圆的齿厚，用s_k表示。

(4) 齿槽宽。相邻两轮齿间的空间称为齿槽，在任意直径圆周上的齿槽弧长称为该圆的齿槽宽，用e_k表示。

(5) 齿距。相邻两轮齿同侧齿廓间在任意直径圆周上的弧长称为该圆的齿距，用p_k表示。如果齿轮的齿数为z，则

$$p_k=s_k+e_k \tag{15-4}$$

$$\pi d_k=p_k z$$

即

$$d_k=\frac{zp_k}{\pi} \tag{15-5}$$

(6) 模数、分度圆。由式（15-5）可知，在不同的圆周上，比值$\frac{p_k}{\pi}$不同，且比值中包含有无理数π。为了设计、制造和互换的方便，因此在齿轮上取某一个圆，使该圆上的$\frac{p_k}{\pi}$值为简单的有理数并标准化，称为模数，同时使该圆上齿廓的压力角也为标准值。我们把具有标准模数和标准压力角的圆称为分度圆，直径用d表示，分度圆上压力角用α表示，国家标准规定$\alpha=20°$，分度圆上的齿距、齿厚和齿槽宽分别用p、s、e表示，而模数用m表示，单位为mm。

即

$$m=\frac{p}{\pi} \tag{15-6}$$

$$p=e+s \tag{15-7}$$

$$d=mz \tag{15-8}$$

我国规定的齿轮模数系列见表15-1。

表 15-1 齿轮模数系列（GB/T 1357—2008） mm

第一系列	1	1.25	1.5	2	2.5	3	4	5	6	8	10
第二系列	1.125	1.375	1.75	(2.25)	2.75	(3.5)	4.5	5.5	(6.5)	7	9
注：（1）对斜齿圆柱齿轮是指法向模数 m_n。 （2）优先选用第一系列，括号内的数值尽可能不用。 （3）$m=1$ 属于小模数齿轮的模数系列。											

由渐开线性质可知，齿廓上各点的压力角是不同的。国家标准规定：分度圆上压力角和模数均为标准值，我国规定 $\alpha=20°$。

（7）齿顶高。齿顶圆与分度圆之间的径向距离，用 h_a 表示，$h_a=(d_a-d)/2$。

（8）齿根高。分度圆与齿根圆之间的径向距离，用 h_f 表示，$h_f=(d-d_f)/2$。

（9）全齿高。齿顶圆与齿根圆之间的径向距离，用 h 表示，$h=h_a+h_f$。

按标准规定

$$h_a=h_a^* m \tag{15-9}$$

$$h_f=h_a^* m+c=(h_a^*+C^*)m \tag{15-10}$$

式中，h_a^* 为齿顶高系数；c 为顶隙，它是指一对齿轮啮合时一齿轮的齿顶与另一齿轮的齿根之间沿半径方向的间隙，如图 15-4 所示，它能避免两齿轮啮合时一轮齿的齿顶与另一轮齿的齿根相碰撞，而且能贮存润滑油；C^* 为顶隙系数。

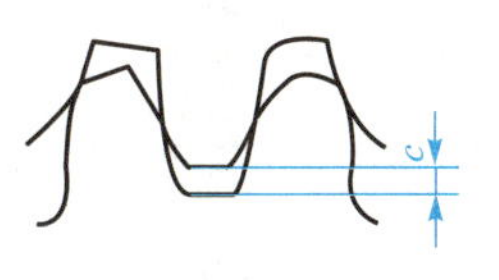

图 15-4 顶隙

按标准规定，齿顶高系数和顶隙系数分别为

正常齿制 $h_a^*=1.0$ $C^*=0.25$

由此推出齿顶圆直径和齿根圆直径分别为

$$d_a=d+2h_a=m(z+2h_a^*) \tag{15-11}$$

$$d_f=d-2h_f=m(z-2h_a^*-2C^*) \tag{15-12}$$

模数、压力角、齿顶高系数、顶隙系数都取标准值，且分度圆齿厚等于齿槽宽的齿轮称为标准齿轮。因此，对于标准齿轮

$$S=e=\frac{\pi m}{2}$$

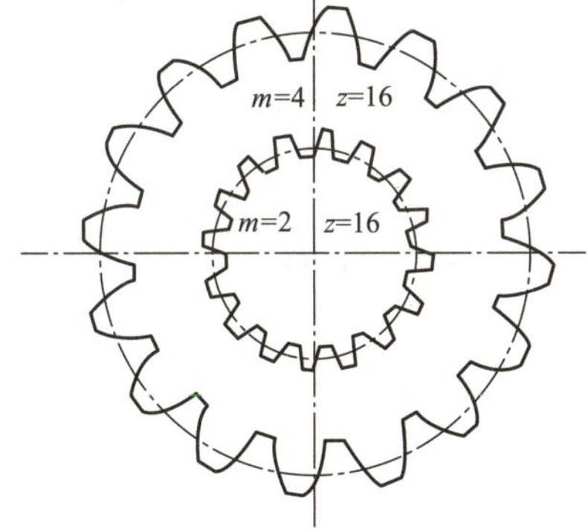

图 15-5 模数和齿轮尺寸的关系

由以上看出，模数是齿轮几何尺寸计算的重要参数，模数表明了轮齿的大小，模数越大，轮齿承载能力也越大，如图 15-5 所示。

对于一对模数和压力角均相等的标准齿轮，由于分度圆上的齿厚与齿槽宽相等，故有

$$S_1=e_1=S_2=e_2=\frac{\pi m}{2}$$

若在安装时使两轮分度圆相切做纯滚动，即节圆与分度圆重合，则称为标准安装，两轮心之间的距离称为标准中心距，用 a 表示，即

$$a=r_1+r_2=\frac{1}{2}m\ (z_1+z_2) \tag{15-13}$$

需要说明的是：分度圆和节圆是两个不同的概念，节圆是在啮合中才出现的，对一个齿轮来说，不存在节圆；而分度圆是一个齿轮在加工完毕后就存在的。

外啮合标准直齿圆柱齿轮几何尺寸计算公式如表 15-2 所示。

表 15-2　外啮合标准直齿圆柱齿轮几何尺寸计算公式

名　称	符　号	计 算 公 式
分度圆直径	d	$d=mz$
基圆直径	d_b	$d_b=mz\cos\alpha$
齿顶圆直径	d_a	$d_a=m(z+2h_a^*)$
齿根圆直径	d_f	$d_f=m(z-2h_a^*-2C^*)$
齿顶高	h_a	$h_a=h_a^*m$
齿根高	h_f	$h_f=(h_a^*+C^*)m$
全齿高	h	$h=(2h_a^*+C^*)m$
齿距	p	$p=\pi m$
齿厚	s	$s=\pi m/2$
齿槽宽	e	$e=\pi m/2$
基圆齿距	p_b	$p_b=\pi m\cos\alpha$
中心距	a	$a=\dfrac{m(z_1+z_2)}{2}$

例 15-1　有一对正常齿制的标准直齿圆柱齿轮，大齿轮遗失，小齿轮数 $z_1=38$，顶圆直径 $d_{a1}=100$ mm，并测得两轮轴孔中心距 $a=112.5$ mm，试求大轮的模数和主要尺寸。

解　标准直齿圆柱齿轮压力角为 $\alpha=20°$。

根据正常齿制，可知 $h_a^*=1.0$，$C^*=0.25$。

（1）求模数。

由式（15-11）得 $m=d_{a1}/(z_1+2h_a^*)=100/(38+2)=2.5$（mm）

（2）求大轮的齿数。

由式（15-13）得 $z_2=\dfrac{2a}{m}-z_1=\dfrac{2\times112.5}{2.5}-38=52$

（3）计算主要尺寸。

$$d_2=mz_2=2.5\times52=130\ (\text{mm})$$

$d_{a2}=m(z_2+2)=2.5\times(52+2)=135$ (mm)

$d_{f2}=m(z_2-2.5)=2.5\times(52-2.5)=123.75$ (mm)

$d_{b2}=d_2\cos\alpha=130\times\cos 20°=122.16$ (mm)

$p_2=\pi m=\pi\times 2.5=7.85$ (mm)

$s=e=\dfrac{\pi m}{2}=\dfrac{7.85}{2}=3.93$ (mm)

15.2.3　齿轮的失效形式和常用材料

1. 轮齿的失效形式

齿轮传力过程中，两轮齿面逐点进入啮合和逐点退出啮合，齿面间有相对滑动，因而轮齿既受到法向压力的作用，又受到切向摩擦力的作用；这些力的作用点沿齿面不断移动，导致轮齿会有各种的失效形式。常见的轮齿失效形式有以下五种。

1）轮齿折断

齿轮折断一般发生在齿根部位。折断有两种：一种是由于法向压力 F_n 沿齿面移动，齿根弯曲应力不断变化（若单侧受力，齿根应力为脉动循环应力；若两侧受力，齿根应力为对称循环应力），同时有应力集中，致使根部发生弯曲疲劳裂纹，经历长期应力循环，裂纹不断扩展，导致整个齿轮折断，这种折断称为弯曲疲劳折断，如图 15-6 所示。另一种是由于短时间严重过载，致使轮齿突然折断，这种折断称为弯曲过载折断。轮齿折断是齿轮最严重的失效形式，会导致停机甚至造成严重事故。防止弯曲疲劳折断的办法是保证轮齿弯曲疲劳强度，加大齿根圆角以缓和应力集中。防止弯曲过载折断的办法是禁止超载使用。

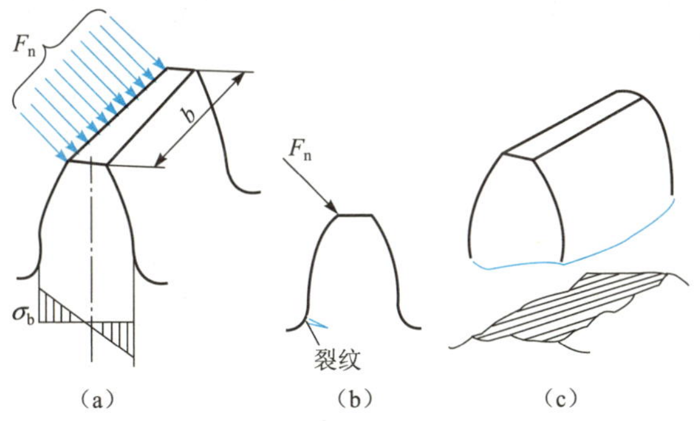

图 15-6　轮齿折断

2）齿面点蚀

齿轮传动中，两齿面是线接触，表层产生很大接触应力，由于力的作用点沿齿面移动，接触应力按脉动循环变化；经历长期应力循环，在齿面节点附近，由于疲劳而产生小片金属剥落，形成麻点，这种疲劳称为疲劳点蚀或接触疲劳，如图 15-7 所示。由于齿面损坏，啮合迅速恶化，从而导致轮齿失效。防止的办法

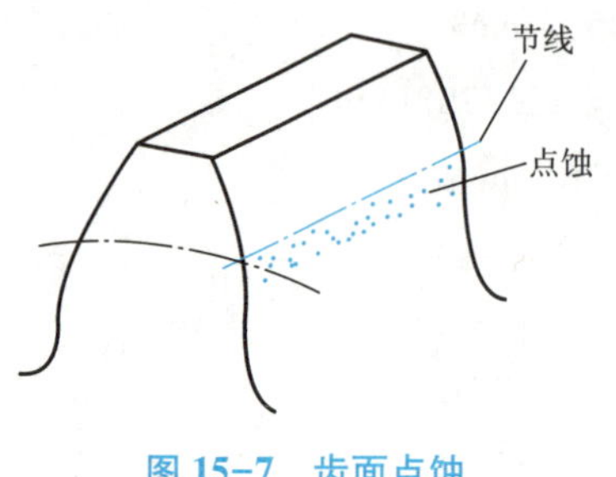

图 15-7　齿面点蚀

是限制接触应力，提高齿面硬度，以保证齿面接触强度。齿面疲劳点蚀是闭式齿轮传动的主要失效形式。

3）齿面磨损

齿轮传动中的磨损有两种：一种是磨合，一种是磨粒磨损。新齿轮使用前，先加轻载，经短期运行后，两齿面逐渐磨光、贴合，称为磨合。磨合有利于改善啮合状况，但磨合后，应清洗磨损的金属屑。开式齿轮传动过程中，有尘土、沙粒及金属屑等进入齿面间，对齿面会形成磨粒磨损，破坏正确齿形，引起附加载荷和噪声，致使齿轮失效，磨损使齿厚磨薄后会造成轮齿折断，如图 15-8 所示。防止磨粒磨损办法有：采用闭式传动，保持良好清洁的润滑，提高齿面硬度。

4）齿面胶合

高速重载传动中，由于轮齿啮合区局部温度升高，油膜脱落，失去润滑作用，使两金属表面直接接触，相互黏结在一起，当齿面相对滑动时，将软胶金属表面沿滑动方向划伤、撕脱形成沟纹，严重时甚至相互咬死，这种现象称为胶合。此时齿面严重损坏而失效。低速重载，齿面间油膜不易形成，也会产生胶合，如图 15-9 所示。防止胶合的办法有：采用黏度大或加有抗胶合添加剂的润滑油；提高齿面硬度、改善齿面粗糙度；配对齿轮采用不同的材料；对于高速重载传动还要加强散热措施。

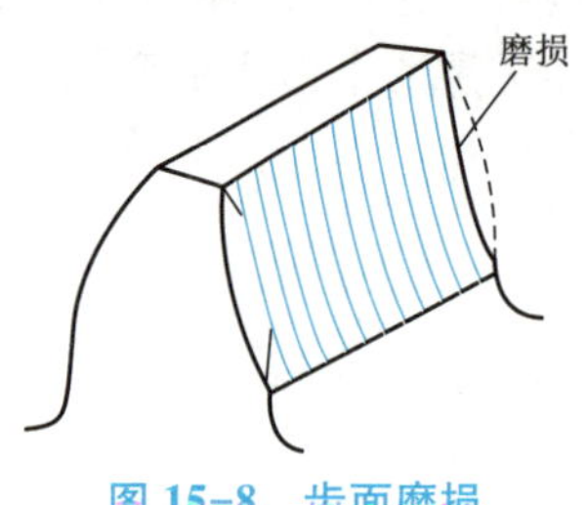

图 15-8　齿面磨损

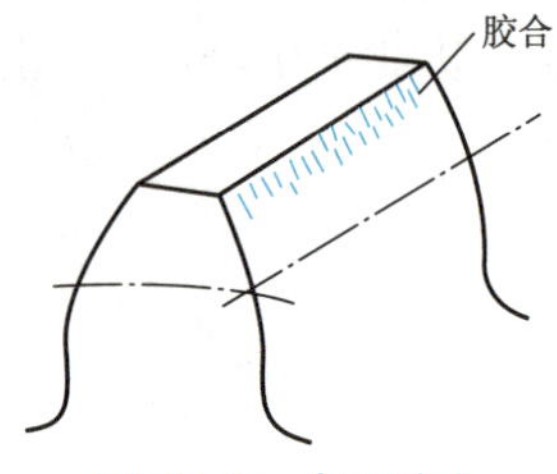

图 15-9　齿面胶合

5）齿面塑性变形

在严重过载、起动频繁或重载传动中，较软齿面会发生局部的塑性变形，破坏正确齿形。防止塑性变形办法是提高齿面硬度和遵守操作规程。

2. 齿轮常用材料及热处理

在选择齿轮材料和热处理工艺时，应使轮齿表面具有足够的硬度和耐磨性，以防止齿面点蚀、磨损和胶合失效；同时心部应具有足够的强度和韧性，以防止轮齿折断。

（1）锻钢。钢材经锻造后，改善了内部金属纤维组织，提高了材料强度，并通过热处理改善其机械性能，因此在齿轮中被广泛使用。

对于承受较大冲击载荷的齿轮，如汽车变速传动齿轮，一般选用强度高、韧性好的渗碳淬火钢，如 20CrMnTi、20CrNi3A 等，经过渗碳淬火，齿面硬度可达 56~62 HRC。渗碳淬火后，轮齿变形较大，通常要进行磨齿，如内齿轮不便于磨齿，可采用渗氮处理（采用这种方法，在处理过程中轮齿的变形较小）。

（2）铸钢。对于直径较大（齿顶圆直径 $d_1 \geqslant 500$ mm）的齿轮，不便于锻造，可用铸造方法制成铸钢齿坯，再进行正火处理以细化晶粒。

（3）铸铁。对于低速、轻载齿轮，可选用铸铁，如灰铸铁 HT300、球墨铸铁 QT450-10 等，其中球墨铸铁有时可代替铸钢。灰铸铁抗弯强度和抗冲击性能差，但耐磨性好，价格低廉，铸造、切削工艺性能好，尤其适合开式传动和低速、无冲击载荷的大直径齿轮。

（4）非金属材料。常用的非金属材料有塑料、尼龙和夹布胶木，适用于高速、小功率及要求低噪声、轻载的齿轮传动。

在选用材料和热处理工艺时，还应考虑配对齿轮的材料搭配和轮齿硬度组合。传动中，因为小齿轮受载次数较多，且齿根厚度较大齿轮小，弯曲应力较大。所以，小齿轮齿面硬度应比大齿轮高 30~50 HBS。

15.2.4　齿轮的结构

齿轮结构一般由轮缘、轮毂和轮辐三部分组成，其中轮缘的齿面、轮毂的内孔是主要的功能面。常用的齿轮结构有以下几种。

1. 齿轮轴

当齿轮的齿根圆直径与轴径相差很小时，可将齿轮和轴制成一体，称为齿轮轴，如图 15-10 所示。

2. 实体式齿轮

当齿轮的齿顶圆直径 $d_a \leqslant 200$ mm 时，可采用实体式结构，如图 15-11 所示。

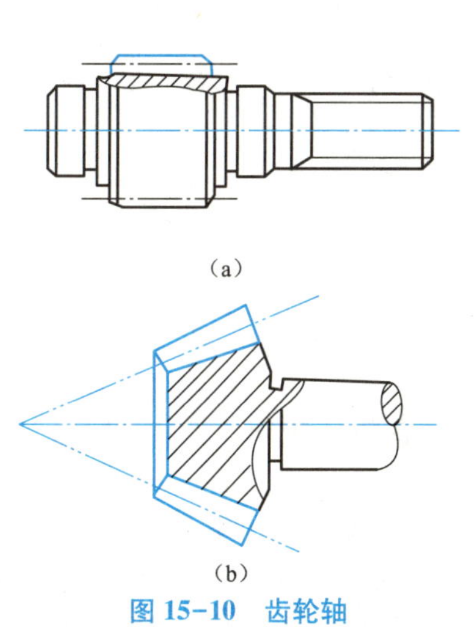

图 15-10　齿轮轴

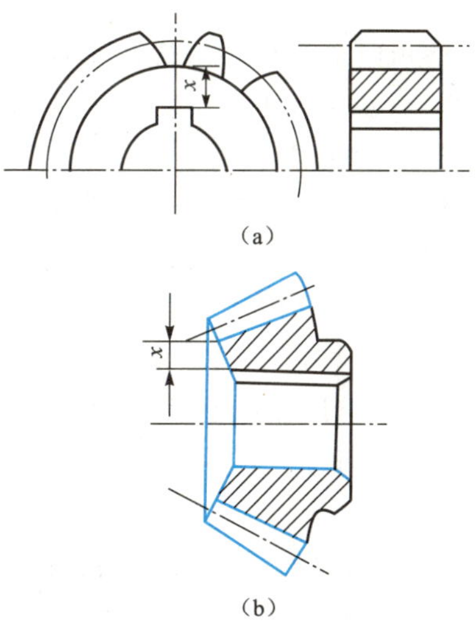

图 15-11　实体式齿轮

3. 辐板式齿轮

当齿轮的齿顶圆直径 d_a = 200～500 mm 时，可采用辐板式结构，如图 15-12 所示。

4. 轮辐式齿轮

当齿轮的齿顶圆直径 d_a>500 mm 时，可采用轮辐式结构，如图 15-13 所示。

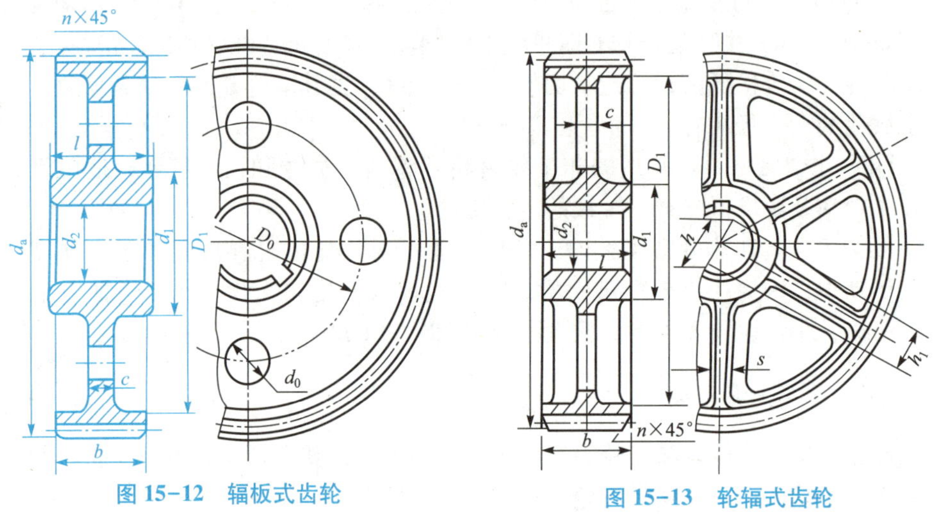

图 15-12　辐板式齿轮　　图 15-13　轮辐式齿轮

15.3　斜齿圆柱齿轮

斜齿轮齿条传递

15.3.1　斜齿圆柱齿轮的形成及其啮合特点

假想用垂直齿轮轴线的平面将宽度为 b 的直齿圆柱齿轮切成若干等厚的轮片，并将每个轮片依次沿同一方向转过一个相等角度，于是构成一阶梯齿轮，如图 15-14（a）所示，当轮片厚度趋于零，轮片数趋于无穷多时，每个轮齿就由阶梯形变为螺旋形，于是形成齿形为螺旋曲面（渐开螺旋面）的斜齿圆柱齿轮，如图 15-14（b）所示。

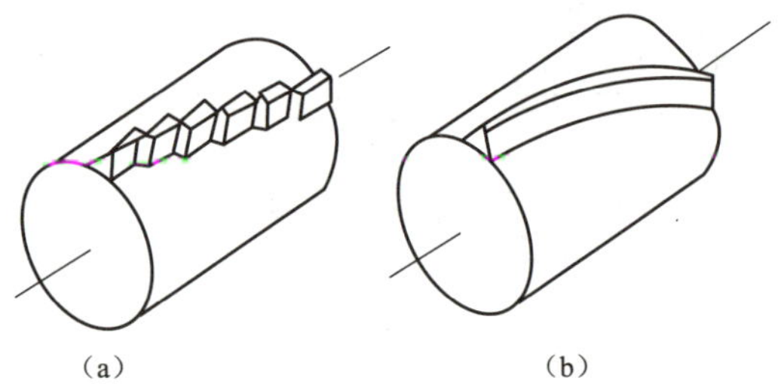

图 15-14　斜齿圆柱齿轮的形成

一对直齿圆柱齿轮啮合时，齿面接触线均为与齿轮轴线平行的等宽直线，啮合开始和终止都是沿齿宽突然发生的，因此轮齿上的作用力也是突然产生或突然消失。这种齿廓接触方式使得直齿圆柱齿轮传动很容易引起冲击、振动和噪声，尤其在高速传动中更为严重。而斜齿轮啮合传动时，齿面接触线与齿轮轴线相倾斜，其长度由点到线逐渐增长，到某一位置后又逐渐缩短，直至退出啮合。所以斜齿轮啮合是逐渐进入和逐渐退出的，且多齿啮合的时间比直齿轮长，故斜齿轮传动平稳、噪声小、重合度大、承载能力强，适用于高速和大功率场合。斜齿轮传动的主要缺点是啮合时要产生轴向力，使轴承支撑结构变得复杂。

15.3.2　斜齿圆柱齿轮的主要参数和几何尺寸

为了便于讨论，将斜齿轮沿分度圆柱面展成平面，分度圆柱面与齿廓曲面的交线（螺旋线）称为齿线，展开后为一斜直线，如图 15-15 所示。

1. 螺旋角 β

齿线与轴线的夹角称为分度圆螺旋角，简称螺旋角，螺旋角 β 是表示斜齿轮的轮齿倾斜程度的重要参数。

斜齿轮按其螺旋线的旋向，可分为左旋和右旋。如果将斜齿轮端面水平放置，螺旋线向左上升的为左旋（图 15-15），向右上升的为右旋。

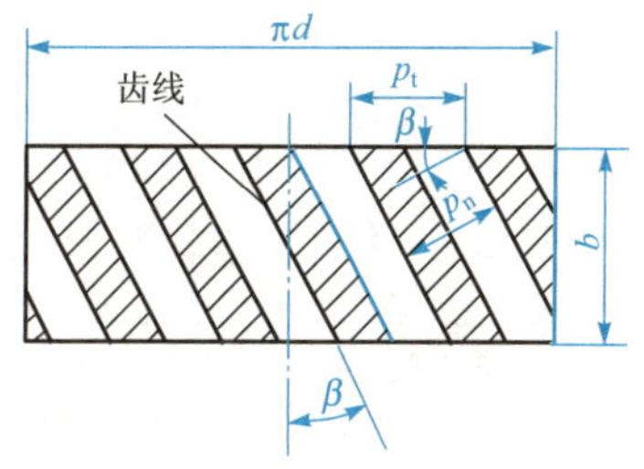

图 15-15　斜齿轮分度圆柱面展开图

2. 模数

与齿线垂直的平面称为法面，与轴线垂直的平面称为端面。

法向齿距 p_n 除以圆周率 π 所得到的商，称为法向模数，用 m_n 表示。

端面齿距 p_t 除以圆周率 π 所得到的商，称为端面模数，用 m_t 表示。

由图 15-15 可得

$$p_n = p_t \cos\beta \tag{15-14}$$

因为

$$m_n = \frac{p_n}{\pi} \qquad m_t = \frac{p_t}{\pi}$$

所以

$$m_n = m_t \cos\beta \tag{15-15}$$

3. 压力角

斜齿圆柱齿轮分度圆上在端面内的压力角称为其端面压力角，用 α_t 表示，在法向的压力角称为其法向压力角，用 α_n 表示。

法向压力角 α_n 和端面压力角 α_t 有如下关系

$$\tan\alpha_n = \tan\alpha_t \cdot \cos\beta \tag{15-16}$$

4. 法向齿顶高系数和法向顶隙系数

齿顶高除以法向模数的商称为法向齿顶高系数，用 h_{an}^* 表示，顶隙除以法向模数的商称为法向顶隙系数，用 C_n^* 表示。

法向模数 m_n、法向压力角 α_n、法向齿顶高系数 h_{an}^* 及法向顶隙系数 C_n^* 为斜齿圆柱齿轮的基本参数，均取为标准值。

由于斜齿圆柱齿轮的端面齿形也是渐开线，所以将斜齿轮端面参数代入直齿圆柱齿轮的几何尺寸计算分式，就可得到斜齿圆柱齿轮相应的几何尺寸计算公式，见表15-3。

表15-3 斜齿圆柱齿轮参数计算公式

名　称	符　号	计 算 公 式
法向模数	m_n	按GB/T 1357—2008规定取值
端面模数	m_t	$m_t=\dfrac{m_n}{\cos\beta}$
法向压力角	α_n	$\alpha_n=20°$
端面压力角	α_t	$\alpha_t=\arctan\dfrac{\tan\alpha_n}{\cos\beta}$
螺旋角	β	β一般取值8°~20°
齿顶高	h_a	$h_a=h_{an}^*m_n$
齿根高	h_f	$h_f=(h_{an}^*+C_n^*)m_n$
全齿高	h	$h=h_a+h_f=(2h_{an}^*+C_n^*)m_n$
分度圆直径	d	$d_1=m_tz_1=z_1\dfrac{m_n}{\cos\beta}$ $d_2=m_tz_2=z_2\dfrac{m_n}{\cos\beta}$
齿顶圆直径	d_a	$d_{a1}=d_1+2h_a$，$d_{a2}=d_2+2h_a$
齿根圆直径	d_f	$d_{f1}=d_1-2h_f$，$d_{f2}=d_2-2h_f$
基圆直径	d_b	$d_{b1}=d_1\cos\alpha_t$，$d_{b2}=d_2\cos\alpha_t$
中心距	a	$a=\dfrac{1}{2}(d_1+d_2)=\dfrac{m_n(z_1+z_2)}{2\cos\beta}$

15.3.3 斜齿圆柱齿轮的正确啮合条件

在端面上，斜齿圆柱齿轮和直齿圆柱齿轮一样，都是渐开线齿廓。因此，一对斜齿圆柱齿轮传动时，必须满足：$m_{t1}=m_{t2}$及$\alpha_{t1}=\alpha_{t2}$。此外，斜齿轮要正确啮合，一对轮齿的齿向也必须相匹配，否则依然不能啮合传动。根据式（15-15）和式（15-16）可知，斜齿圆柱齿轮的正确啮合条件为

$$m_{n1}=m_{n2}$$

$$\alpha_{n1}=\alpha_{n2}$$

$$\beta_1 = \pm\beta_2$$

式中，“-”号用于外啮合，表示两齿轮轮齿旋向相反；“+”号用于内啮合，表示两齿轮轮齿旋向相同。

15.4　圆锥齿轮

直齿圆锥齿轮

15.4.1　圆锥齿轮传动

圆锥齿轮是用来传递两相交轴之间的运动和动力，在汽车的驱动桥中常用圆锥齿轮将动力旋转平面改变 90°，使其与驱动轮转动方向一致。一对圆锥齿轮的运动可以看成是两个锥顶共点的圆锥体相互做纯滚动，这两个锥顶共点的圆锥体就是节圆锥，其轮齿是均匀分布在圆锥体的锥面上，从大端到小端逐渐收缩，沿齿宽各截面尺寸都不相等，如图 15-16 所示。与圆柱齿轮传动相似，因此，可将有关的各“圆柱”都换成“圆锥”考虑，圆锥齿轮还有基圆锥、分度圆锥、齿顶圆锥、齿根圆锥等。对于正确安装的标准圆锥齿轮传动，其节圆锥也应与分度圆锥重合。

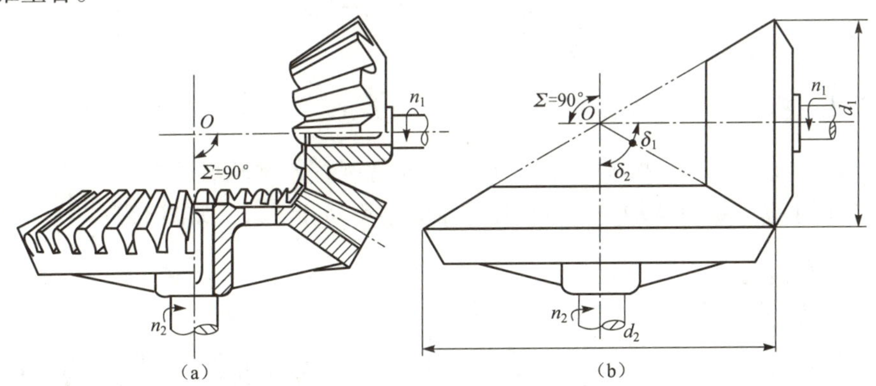

图 15-16　直齿圆锥齿轮传动

圆锥齿轮按轮齿的形状，可分为直齿、斜齿和曲齿等，其中直齿圆锥齿轮易于设计、制造和安装，故得到广泛应用。

15.4.2　圆锥齿轮的传动比

图 15-16 所示为一对正确安装的标准圆锥齿轮传动，其分度圆锥与节圆锥重合，两齿轮的分度圆锥角分别为 δ_1 和 δ_2，大端分度圆直径分别为 d_1、d_2，齿数分别为 z_1、z_2，则两齿轮的传动比为

$$i = \frac{\omega_1}{\omega_2} = \frac{n_1}{n_2} = \frac{z_2}{z_1} = \frac{d_2}{d_1} = \frac{\sin\delta_2}{\sin\delta_1} \tag{15-17}$$

因多数情况下，两轴线的夹角 $\sum = \delta_1 + \delta_2 = 90°$，故

$$i=\tan\delta_2=\cot\delta_1 \tag{15-18}$$

15.4.3 直齿圆锥齿轮传动的正确啮合条件

1. 直齿圆锥齿轮的基本参数

直齿圆锥齿轮的基本参数及几何尺寸是以齿轮大端参数为标准值，这是因为大端尺寸计算和测量的相对误差较小。即直齿圆锥齿轮的基本参数：模数 m、压力角 $\alpha=20°$、齿顶高系数 $h_a^*=1$、顶隙系数 $C^*=0.2$ 等，均对大端而言。其他的几何尺寸，如分度圆直径、齿顶圆直径、齿根圆直径及齿高等，也都为大端的端面尺寸。

2. 直齿圆锥齿轮的正确啮合条件

一对直齿圆锥齿轮的正确啮合条件为：两轮的大端模数 m 和压力角 α 分别相等，即

$$m_1=m_2=m$$

$$\alpha_1=\alpha_2=\alpha$$

15.5 蜗 杆 传 动

15.5.1 蜗杆传动的特点

蜗杆传动由蜗杆、蜗轮和机架组成。通常蜗杆、蜗轮轴线在空间成直角交错，蜗杆主动，蜗轮从动，用以传递两轴间的运动和动力，如图 15-17 所示。

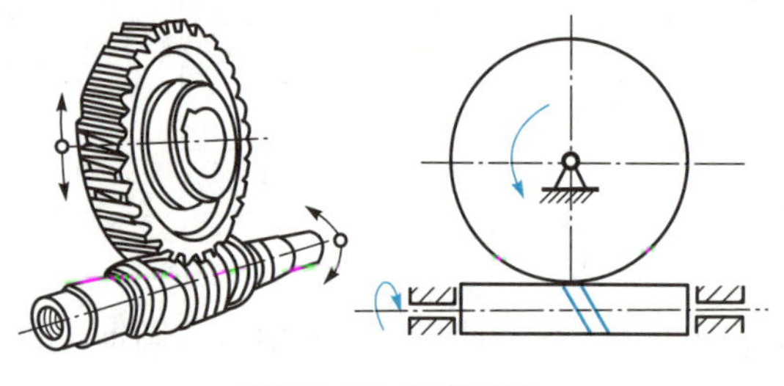

图 15-17　蜗杆传动

蜗轮蜗杆

蜗轮蜗杆机构

蜗杆传动与其他传动机构相比，蜗杆传动如同螺旋传动，始终连续、平稳，没有噪声；传动比大、结构紧凑，其单级传动比为 8~80，在分度机构中可达到 1 000；当蜗杆导程角小于当量摩擦角时，蜗轮不能带动蜗杆，可以实现自锁。但效率低，一般效率为 0.7~0.9，具有自锁性能的蜗杆机构，效率仅为 0.4；发热量大，如散热不良，便不能持续工作。为了减摩和耐磨，蜗轮常用青铜制造，材料成本因而提高。蜗杆传动得到广泛应用，尤其在汽车的转向器上运用了各种类型的蜗杆传动，汽车修理和钣金设备的减速器中也广泛应用了蜗杆传动。

蜗杆传动按蜗杆外部形状可分为圆柱蜗杆传动、环面蜗杆传动和锥面蜗杆传动，如图 15-18 所示。圆柱蜗杆机构又可按螺旋面的形状分为阿基米德蜗杆传动和渐开线蜗杆传动等。圆柱蜗杆加工方便，环面蜗杆承载能力高。

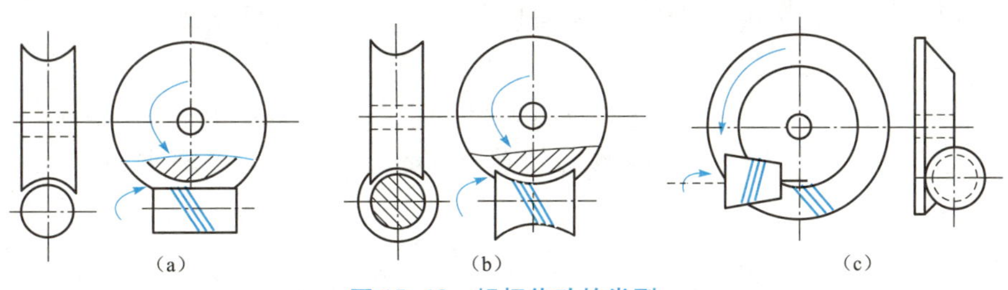

图 15-18　蜗杆传动的类型

(a) 圆柱蜗杆传动；(b) 环面蜗杆传动；(c) 锥面蜗杆传动

15.5.2　蜗杆传动的主要参数

如图 15-19 所示，通过蜗杆轴线并与蜗轮轴线垂直的平面称为中间平面。它对蜗杆是轴面，而对蜗轮是端面。在中间平面内，蜗杆与蜗轮的啮合过程相当于渐开线齿条与齿轮的啮合过程。因此，蜗杆传动的参数和几何尺寸计算均以中间平面为准，并沿用渐开线圆柱齿轮传动的计算公式。

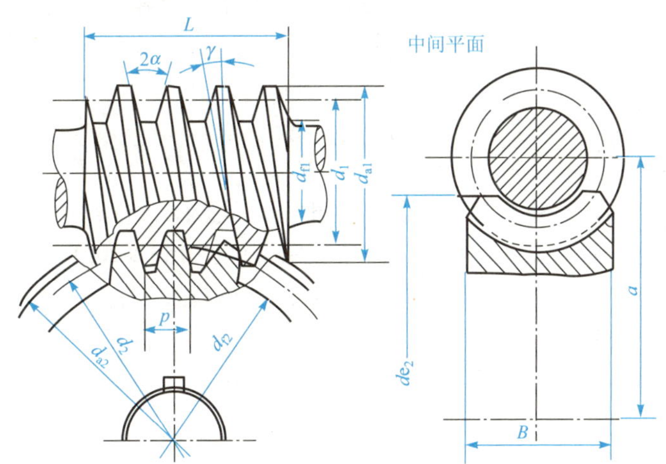

图 15-19　蜗杆传动的主要参数

1. 蜗杆头数 z_1、蜗轮齿数 z_2 和传动比 i

蜗杆头数（齿数）z_1 即为蜗杆螺旋线的数目，蜗杆的头数一般取 $z_1=1\sim4$。当传动比大于 40 或要求蜗杆自锁时，常取 $z_1=1$；当传递功率较大时，为提高传动效率，常取 $z_1=2\sim4$。蜗杆头数越多，加工精度越难保证。

一般情况下取蜗轮齿数 $z_2=28\sim80$。为提高传动效率，z_2 应不小于 28；但 z_2

过大，蜗轮直径增大，与之相应蜗杆的长度增加，刚度减小，从而影响啮合精度。

蜗杆传动的传动比 i 等于蜗杆与蜗轮的转速之比。通常蜗杆为主动件，当蜗杆转一周时，蜗轮转过 z_1 个齿，即转过 z_1/z_2 周，所以可得传动比为

$$i=\frac{n_1}{n_2}=\frac{1}{z_1/z_2}=\frac{z_2}{z_1} \tag{15-19}$$

式中，n_1、n_2 分别为蜗杆、蜗轮的转速（r/min）。z_1、z_2 可根据传动比 i 按表 15-4 选取。

表 15-4 蜗杆头数 z_1、蜗轮齿数 z_2 推荐值

传动比 i	7~13	14~27	28~40	大于 40
蜗杆头数 z_1	4	2	2、1	1
蜗轮齿数 z_2	28~52	28~54	28~80	大于 40

2. 模数 m 和压力角 α

如图 15-19 所示，蜗杆与蜗轮啮合时，蜗杆的轴向齿距 $p_{a1}=\pi m_{a1}$ 应等于蜗轮的端面齿距 $p_{t2}=\pi m_{t2}$，则蜗杆的轴向模数 m_{a1} 也应等于蜗轮的端面模数 m_{t2}，蜗杆的轴向压力角 α_{a1} 也应等于蜗轮的端面压力角 α_{t2}。规定中间平面上的模数和压力角为标准值，即

$$m_{a1}=m_{t2}=m$$

$$\alpha_{a1}=\alpha_{t2}=20^\circ$$

3. 蜗杆导程角 γ

如图 15-20 所示，将蜗杆分度圆柱展开，其螺旋线与端面的夹角即为蜗杆分度圆柱的导程角，简称蜗杆导程角，用 γ 表示。由图 15-20 可知蜗杆导程为

$$s=z_1 p_{a1}=z_1\pi m$$

则蜗杆导程角 γ 为

$$\tan\gamma=\frac{s}{\pi d_1}=\frac{\pi m z_1}{\pi d_1}=\frac{m z_1}{d_1} \tag{15-20}$$

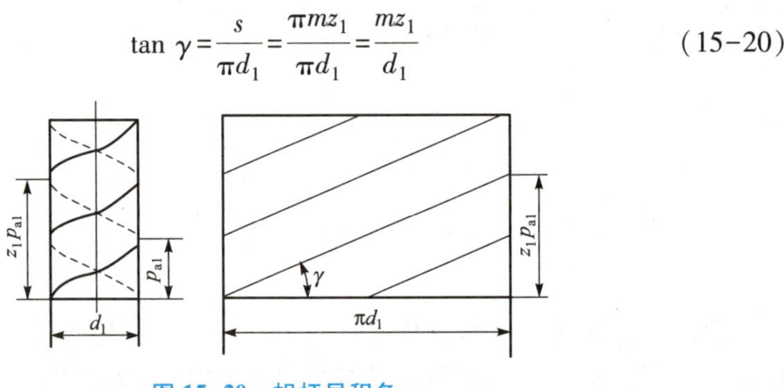

图 15-20 蜗杆导程角

与螺杆相似，蜗杆的旋向也有左旋和右旋之分，一般情况下多为右旋。

根据传动原理，轴交错角为 90°的蜗杆传动正确啮合条件为：蜗杆的轴向和蜗轮的端面模数、压力角分别相等，蜗杆的导程角 γ 必须与蜗轮的螺旋角 β 相等，且旋向要相同，即

$$m_{a1}=m_{t2}=m$$

$$\alpha_{a1}=\alpha_{t2}=20°$$

$$\beta_2=\gamma\ （且旋向相同）$$

4. 蜗杆分度圆直径 d_1 与蜗杆直径系数 q

加工蜗轮时，为了保证蜗杆传动的线接触，必须采用与相啮合的蜗杆尺寸相同的滚刀。由式（15-20）可知，蜗杆分度圆直径 d_1 不仅与模数 m 有关，还与头数 z_1 和导程角 γ 有关。即使模数相同也会有很多直径不同的蜗杆，也就要配备很多相应直径的滚刀，为了减少滚刀的数量，并使刀具标准化，规定蜗杆分度圆直径 d_1 为标准值。

蜗杆分度圆直径 d_1 与模数 m 的比值称为蜗杆直径系数，用 q 表示，即

$$q=\frac{d_1}{m} \tag{15-21}$$

当模数 m 一定时，q 值增大则蜗杆直径 d_1 增大，蜗杆的刚度提高。因此，对于小模数蜗杆一般规定了较大的 q 值，以保证蜗杆有足够的刚度。

5. 中心距

蜗杆传动的标准中心距为

$$a=\frac{d_1+d_2}{2}=\frac{m(q+z_2)}{2} \tag{15-22}$$

6. 蜗杆与蜗轮的转向关系

当已知蜗杆的螺旋方向和转动方向时，可根据螺旋副的运动规律，用“左右手法则”来确定蜗轮的转动方向。如图 15-21（a）所示，当蜗杆为右旋时，则用右手，用右手四指沿着蜗杆转动方向弯曲，与大拇指所指方向相反的方向即为蜗轮上啮合点的线速度方向，因此，蜗轮逆时针转动。当蜗杆为左旋时，则用左手按同样的方法判定，如图 15-21（b）所示。

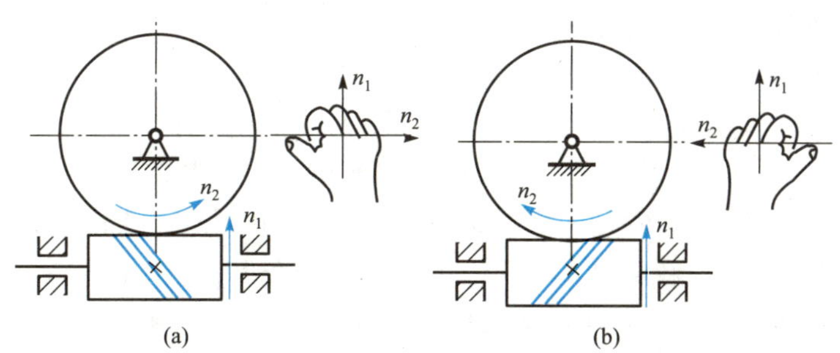

图 15-21　蜗轮旋转方向判定

（a）逆时针转动；（b）顺时针转动

第 16 章 轮　　系

学习目标

1. 掌握定轴轮系传动比的计算；
2. 掌握行星轮系传动比的计算；
3. 掌握轮系中各个齿轮转动方向的确定方法；
4. 了解轮系的各种应用。

16.1　轮系的类型及功用

16.1.1　轮系的类型

在现代机械中，为了满足不同的工作要求只用一对齿轮传动往往是不够的，通常需要一系列齿轮共同传动。这种由一系列齿轮组成的传动系统称为轮系。

轮系按照运转时各轮轴线位置相对机架是否固定，可分为定轴轮系、行星轮系。

1. 定轴轮系

轮系运转时，如果所有齿轮的轴线相对机架均为固定，则称为定轴轮系。定轴轮系又可分为平面定轴轮系和空间定轴轮系两种，平面定轴轮系是由轴线相互平行的圆柱齿轮组成，如图 16-1（a）所示；空间定轴轮系是包含有相交轴齿轮传动或交错轴齿轮传动等在内的定轴轮系，如图 16-1（b）所示。

2. 行星轮系

轮系运转时，至少有一个齿轮的轴线是绕另一个齿轮的轴线转动的轮系，称为行星轮系，如图 16-2 所示，齿轮 1、3 和构件 H 分别绕固定且相互重合的轴线 O_1、O_3 及 O_H 转动。齿轮 2 空套在构件 H 上，与齿轮 1、3 相啮合，齿轮 2 一方面绕其自身轴线 O_2 转动（自转），同时又随构件 H 绕轴线 O_H 转动（公转），齿轮 2 称为行星轮。支撑行星轮 2 的构件 H 称为行星架，与行星轮 2 相啮合且做定轴转动的齿轮 1、3 称为太阳轮。

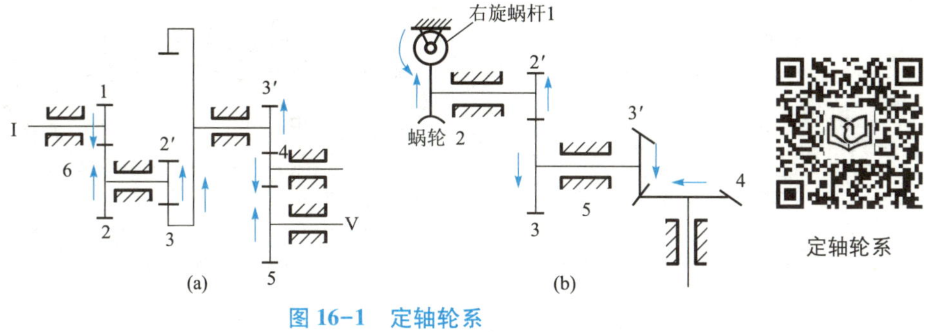

图 16-1　定轴轮系

16.1.2　轮系的功用

1. 实现远距离传动

当两轴相距较远时，如果仅用一对齿轮传动，则齿轮尺寸就很大，如图 16-3 中虚线所示；若改成轮系，就可以减小尺寸，节省材料，如图 16-3 中实线所示。

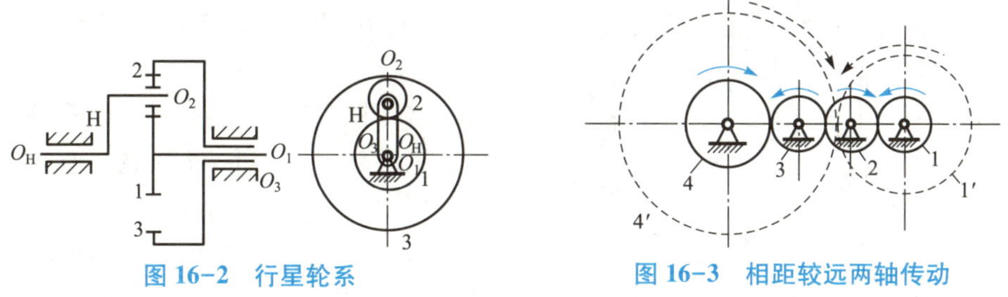

图 16-2　行星轮系　　图 16-3　相距较远两轴传动

2. 获得大的传动比

当两轴之间需要大的传动比，可用定轮系来实现，如图 16-1 所示，只用几个齿轮就能获得较大的传动比；若要求结构紧凑，则可用行星轮系来实现，如图 16-4 所示，传动比可达 10 000。

3. 实现变速和变向传动

如图 16-5 所示，汽车变速器在输入轴转速不变的情况下，利用轮系可使输出轴得到三个前进速度和一个后退速度，实现变速和变向传动。图 16-5 中牙嵌离合器的一半 X 及齿轮 1 固定在主动轴 Ⅰ 上，其另一半 Y 则和双联滑动齿轮 4、6 用滑键与从动轴Ⅲ相连。齿轮 2、3、5、7 与轴 Ⅱ 固定，齿轮 8 与轴Ⅳ固定，齿轮 1、2 及齿轮 7、8 分别是常啮合。汽车的变速过程如下。

第三挡（高速挡）：当右移双联齿轮使离合器 X、Y 接合，而齿轮 3、4 及 5、6 均脱开，则运动从轴 Ⅰ 直接传给轴Ⅲ，汽车以高速前进。

第二挡（中速挡）：当左移双联齿轮使齿轮 4、3 啮合，而齿轮 6、5 和离合器 X、Y 均脱开，则运动从轴 Ⅰ→齿轮 1→齿轮 2→轴 Ⅱ→齿轮 3→齿轮 4→轴Ⅲ，汽车以中速前进。

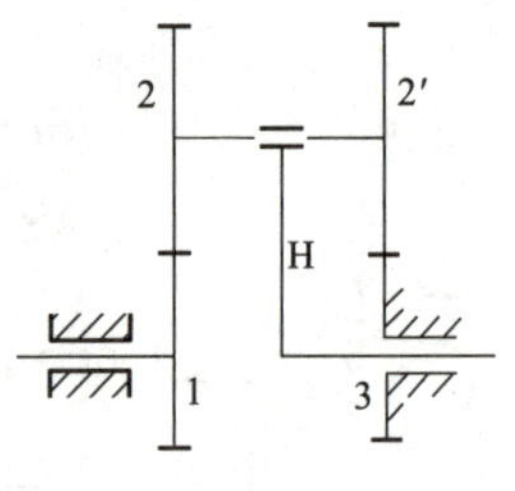

图16-4　大传动比减速器

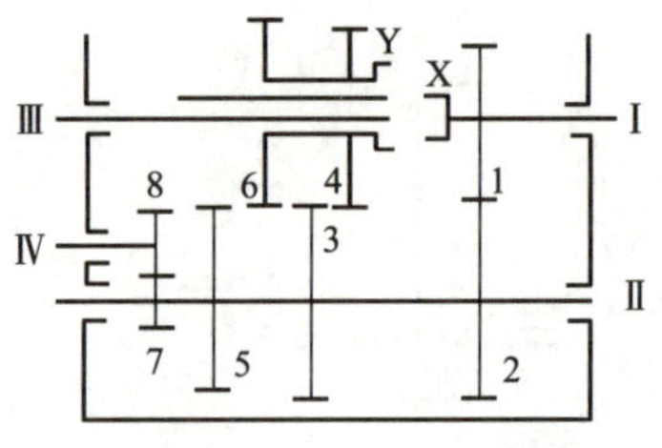

图16-5　汽车变速器

第一挡（低速挡）：左移双联齿轮使齿轮6、5啮合，而齿轮4、3和离合器X、Y均脱开，则运动从轴Ⅰ→齿轮1→齿轮2→轴Ⅱ→齿轮5→齿轮6→轴Ⅲ，汽车以低速前进。

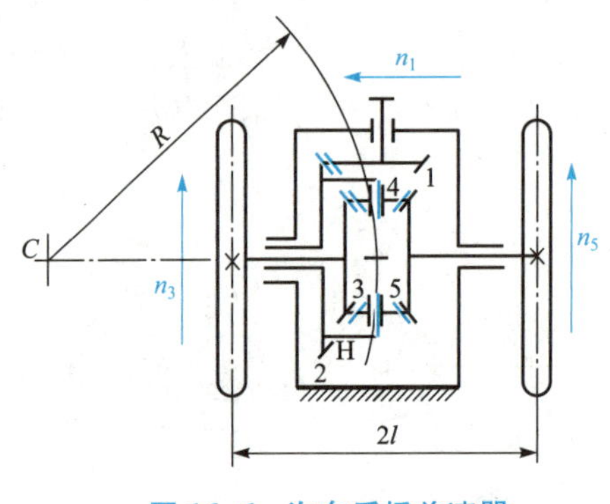

图16-6　汽车后桥差速器

倒挡：左移双联齿轮使齿轮6、8啮合，而齿轮4、3，齿轮6、5和离合器X、Y均脱开，则运动从轴Ⅰ→齿轮1→齿轮2→轴Ⅱ→齿轮7→齿轮8→轴Ⅳ→齿轮6→轴Ⅲ，汽车以低速倒车。

4. 实现运动的分解与合成

将一根主动轴的转动分解成两根从动轴的转动，或将两根主动轴的转动合成为一根从动轴的转动。图16-6所示为汽车后桥差速器，当汽车转弯时，将输入转速n_1分解成两车轮的转速n_3和n_5，使两车轮转弯时在地面上以不同的转速纯滚动，避免车轮与地面的滑动摩擦导致车轮过度磨损。

16.2　定轴轮系传动比的计算

图16-1（a）所示为平面定轴轮系，设齿轮1为首轮，齿轮5为末轮，各齿轮齿数分别为z_1、z_2、$z_{2'}$、z_3、$z_{3'}$、z_4和z_5，各齿轮的转速分别为n_1、n_2、$n_{2'}$、n_3、$n_{3'}$、n_4和n_5。该轮系的所有齿轮轴线都相互平行，它们的转向不是相同就是相反，外啮合时两齿轮转向相反，传动比取“-”号；内啮合时两齿轮转向相同，传动比取“+”号，则轮系中各对齿轮的传动比为

$$i_{12}=\frac{n_1}{n_2}=-\frac{z_2}{z_1}$$

$$i_{2'3}=\frac{n_{2'}}{n_3}=\frac{z_3}{z_{2'}}$$

$$i_{3'4}=\frac{n_{3'}}{n_4}=-\frac{z_4}{z_{3'}}$$

$$i_{45}=\frac{n_4}{n_5}=-\frac{z_5}{z_4}$$

又因为齿轮 2、2′及齿轮 3、3′分别在同一轴上，则 $n_2=n_{2'}$ 及 $n_3=n_{3'}$。将以上各式两边相乘可得

$$i_{12}i_{2'3}i_{3'4}i_{45}=\frac{n_1}{n_2}\frac{n_{2'}}{n_3}\frac{n_{3'}}{n_4}\frac{n_4}{n_5}$$

$$=\left(-\frac{z_2}{z_1}\right)\left(\frac{z_3}{z_{2'}}\right)\left(-\frac{z_4}{z_{3'}}\right)\left(-\frac{z_5}{z_4}\right)$$

所以

$$i_{15}=\frac{n_1}{n_5}=(-1)^3\frac{z_2z_3z_4z_5}{z_1z_{2'}z_{3'}z_4}=-\frac{z_2z_3z_5}{z_1z_{2'}z_{3'}}$$

从上式中可以看出：对于平行轴之间的传动，其传动比等于组成轮系的各对齿轮传动比的连乘积，也等于从动轮齿数的连乘积与主动轮齿数的连乘积之比。当轮系中有一对外啮合齿轮时，两轮转向改变一次，这时齿轮传动比出现一个负号，内啮合不改变转向，不予考虑。上述轮系中有三对外啮合齿轮，故传动比符号为 $(-1)^3$。

此外，在该轮系中齿轮 4 同时与齿轮 3′和齿轮 5 啮合，其齿数可在上述计算式中消掉，即齿轮 4 不影响轮系传动比的大小，只起到改变转向的作用，该齿轮称为惰轮。

将上述计算式推广，若以 1 表示首轮，K 表示末轮，m 表示轮系中外啮合齿轮的对数，于是当轮系为平行轴传动时，轮系传动比为

$$i_{1K}=\frac{n_1}{n_K}=(-1)^m\frac{\text{各从动轮齿数的连乘积}}{\text{各主动轮齿数的连乘积}} \tag{16-1}$$

若不是平行轴传动，如图 16-1（b）所示的空间定轴轮系，其传动比的大小仍然可用式（16-1）来计算，但其转向关系由于轮系中有的齿轮轴线不是相互平行的，不能用转向相同或相反来描述，也就无法用传动比的正负号来表示，而只能用标注箭头的方法来表示。

例 16-1　图 16-7 所示的轮系中，已知 $z_1=z_2=z_{3'}=z_4=20$，齿轮 1、3、3′和 5 同轴线，各齿轮均为标准齿轮。若已知齿轮 1 的转速为 $n_1=1\ 440$ r/min，求齿轮 5 的转速。

解　由图 16-7 可知该轮系为平面定轴轮系，齿轮 2 和 4 为惰轮，轮系中有两对外啮合齿轮，由式（16-1）可得

$$i_{15}=\frac{n_1}{n_5}=(-1)^2\frac{z_3z_5}{z_1z_{3'}}$$

因齿轮 1、2、3 相互啮合，模数 m 相等，故它们之间的中心距关系为

$$\frac{m}{2}(z_1+z_2)=\frac{m}{2}(z_3-z_2)$$

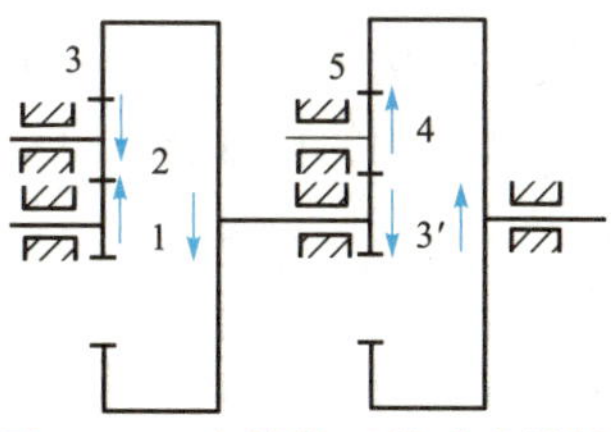

图 16-7　定轴轮系传动比计算

由上式可得 $$z_3=z_1+2z_2=20+2\times20=60$$

同理可得 $$z_5=z_{3'}+2z_4=20+2\times20=60$$

则 $$n_5=(-1)^2\frac{z_1z_{3'}}{z_3z_5}=1\,440\times\frac{20\times20}{60\times60}=160\ (\text{r/min})$$

n_5 为正值，说明齿轮 5 与齿轮 1 转向相同。

行星轮系

16.3 行星轮系传动比的计算

图 16-8（a）所示为一平面行星轮系，由于轮系中行星轮的轴线不固定，其传动比不能直接用定轴轮系传动比的计算公式来计算。可应用转化轮系法，即根据相对运动的原理，假想对整个行星轮系加上一个绕主轴线 $O-O$ 转动的公共转速 $-n_H$。显然轮系中各构件的相对运动关系并没有改变，但此时行星架 H 的转速变为了 $n_H-n_H=0$，即相对静止不动，它支撑的行星轮也变为轴线不动的定轴齿轮。于是原来的行星轮系便转化成为一个假想的定轴轮系，如图 16-8（b）所示，这个转化所得的假想定轴轮系称为原行星轮系的转化轮系。轮系中各构件转化前后的转速比较见表 16-1。

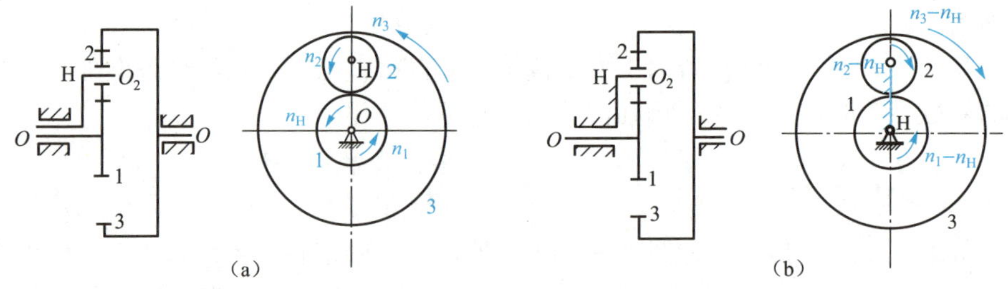

图 16-8 行星轮系及转化轮系

表 16-1 转化轮系前后转速比较

构　　件	原来的转速	转化轮系中的转速
太阳轮 1	n_1	$n_1^H=n_1-n_H$
行星轮 2	n_2	$n_2^H=n_2-n_H$
太阳轮 3	n_3	$n_3^H=n_3-n_H$
行星架 H	n_4	$n_H^H=n_H-n_H=0$

既然转化轮系是一个定轴轮系，就可应用定轴轮系传动比的计算公式求其中任意两个齿轮的传动比。转化轮系中齿轮 1 和齿轮 3 的传动比为

$$i_{13}^H=\frac{n_1^H}{n_3^H}=\frac{n_1-n_H}{n_3-n_H}=-\frac{z_2z_3}{z_1z_2}=-\frac{z_3}{z_1}$$

符号中右上角标“H”，表示转化轮系传动比或转速相对行星架 H 的值。推广至一般情况

$$i_{1K}^{\mathrm{H}}=\frac{n_1^{\mathrm{H}}}{n_K^{\mathrm{H}}}=\frac{n_1-n_{\mathrm{H}}}{n_K-n_{\mathrm{H}}}=\frac{\text{从动齿轮数积}}{\text{主动轮齿数积}}=(-1)^m\frac{\text{各从动轮齿数的连乘积}}{\text{各主动轮齿数的连乘积}} \quad (16\text{-}2)$$

下标 1 为首轮，K 为末轮。

使用式（16-2）时应特别注意：

（1）齿轮 1、齿轮 K 与行星架 H 三个构件的轴线必须相互平行，否则不能应用该式。

（2）将 n_1、n_K、n_{H} 的值代入式（16-2）计算时，必须带正负号。对差动轮系，如两构件转向相反时，将其中一构件的转速用正值代入，另一构件的转速则用负值代入，第三个构件的转速用所求得的正负号来确定。

（3）$i_{1K}\neq i_{1K}^{\mathrm{H}}$，$i_{1K}$是行星轮系中齿轮 1 和齿轮 K 的传动比，而 i_{1K}^{H}是该行星轮系的转化轮系传动比。

例 16-2　图 16-4 所示为一行星减速器中的轮系，已知各齿轮齿数为 $z_1=100$、$z_2=101$、$z_{2'}=100$、$z_3=99$，试求传动比 $i_{\mathrm{H}1}$。

解　图 16-4 所示行星轮系中齿轮 1 为活动太阳轮，齿轮 3 为固定太阳轮（即 $n_3=0$），双联齿轮 2-2′为行星轮，H 为行星架。其传动比的计算可由式（16-2）得

$$i_{13}^{\mathrm{H}}=\frac{n_1-n_{\mathrm{H}}}{n_3-n_{\mathrm{H}}}=(-1)^2\frac{z_2z_3}{z_1z_{2'}}$$

将 $n_3=0$ 代入上式得

$$i_{13}^{\mathrm{H}}=\frac{n_1-n_{\mathrm{H}}}{0-n_{\mathrm{H}}}=1-\frac{n_1}{n_{\mathrm{H}}}=1-i_{1\mathrm{H}}$$

则

$$i_{1\mathrm{H}}=1-i_{13}^{\mathrm{H}}=1-\frac{z_2z_3}{z_1z_{2'}}=1-\frac{101\times99}{100\times100}=\frac{1}{10\ 000}$$

即

$$i_{\mathrm{H}1}=10\ 000$$

这说明当行星架 H 转 10 000 转，齿轮 1 才转 1 转，且两构件转向相同。本例说明行星轮系只用少数几个齿轮就能获得很大的传动比。

若将 z_3 的齿数由 99 改为 100，则

$$i_{\mathrm{H}1}=\frac{n_{\mathrm{H}}}{n_1}=-100$$

若将 z_2 的齿数由 101 改为 100，则

$$i_{\mathrm{H}1}=\frac{n_{\mathrm{H}}}{n_1}=100$$

由此可见，同一种结构形式的行星轮系，由于某一齿轮的齿数略有改变，其传动比就会发生巨大的变化，同时转向也会改变。

第五篇

液压传动

液压传动是利用密闭容积中受压液体来传递运动和动力的一种传动方式。液压传动结构简单，体积小，质量轻，输出力大，在汽车、机床、工程机械和航空工业中广泛采用。

本章主要介绍液压传动的组成、工作原理、基本回路的特点以及液压系统在汽车中的应用。

17

第 17 章 液压传动

学习目标

1. 了解主要液压元件，并熟悉其工作原理；
2. 掌握液压基本回路的工作原理；
3. 能够识读基础液压传动系统图；
4. 熟悉液压传动在汽车中的应用。

液压传动是利用密闭系统中的受压液体来传递运动和动力的一种传动方式。由于液压传动结构简单，体积小，质量轻，输出力大，在汽车、机床、工程机械、矿山机械、压力机械和航空工业中广泛采用。当前液压技术正向高压、高速、大功率、高效、低噪声、经久耐用、高度集成化的方向发展。

本章主要介绍液压传动的组成、工作原理、基本回路的特点以及液压系统在汽车中的应用。

17.1 液压传动基本知识

17.1.1 液压传动的工作原理

图 17-1 所示为常见的液压千斤顶的工作原理，图中大小两个液压缸 6 和 3 的内部分别装有活塞 7 和 2，活塞和缸体之间保持一种良好的配合关系，活塞不仅能在缸内滑动，而且配合面之间又能实现可靠的间隙密封。小液压缸是液压装置的动力元件（液压泵），大液压缸是执行元件。当用手向上提起杠杆 1 时，小活塞 2 就被带动上升，于是小缸 3 的下腔密封容积增大，腔内压力下降，形成部分真空，这时钢球 5 将所在的通路关闭，油箱 10 中的油液就在大气压力的作用下推开钢球 4 沿吸油孔道进入小缸的下腔，完成一次吸油动作。接着，压下杠杆 1，小活塞下移，小缸下腔的密封容积减小，腔内压力升高，这时钢球 4

液压千斤顶

自动关闭了油液流回油箱的通路，小缸下腔的压力油就推开钢球 5 挤入大缸 6 的下腔，推动大活塞将重物 8（重力为 G）向上顶起一段距离。如此反复地提压杠杆 1，就可以使重物不断升起，达到起重的目的。

若将放油阀 9 旋转 90°，则在重物 8 的自重作用下，大缸中的油液流回油箱，活塞下降到原位。

分析液压千斤顶的工作过程，可知液压传动的工作原理有以下几个要点：

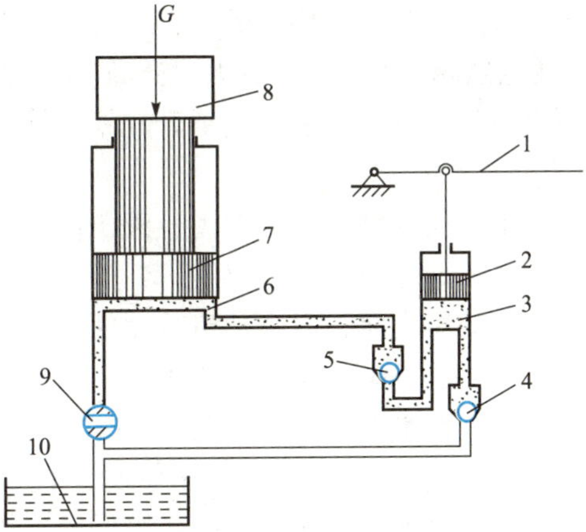

（1）液压传动是以密封容积中的有压液体作为传递动力和运动的工作介质。

（2）执行元件所能承载的大小与油液压力和液压缸活塞有效作用面积有关，而它的运动速度取决于单位时间内进入缸内油液容积的多少。

（3）液压传动装置本质上是一种能量转换装置，液压泵先把机械能转换为便于输送的油液压力能，通过液压回路后，执行元件又将油液压力能转换为机械能输出做功。

图 17-1　常见的液压千斤顶的工作原理

1—杠杆；2—小活塞；3，6—液压缸；4，5—钢球；7—大活塞；8—重物；9—放油阀；10—油箱

17.1.2　液压传动系统的图形符号及组成

1. 液压传动系统的图形符号

如图 17-1 所示，元件基本上都是用结构（或半结构）式的图形画出的示意图，称为结构原理图。它较直观，易为初学者接受，但图形复杂。目前广泛采用元件的图形符号来绘制液压系统图，这种图简单明了，便于阅读。

如图 17-2 所示，用图形符号来绘制的汽车举升机构的液压系统图，图中液压泵 2 由发动机驱动，当电磁阀 6 断电时阀关闭，来自液压泵 2 的油不经过开关阀 3 直接进入举升缸 4，并使举升缸中活塞杆伸出，顶起车厢卸货。当开关阀 3 打开时，来自液压泵 2 的油通过开关阀 3 回油箱 1，车厢靠自重下降，举升缸排出的油也通过开关阀 3 回油箱 1。

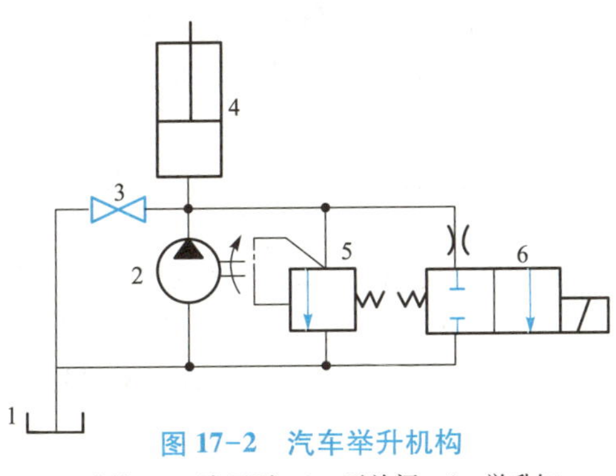

图 17-2　汽车举升机构

1—油箱；2—液压泵；3—开关阀；4—举升缸；5—安全阀；6—电磁阀

当车厢过载或系统压力突然升高时，安全阀 5 开启，使高压油溢流返回油箱，防止了系统过载。当

车厢举升到设计所要求的翻转角度时，举升缸的倾斜角触动限位开关，使电磁阀6通电磁阀门开启，使高压腔与低压腔相通，液压泵2的来油经阀6返回油箱，不再往举升缸内供油，使举升缸停止伸长而达到限位目的。

2. 液压传动系统的组成

由上面的例子可以看出，液压传动系统主要由以下几个部分组成。

（1）动力元件。一般是液压泵。它的功用是将原动机输入的机械能转换成为流体的压力能，以驱动执行元件运动，是一种能量转换装置。

（2）执行元件。一般指做直线运动的液压缸、做回转运动的液压马达。它的功用是将流体的压力能转换为机械能，以驱动工作部件，也是一种能量转换装置。

（3）控制元件。指各种阀类元件，它们的作用是控制和调节液压系统中流体的压力、流量和流动方向，以保证工作机构完成预定的工作运动。

（4）辅助元件。指除以上三种以外的其他装置，如油箱、油管、管接头、过滤器、蓄能器、压力表等，它们的作用是提供必要的条件，使系统得以正常工作和便于监测控制。

（5）传动介质。即液压油（通常为矿物油），其作用是传递能量，实现运动。

3. 液压传动的特点

液压传动与其他传动方式相比较，主要有以下优点：

（1）液压传动能方便地实现无级调速，调速范围大。

（2）在相同功率情况下，液压传动能量转换元件的体积较小，质量较轻。

（3）液压传动工作平稳，冲击小，能高速起动、制动和换向。

（4）液压系统便于实现过载保护。

（5）液压系统操纵简单，便于实现自动化。特别是和电气控制联合使用时，易于实现复杂的自动工作循环。

（6）油液元件能够自行润滑，元件的使用寿命长。

（7）液压元件易于实现系列化、标准化和通用化，故便于设计、制造。

液压传动的主要缺点如下：

（1）由于泄漏及流体的可压缩性，使它们无法保证严格的传动比。

（2）液压传动对油温的变化比较敏感，且易污染环境，一般工作温度在-15~60 ℃范围内较合适。

（3）由于液体黏性大，在流动过程中阻力损失大，因而不宜做远距离传动和控制。

（4）油液元件制造精度要求高，因此制造成本高，加工装配较困难，且对油液的污染较敏感。

（5）由于液压元件和工作介质都在封闭的油路内工作，发生故障不易检查。

17.1.3 液压油

液压传动是以液体（通常是液压油）作为工作介质来进行能量传递的，液压油的质量直接影响液压系统的工作性能。

1. 液压油的物质性质

1）黏性

液体在外力作用下流动时，分子间的内聚力要阻止分子间的相对运动，因而产生一种内摩擦力，这一特性称为液体的黏性。黏性是液体的重要物理性质，也是选择液压用油的主要依据之一。

液体流动时，由于液体的黏性以及液体和固体壁面间的附着力，会使液体内部各层间的速度大小不等。当液体在两平行平板间流动时，中间各层液体的速度与平板间的距离大小近似呈线性规律分布。

实验表明，液体流动时相邻液层间的内摩擦力 F 与液层接触面积 A、液层间的速度梯度 $\mathrm{d}u/\mathrm{d}y$ 成正比，即

$$F=\mu A\frac{\mathrm{d}u}{\mathrm{d}y} \tag{17-1}$$

式中，μ 为比例常数，称为动力黏度。

黏度表示液体黏性的大小。黏度常用表示方法有动力黏度、运动黏度。

（1）动力黏度。动力黏度又称绝对黏度，是用液体流动时所产生的内摩擦力的大小来表示的黏度，由式（17-1）可得

$$\mu=\frac{F}{A\dfrac{\mathrm{d}u}{\mathrm{d}y}} \tag{17-2}$$

由式（17-2）可知，动力黏度的物理意义是：液体在单位速度梯度下流动时，接触液层间单位面积上的内摩擦力。

动力黏度的法定计量单位为 Pa·s（帕·秒）。

（2）运动黏度。

在相同温度下，液体的动力黏度和它的密度的比值称为运动黏度，以 ν 表示，即

$$\nu=\frac{\mu}{\rho} \tag{17-3}$$

比值 ν 无明确物理意义，但它却是工程实际中经常用到的物理量。

运动黏度的法定计量单位是 $\mathrm{m^2/s}$，它与以前沿用的非法定计量单位 cSt（厘斯）之间的关系是

$$1\ \mathrm{m^2/s}=10^6\ \mathrm{mm^2/s}=10^6\ \mathrm{cSt}$$

国际标准化组织（ISO）规定统一采用运动黏度来表示油的黏度等级。我国生产的全损耗系统用油和液压油采用 40 ℃时的运动黏度值（$\mathrm{mm^2/s}$）为其黏度等级标号，即油的牌号。如牌号为 L-HL32 的液压油，就是指这种油在 40 ℃时的运动黏度平均值为 32 $\mathrm{mm^2/s}$。

2）黏度和温度的关系

油液的黏度对温度的变化极为敏感，温度升高，油的黏度下降。油的黏度随

温度变化的性质称为油液的黏温特性。不同种类的液压油有不同的黏温特性，黏温特性较好的液压油，黏度随温度的变化较小，因而油温变化对液压系统性能的影响较小。

3）黏度和压力的关系

液体所受的压力增大时，其分子间的距离减小，内聚力增大，黏度亦随之增大。但对于一般的液压系统，当压力在 32 MPa 以下时，压力对黏度的影响不大，可以忽略不计。

2. 液压油的选择

1）对液压油的基本要求

液压传动用油一般应满足如下要求：

（1）合适的黏度和良好的黏温特性。

（2）有良好的润滑性能，腐蚀性小，抗锈性好。

（3）质地纯净，杂质少。

（4）对金属和密封件有良好的相容性。

（5）氧化稳定性好，长期工作不易变质。

（6）抗泡沫性和抗乳化性好。

（7）体积膨胀系数小，比热容大。

（8）燃点高，凝点低。

（9）对人体无害，成本低。

对于具体的液压传动系统，则需根据情况突出某些方面的使用性能要求。

2）液压油的选择方法

正确而合理地选用液压油，是保证液压系统正常和高效率工作的条件。选用液压油时常常采用两种方法：一种是按液压元件生产厂样本或说明书所推荐的油类品种和规格选用液压油；另一种是根据液压系统的具体情况，如工作压力高低、工作温度高低、运动速度大小、液压元件的种类等，全面地考虑液压油的选择。

一般液压油在温度升高时，黏度会变小，系统的泄漏增加，执行元件的工作性能也变坏。温度上升，液压油还易被氧化，其析出物会堵塞阀类小孔通道。所以必须限制液压油的升温，使系统正常工作。

在不同的环境温度和工作条件下，应该选用不同黏度的液压油。为减小泄漏损失，在使用温度较高、压力较高或转速较低时，应采用黏度较大的液压油；为了减小管路内的机械摩擦损失，在使用温度较低、压力较低或转速较高时，应采用黏度较小的液压油。

17.1.4 液压传动的力学基础

1. 压力

如图 17-1 所示，液压千斤顶在顶起重物进行工作时，缸内的液体是存在压力的，正是由于这种压力作用在大活塞的底面，才推动重物升起。根据物理学中的静压传递原理（帕斯卡原理）可知，密封容器中的液体，当任意一处受到外力作用时，这个力就会通过液体传递到容器内的任意部位，而且压强处处相等。这里所说的压强是作用在液体单位面积上的力，一般用 p 表示，而作用在活塞有效面积上的力，用 F 表示。当活塞的有效作用面积为 A 时，有下列关系式

$$F=pA \tag{17-4}$$

式中，F 是力；A 是面积；p 是压力，压力单位为 Pa 或 N/m^2。

要指出的是，在液压传动中，习惯将液体的压强 p 称为压力，实质上，它和一般压力的概念是完全不同的。

在液压千斤顶的工作中，根据静压传递原理，要使活塞顶起上面的重物（负载），则作用在活塞下端面积 A 上的液压推力 F 至少应该等于物体的重力 G（实际上还包括活塞本身的重力），即

$$F=G$$

此时，缸中的油液压力 p 为

$$p=\frac{G}{A} \tag{17-5}$$

由式（17-5）可知，液压缸中的工作压力 p 随外界负载的变化而变化，负载大时压力就大，负载小时压力就小。如果活塞上没有负载，缸中的压力也就可以认为等于零了。因此，液压缸的工作压力决定于外界负载。

在液压传动中，通常将工作压力分为几个等级，如表 17-1 所示。

表 17-1　压力分级

压力等级	低压	中压	中高压	高压	超高压
压力范围 p/MPa	0~2.5	2.5~8	8~16	26~32	大于 32

2. 流量

单位时间内流过管道某一截面的液体体积称为体积流量 q。若在时间 t 内流过的液体体积为 V，则流量为

$$q=\frac{V}{t} \tag{17-6}$$

q 是流量（m^3/s、cm^3/s 或 L/min），它们的换算关系是

$$1\ m^3/s=10^6\ cm^3/s=6\times10^4\ L/min$$

如图 17-3 所示，液体在同一直管内流动，设管道的通流截面积为 A，则流过截面 Ⅰ-Ⅰ 的液体经时间 t 后到达截面 Ⅱ-Ⅱ 处，所流过的距离为 l，则流过的液体体积为 $V=Al$，因此流量为

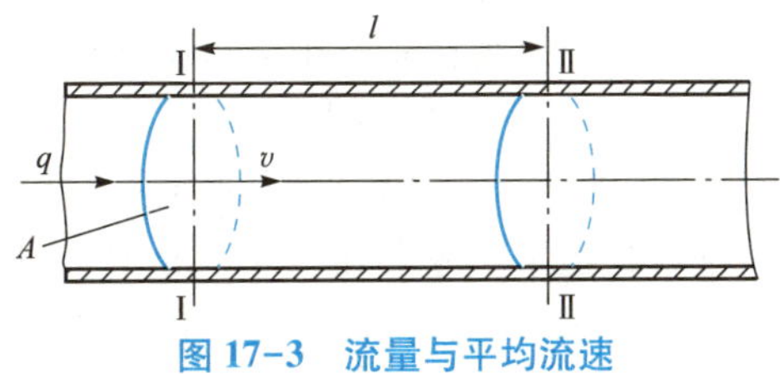

图 17-3　流量与平均流速

$$q=\frac{V}{t}=\frac{Al}{t}=Av \tag{17-7}$$

式中，v 是液体在通流截面上的平均流速，而不是实际流速。

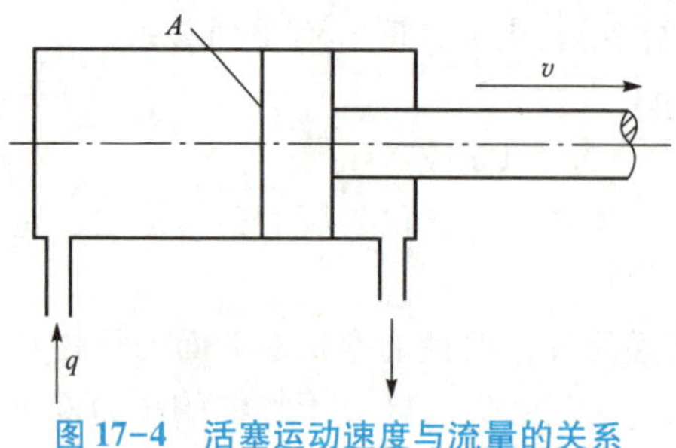

图 17-4　活塞运动速度与流量的关系

在液压缸中，液体的平均流速与活塞的运动速度相同，如图 17-4 所示。因此，亦存在如下关系

$$v=\frac{q}{A} \tag{17-8}$$

式中，v 是活塞运动的速度；q 是输入液压缸的流量；A 是活塞的有效作用面积。

由式（17-8）可知，当液压缸的活塞有效作用面积一定时，活塞运动速度的大小由输入液压缸的流量来决定。

17.2　液压动力元件

17.2.1　液压泵的基本概念

1. 液压泵的用途和分类

液压泵是液压传动系统中的动力元件。它的作用是将原动机（通常是电机）输入的机械能转化成液压能，给系统提供具有一定压力和流量的工作液体。液压泵的性能好坏直接影响到液压系统的工作性能和可靠性，在液压传动中占有非常重要的地位。

液压传动系统中使用的液压泵都是容积式液压泵，它是借助配流装置，依靠密闭容积的周期性变化来进行工作的。容积式液压泵的类型很多，通常根据以下几种分类方法进行分类。

按其结构形式的不同可分为：齿轮泵、螺杆泵、叶片泵和柱塞泵等。

按其排量能否改变可分为：定量泵和变量泵。

按其吸、排油方向能否改变可分为：单向泵和双向泵。

按其压力大小可分为：低压泵（小于等于 2.5 MPa）、中压泵（2.5~8 MPa）、中高压泵（8~16 MPa）、高压泵（16~32 MPa）和超高压泵（大于32 MPa）。

液压泵经过组合，可组成双联泵、三联泵等。

2. 液压泵的工作原理

单柱塞泵原理

图 17-5 所示为单柱塞泵的结构，柱塞 2 装在缸体 3 中形成一个密封容积 V，柱塞在弹簧 4 的作用下始终压紧在偏心轮 1 上，原动机驱动偏心轮 1 旋转，柱塞 2 就在缸孔中做往复运动，从而使密封容积 V 的大小发生周期性的交替变化。当 V 由小变

大时就形成部分真空，使油箱中油液在大气压作用下，经吸油管顶开单向阀 6 进入油腔 V 而实现吸油；反之，当 V 由大变小时，V 腔中吸满的油液将顶开单向阀 5 流入系统而实现压油。这样液压泵就将原动机输入的机械能转换成液体的压力能，原动机驱动偏心轮不断旋转，液压泵就不断地吸油和压油。利用这种原理做成的泵统称为容积式泵。

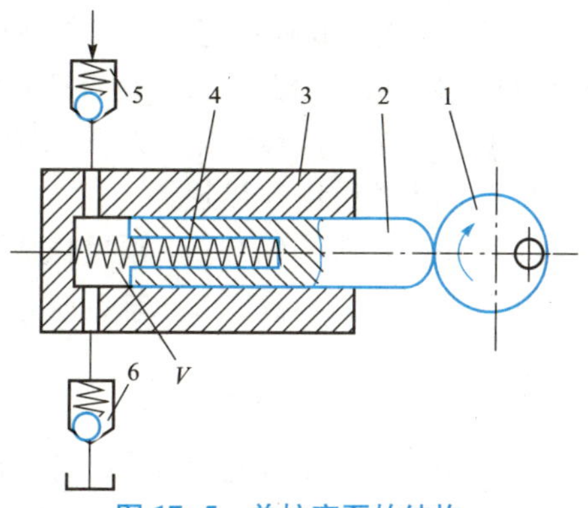

图 17-5　单柱塞泵的结构

1—偏心轮；2—柱塞；3—缸体；4—弹簧；5，6—单向阀

17.2.2　齿轮泵

齿轮泵是利用齿轮啮合原理工作的，如图 17-6 所示。一对相互啮合的齿轮装在泵体内，齿轮两端面靠端盖密封，齿顶靠泵体的圆弧表面密封，在齿轮的各个齿间，形成了密封的工作容积。泵体有两个油口，一个是入口（吸油口），一个是出口（压油口）。

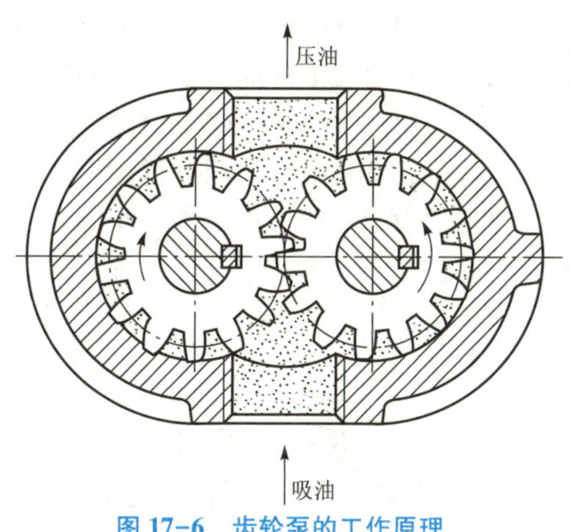

图 17-6　齿轮泵的工作原理

当电动机驱动主动齿轮旋转时，两齿轮转动方向如图 17-6 所示。这时吸油腔的轮齿逐渐分离，由齿间所形成的密封容积逐渐增大，出现了部分真空，因此油箱中的油液就在大气压力的作用下，经吸油管和齿轮泵入口进入吸油腔。吸入到齿轮间的油液随齿轮旋转带到压油腔，随着压油腔轮齿的逐渐啮合，密封容积逐渐减小，油液就被挤出，从压油腔经出油口输送到压力管路中。由于齿轮泵的密封容积变化范围不能改变，故流量不可调，是定量泵。

17.2.3　叶片泵

1. 单作用叶片泵的工作原理

图 17-7 所示为单作用叶片泵的工作原理，它由转子 1、定子 2、叶片 3 以及把它们夹在中间的配油盘等组成。定子内表面为圆柱形，定子和转子间有偏心距离 e，叶片装在转子槽中，并可在槽内滑动，当转子回转时，由于离心力的作用，将使叶片甩出并紧靠在定子内壁，这样在定子、转子、叶片和两侧配油盘间就形成了若干个密封的工作空间。另外，配油盘上开有吸油和压油窗口，分别与吸、压油腔相通，这样当图 17-7 所示转子按逆时针方向旋转时，在图的右边，叶片逐渐伸出，叶片间的工作空间逐渐增大，并通过配油盘从吸油腔吸油。而在

图 17-7 的左边，叶片被定子内壁逐渐压进转子槽内，工作空间逐渐缩小，即将油液经配油盘从压油腔压出。在吸油腔和压油腔之间有一段封油区，它把吸油腔和压油腔隔开了。这种叶片泵转子每转一周，每个工作空间只完成一次吸油和压油，因此称为单作用叶片泵。

单作用叶片泵的偏心量 e 通常做成可调的。偏心量的改变会引起叶片泵输油量的相应变化，偏心量增大，输油量也会随之增大。所以，单作用叶片泵是变量液压泵。

2. 双作用叶片泵的工作原理

双作用叶片泵

单作用叶片泵是通过定、转子偏心安装来实现工作空间容积的变化，而双作用叶片泵则是通过将定子内表面设计成特定的曲面来实现这一目的的。其工作原理如图 17-8 所示，它是由定子 1、转子 2、叶片 3、左右配油盘等组成的。转子和定子中心重合，定子内表面轴向曲线近似为椭圆，该曲线由四段圆弧和四段过渡曲线所组成。当转子转动时，叶片在离心力和根部压力油（建压后）的作用下，在转子槽内向外移动而压向定子内表面，由叶片、定子的内表面，转子的外表面和两侧配油盘间形成若干个密封空间，当电动机带动转子按图 17-8 所示方向顺时针旋转时，处在小圆弧上的密封空间经过渡曲线而运动到大圆弧的过程中，叶片外伸，密封空间的容积增大，此时通过配油盘上的吸油窗口吸入油液；在从大圆弧经过渡曲线运动到小圆弧的过程中，叶片被定子内壁逐渐压进叶片槽内，密封空间容积变小，将油液从配油盘压油窗口压出。由于大、小圆弧都有两段，因而，转子每转一周，每个工作空间要完成两次吸油和压油，所以称之为双作用叶片泵，双作用叶片泵的流量不可调，是定量泵。

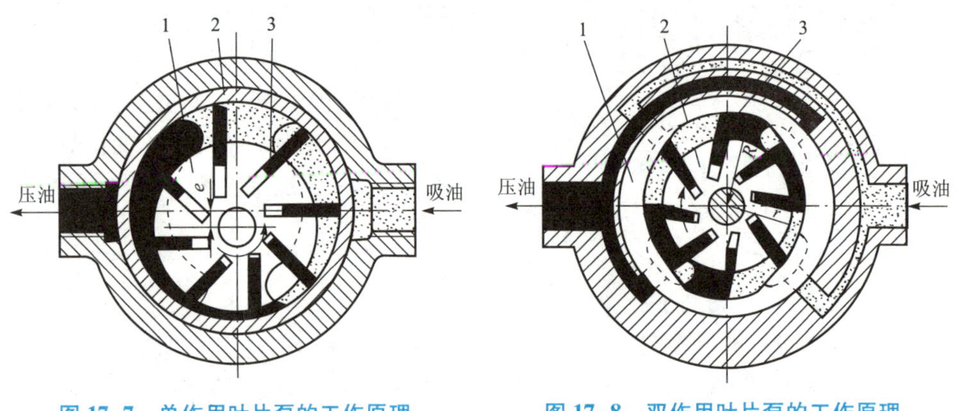

图 17-7 单作用叶片泵的工作原理
1—转子；2—定子；3—叶片

图 17-8 双作用叶片泵的工作原理
1—定子；2—转子；3—叶片

17.2.4 柱塞泵

叶片泵和齿轮泵受使用寿命或容积效率的影响，一般只宜作中、低压泵。柱塞泵是靠柱塞在缸体中做往复运动，使密封容积发生变化来实现吸油与压油的。由于柱塞和缸孔均为圆柱表面，因此加工方便，配合精度高，密封性能好，在高压下工作仍有较高的容积效率。

由于单柱塞泵不能够连续的吸油和压油，故柱塞泵通常由多个单柱塞组合而成。

轴向柱塞泵由配流盘 1、缸体（转子）2、柱塞 3、斜盘 4 等零件组成，如图 17-9 所示。斜盘、配流盘均与泵体（图 17-9 中未画出）相固定，柱塞在弹簧的作用下以球形端头与斜盘接触。在配流盘上开有两个沟槽，分别与泵的吸、压油口连通，形成吸油腔和压油腔。两个弧形沟槽彼此隔开，保持一定的密封性。在斜盘相对于缸体的夹角为 γ 时，原动机通过传动轴带动缸体旋转，柱塞就在柱塞孔内做轴向往复滑动。处于 $\pi\sim2\pi$ 范围内的柱塞向外伸出，其底部的密封容积增大，将油液吸入；处于 $0\sim\pi$ 范围内的柱塞向缸体内压入，其底部的密封容积减小，把油压入系统中。

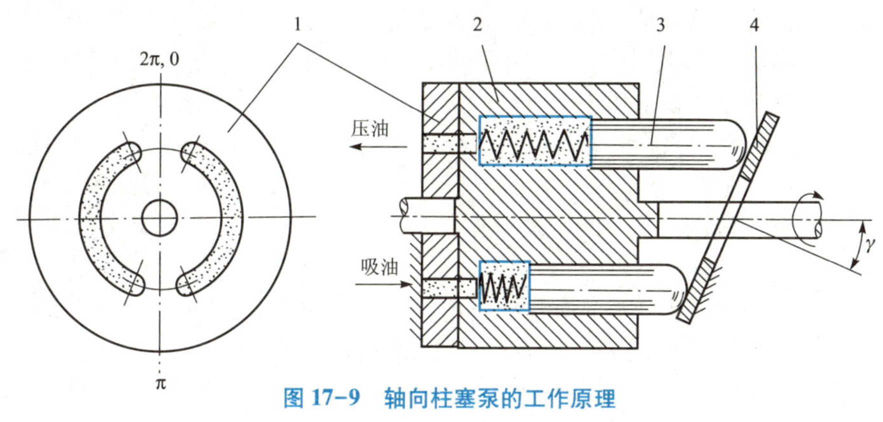

图 17-9　轴向柱塞泵的工作原理

1—配流盘；2—缸体；3—柱塞；4—斜盘

显然，泵的输油量决定于柱塞往复运动的行程长度，也就是决定于斜盘的倾角 γ。如果 γ 角可以调整，就成为变量泵。γ 越大，输油量也就越大。

17.2.5　液压泵的使用

齿轮泵的结构简单，易于制造，价格便宜，工作可靠，维护方便。但齿轮泵是靠一对齿的交替啮合来吸油和压油的，每一对齿轮啮合过程中的容积变化是不均匀的，这就形成较大的流量脉动，并产生振动和噪声；齿轮泵泄漏较多，由此造成的能量损失较大，即齿轮泵的容积效率（指泵的实际流量与理论流量的比值）较低；此外，齿轮、轴及轴承所受的径向力不平衡。由于存在上述缺点，齿轮泵一般只能用于低压、轻载系统。

叶片泵的优点是输油量均匀，压力脉动较小，容积效率较高。由于吸、压油口对称分布，转子承受的径向力平衡，所以这种泵可以提高输油压力。叶片泵的主要缺点是结构比较复杂，零件较难加工，叶片容易被油中的脏物卡死。

轴向柱塞泵的优点是结构紧凑，径向尺寸小，能在高压和高转速下工作，并具有较高的容积效率，因此在高压系统中应用较多。但是这种泵的结构复杂，价格较贵。例如，在汽车柴油机中常用来输送高压燃油。

径向柱塞泵的输油量大，压力高，流量调节和流量变换都很方便。但这种泵由于配流盘与转子间的间隙磨损后不能自动补偿，因而泄漏损失较大；柱塞头部与定子内表面为点接触，易磨损，因而限制了它的使用。目前，径向柱塞泵已逐渐被轴向柱塞泵所代替。

17.3 液压执行元件

17.3.1 液压马达

液压马达和液压泵从工作原理上来说是互逆的，液压泵是液压系统的动力元件，由电动机或发动机驱动，为系统提供压力油。液压马达是系统的执行元件，其作用是将液压泵提供的压力能转换为机械能，液压马达与液压缸不同，液压马达做旋转运动，液压缸做直线运动。液压马达与液压泵结构相似，但不能直接互换使用。

一般情况下液压马达和液压泵不能直接互换。

外啮合齿轮马达

1. 齿轮液压马达

齿轮液压马达的工作原理如图17-10所示，c为Ⅰ、Ⅱ两个齿轮的啮合点，h为齿轮全齿高。啮合点c到两个齿轮Ⅰ、Ⅱ的齿根距离分别为a和b。当压力为p的高压油进入马达的高压腔时，处于高压腔的所有轮齿均受到压力油的作用，其中相互啮合的两个轮齿则只有部分齿面受到了高压油的作用。由于a和b均小于齿高h，所以在两个齿轮Ⅰ、Ⅱ上受到的液压力并不平衡（图17-10），其合力大小分别为$pB(h-a)$和$pB(h-b)$，其中B为轮齿宽度。在这两个力的作用下，齿轮就可以按图17-10所示方向输出转矩，而进入马达的油液则被带到低压腔排出。

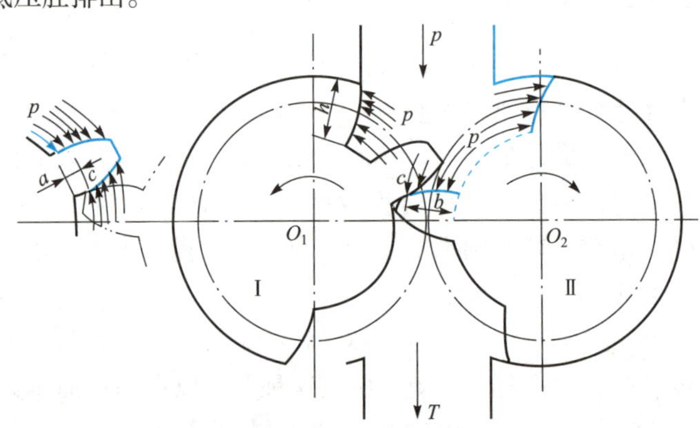

图17-10 齿轮液压马达工作原理

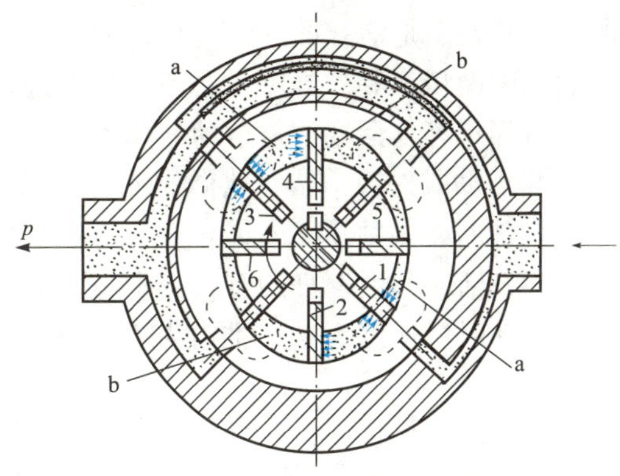

图 17-11　叶片式液压马达的工作原理

为了适应正反转要求，齿轮液压马达在结构上应具有以下特点：进出油口大小相同、具有对称性；有单独的外泄油口将轴承部分的泄漏油引出壳体外。

2. 叶片式液压马达

如图 17-11 所示，叶片式液压马达当压力油输入进油腔 a 以后，此腔内的叶片均受到油液压力 p 的作用。由于叶片 2 比叶片 1 伸出的面积大，所以叶片 2 获得的推力比叶片 1 大，两者推力之差相对于转子中心形成一个力矩。同样，叶片 1 和 5、4 和 3、3 和 6 之间，由于液压力的作用而产生的推力差也都形成力矩。这些力矩的方向相同，它们的总和是推动转子沿顺时针方向转动的总力矩。

从图 17-11 可以看出，位于回油腔 b 的各叶片不受液压推力作用（设出口压力为零），也就不能形成力矩，工作过的液体随着转子的转动，经回油腔流回油箱。

应当指出，为保证通入压力油之后，液压马达的转子能立即旋转起来，必须在叶片底部设置预紧弹簧，并将压力油通入叶片底部，使叶片能压紧在定子内表面上（图 17-11 中未表示）。

叶片式液压马达的体积较小，动作灵敏；但泄漏较大，效率较低，故适用于高速、低转矩以及要求动作灵敏的工作场合。

液压马达（或液压泵）的每转排油量称为排量，以 V 表示，单位为 m^3/r 或 cm^3/r（mL/r）。上面介绍的叶片式液压马达因其排量不可调节，故属定量马达。若将液压马达做成可以改变排量的结构（如柱塞式液压马达），则为变量马达。

17.3.2　液压缸

液压缸和液压马达同为执行元件，是将液压能转变为机械能的一种能量转换装置。与液压马达不同的是，液压缸将液压能转变成往复直线运动或摆动的机械能。液压缸结构简单，工作可靠，制造容易，做直线往复运动时，省去了减速机构，且没有传动间隙，传动平稳，反应快，因此在液压系统中被广泛应用。

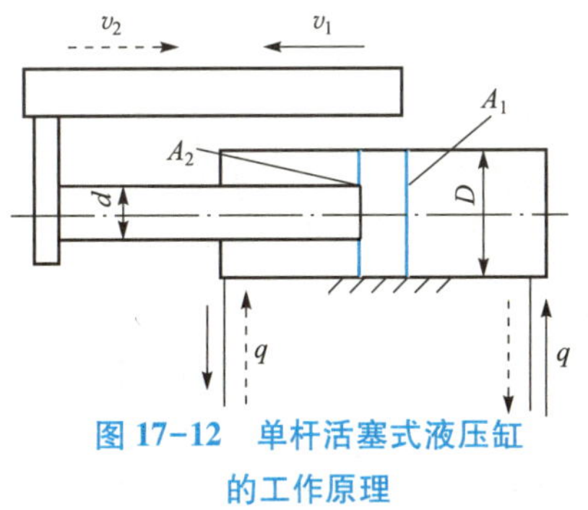

图 17-12　单杆活塞式液压缸的工作原理

1. 活塞式液压缸

活塞式液压缸可分为双杆式和单杆式两种结构，其固定方式有缸体固定和活塞杆固定两种。

单杆活塞式液压缸的工作原理如图 17-12

所示。其特点是活塞的一端有杆，而另一端无杆，所以活塞杆的有效作用面积不等。当左、右两腔分别进入压力油时，即使流量和压力都相等，活塞往复运动的速度和所受的推力也不相等。在无杆腔进油时，因活塞有效面积大，所以速度小，推力大；在有杆腔进油时，因活塞有效面积小，所以速度大，推力小。

单杆液压缸

假设活塞与活塞杆的直径分别为 D 和 d（图17-12），当无杆腔进油、工作台向左运动时，速度为 v_1，推力为 F_1，则

$$v_1=\frac{q}{A_1} \tag{17-9}$$

$$F_1=pA_1 \tag{17-10}$$

当有杆腔进油、工作台向右运动时，速度为 v_2，推力为 F_2，则

$$v_2=\frac{q}{A_2} \tag{17-11}$$

$$F_2=pA_2 \tag{17-12}$$

比较上述公式，因为 $A_1>A_2$，所以 $v_1<v_2$，$F_1>F_2$。这个特点常用于实现机床的工作进给（用 v_1，F_1）和快速退回（用 v_2，F_2）。

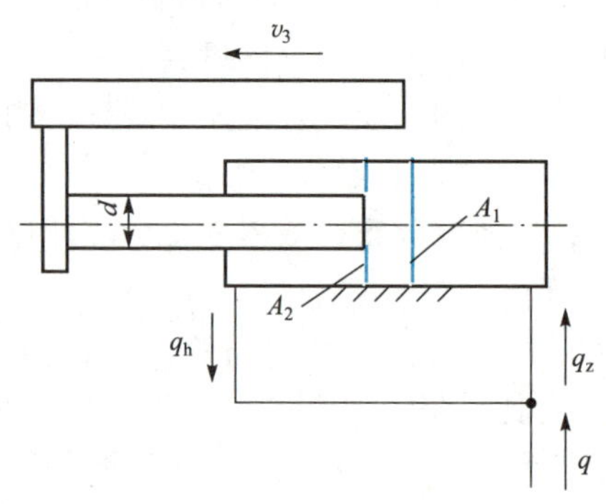

图 17-13　单杆液压缸的差动连接

当液压缸两腔同时接通压力油（图 17-13）时，由于活塞两端有效面积不相等，作用于活塞两端的液压力不相等（$F_1>F_2$），产生的推力等于活塞两侧液压力的差值，即 $F_3=F_1-F_2$。在此推力 F_3 的作用下，活塞产生差动运动，得速度 v_3。这时，液压缸左腔排出的油液（$q_h=A_2v_3$）进入右腔，右腔得到的总油量增加，即

$$q_z=q+q_h$$

因为

$$q_z=A_1v_3$$

$$q_h=A_2v_3$$

所以

$$A_1v_3=q+A_2v_3$$

整理后得

$$v_3=q/(A_1-A_2)=q/A_3$$

推力

$$F_3=F_1-F_2=p\ (A_1-A_2)\ =pA_3$$

式中，A_3 为活塞两端有效面积之差，即活塞杆的截面积。

$$A_3=A_1-A_2=\frac{\pi d^2}{4}$$

与式（17-9）及式（17-10）相比较，由于 $A_3<A_1$，所以 $v_3>v_1$ 得到快速运动；但 $F_3<F_1$，推力减小。

当单杆液压缸两腔互通并接入压力油时，活塞可做差动快速运动。液压缸的

这种油路连接，称为差动连接。液压缸的差动连接是在不增加液压泵流量的情况下实现快速运动的有效方法。在机床液压系统中，常通过控制阀来改变单杆缸的油路连接，从而获得快进（差动连接）—工进（无杆腔进油）—快退（有杆腔进油）的进给工作循环。

单杆活塞式液压缸在实际应用中，可以做成缸体固定、活塞杆移动的结构，也可以做成活塞杆固定、缸体移动的结构。

2. 柱塞式液压缸

柱塞式液压缸的工作原理如图 17-14 所示。这种液压缸只能在压力油的作用下产生单向运动，另一个方向的运动往往靠它本身的自重（垂直放置时）或弹簧等其他外力来实现。为了得到双向运动，柱塞式液压缸通常应成对使用。

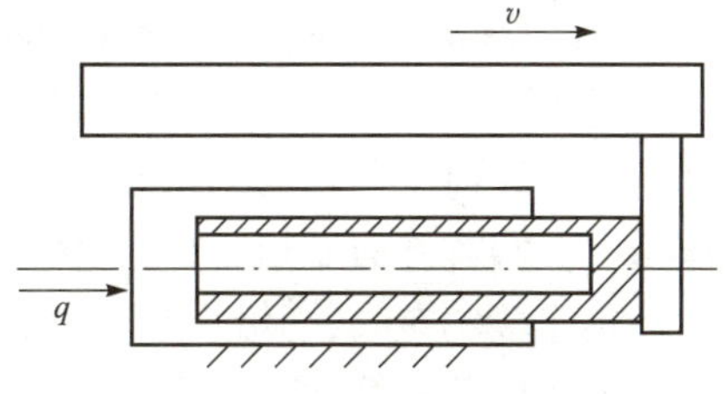

图 17-14 柱塞式液压缸的工作原理

柱塞式液压缸的柱塞通常做成空心的，这样可以减轻质量，防止柱塞下垂（水平放置时），降低密封装置的单面磨损。

17.4 液压控制元件

17.4.1 液压控制阀概述

液压控制阀的分类方式有多种，一般按用途划分，可分为三大类：方向控制阀，简称为方向阀，如单向阀、换向阀等；压力控制阀，简称为压力阀，如溢流阀、顺序阀、减压阀和压力继电器等；流量控制阀，简称为流量阀，如节流阀、调速阀等。这三类控制阀还可根据需要组合成组合阀，如单向顺序阀、单向减压阀、卸荷阀和单向节流阀等。

控制阀安装在液压泵和执行元件之间，在系统中不做功，只对执行元件起控制作用。它们都是由阀体（阀座）、阀芯和阀的操纵机构三大部分组成。阀的操纵机构可以是手动、机动、电动、液动等。虽然各类阀的工作原理不完全相同，但它们不外乎是通过阀芯的移动或控制油口的开闭或限制、改变油液的流动来工作的，而且只要液体流过阀孔都会产生压力降及温度升高等现象。为此，液压控制阀就满足以下基本要求。

（1）动作灵敏，工作平稳可靠，冲击、振动和噪声尽可能小。

（2）油液流经阀时的阻力损失要小。

（3）密封性要求良好，泄漏量小。

（4）结构要简单紧凑，体积小，通用性强，寿命长。

17.4.2 方向控制阀

方向控制阀在液压系统中主要是用来连通油路或切换油流的方向，从而控制执行元件的起动、停止或改变其运动方向。按其用途可分为单向阀和换向阀。

1. 单向阀

1）普通单向阀

单向阀

普通单向阀控制油液只能按一个方向流动而反向截止，故简称单向阀，又称止回阀。它由阀体1、阀芯2、弹簧3等零件组成，如图17-15所示。阀芯2有锥阀式和钢球式两种，图17-15（a）所示为锥阀式。钢球式阀芯结构简单，但密封性不如锥阀式。当压力油从进油口P_1输入时，会克服弹簧3的作用力，顶开阀芯2，并经阀芯2上四个径向孔a及轴向孔b，从出油口P_2输出。当液流反向流动时，在弹簧和压力油的作用下，阀芯锥面紧压在阀体1的阀座上，油液不能通过。图17-15（b）所示为板式连接单向阀，其进、出油口开在底平面上，用螺钉将阀体固定在连接板上，其工作原理和管式单向阀相同。图17-15（c）所示为单向阀的图形符号。

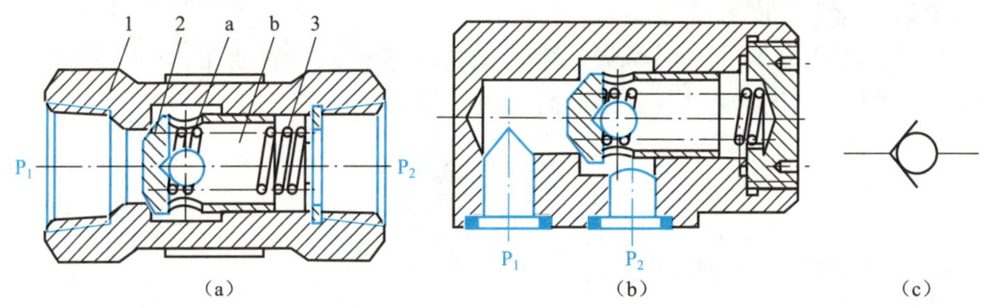

图17-15 单向阀

（a）管式连接单向阀；（b）板式连接单向阀；（c）图形符号

1—阀体；2—阀芯；3—弹簧

普通单向阀的弹簧主要用来克服阀芯运动时的摩擦力和惯性力。为了使单向阀工作灵敏可靠，弹簧力应较小，以免液流产生过大的压力降。一般单向阀的开启压力在0.035~0.05 MPa，额定流量通过时的压力损失不超过0.1 MPa。当利用单向阀作背压阀时，应换成较硬的弹簧，使回油保持一定的背压。作背压阀用时，开启压力一般在0.2~0.6 MPa。

对单向阀的主要性能要求是：当油液从单向阀正向通过时阻力要小（压力降小）；而反向截止时无泄漏，阀芯动作灵敏，工作时无撞击和噪声。

普通单向阀常与某些阀组合成一体，称为组合阀或称复合阀，如单向顺序阀（平衡阀）、可调单向节流阀、单向调速阀等。

2）液控单向阀

液控单向阀的结构如图17-16（a）所示，它与普通单向阀相比，增加了一个控制油口X，当控制油口X处无压力油通入时，液控单向阀起普通单向阀的作用，主油路上的压力油经P_1口输入，P_2口输出，不能反向流动。当控制油口X通入压力油时，活塞1的左侧受压力油的作用，右侧a腔与泄油口相通，于是活塞 1 向右移动，通过顶杆 2 将阀芯 3 打开，使进、出油口接通，油液可以反向流动，不起单向阀的作用。控制油口 X 处的油液与进、出油口不通。通入控制油口 X 的油液的最小压力不应低于主油路压力的 30%。

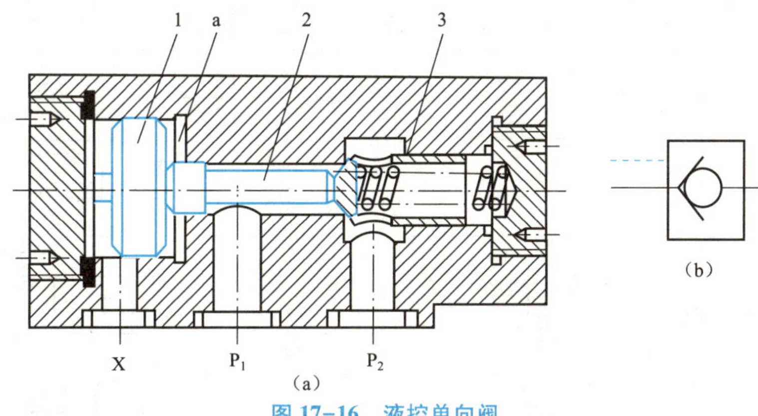

图 17-16　液控单向阀

（a）液控单向阀；（b）图形符号

1—控制活塞；2—顶杆；3—阀芯

2. 换向阀

换向原理

1）换向阀工作原理

滑阀式换向阀是利用阀芯在阀体内做轴向滑动来实现换向作用的。如图 17-17 所示，滑阀阀芯是一个具有多段环形槽的圆柱体（阀芯有 3 个台肩，阀体孔内有 5 个沉割槽）。每条槽都通过相应的孔道与外部相通，其中 P 口为进油口，T 口为回油口，A 口和 B 口通执行元件的两腔。当阀芯处于如图 17-17（b）所示工作位置时，4 个油口互不相通，液压缸两腔不通压力油，处于停机状态。若使换向阀阀芯右移，如图 17-17（a）所示，阀体上的油口 P 和 A 相通，B 和 T 相通，压力油经 P、A 油口进入液压缸左腔，活塞右移，液压缸右腔油液经 B、T 油口回油箱。反之，若使阀芯左移，如图 17-17（c）所示，则 P 和 B 相通，A 和 T 相通，活塞左移。

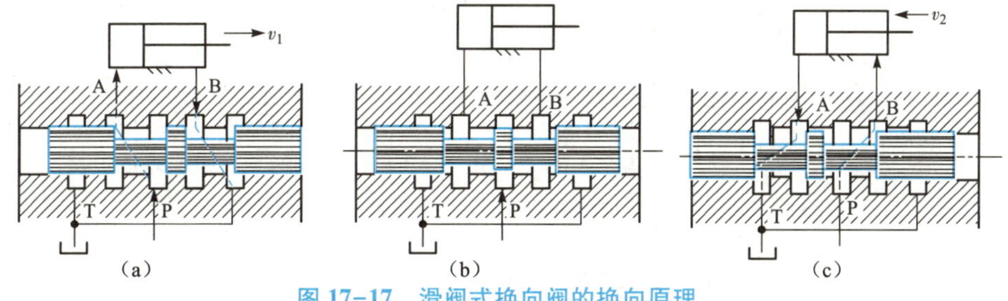

图 17-17　滑阀式换向阀的换向原理

2）换向阀图形符号

按阀芯在阀体内的工作位置数和换向阀所控制的油口通路数分，换向阀有二位二通、二位三通、二位四通、二位五通、三位四通、三位五通等类型，如表 17-2 所示。不同的位数和通数是由阀体上的沉割槽和阀芯上台肩的不同组合而成的。

表 17-2 常见换向阀的图形符号

名　称	符　　号	名　称	符　　号
二位二通	A P	三位四通	A B P T
二位三通	A B P	二位五通	A B T_1 P T_2
二位四通	A B P T	三位五通	A B T_1 P T_2

按阀芯控制的方式划分，换向阀有手动、机动、电动、液动和电液动等类型。三位四通换向阀的中位机能见表 17-3。

表 17-3 三位四通换向阀的中位机能

机能类型	符　　号	中位油口状况、特点及应用
O 型		P、A、B、T 四油口全部封闭，液压缸闭锁，液压泵不卸荷
H 型		P、A、B、T 四油口全部串通，液压缸活塞处于浮动状态，液压泵卸荷
Y 型		P 油口封闭，A、B、T 三油口相通，液压缸活塞浮动，液压泵不卸荷
P 型		P、A、B 三油口相通，T 油口封闭，液压泵与液压缸两腔相通，可组成差动连接
M 型		P、T 相通，A、B 封闭，液压缸闭锁，液压泵卸荷

（1）位数用方格（一般为正方格，五通阀用长方格）数表示，二格即二位，三格即三位。

（2）在一个方格内，箭头、封闭符号“⊥”或“⊤”与方格的交点数为油口通路数，即“通”数。箭头表示两油口处于连通状态，但并不一定表示油流的实际流向；“⊥”或“⊤”表示该油口不通流。

（3）控制机构和复位弹簧的符号画在主体的任意位置上（通常位于一边或中间）。

（4）通常阀与系统供油路连接的进油口用字母 P 表示，阀与系统回油路连接的回油口用字母 T 表示（有时用字母 O），阀与执行元件连接的工作油口用字母 A、B 表示，有时在图形符号上还表示泄漏油口，用字母 L 表示。

（5）三位阀的中格、二位阀画有弹簧的一格为常态位。常态位应画出外部连接油口。

三位阀常态位各油口的连通方式称为中位机能。中位机能不同，阀在中位时对系统的控制性能也不相同。三位四通换向阀常见的中位机能类型主要有“O”型、“H”型、“Y”型、“P”型、“M”型。

3）几种常见的换向阀

各类换向阀的换向原理均相同，下面主要介绍电磁式、液动式和电液组合等类型换向阀。

（1）电磁换向阀。

电磁换向阀是利用电磁铁吸力操纵阀芯换位来控制液流方向的控制阀。它的电气信号由液压设备上的按钮开关、限位开关、行程开关或其他电气元件发出的电信号，来控制电磁铁的通电与断电，从而方便地实现各种操作及自动顺序动作。图 17-18 所示为三位四通电磁换向阀的结构原理和图形符号。阀的两端各有一个电磁铁和一个对中弹簧，阀芯在常态时，即两端电磁铁均断电处于中位，使油口 P、A、B 和 T 互不通。当右端电磁铁通电吸合时，衔铁通过推杆将阀芯推至左端，使油口 P 与 B 相通，A 与 T 相通。当左端电磁铁通电吸合时，衔铁通过推杆将阀芯推至右端，使油口 P 与 A 相通，B 与 T 相通。

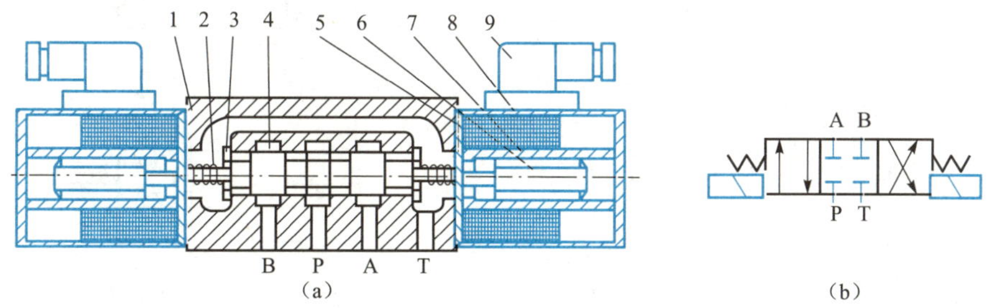

图 17-18　三位四通电磁换向阀

1—阀体；2—弹簧；3—弹簧座；4—阀芯；5—线圈；6—衔接；7—隔套；8—壳体；9—插头组件

（2）液动换向阀。

电磁换向阀由电信号操纵，不论操作位置远近，控制起来都很方便，但当通过滑阀流量较大、阀芯行程较长、换向速度要求可调时，采用电磁换向阀就不适宜了，这时可采用液动换向阀。

液动换向阀依靠油压作用于滑阀阀芯上，以实现油路的切换。图 17-19 所示为三位四通液动换向阀的结构与符号。

当控制油路的压力油从阀右边的控制油口 K_2进入滑阀右腔时，K_1接通回油，阀芯向左移动，使压力油口 P 与 B、A 与 T 相通；当 K_1接通压力油，K_2接通回油时，阀芯向右移动，使得 P 与 A、B 与 T 相通；当 K_1、K_2都通回油时，阀芯在两端弹簧和定位套作用下回到中间位置。

（3）电液换向阀。

电液换向阀是由电磁阀和液动阀组合而成。其中，电磁阀起先导作用（称为先导阀），用以改变控制压力油的流动方向，实现液动阀（主阀）的换向。所以，可以用较小规格的电磁阀来控制较大流量的主压力油。

图 17-20 所示为三位四通电液换向阀的图形符号。其工作原理为：当三位电磁阀的左侧电磁铁通电时，它的左位即接入控制油路，控制压力油推开左边的单向阀进入液动阀的左端油腔，液动阀右端油腔的油液经右边的节流阀及电磁阀流回油箱，这时，液动阀的阀芯右移，它的左位接入主油路系统。当三位电磁阀的右侧电磁铁通电（左侧电磁铁断电）时，情况则相反，液动阀的右位便接入主油路系统。当电磁阀两侧电磁铁皆不通电时，液动阀两端油腔均通过电磁阀中位与油箱相连，在平衡弹簧的作用下，液动阀的中位亦接入系统，如图 17-20 所示状态。

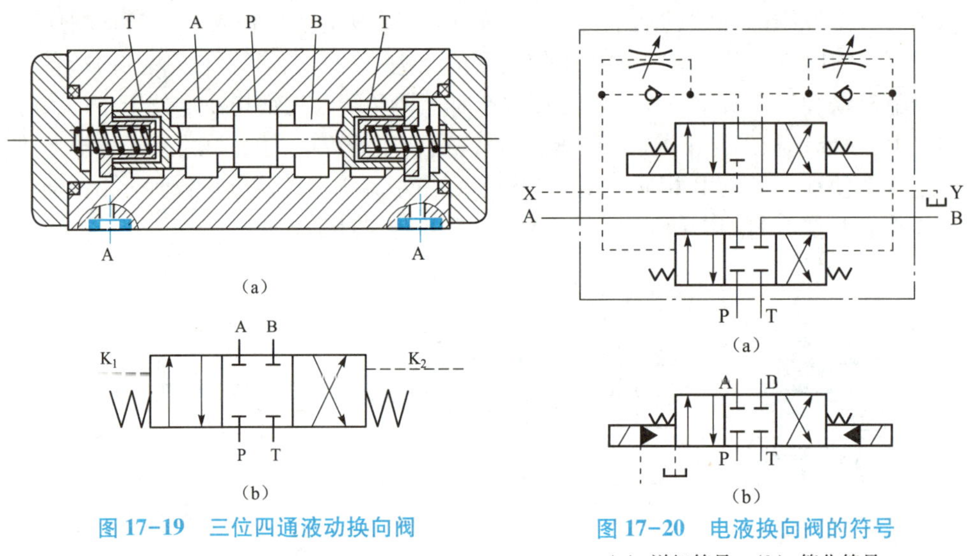

图 17-19 三位四通液动换向阀

图 17-20 电液换向阀的符号

（a）详细符号；（b）简化符号

17.4.3 压力控制阀

在液压系统中，压力控制阀主要用来控制系统或回路的压力，或利用压力作为信号来控制其他元件的动作。这类阀工作原理的共同特点是利用作用在阀芯上的液压力与弹簧力相平衡来进行工作。根据在系统中的功用不同，可分为溢流阀、顺序阀、减压阀和压力继电器等。

1. 溢流阀

溢流阀的主要功用是控制和调整液压系统的压力，以保证系统在一定的压力或安全压力下工作。常用于溢流稳压、防止过载、实现远程调压等场合。

1）直动式溢流阀。

直动式溢流阀是依靠系统中的压力油直接作用在阀芯上与弹簧力等相平衡，以控制阀芯的启闭动作。图 17-21（a）所示为一种低压直动式溢流阀的结构，P 是进油口，T 是回油口，进口压力油经阀芯 3 中间的阻尼孔 a 作用在阀芯的底部端面上，当进油压力较小时，阀芯在弹簧 2 的作用下处于下端位置，将 P 和 T 两油口隔开。当进油压力升高，在阀芯下端所产生的作用力超过弹簧的压紧力 F_S时，阀芯上升，阀口被打开，将多余的油液排回油箱，阀芯上的阻尼孔 a 用来对阀芯的动作产生阻尼，以提高阀的工作平稳性，调节螺母 1 可以改变弹簧的压紧力，这样也就调节了溢流阀进口处的油液压力 p。图 17-21（b）所示为直动式溢流阀的图形符号。

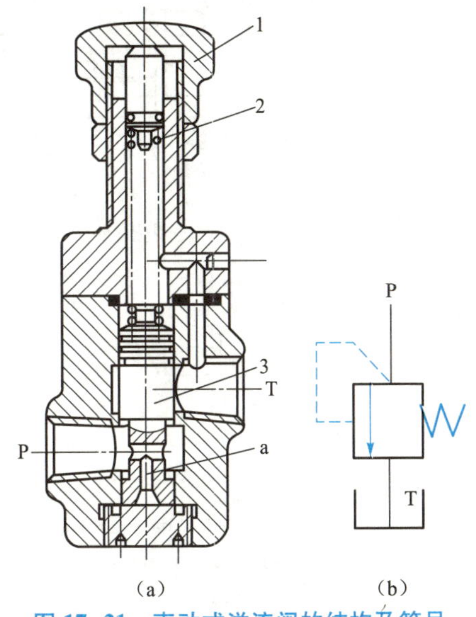

图 17-21　直动式溢流阀的结构及符号

1—调节螺母；2—弹簧；3—阀芯

先导溢流阀

2）先导式溢流阀。

直动式溢流阀通常用于小流量系统，大流量系统应采用先导式溢流阀，其常见结构如图 17-22 所示，下部是主阀，上部是先导调压阀。先导阀的结构和工作原理与直动式溢流阀相同，是一个小规格锥阀，先导阀内的弹簧用来调定主阀的溢流压力。主阀控制溢流量，主阀弹簧不起调压作用，仅用于克服摩擦力使主阀芯及时复位，该弹簧又称稳压弹簧。

当系统压力油从进油口进入主阀芯下腔时，压力油经主阀芯大直径圆柱上的阻尼孔 5 进入主阀芯上腔，再经过通道进入先导阀右腔，作用在先导锥阀 1 右端。由于先导阀关闭，此时主阀芯上腔与下腔间压力相等。

当系统压力低于先导阀的调定压力时，先导阀芯闭合，主阀芯在主阀稳压弹簧 8 的作用下紧压在主阀座 7 上，将溢流口封闭。当系统压力升高，压力油在先导锥阀 1 上的作用力大于先导阀的调定压力时，先导阀被打开，主阀上腔的压力油经先导阀开口、主阀芯的中心孔到出油口而流回油箱。这时由于主阀芯上阻尼孔 5 的作用而产生了压力降，使主阀芯上部的压力 p_1 小于下部的压力 p。当此压力差对阀芯所形成的作用力超过弹簧力时，阀芯被抬起，进油腔和回油腔相通，实现了溢流作用。调压手轮 11 可调节调压弹簧 9 的压紧力，从而调定了液压系统的压力。

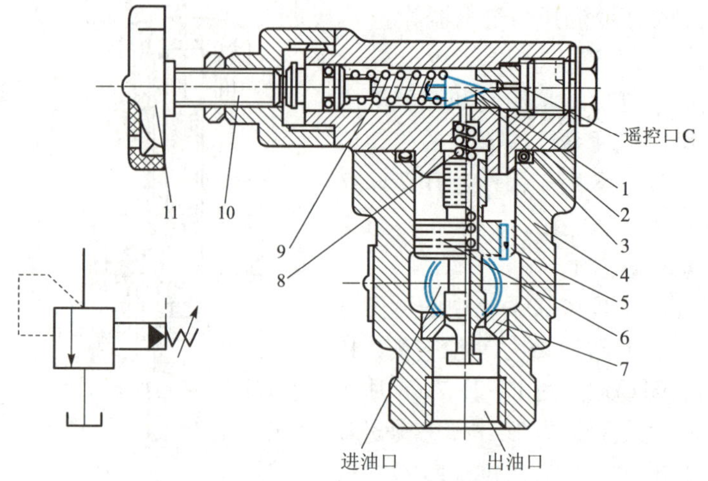

图 17-22 先导式溢流阀的结构及符号

1—先导锥阀；2—先导阀座；3—阀盖；4—阀体；5—阻尼孔；6—主阀芯；7—主阀座；8—主阀稳压弹簧；9—调压弹簧（先导阀弹簧）；10—调节螺钉；11—调压手轮

2. 顺序阀

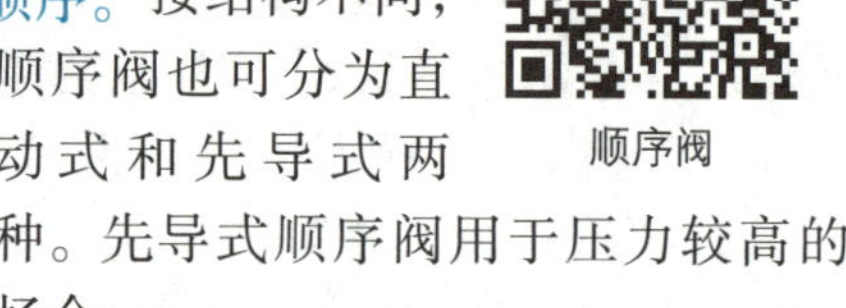

顺序阀是以压力为信号自动控制油路通断的压力控制阀，常用于控制系统中多个执行元件动作的先后顺序。按结构不同，顺序阀也可分为直动式和先导式两种。先导式顺序阀用于压力较高的场合。

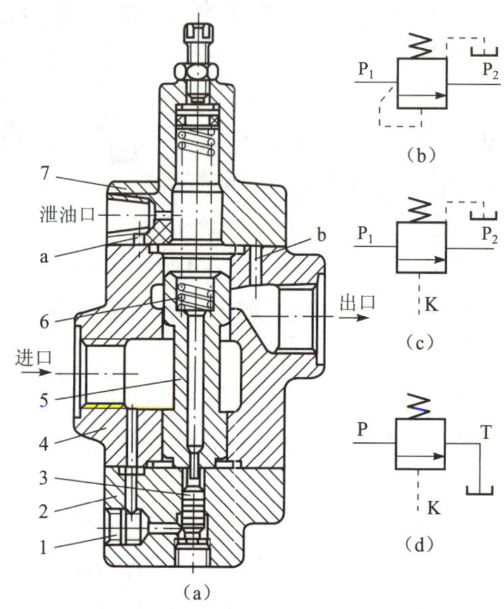

图 17-23 直动式顺序阀

（a）直动式顺序阀结构图；（b）普通顺序阀图形符号；（c）液控顺序阀图形符号；（d）卸荷阀图形符号

1—螺堵；2—下阀盖；3—控制活塞；4—阀体；5—阀芯；6—弹簧；7—上阀盖

1）直动式顺序阀

图 17-23（a）所示为直动式顺序阀的结构图。它由螺堵 1、下阀盖 2、控制活塞 3、阀体 4、阀芯 5、弹簧 6、上阀盖 7 等零件组成。当其进油口的油压低于弹簧 6 的调定压力时，控制活塞 3 下端油液向上的推力小，阀芯 5 处于最下端位置，阀口关闭，油液不能通过顺序阀流出。当进油口油压达到弹簧调定压力时，阀芯 5 抬起，阀口开启，压力油即可从顺序阀的出口流出，使阀后的油路工作。这种顺序阀利用其进油口压力控制，称为普通顺序阀（也称为内控式顺序阀），其图形符号如

图 17-23（b）所示。由于阀的出油口接压力油路，因此其上端弹簧处的泄油口必须另接一油管通油箱，这种连接方式称为外泄。

若将下端盖 2 相对于阀体转过 90°或 180°，将螺堵 1 拆下，在该处接控制油管并通入控制油，则阀的启闭便由外供控制油控制，这时即成为液控顺序阀，其图形符号如图 17-23（c）所示。若再将上端盖 7 转过 180°，使泄油口处的小孔 a 与阀体上的小孔 b 连通，将泄油口用螺堵 1 封住，并使顺序阀的出油口与油箱连通，则顺序阀就成为卸荷阀。其泄漏油可由阀的出油口流回油箱，这种连接方式称为内泄。卸荷阀的图形符号如图17-23（d）所示。

直动式顺序阀设置控制活塞的目的是缩小阀芯受油压作用的面积，以便采用较软的弹簧来提高阀的压力-流量特性。顺序阀常与单向阀组合成单向顺序阀使用。

2）先导式顺序阀

先导式顺序阀的结构原理与先导式溢流阀类似，其工作原理也基本相同。

顺序阀与溢流阀的不同之处是：顺序阀的出油口通向系统的工作油路，而溢流阀出口接油箱；由于顺序阀进、出油口均为压力油，所以它的泄油口 L 必须单独外接油箱，否则将无法工作，而溢流阀的泄油可在内部连通回油口直接流回油箱。

3）顺序阀的使用注意事项

顺序阀是液压系统中自动控制元件，其弹簧压力的调定压力应高于前一执行元件所需压力，但应低于溢流阀的调定压力。除作卸荷阀外，顺序阀的出油口必须接系统，推动负载进行工作，而泄油口一定要单独接回油箱，不能与出油口相通。

3. 减压阀

1）减压阀作用和类型

减压阀是利用液流流经缝隙产生压力降的原理，使得出口压力低于进口压力的压力控制阀，减压阀缝隙越小，压力损失越大，减压作用就越强。减压阀常用于要求某一支路压力低于主油路压力的场合，如控制、夹紧、润滑回路。

按其控制压力可分为：定值减压阀（出口压力为定值）、定比减压阀（进口和出口压力之比为定值）和定差减压阀（进口和出口压力之差为定值）。其中定值减压阀的应用最为广泛，简称减压阀，按其结构又有直动式和先导式之分，先导式减压阀性能较好，最为常用。这里仅介绍先导式定值减压阀。

对定值减压阀的性能要求是：出口压力保持恒定，且不受进口压力和流量变化的影响。

2）减压阀工作原理

图 17-24（a）所示为先导式减压阀的结构原理及符号。压力为 p_1 的压力油从阀的进油口 A 流入，经过缝隙 δ 减压以后，压力降低为 p_2，再从出油口 B 流出。当出口压力 p_2 大于调整压力时，锥阀就被顶开，主滑阀右端油腔中的部分压力便经锥阀开口及泄油孔 Y 流入油箱。由于主滑阀阀芯内部阻尼小孔 R 的作

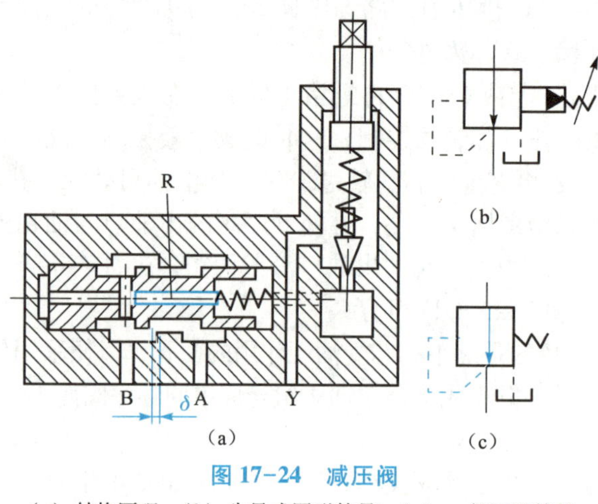

图 17-24 减压阀
（a）结构原理；（b）先导式图形符号；（c）一般图形符号

用，滑阀右端油腔中的油压降低，阀芯失去平衡而向右移动，因而缝隙 δ 减小，减压作用增强，使出口压力 p_2 降低至调整的数值。该数值还可以通过上部调压螺钉来调节。为使减压回路可靠地工作，减压阀的最高调定压力应比系统调定压力低一定的数值。

3）减压阀与溢流阀的主要区别

（1）减压阀利用出口油压与弹簧力平衡；而溢流阀则利用进油口油压与弹簧力平衡。

（2）减压阀的进、出油口均有压力，所以弹簧腔的泄油需要从外部单独接回油箱（称外部回油）；而溢流阀的泄油可沿内部通道经回油口流回油箱，称为内部回油。

（3）非工作状态时，减压阀的阀口常开（为最大开口）；而溢流阀则是常闭的。

4. 压力继电器

压力继电器是将系统或回路中的压力信号转换为电信号的转换装置。它可利用液压力来启闭电气触点发生电信号，从而控制电气元件（如电机、电磁铁和继电器等）的动作，实现电机启停、液压泵卸荷、多个执行元件的顺序动作和系统的安全保护等。任何压力继电器都由压力-位移转换装置和微动开关两部分组成。按压力转换装置的结构分，有柱塞式、弹簧管式、膜片式和波纹管式四类，其中以柱塞式最常用。

图 17-25 所示为单柱塞式压力继电器的结构原理。压力油从油口 P 通入，作用在柱塞 1 的底部，如其压力已达到调定值时，便克服上方的弹簧阻力和柱塞摩擦力的作用，推动柱塞

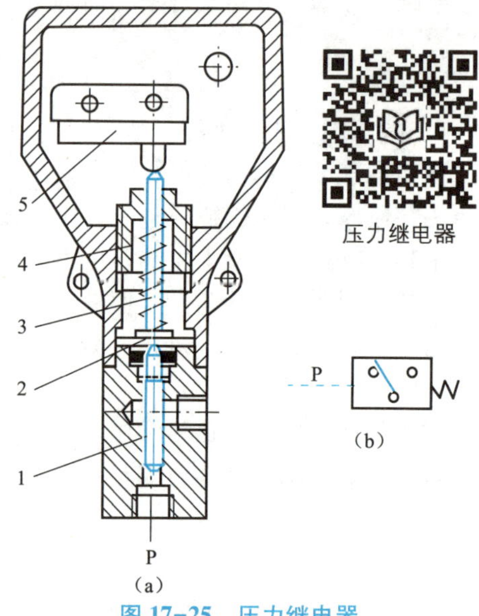

图 17-25 压力继电器
（a）结构原理；（b）图形符号
1—柱塞；2—限位挡块；3—顶杆；
4—调节螺杆；5—微动开关

上升，通过顶杆 3 触动微动开关 5 发出电信号。限位挡块 2 可在压力超载时保护微动开关。拧动调节螺杆 4 即可调整其工作压力。

17.4.4　流量控制阀

流量控制阀在液压系统中，主要用来调节通过阀口的流量，以满足对执行元件运动速度的要求。流量控制阀均以节流单元为基础，利用改变阀口通流截面的大小或通流通道的长短来改变液阻（液阻即为小孔缝隙对液体流动产生的阻力），以达到调节通过阀口的流量的目的。常用的流量控制阀包括节流阀、调速阀，及其与单向阀、行程阀组成的各种组合阀。

1. 节流阀

图 17-26 所示为普通节流阀。它的节流油口为轴向三角槽式（节流口除轴向三角槽式之外，还有偏心式、针阀式、周向缝隙式、轴向缝隙式等），压力油从进油口 P_1 流入，经阀芯左端的轴向三角槽后由出油口 P_2 流出。阀芯 1 在弹簧力的作用下始终紧贴在推杆 2 的端部。旋转手轮 3 可使推杆沿轴向移动，改变节流口的通流截面积，从而调节通过阀的流量。

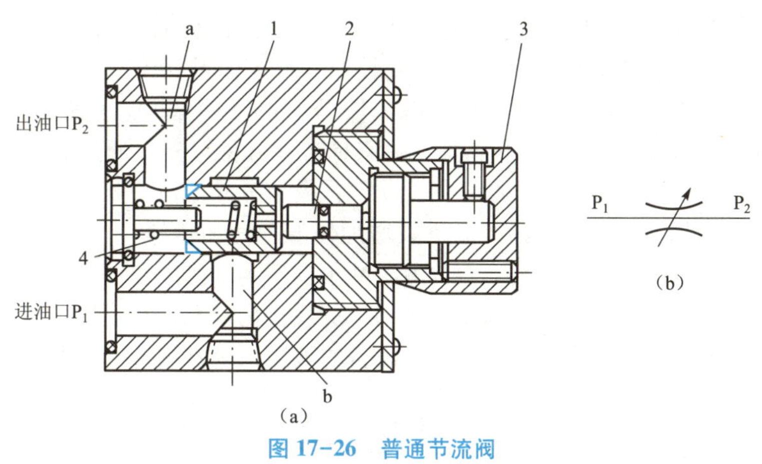

图 17-26　普通节流阀

1—阀芯；2—推杆；3—手轮；4—弹簧

这种节流阀结构简单，制造容易，体积小，使用方便，但负载和温度的变化对流量稳定性的影响较大，故只适用于负载和温度变化不大或速度稳定性要求不高的场合。

2. 调速阀

调速阀

调速阀与节流阀的不同之处是带有压力补偿装置，即由定差减压阀与节流阀串联而成的组合阀。由于定差减压阀的自动调节作用，可使节流阀前后压差保持恒定，从而在开口一定时使阀的流量基本不变，因此，调速阀具有调速和稳速的功能，常用于执行元件负载变化较大、运动速度稳定性要求较高的液压系统。其缺点为结构较复杂，压力损失较大。

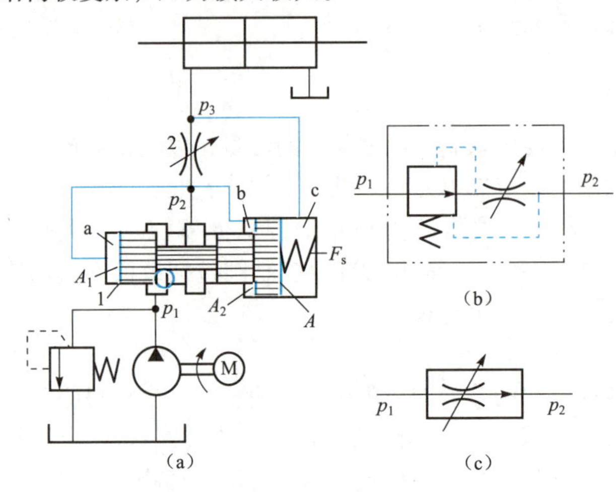

图 17-27　调速阀

1—定差减压阀；2—节流阀

图 17-27 所示为调速阀的工作原理、图形符号和简化符号，图中定差减压阀 1 与节流阀 2 串联。若减压阀进口压力为 p_1，出口压力为 p_2，节流阀出口压力为 p_3，则减压阀 a、b 腔油压为 p_2，c 腔油压为 p_3。若减压阀 a、b、c 腔有效工作面积分别为 A_1、A_2、A，则 $A=A_1+A_2$。节流阀出口压力 p_3 由液压缸的负载决定。

当减压阀阀芯在其弹簧力 F_s、油液压力 p_2 和 p_3 的作用下处于某一平衡位置时，则有 $p_2A_1+p_2A_2=p_3A+F_s$，即 $p_2-p_3=F_s/A$。由于弹簧刚度较低，且工作过程中减压阀阀芯位移很小，可以认为 F_s 基本不变，故节流阀两端的压差 $\Delta p=p_2-p_3$ 也基本保持不变。因此，当节流阀通流面积 A_T 不变时，由流量特性方程可知，通过它的流量 q 也基本不变。也就是说，无论负载如何变化，只要节流阀通流面积不变，液压缸的速度亦会保持基本恒定。例如，当负载增加使 p_3 增大的瞬间，减压阀右腔推力增大，其阀芯左移，阀口开大，阀口液阻减小，使 p_2 也增大，p_2 与 p_3 的差值 Δp 基本不变；反之亦然。因此，调速阀适用于负载变化较大，对速度平稳性要求较高的系统。各类组合机床，车、铣床等设备的液压系统常用调速阀调速。

17.5　液压辅助元件

液压传动系统的辅助装置包括油管、管接头、油箱、滤油器、蓄能器、密封元件、冷却器和热交换器等。这些元件在液压传动中起辅助作用的，不直接参与能量转换，也不直接参与方向、压力、流量等的控制，但对保证液压系统正常工作，它们是必不可少的。

1. 油管和管接头

液压传动中常用的油管有钢管、铜管、橡胶软管（用耐油橡胶制成，有高压和低压之分）、尼龙管和塑料管等。

固定元件间的油管常用钢管和铜管，有相对运动的元件之间一般采用软管连接。在回油路中，可用尼龙管或塑料管。

管接头是油管与油管、油管与液压元件之间的可拆装的连接件。有金属管接头和软管接头之分。

2. 滤油器

液压油中的脏物会引起运动零件划伤、磨损甚至卡死，还会堵塞阀和管道小孔，影响系统的工作性能并造成故障。因此，需要滤油器对油液进行过滤。滤油器可以安装在液压泵的吸油管路上或液压泵的输出管路上以及重要元件的前面。

常用的滤油器有网式、线隙式、烧结式和纸芯式等多种类型。

网式滤油器也称滤网，是用铜丝网包装在骨架上制成的。它的结构简单，通油性能好，但过滤效果差，一般作粗滤之用。

图 17-28 所示为线隙式滤油器，滤芯是由金属线密绕在多角形或圆筒形金属骨架上构成，利用线间的缝隙过滤油液。线隙式过滤器结构简单，过滤效果好，通过能力强，耐高温高压，但过滤精度较低，多用于吸液管路和回液管路过滤。

图 17-29 所示为烧结式滤油器，它的滤芯一般由金属粉末压制后烧结而成，靠其颗粒间的孔隙滤油，构成滤芯的金属粉末颗粒度不同，过滤精度也就不同。这种滤油器强度大，抗腐蚀性能好，结构简单，过滤精度高，适用于精滤。其缺点是通油能力较低，压力损失较大，堵塞后清洗比较困难。

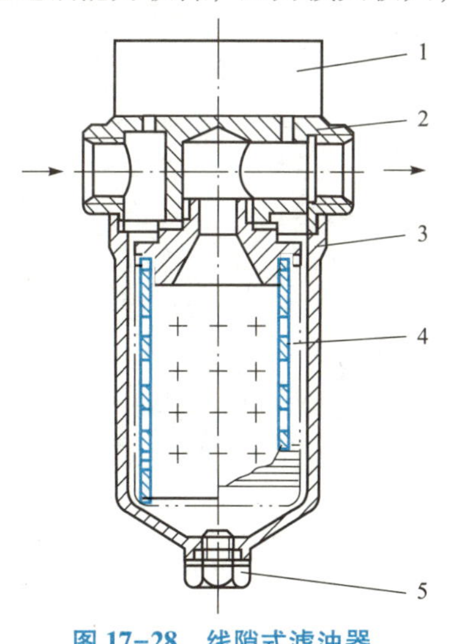

图 17-28　线隙式滤油器

1—发讯装置；2—上盖；3—壳体；4—滤芯；5—排污螺塞

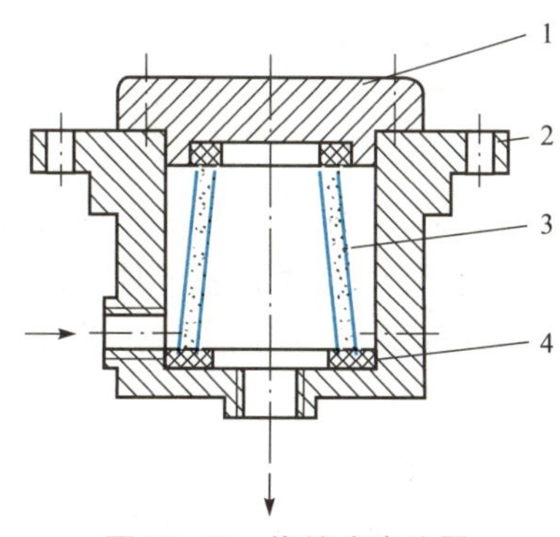

图 17-29　烧结式滤油器

1—上盖；2—外壳；3—滤芯；4—密封圈

纸芯式滤油器是用微孔滤纸做的纸芯装在壳体内而成的。这种滤油器过滤精度高，但易堵塞，无法清洗，纸芯需经常更换。它一般用于精滤和其他滤油器配合使用，多用于压力管路和回液管路。

3. 蓄能器

蓄能器是储存压力油的一种容器。它在系统中的作用是：在短时间内供应大量压力油，以实现执行机构的快速运动；补偿泄漏以保持系统压力；消除压力脉动；缓和液压冲击。

图 17-30（a）所示为活塞式蓄能器，它利用缸筒 2 中浮动的活塞 1 把缸中液压油和气体隔开。这种蓄能器的活塞上装有密封圈，活塞的凹部面向气体，以增加气体室的容积，这种蓄能器结构简单、易安装、维修方便。

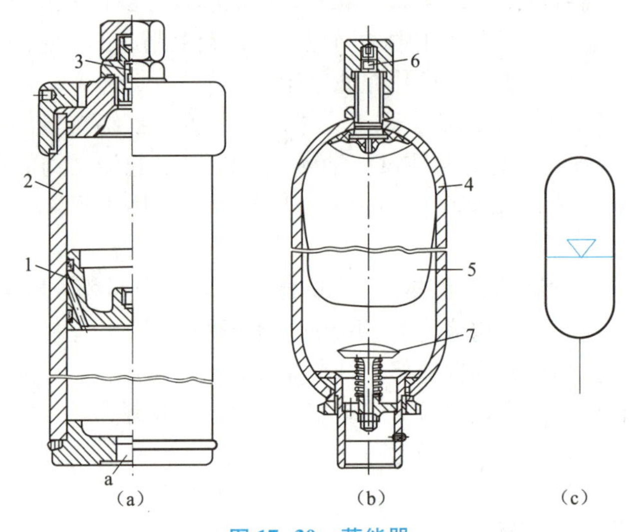

图 17-30　蓄能器

（a）活塞式；（b）气囊式；（c）元件符号

1—活塞；2—缸筒；3—充气阀；4—壳体；5—皮囊；6—充气阀；7—限位阀

图 17-30（b）所示为气囊式蓄能器，它利用气囊把油和空气隔开，能有效地防止气体进入油中。气囊用耐油橡胶制成，其优点是气囊惯性小，反应灵敏，充气也较方便。充气后能长时间地保存气体，故在液压系统中得到广泛的应用。图 17-30（c）所示为蓄能器元件符号。

4. 密封装置

在液压系统中，密封装置用来防止工作介质的泄漏和外界灰尘、气体等的侵入。它是提高系统的工作性能和效率的重要装置。密封不良会引起泄漏，因而脏污机器，污染环境，引起系统容积效率下降，还会使空气和灰尘进入系统，降低机械效率。因此，密封装置的可靠性和寿命是评价液压传动的重要指标。

图 17-31 所示为 O 形密封圈，O 形密封圈一般用耐油橡胶制成，其横截面呈圆形，它具有良好的密封性能，内外侧和端面都能起密封作用，结构紧凑，运动件的摩擦阻力小，制造容易，装拆方便，成本低，在液压系统中得到广泛的应用。

图 17-32 所示为唇形密封圈，液压力将密封圈的两唇边压向形成间隙的两个零件的表面。这种密封装置的特点是能随着工作压力的变化自动调整密封性能，压力越高，则唇边被压得越紧，密封性能越好。当压力降低时，唇边压紧程度也

随之降低，从而减少了摩擦阻力和功率消耗。除此之外，还能自动补偿唇边的磨损，保持密封性能稳定。

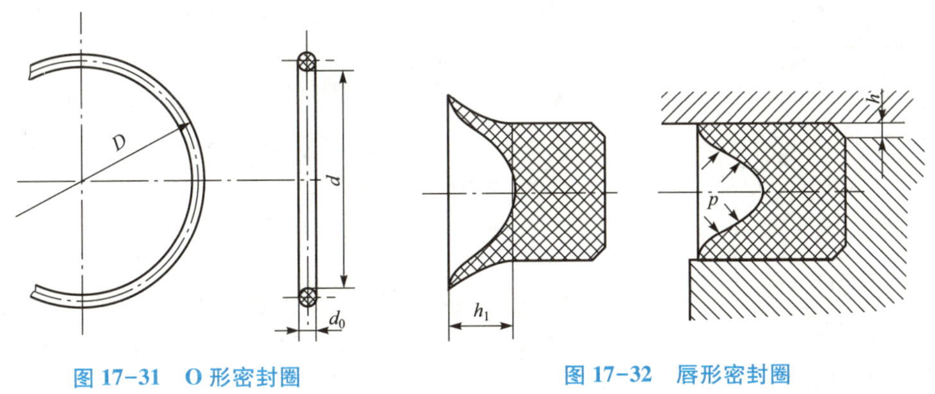

图 17-31　O 形密封圈

图 17-32　唇形密封圈

5. 油箱

油箱是液压系统中用来存储油液、散热、沉淀油中固体杂质，逸出油中气泡的容器。大多数油箱采用镀锌钢板或普通钢板内涂防锈的耐油涂料而制成。

油箱按液面是否与大气相通，分为开式油箱和闭式油箱。开式油箱的液面与大气相通，在液压系统中广泛应用；闭式油箱液面与大气隔离，用于水下设备或气压不稳定的高空设备中。

17.6　液压基本回路

一个液压系统不管是简单还是复杂，均由一些基本回路所组成。

液压基本回路是由若干液压元件组成的、用来完成特定功能的典型回路。按功能的不同，可分为方向控制回路、压力控制回路、速度控制回路等。

17.6.1　方向控制回路

在液压系统中，利用方向阀控制油液通断和换向，使执行元件起动、停止或变换运动方向，这样的回路称为方向控制回路。方向控制回路在汽车转向、制动等动作均有应用。常用的方向控制回路有执行元件的起停（包括锁紧）和换向回路。

1. 起停回路

在执行元件需要频繁地起动或停止的液压系统中，一般不采用起动或停止液压泵电动机的方法来使执行元件起、停，而是采用起、停回路来实现这一要求。

图 17-33 所示为利用电磁阀切断压力油来执行元件起动、停止运动，在切断压力油源的同时，泵输出的油液经二位三通电磁阀回油箱，使泵在很低的压力工况下运转（称为卸荷）。这种回路，由于换向阀要通过全部流量，一般只适用于小流量系统。

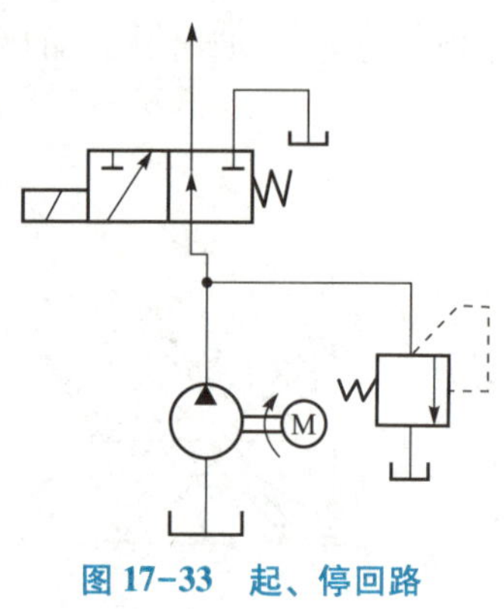

图 17-33　起、停回路

2. 换向回路

换向回路用于控制液压系统中的油流方向，从而改变执行元件的运动方向。运动部件的换向多采用电磁换向阀来实现；在容积调速的闭式回路中，利用变量泵控制油流方向来实现液压缸换向。

图 17-34 所示为利用限位开关控制三位四通电磁换向阀动作的换向回路。

按下起动按钮，1YA 通电，液压缸活塞向右运动，当碰上限位开关 2 时，2YA 通电、1YA 断电，换向阀切换到右位工作，液压缸右腔进油，活塞向左运动。当碰上限位开关 1 时，1YA 通电、2YA 断电，换向阀切换到左位工作，液压缸左腔进油，活塞又向右运动。这样往复变换换向阀的工作位置，就可自动变换活塞的运动方向。当 1YA 和 2YA 都断电时，换向阀处于中位，活塞停止运动。

这种换向回路结构简单，使用方便，但是电磁阀动作快，换向时冲击力大，换向精度低，一般不宜做频繁的换向。因此，采用电磁换向阀的换向回路适用于低速、轻载和换向精度要求不高的场合。

3. 锁紧回路

锁紧回路是指通过回路的控制使执行元件在运动过程中的某一位置上停留一段时间保持不动，以防止其漂移或沉降。

最简单的方法是利用三位换向阀的 M 型或 O 型中位机能封闭液压缸两腔，当换向阀阀芯处于中间位置时，液压缸的进、出口均被封闭，活塞即被锁紧。这种锁紧回路由于换向阀的环状缝隙泄漏较大，密封性差，难以保证长时间闭锁，故只用于锁紧要求不高或短时间停留的场合。

最常用的方法是采用液控单向阀，其锁紧回路如图 17-35 所示。

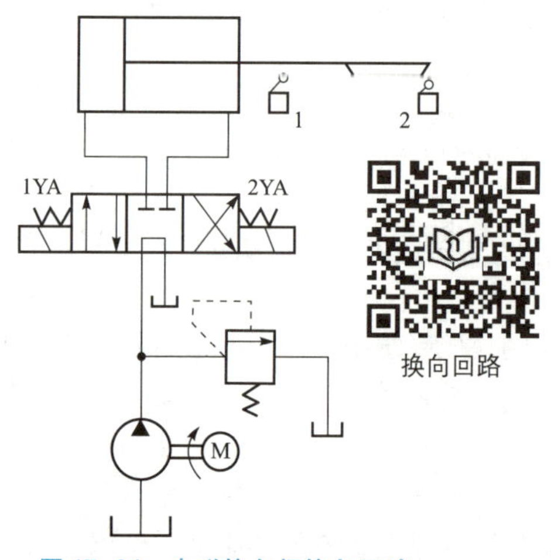

图 17-34　电磁换向阀换向回路

1，2—限位开关

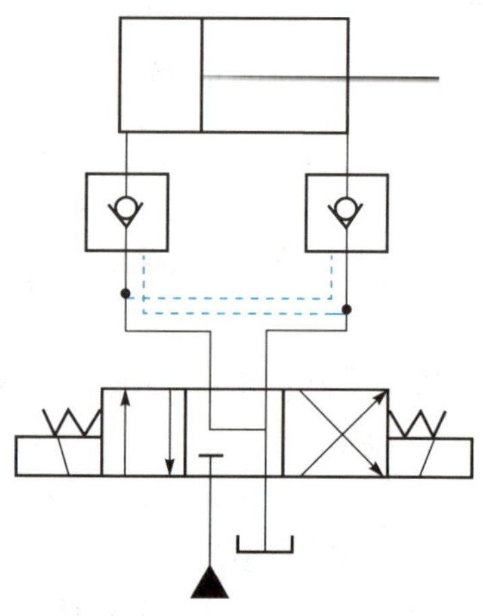
图 17-35　液控单向阀锁紧回路

在液压缸两腔的油路上都设置一个液控单向阀。当三位四通电磁换向阀处于中位时，泵停止向液压缸供油，液压缸停止运动。此时两个液控单向阀将液压缸两腔油液封闭在里面，使液压缸锁住。由于液控单向阀的锥阀关闭得十分严密，因此密封性能好，即使在外力作用下，活塞也不至于移动，能长时间地将活塞准确地锁紧在停止位置上。

17.6.2　压力控制回路

压力控制回路是利用压力控制阀控制油液的压力，以满足执行元件输出力（转矩）的要求或利用压力作为信号控制其他元件动作，以实现某些动作要求。

常用的压力控制回路有调压回路、减压回路、增压回路、保压回路、卸荷回路等。

1. 调压回路

液压系统的工作压力必须与所承受的负载相适应。执行元件所受到的负载使油液产生相应的压力，负载越大，压力越高，但最高的工作压力必须有一定的限制。为使系统保持一定的工作压力，或在一定的压力范围内工作，就要对整个系统或其局部的压力进行调整和控制。

调压回路是指控制系统的工作压力，使其不超过某预先调好的数值，或者使工作机构运动过程的各个阶段中具有不同的压力（两级或多级调压）的回路。

1）单级调压回路

图 17-36 所示为单级调压回路。液压泵输出的油液由溢流阀调定其最大供油压力，以适应系统的负载并保护系统安全工作。在泵的出口处安置一个单向阀，主要用于当泵停止工作时，防止油液倒流和避免空气侵入系统。

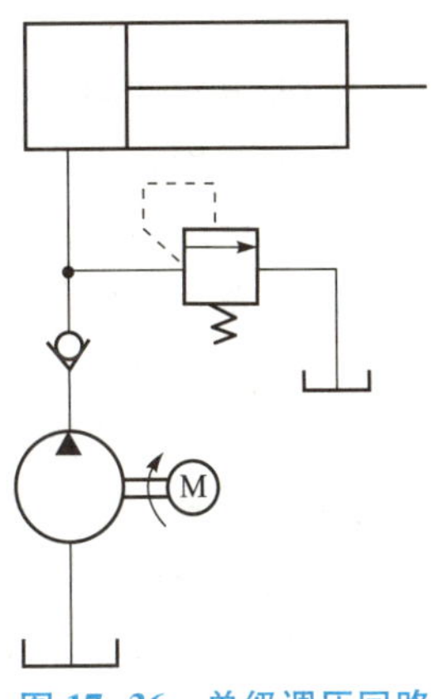

图 17-36　单级调压回路

2）多级调压回路

图 17-37 所示为多级调压回路。将远程调压阀 2 和 3 通过三位四通电磁换向阀与主溢流阀的外控口相连，调压阀 2、3 的调整压力低于主溢流阀的调整压力，阀 2 和阀 3 的调整压力不等。这样，系统可获得三种压力值：当电磁换向阀处于中位时，系统压力由主溢流阀调定；当电磁换向阀处于左位时，系统的压力由远程调压阀 2 调定；当电磁换向阀处于右位时，系统的压力由远程调压阀 3 调定。主溢流阀多作为安全阀使用。

2. 减压回路

减压回路

在液压系统中，当某个执行元件或某一支油路所需要的工作压力低于系统主油路的工作压力或要求有较稳定的工作压力时，可采用减压回路。

图 17-38 所示为夹紧机构中常用的减压回路。回路中串联

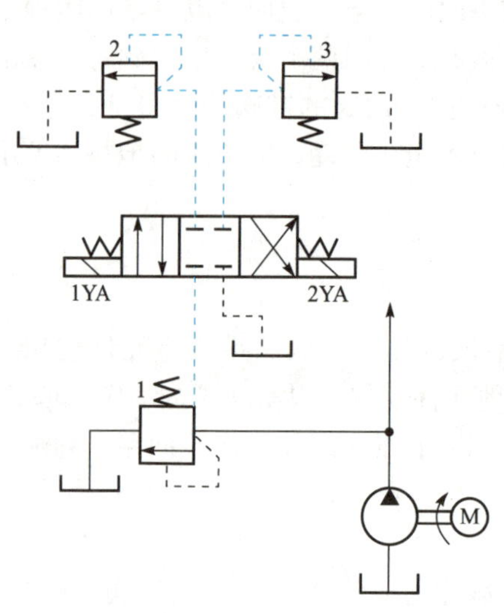

图 17-37　多级调压回路

1—主溢流阀；2，3—远程调压阀

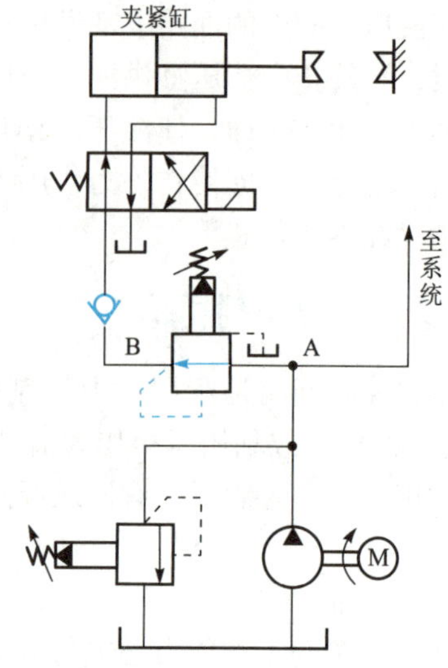

图 17-38　单级减压回路

一个减压阀，使夹紧缸能获得较低而又稳定的夹紧力。当系统压力有波动时，减压阀出口压力可稳定不变。单向阀的作用是当主系统压力下降到低于减压阀调定压力（如主油路中液压缸快速运动）时，防止油倒流，起到短时保压作用，使夹紧缸的夹紧力在短时间内保持不变。为了确保安全，夹紧回路中常采用带定位的二位四通电磁换向阀，或采用失电夹紧的二位四通电磁换向阀换向，防止在电路出现故障时松开工件而出事故。

为使减压回路可靠地工作，其减压阀的最高调定压力应比系统调定压力低一定的数值，否则减压阀不能正常工作。

3. 增压回路

增压回路与减压回路相反，当液压系统的某一支油路需要压力较高而流量又不大的压力油时，若采用高压液压泵不经济，或者没有这样压力的液压泵，这时就要采用增压油路。采用了增压油路的系统主油路工作压力仍是低的，因而节省能源，并且工作可靠、噪声小。

图 17-39 所示为利用增压缸实现的增压回路。阀 3 在右位时，液压泵的低压油经增压缸增压后向工作缸 7 输出高压油；阀 3 在左位时，增压缸 4 和工作缸 7 的活塞全部回位，油箱 5 中的油液在大气压的作用下，打开单向阀 6 进入增压缸 4 右端小腔。这种回路的增压倍数等于增压缸 4 的大、小活塞面积之比，油箱 5 和单向阀 6 为补油装置。

4. 保压回路

保压回路的作用是，使系统在液压缸不动或仅有工件变形所产生微小位移的情况下稳定地维持压力。

图 17-40 所示为蓄能器保压回路。泵 1 同时驱动主油路切削缸和夹紧油路夹紧缸 7 工作，并且要求切削缸空载或快速退回运动时，夹紧缸必须保持一定的压力，使工件被夹紧而不松动。

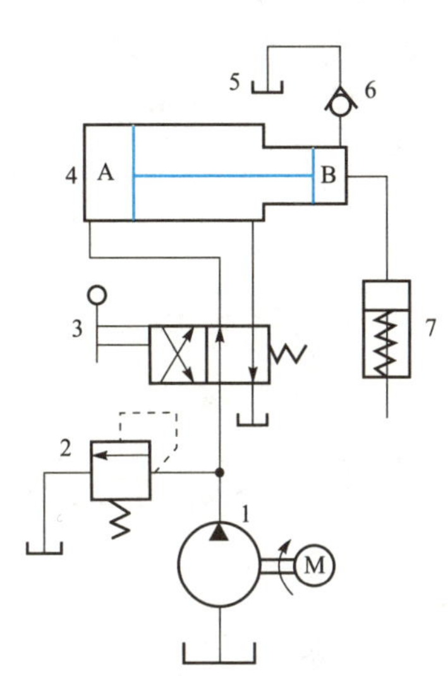

图 17-39　单向增压回路

1—液压泵；2—溢流阀；3—手动换向阀；4—增压缸；5—油箱；6—单向阀；7—工作缸

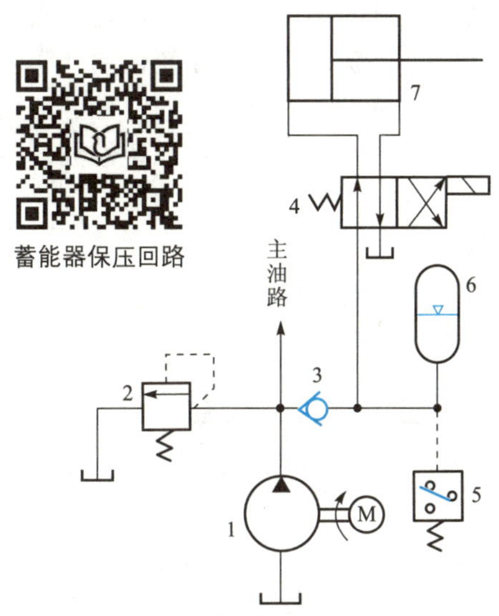

图 17-40　利用储能器保压回路

1—液压泵；2—溢流阀；3—单向阀；4—电磁换向阀；5—压力继电器；6—蓄能器；7—液压缸

为此，回路设置了蓄能器 6 进行保压。加工工件的工作循环是先将工件夹紧后，方可进行加工，因此泵 1 首先向夹紧缸供油，同时向蓄能器充液，当夹紧油路压力达到压力继电器 5 调定压力时，说明工件已夹紧，压力继电器发出电信号，主油路切削缸开始工作。夹紧油路由蓄能器补偿夹紧油路的泄漏，以保持夹紧油路压力。当夹紧油路的压力降低到一定数值时，泵应再向夹紧油路供油。当切削缸快速运动时，主油路压力低于夹紧油路的压力，单向阀 3 关闭，防止夹紧油路压力下降。

5. 卸荷回路

当液压系统中的执行元件停止运动后，使液压泵输出的油液在低压下流回油箱，称为液压泵卸荷。这样可以节省动力消耗，减少系统发热。能够使液压泵卸荷的回路，称为卸荷回路。

1）换向阀卸荷回路

图 17-41 所示为 M 型滑阀机能的卸荷回路，当换向阀处于中位状态时，液压泵输出的油液经换向阀直接流回油箱。采用液动阀或电液换向阀的卸荷回路，必须在回油路上安装背压阀，如单向阀或溢流阀，以保证控制油路具有需要的起动压力。

用换向阀中位机能的卸荷回路，卸荷方法比较简单，当压力较高、流量较大时，容易产生冲击，故适用于低压、小流量的液压系统。

2）复合泵的卸荷回路

如图 17-42 所示，高压小流量泵 1 和低压大流量泵 2 由同一台发动机驱动，系统最大工作压力由溢流阀 5 调定。当工作负载小时，泵 2 输出的液压油经止回阀 4 与泵 1 合流，共同向系统供油，实现轻载快速运动。当工作负载增大时，系统压力超过卸荷阀调定压力时，控制油路自动打开卸荷阀 3，使泵 2 卸荷，这时止回阀关闭，由泵 1 单独向系统供油，实现重载慢速运动。

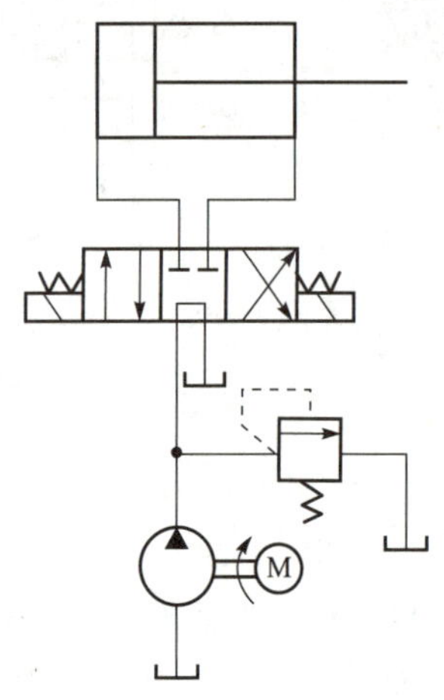

图 17-41　换向阀卸荷回路

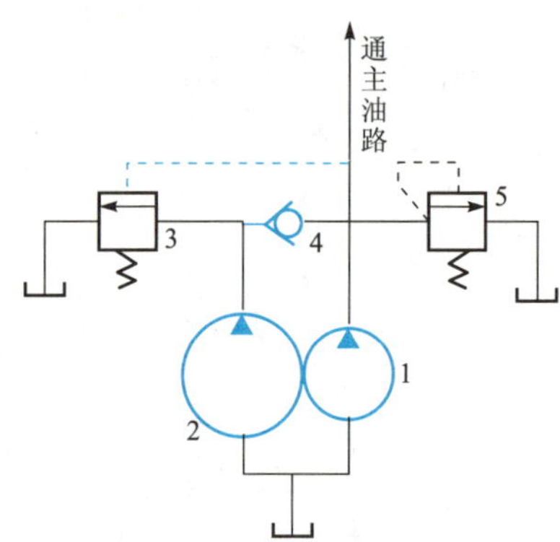

图 17-42　复合泵卸荷回路

1，2—泵；3—卸荷阀；4—止回阀；5—溢流阀

17.6.3　速度控制回路

速度控制回路是控制和调节液压执行元件运动速度的单元回路。按照调速方式不同，液压传动系统速度调节的基本方法可归纳为节流调速和容积调速两大类。

1. 节流调速回路

利用节流的方法，即改变通流截面积大小的方法调节进入执行元件的流量，达到改变执行元件运动速度的目的，称为节流调速。这种调速方法适合于定量泵和定量执行元件所组成的液压系统。

根据节流阀在回路中装设的位置不同，节流调速回路分为进油节流、回油节流和旁路节流三种类型的回路。

1）进油节流调速回路

如图 17-43 所示，节流阀装在定量泵与液压缸进油路上，流入液压缸的流量由节流阀通流截面积大小调节，液压泵输出的多余油液经溢流阀流回油箱。由于泵的流量总是大于执行元件所需的流量，因此，溢流阀处于常开状态，泵的出口压力恒定。而液压缸进口处的压力随负载变化而变化，故液压缸的运动速度随外载荷而变化。这种回路效率低，油液容易发热，速度调节的稳定性差，不能承受负值载荷。

2）旁路节流调速回路

如图 17-44 所示，节流阀安装在分支油路中和液压缸并联。泵输出的油液分成两路，一路进入液压缸，另一路经节流阀流回油箱，回路中的溢流阀只起过载保护作用。在调速过程中，泵的出口压力基本等于负载压力，因而效率较高。它存在的主要问题是节流口的流量受载荷变化影响大，速度稳定性最差。这种回路仅用于系统功率较大、速度较高、运动稳定性要求低且调速范围较小的场合。

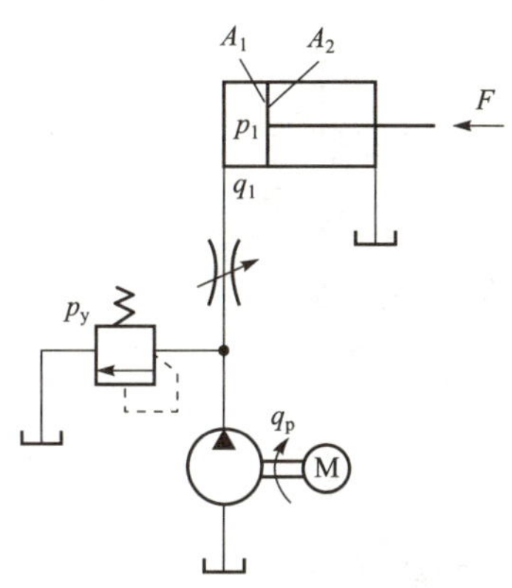

图 17-43　进口节流调速回路

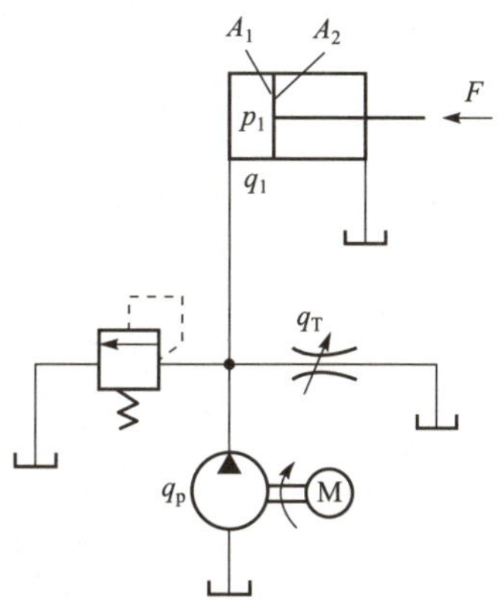

图 17-44　旁路节流调速回路

进油调速回路

旁路调速回路

2. 容积调速回路

容积调速回路是由液压泵和液压马达（或液压缸）组成的，依靠改变变量泵或变量液压马达的排量来调节执行元件运动速度的回路。

图 17-45 所示为变量泵与定量液压马达组成的闭式容积调速回路。通过改变变量泵的排量实现对液压马达的运动速度调节。变量泵输出流量全部进入液压马达，无节流损失和溢流损失。回路中的溢流阀 2 用于防止系统过载作安全阀使用，系统正常工作时安全阀关闭。泵 6 是补充泄漏用的辅助泵，当需要时，顶开单向阀 5 向系统补油。溢流阀 4 使变量泵吸油口

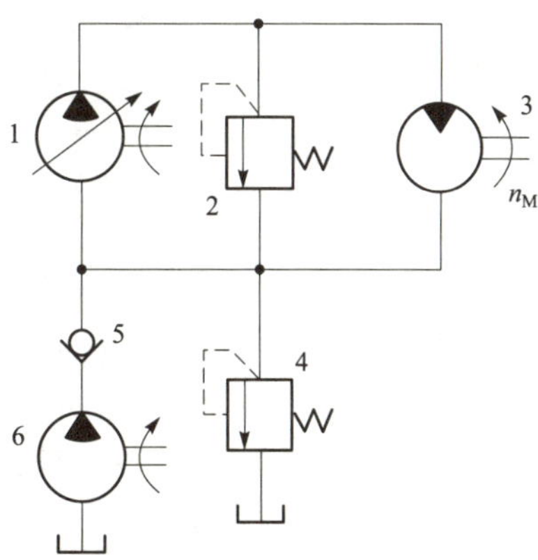

图 17-45　变量泵容积调速回路

1—变量泵；2—溢流阀；3—定量马达；4—溢流阀；5—单向阀；6—补油泵

有一定的补油压力，以防空气侵入。变量泵调速回路适用于功率较大场合。

17.7 液压系统应用举例

1. 汽车液压转向系统

如图 17-46 所示，当汽车直线行驶或等半径转向行驶时，方向盘 6 不动。转向控制滑阀 15 在定位弹簧张力作用下保持中位，液压缸 7 的两腔均与回油路相通，液压缸活塞处于平衡状态，对转向节臂不施加作用力，不起助力作用。

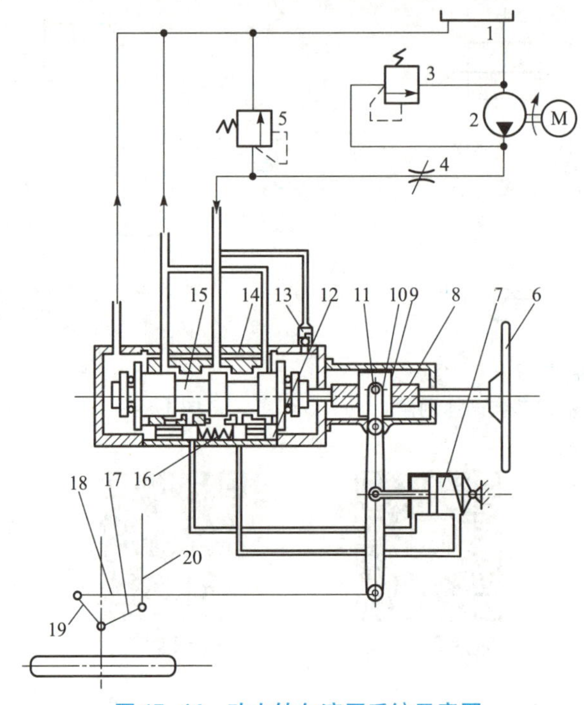

图 17-46 动力转向液压系统示意图

1—油箱；2—液压泵；3—溢流阀；4—节流阀；5—安全阀；6—方向盘；7—液压缸；8—螺杆；9—螺母；10—摇臂；11—摇臂轴；12—反作用柱塞；13—单向阀；14—阀体；15—滑阀；16—回位弹簧；17—梯形臂；18—直拉杆；19—转向节臂；20—横拉杆

左转方向盘 6，螺杆 8 随之向左转动。因转向螺母经过转向节臂、直拉杆等与车轮相连，开始由于车轮偏转阻力较大螺母 9 暂不动，因此螺母对螺杆产生一个向左的轴向反作用力，迫使滑阀 15 相对阀体 14 向左移动，改变油路通道。这时从泵来的压力油只经转向控制阀进入液压缸 7 的右腔，推动活塞向左移动，通过转向摇臂 10、直拉杆 18、转向节臂 19、梯形臂 17、横拉杆 20 使车轮左转，实现助力转向。同理，当向右打方向盘时，滑阀 15 右移，从泵来的压力油经控制阀进入液压缸 7 的左腔，活塞右移，通过机械装置作用使车轮右转。放松方向盘，滑阀在中位弹簧的作用下恢复到中间位置，助力作用消失。

泵由发动机带动，若泵转速增高时，流过节流阀 4 的阻力增加，节流阀上游压力增加，可使溢流阀 3 打开，泵出口的油可经溢流阀 3 回油箱。若因负载加大，节流阀 4 下游压力增加时，安全阀 5 打开，限制了系统压力的进一步升高。

当转向液压泵出故障不能向系统供油时，这时进油道压力低、回油道压力高，压力差使单向阀 13 打开从而使进油道、回油道相通，以便减少液压油的阻力，从而可实现手动强行转向。

2. 双柱汽车举升机液压系统

QF02B 型液压双柱汽车举升机适用于举升轻型汽车（举升量 3 t），是进行汽车的冲洗维修及装配等工作的机具。该机具装在立柱上的两副活动机架由单活塞杆液压缸通过链条驱动，因此能保证其同步运行。

图 17-47 所示为 QF02B 型汽车举升机液压系统原理图。该系统的动力元件为齿轮泵 3，由 1.5 kW 的三相异步电动机驱动，最高工作压力由溢流阀 8 调定，换向阀 7 用于控制单活塞液压缸 5 中的活塞杆的上升、下降及停止，活动机架的下降速度由单向节流阀控制。

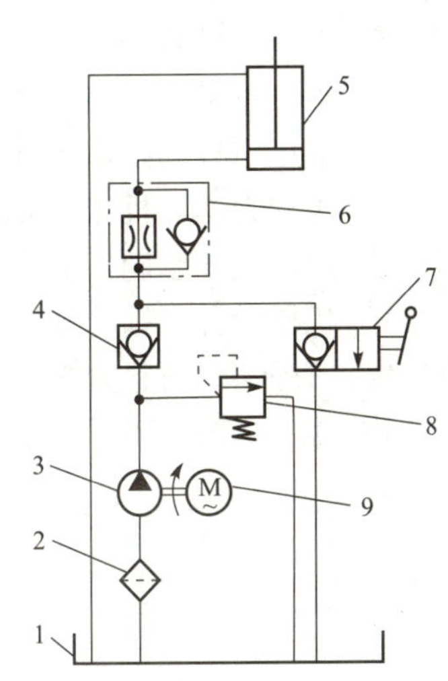

图 17-47　QF02B 型汽车举升机液压系统原理图

1—油箱；2—过滤器；3—齿轮泵；4—单向阀；5—单活塞液压缸；6—单向节流阀；7—换向阀；8—溢流阀；9—电动机

QF02B 汽车举升机液压系统工作过程如下：

（1）活动机架上升。换向阀 7 置左位，起动电动机 9，泵 3 输出压力油，通过单向阀 4、单向节流阀 6 中的单向阀，进入液压缸 5 下腔，活塞杆上移，活动机架上升。

（2）活动机架停止。换向阀 7 置左位，停止电动机 9。液压缸 5 下腔由单向阀 4 及换向阀 7 中的单向阀封闭液压缸 5 下腔回油；同时使举升机制动器处于锁紧状态，举升机就会在任意位置停止。

（3）活动机架下降。制动器松开，换向阀 7 置右位，这时在活动机架（及负载）重力作用下，液压缸 5 下腔油液通过单向节流阀 6 中的节流口进入换向阀 7 右位，然后回油箱，活动机架下降。

由以上分析可知，该系统油路中包含以下几个基本回路，即换向阀 7 控制的换向回路、单向节流阀 6 组成的节流调速回路以及溢流阀 8 组成的单级调压回路。

参 考 文 献

[1] 宋宝玉. 机械设计基础 [M]. 哈尔滨：哈尔滨工业大学出版社，2004.
[2] 卢晓春. 汽车机械基础 [M]. 北京：机械工业出版社，2005.
[3] 邱国庆. 液压技术与应用 [M]. 北京：人民邮电出版社，2006.
[4] 姜佩东. 液压与气动技术 [M]. 北京：高等教育出版社，2000.
[5] 吴建蓉. 工程力学与机械设计基础 [M]. 北京：电子工业出版社，2003.
[6] 石固欧. 机械设计基础 [M]. 北京：高等教育出版社，2003.
[7] 陈立德. 机械设计基础 [M]. 北京：高等教育出版社，2000.
[8] 范钦珊，殷雅俊. 材料力学 [M]. 北京：清华大学出版社，2004.
[9] 李章政，熊蜂. 简明工程力学 [M]. 成都：四川大学出版社，2006.

汽车机械基础（第3版）
习题集

主　编　陈建华　李建明　陈　庭

副主编　吕忠洲　吴玉文　郑培果

杨　冲　杨　程

主　审　欧阳波仪

北京理工大学出版社

BEIJING INSTITUTE OF TECHNOLOGY PRESS

目录

MULU

第1章　基本制图标准

一、选择题

1. 在机械制图中，不可见轮廓线用（　　）。

A. 虚线　　B. 粗实线　　C. 点画线　　D. 细实线

2. 在机械制图中，可见轮廓线用（　　）。

A. 虚线　　B. 粗实线　　C. 点画线　　D. 细实线

3. 以下表示放大比例的表达式为（　　）。

A. 1:1　　B. 1:5　　C. 3:1

4. 在机械制图中，对称线用（　　）。

A. 虚线　　B. 粗实线　　C. 细点画线　　D. 细实线

5. 图样中的尺寸不需标注计量单位的是（　　）。

A. m　　B. cm　　C. mm　　D. dm

二、判断题

1. 实物与图中图形相应要素线性尺寸之比称为比例。（　　）
2. 细点画线主要用来表示轴线、中心线及对称线。（　　）
3. 细实线的图线宽度为粗实线的 1/4。（　　）
4. 制图标准规定了五种不同尺寸的基本幅面。（　　）
5. 标题栏一般应位于图纸的右上角。（　　）

三、标出图中尺寸（尺寸从图中量取，取整数）

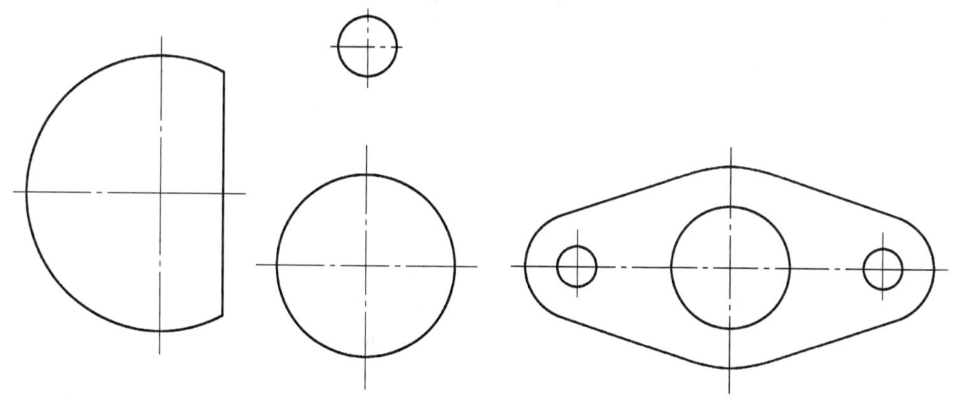

第2章 投影基础

一、选择题

1. 在三投影面体系中，与 H 面平行的线称为（　　）。

A. 水平线　　B. 正平线

C. 侧平线　　D. 铅垂线

2. 由上向下投射所得的视图是（　　）。

A. 主视图　　B. 俯视图

C. 仰视图　　D. 后视图

3. 在零件图的标注中，决定基本体在组合体中相互位置的尺寸是（　　）。

A. 定形尺寸　　B. 定位尺寸

C. 总体尺寸　　D. 形体尺寸

4. 下图所示为某物体的三视图，请问该物体为（　　）。

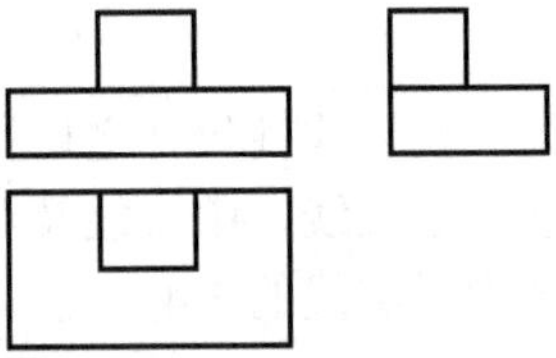

A. 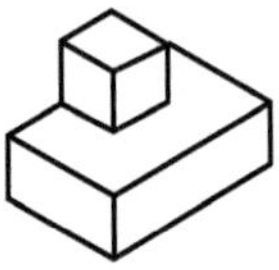　　B. 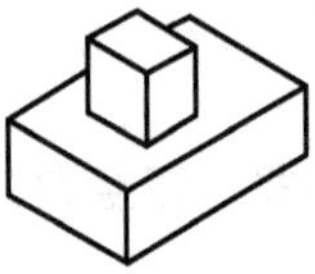　　C. 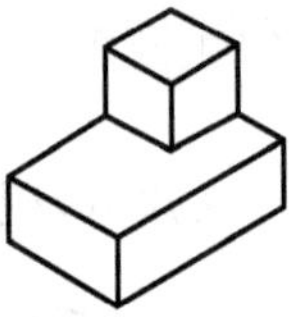　　D.

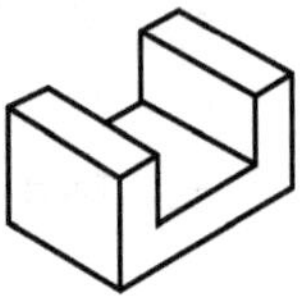

5. 在机械制图标准中，由下向上投射所得的视图称为（　　）。

A. 主视图　　B. 放大图

C. 仰视图　　D. 侧视图

6. 在零件图的标注中，决定基本体在组合体中相互位置的尺寸是（　　）。

A. 定形尺寸　　B. 定位尺寸

C. 总体尺寸　　D. 形体尺寸

7. 在机械制图标准中，由左向右投射所得的视图称为（　　）。

A. 主视图　　B. 俯视图

C. 仰视图　　D. 左视图

二、判断题

1. 一个完整的尺寸应包括尺寸界线、尺寸线、尺寸数字三个基本要素。（　　）
2. 零件标注的尺寸要求是完工后的实际尺寸。（　　）
3. 基本视图中，俯视图反映物体长、宽方向的尺寸。（　　）
4. 物体整体的三视图遵循“长对正、高对齐、宽相等”的投射规律。（　　）
5. 机械制图中的标注，任何时候都按实物的实际尺寸标注。（　　）
6. 尺寸标注的基本要求是正确、清晰和完整。（　　）
7. 由于平面的集聚性，平面可以在投影面上集聚为一点。（　　）
8. 在点的投影中，如果它的两个坐标值为零，那么这个点一定在坐标轴上。（　　）
9. 标注定位尺寸时，必须在长、宽、高方向上分别确定一个尺寸基准。（　　）

三、填空题

1. 投影法一般可分为两大类，一类叫作__________，一类叫作__________。
2. 三视图具有的投影规律，通常概括为长________、高________、宽________。
3. 主视图反映物体_____和_____两个方向的形状特征，俯视图反映物体_____和_____两个方向的形状特征，左视图反映物体_____和_____两个方向的形状特征。
4. 组合体应注全三种尺寸____________、____________、____________。

四、根据立体图补画三视图中所缺漏的图线

1.

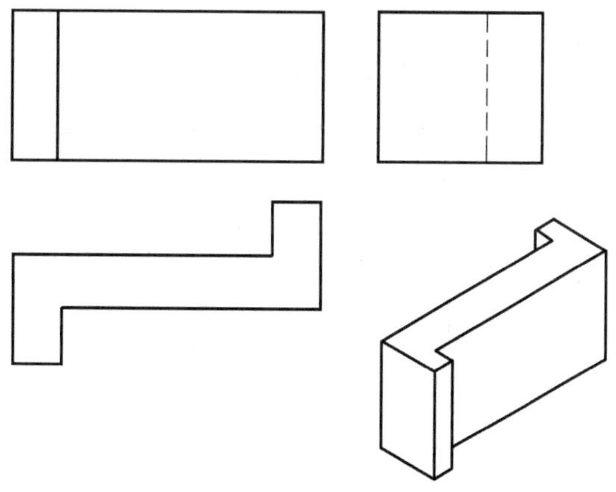

2.

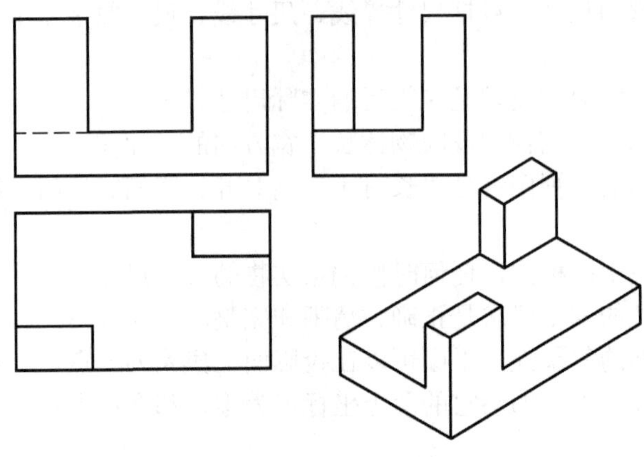

3.

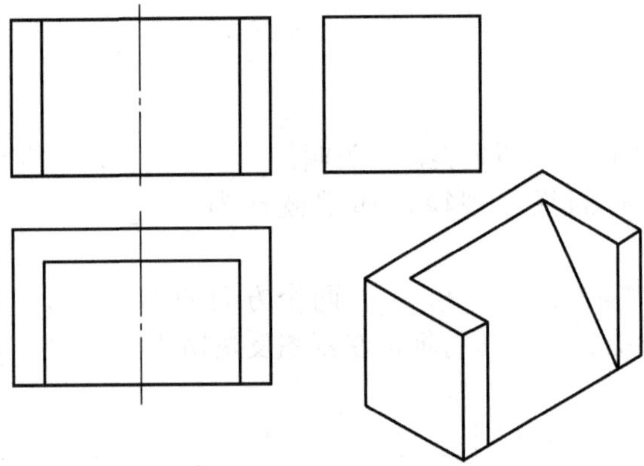

4.

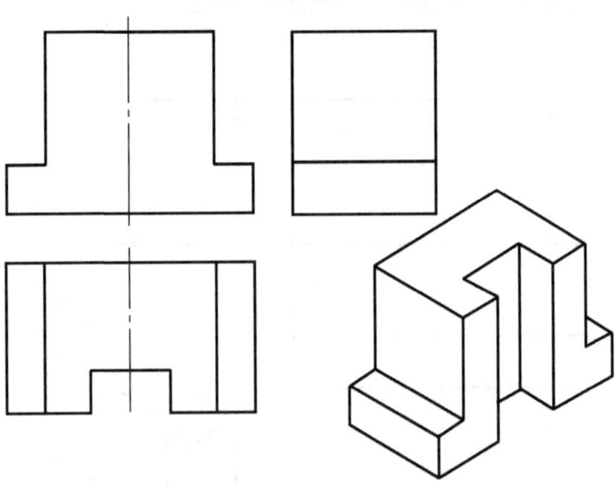

五、注出直线 *AB*、*CD* 的另两面投影符号，在立体图中标出 *A*、*B*、*C*、*D*，并填空说明其空间位置。

1.

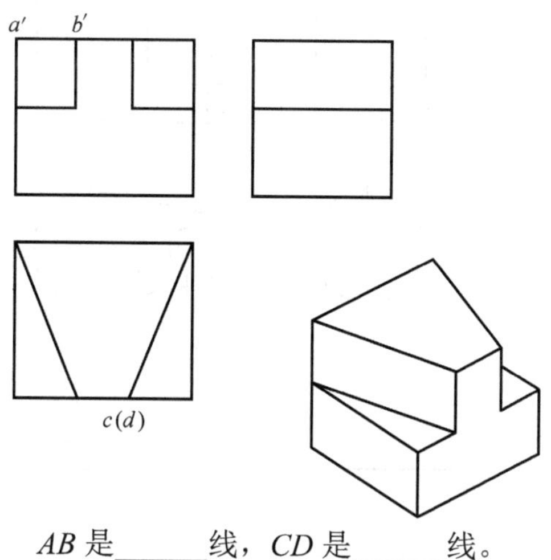

AB 是______线，*CD* 是______线。

2.

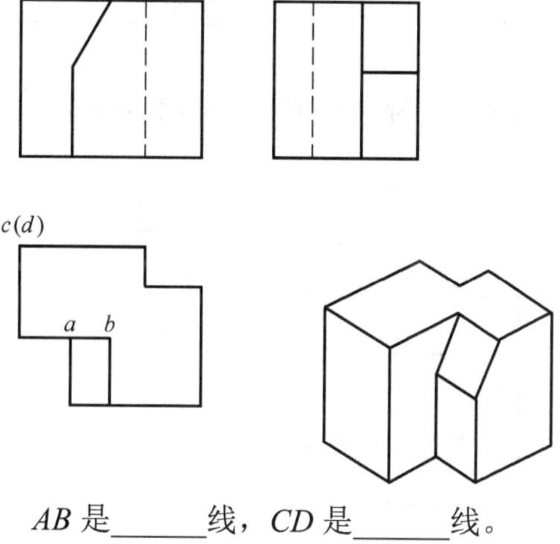

AB 是______线，*CD* 是______线。

六、补画下列组合体表面的交线

1.

2.

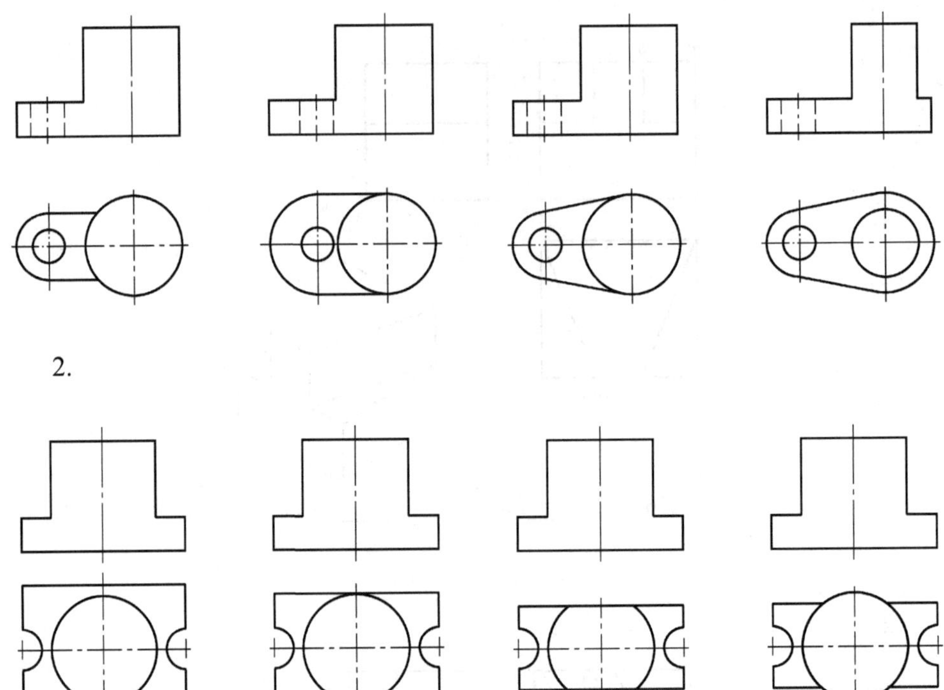

七、想象组合体的形状，补画视图中所缺漏的图线

1.

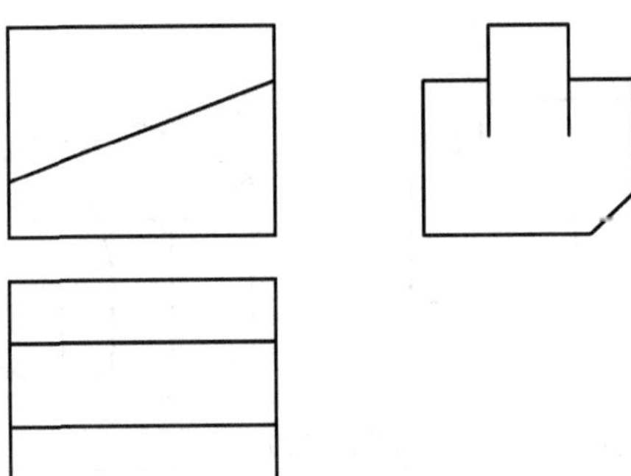

2.

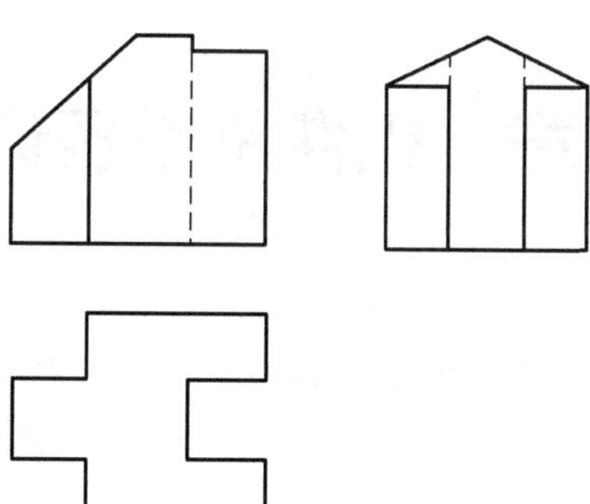

3.

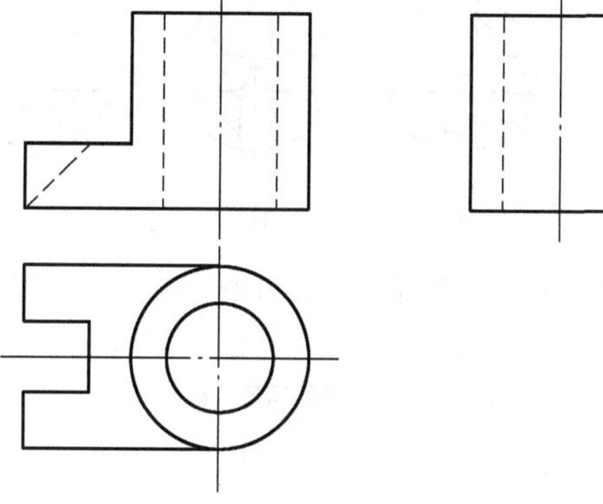

4.

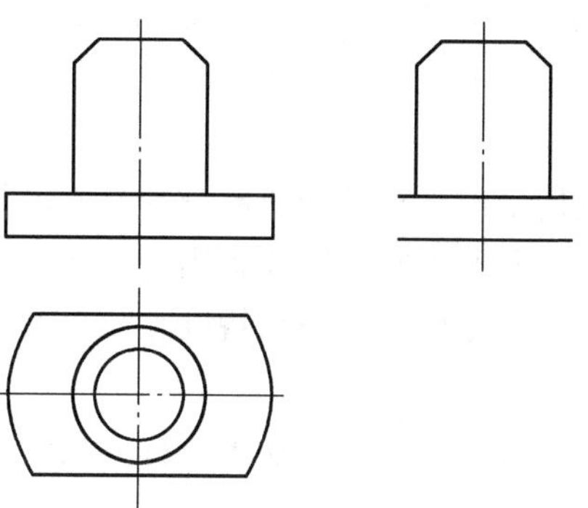

第 3 章　机件常用表达方式

一、选择题

1. 将物体向不平行于基本投影面的辅助平面投射所得到的视图称为（　　）。

A. 断面图　　B. 斜视图　　C. 局部视图　　D. 剖视图

2. 选择正确的移出断面图。（　　）

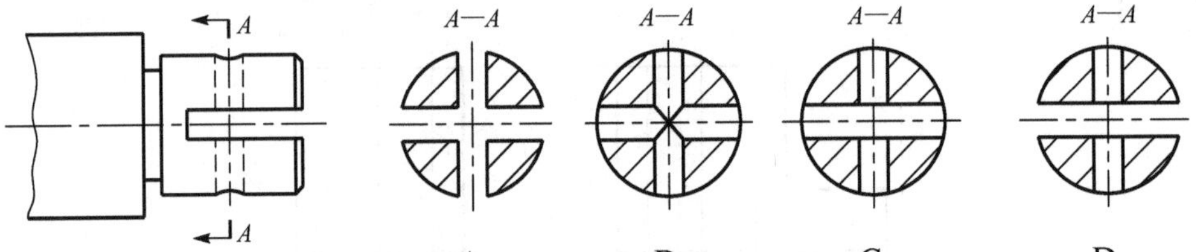

A—A　A—A　A—A　A—A

A.　B.　C.　D.

3. 将物体的某一部分向基本投影面投影所得到的视图称为（　　）。

A. 断面图　　B. 斜视图　　C. 局部视图　　D. 剖视图

4. 为了清楚地表达机件内部结构，常采用（　　）。

A. 向视图　　B. 剖视图　　C. 断面图　　D. 局部视图

5. 当基本视图不能按规定的位置配置时，可用（　　）的表达方式。

A. 向视图　　B. 剖视图　　C. 断面图　　D. 局部视图

二、判断题

1. 剖视图只画出剖切平面和机体相交部分的断面形状。（　　）

2. 断面图不仅要画出断面形状，还要画出断面后可见部分的投影。（　　）

3. 任何物体都可以看成是由一些形状规则且简单的基本体组合而成。（　　）

4. 用两相交剖切平面剖开机件的剖切方法称为旋转剖，所得的视图称为旋转剖切图。（　　）

5. 局部放大图可画成剖视图、断面图或向视图。（　　）

三、填空题

1. 机件的常用表达视图有 4 种：__________、__________、__________、__________。

2. 假想用剖切面剖开机件，将处于观察者和剖切面之间的部分移去，而将其余部分向投影面投射所得的图形称为__________。

3. 假想用剖切平面把机件的某处切断，仅画出断面的图形称为________。

4. 常用的剖视图有________、__________、__________、_________和阶梯剖视图。

5. 断面图按其在图纸上配置的位置不同，分为__________、__________。

四、简答题

1. 写出四种视图的特点和表示方法，以及基本视图的名称。

2. 请写出剖视图的种类与标注方法。

五、画图题

1. 将主视图画成全剖视图。

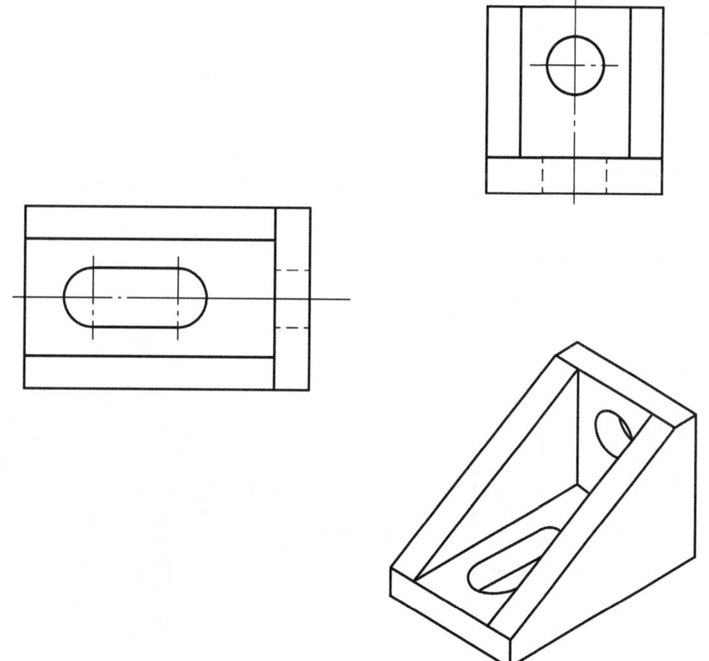

2. 将主、左视图画成全剖视图。

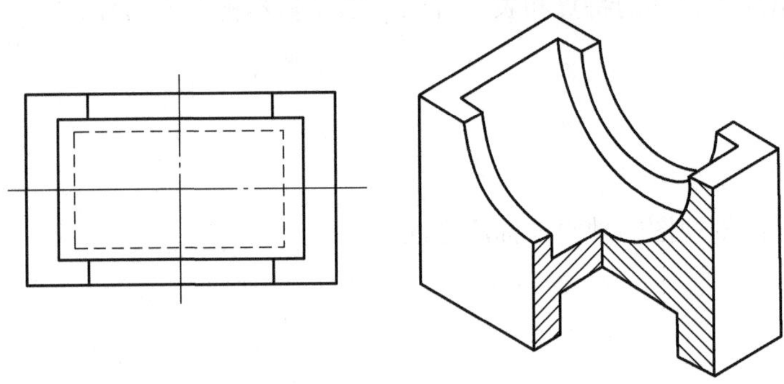

3. 将主视图画成全剖视图。

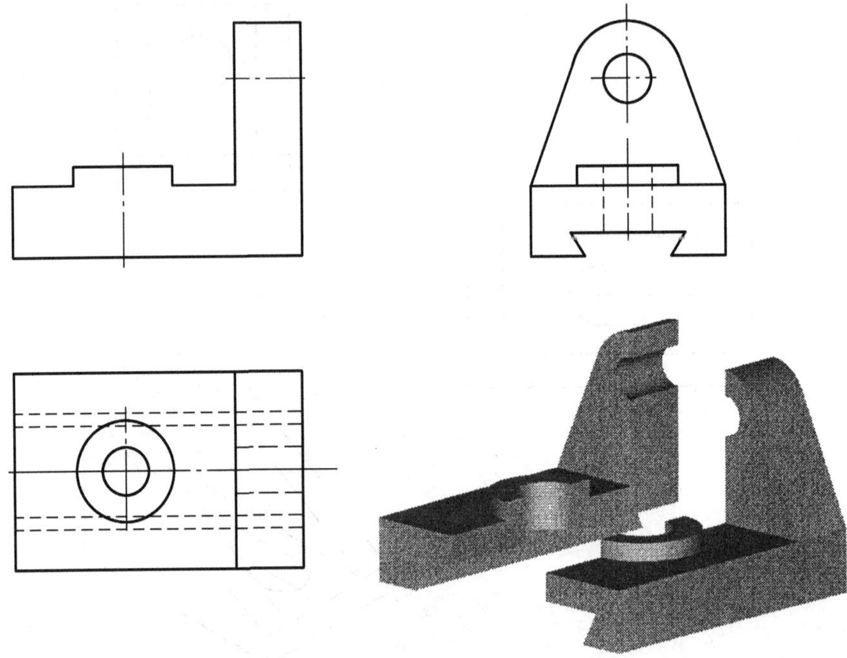

4. 补全主视图中的漏线。

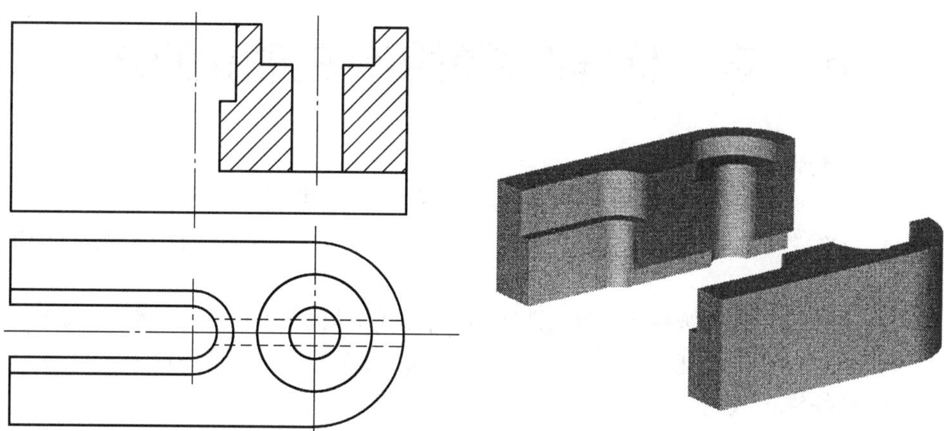

第 4 章　标准件和常用件的表达方法

一、选择题

1. 除了管螺纹外，通常所说的螺纹的公称直径是指螺纹的（　　）。

A. 大径　　B. 中径　　C. 内螺纹的顶径　　D. 外螺纹的底径

2. 在投影为圆的视图上，表示牙底的细实线圆只画约（　　）圈圆周。

A. 1/3　　B. 1/2　　C. 2/3　　D. 3/4

3. 螺纹终止线用（　　）表示。

A. 细实线　　B. 点画线　　C. 粗实线

4. 用于设计、制造齿轮时进行计算和分齿的基准圆是（　　）。

A. 齿顶圆　　B. 齿根圆　　C. 分度圆　　D. 节圆

5. 齿轮啮合区内的齿顶圆均用（　　）绘制。

A. 粗实线　　B. 点画线　　C. 细实线

6. 螺旋压缩弹簧如果两端并紧磨平，不论支撑圈多少，均按支撑圈为（　　）圈画出。

A. 1.5　　B. 2　　C. 2.5　　D. 3

7. 下列齿轮啮合画法错误的是（　　）。

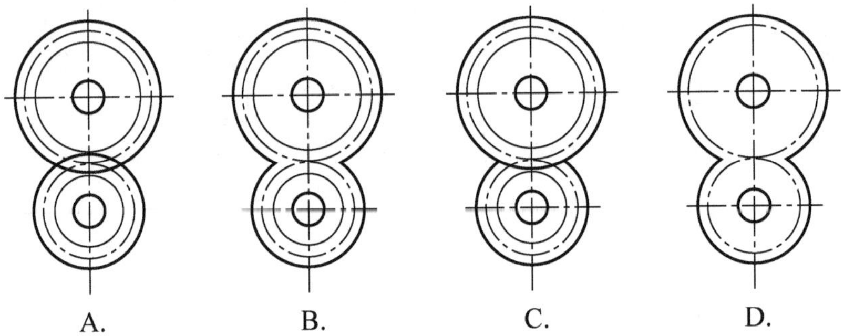

A.　　B.　　C.　　D.

二、判断题

1. 按顺时针方向旋入的螺纹称为右旋螺纹。（　　）

2. 粗牙普通螺纹的螺距不需要标注。（　　）

3. 普通螺纹的中径和顶径公差带代号不同，标注时分开标注。（　　）

4. 四圈以上的弹簧，中间各圈可省略不画，用通过中径线的点画线连接起来。（　　）

5. 在剖视图中，相邻两个零件的剖面线方向应相反，或者方向一致但间隔不等。（　　）

6. 齿轮啮合区的齿顶线、节线都用粗实线绘制。（　　）

三、填空题

1. 螺纹的结构和尺寸五要素是_______、_______、_______、_______、_______。

2. 外螺纹的规定画法是：大径用_______表示，小径用_______表示，终止线用_______表示。

3. 一螺纹的标注为 M24×1.5，表示该螺纹是_____螺纹，其大径为_____，螺距为_____，旋向为_____。

4. 粗牙普通螺纹，大径 24 mm，螺距 3 mm，中径公差带代号为 6 g，左旋，中等旋合长度，其螺纹代号为_______________。

5. 齿轮啮合区的齿顶线_________，节线（分度线）都用_________绘制，其他处的节线用________绘制。

6. 当弹簧被剖切时，剖面直径或厚度____________2 mm 时，可用涂黑表示，也可用示意画法。

四、根据下列给定的螺纹要素，标注螺纹的标记代号

1. 粗牙普通螺纹（公称直径 24 mm，螺距 3 mm，单线，右旋，螺纹公差带：中径、小径均为 6 H，旋合长度属于短的一组）。

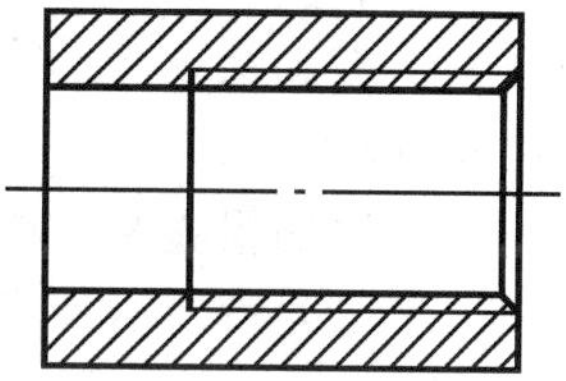

2. 细牙普通螺纹（公称直径 30 mm，螺距 2 mm，单线，右旋，螺纹公差带：中径 5 g、大径 6 g，旋合长度属于中等一组）。

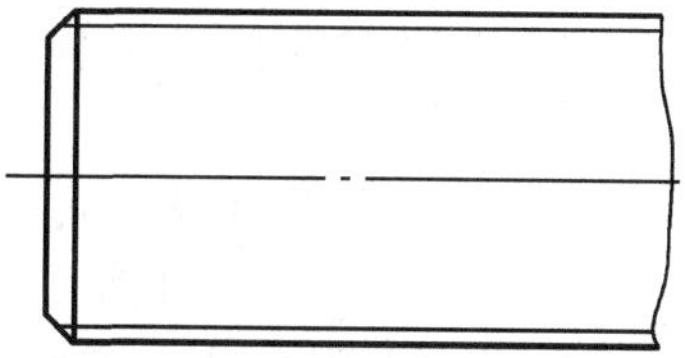

第5章　零　件　图

一、选择题

1. 最大极限尺寸减去最小极限尺寸是（　　）。

A. 最大间隙　B. 最小间隙　C. 尺寸公差　D. 基本尺寸

2. 公差等级越________，标准公差值越________，加工难易度越________。（　　）

A. 低、小、难　B. 高、小、易　C. 高、小、难　D. 低、大、难

3. 公差等级越________，标准公差值越________，尺寸的精确程度越________。（　　）

A. 低、小、高　B. 高、小、高　C. 高、小、低　D. 低、小、低

4. 上偏差减去下偏差是（　　）。

A. 最大间隙　B. 最小间隙　C. 尺寸公差　D. 基本尺寸

二、判断题

1. 形状公差都是有基准要求的。（　　）

2. 合格零件的尺寸应处在两个极限尺寸之间。（　　）

3. 总体尺寸是表示零件外形大小的总长、总宽、总高的尺寸。（　　）

4. 表达一个零件，必须画主视图，其他视图按需选用画出。（　　）

5. 孔和轴配合，孔的最小极限尺寸总是大于或等于轴的最大极限尺寸的配合称为间隙配合。（　　）

6. 表面粗糙度（基本符号加一短画线），其上端数值的单位是μm。（　　）

7. 公差带表示公差大小和相对于零线位置的一个差值。（　　）

三、填空题

1. 一张完整的零件图应包括下列四项内容：_____、_____、__________、__________。

2. 图样中的图形只能表达零件的_____，零件的真实大小应以图样上所注的_____为依据。

3. 机器零件按其形体结构的特征一般可分为四大类，它们是_______、_______、_______、_______。

4. 表面粗糙度是评定零件______________的一项技术指标，常用参数是______________，其值越小，表面越_______，即表面粗糙度要求越高。

5. 在机器装配中，国标将配合分为________配合、________配合、________

配合。

6. 配合的基准制有________和________两种，优先选用________。

7. 配合的代号由________的孔和轴的公差带的代号组成，用________形式表示，分子为________代号，分母为________代号。

8. 几何公差包括__________、__________、__________和__________。

9. 几何公差标注形式由__________、__________和__________组成。

四、识读零件图，并填空。

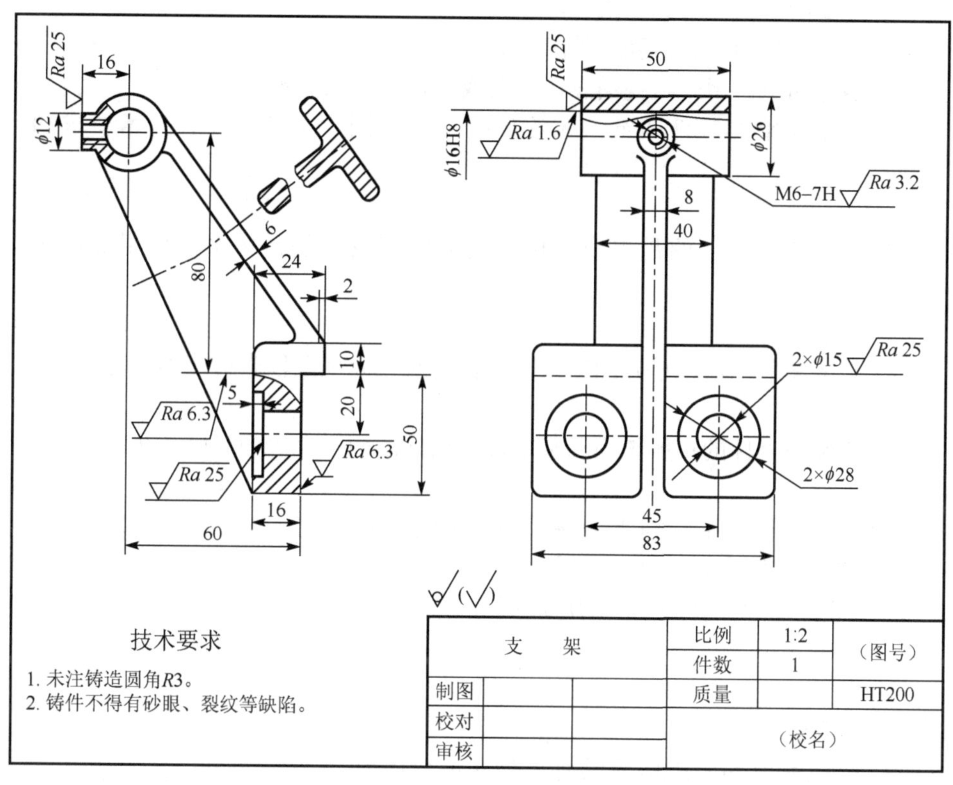

读图题

1. 表达该支架采用的一组图形分别为__________、__________、__________、__________。

2. M6－7H 螺纹的含义是____。

3. 在上面的零件图中，分别用符号△和文字标出支架的长、宽、高三个方向的主要尺寸基准。

4. 零件上 2×ϕ15 孔的定位尺寸是__________、__________。

5. 零件图上各表面粗糙度的最高要求是__________。

第6章　装　配　图

一、判断题

1. 装配图中，每种零件只编一个序号。 (　　)

2. 装配图中，性能尺寸表示零件之间的装配关系。 (　　)

3. 装配图中，需要标注所有尺寸。 (　　)

4. 装配图是制造和检验零件的依据。 (　　)

5. 装配图中，用一组视图表达机器或部件的工作原理。 (　　)

6. 一张完整的零件图纸，应该包括一组视图、全部尺寸、技术要求和标题栏。 (　　)

7. 零件图纸表达的是单个零件，而装配图表达的是多个零件组成的机器或部件。 (　　)

8. 装配图中，可以单独画出某个零件的某一向视图以表达该零件的形状。 (　　)

9. 相邻两零件的接触表面和基本尺寸相同的两配合表面只画一条线。 (　　)

10. 基本尺寸不同的非配合表面必须画成两条线。 (　　)

11. 在装配图中，相邻两个零件的剖面线可以相同，也可以不同。 (　　)

12. 装配图中零件的剖面的厚度或直径小于等于2 mm，允许将剖面涂黑。 (　　)

二、填空题

1. 一张完整的装配图应具有下列四部分内容____________、____________、____________、____________。

2. 装配图中常采用的特殊表达方法有____________、____________、____________、____________、____________等。

3. 装配图中的尺寸种类有____________、____________、____________、____________等。

4. 在各视图中，同一零件的剖面线方向与间隔必须____________。

5. 两个零件的接触表面，只用_____条共有的轮廓线表示，非接触表面画_____条轮廓线。

三、读图题

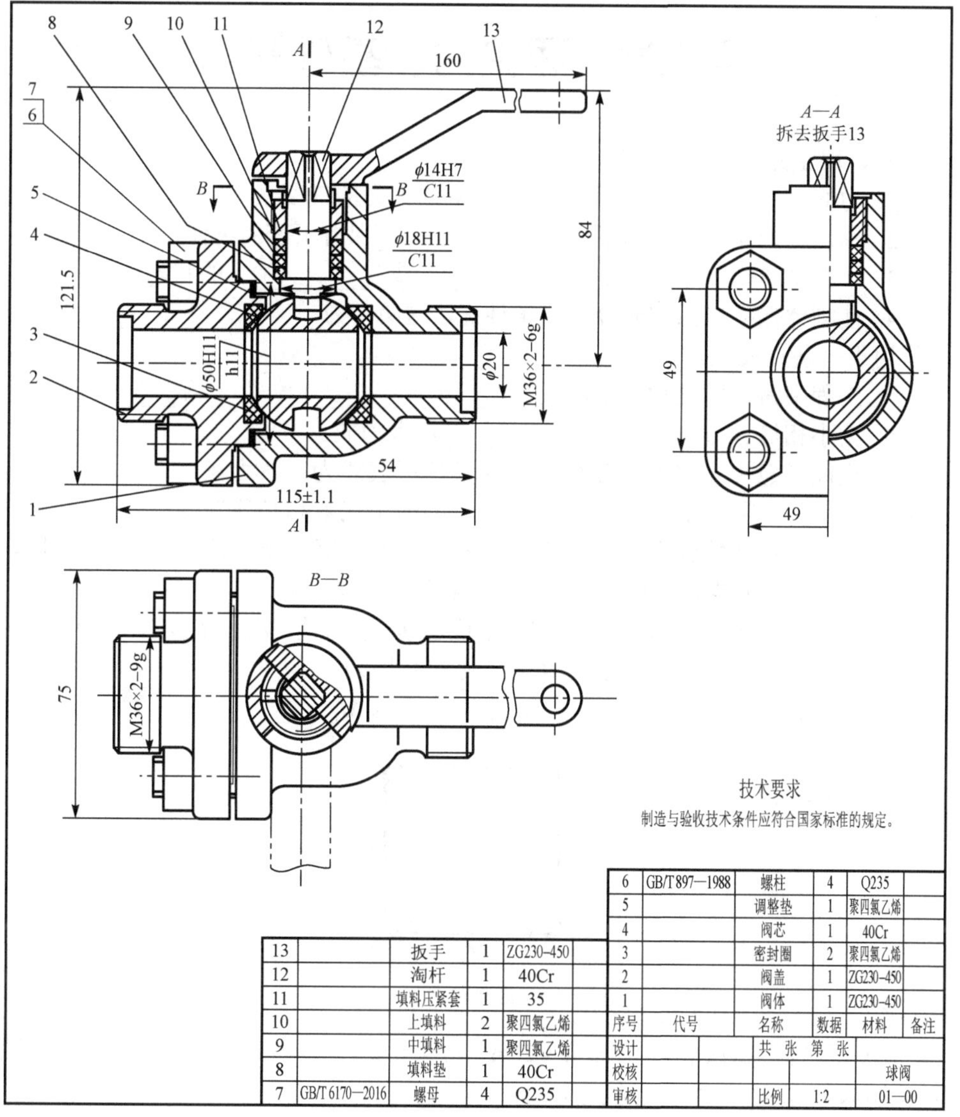

序号	代号	名称	数据	材料	备注
13		扳手	1	ZG230–450	
12		淘杆	1	40Cr	
11		填料压紧套	1	35	
10		上填料	2	聚四氯乙烯	
9		中填料	1	聚四氯乙烯	
8		填料垫	1	40Cr	
7	GB/T 6170—2016	螺母	4	Q235	
6	GB/T 897—1988	螺柱	4	Q235	
5		调整垫	1	聚四氯乙烯	
4		阀芯	1	40Cr	
3		密封圈	2	聚四氯乙烯	
2		阀盖	1	ZG230–450	
1		阀体	1	ZG230–450	

设计			共　张　第　张		
校核					球阀
审核			比例	1:2	01—00

1. 该球阀共由______种______个零件组成，其中______和______是标准件。

2. 球阀装配图共用了____个基本视图，主视图采用_______视图，左视图是采用拆去________的_______视图，俯视图采用_________视图。

第 7 章　理论力学基础知识

一、填空题

1. 力的________、________和________合称为力的三要素。

2. 刚体是指在外力作用下________和________保持不变的物体。

3. 平衡是指物体相对于地球处于________或________的状态。

4. 使刚体保持平衡的充分必要条件是，这两个力________、________，并作用于一条直线上。

5. 工程中常见的几种约束形式有________、________和________。

6. 大小相等、方向相反的________称为力偶。

7. 空间任意力系平衡的充分与必要条件可表述为：各力在________的投影的代数和为零，各力对________的力矩代数和必须为零。

8. 如果作用在物体上主动力的合力 $\boldsymbol{F}$ 的作用线落在摩擦锥内，则无论怎样增大主动力，都不可能破坏物体的平衡，这种现象称为________。

9. 沿边长为 $a=2$ m 的正方形各边分别作用有 $\boldsymbol{F}_1$，$\boldsymbol{F}_2$，$\boldsymbol{F}_3$，$\boldsymbol{F}_4$，且 $\boldsymbol{F}_1=\boldsymbol{F}_2=\boldsymbol{F}_3=\boldsymbol{F}_4=4$ kN，该力系向 B 点简化的结果为：

主矢大小为 $F_{R'}=$________，主矩大小为 $M_B=$________。

第 9 题图

10. 下图所示滚轮，已知 $R=2$ m，$r=1$ m，$\theta=30°$，作用于 B 点的力 $F=4$ kN，求力 $\boldsymbol{F}$ 对 A 点之矩 $M_A=$________。

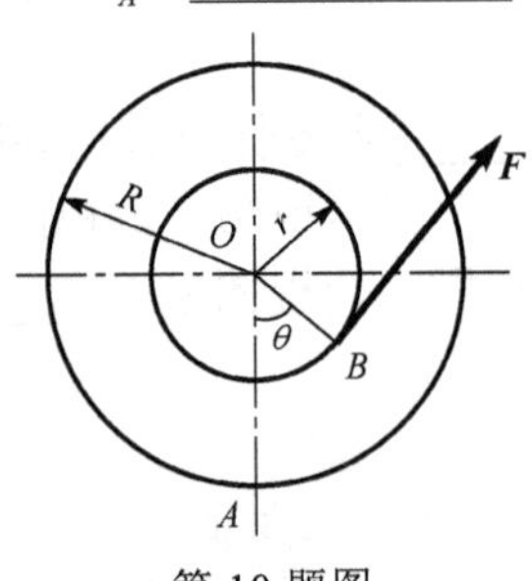

第 10 题图

11. 平面力系向 O 点简化，主矢 $F_{\rm R}'$ 与主矩 M_O 如下图所示。若已知 $F_{\rm R}'=10\ {\rm kN}$，$M_O=20\ {\rm kN\cdot m}$，求合力大小及作用线位置，并画在图上。

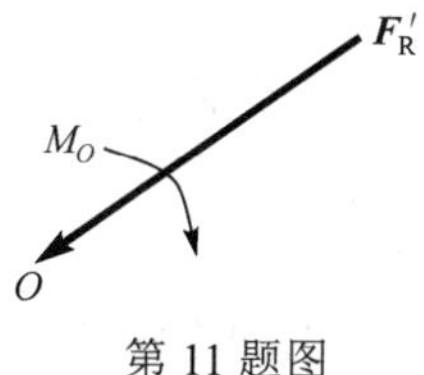

第 11 题图

12. 机构如下图所示，O_1A 与 O_2B 均位于铅直位置，已知 $O_1A=3\ {\rm m}$，$O_2B=5\ {\rm m}$，$\omega_{O_2B}=3\ {\rm rad/s}$，则杆 O_1A 的角速度 $\omega_{O_1A}=$____________，C 点的速度 $v_C=$____________。

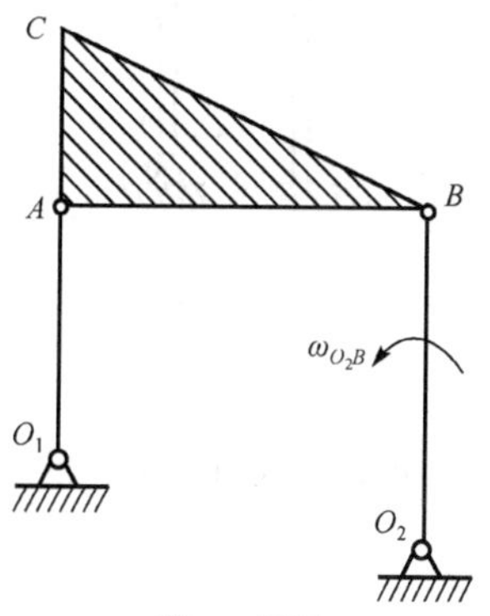

第 12 题图

二、判断题

1. 刚体是指在外力作用下大小和形状保持不变的物体。（　　）
2. 平衡是指物体相对于地球处于静止的状态。（　　）
3. 力偶使刚体产生转动效应和移动效应。（　　）
4. 力矩是物体在力的作用下相对于点产生的转动效应。（　　）
5. 作用在刚体上某点的力可以平行移动到此刚体上任一点，但需附加一个力偶。（　　）

三、选择题

1. 物块重 P，与水面的摩擦角 $\varphi_{\rm m}=20^\circ$，其上作用一力 Q 且已知 $P=Q$，方向如下图所示，则物块的状态为（　　）。

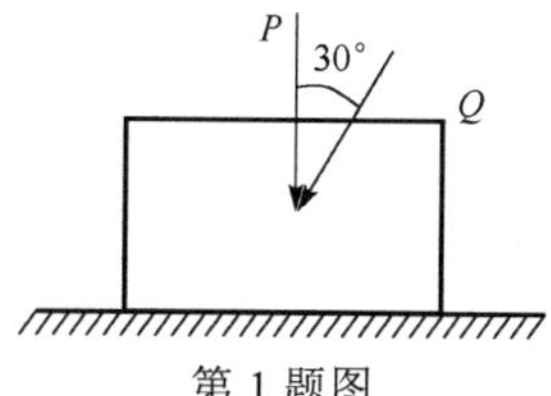

第 1 题图

A. 静止（非临界平衡）状态　　　　B. 临界平衡状态
C. 滑动状态　　　　　　　　　　　D. 不能确定

2. 图（a）、（b）为两种结构，则（　　）。
A. 图（a）为静不定的，图（b）为静定的
B. 图（a）、（b）均为静不定的
C. 图（a）、（b）均为静定的
D. 图（a）为静定的，图（b）为静不定的

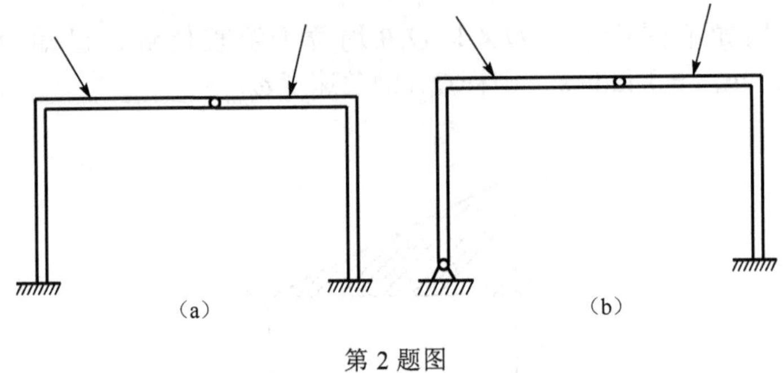

第 2 题图

四、计算题

1. 梁的尺寸及荷载如下图所示，求 A、B 处的支座反力。

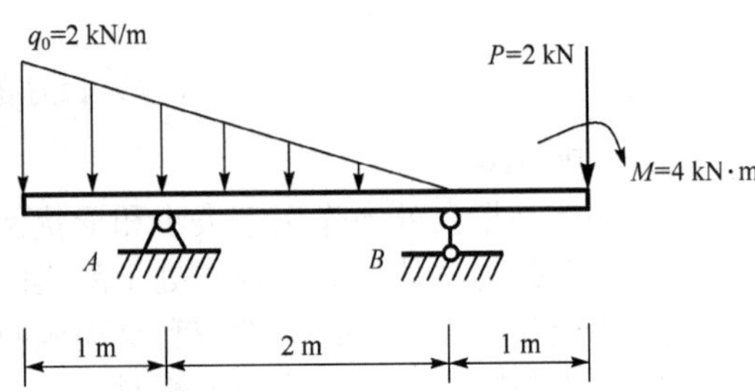

2. 丁字杆 ABC 的 A 端固定，尺寸及荷载如下图所示，求 A 端支座反力。

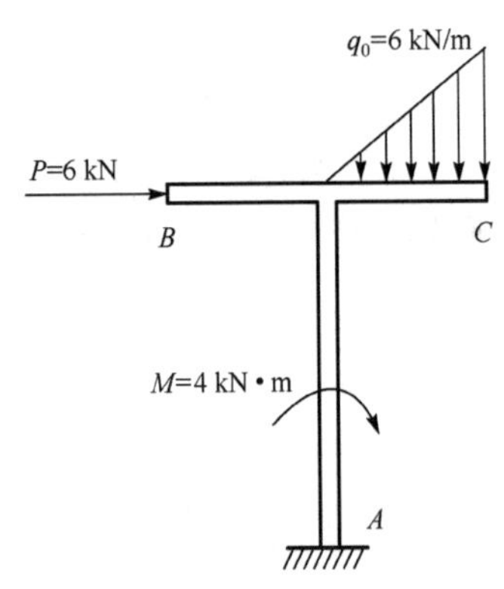

3. 下图所示机构中，已知 $O_1A = O_2B = r = 0.4\ \text{m}$，$O_1O_2 = AB$，$O_1A$ 杆的角速度 $\omega = 4\ \text{rad/s}$，角加速度 $\alpha = 2\ \text{rad/s}^2$，求三角板 C 点的加速度，并画出其方向。

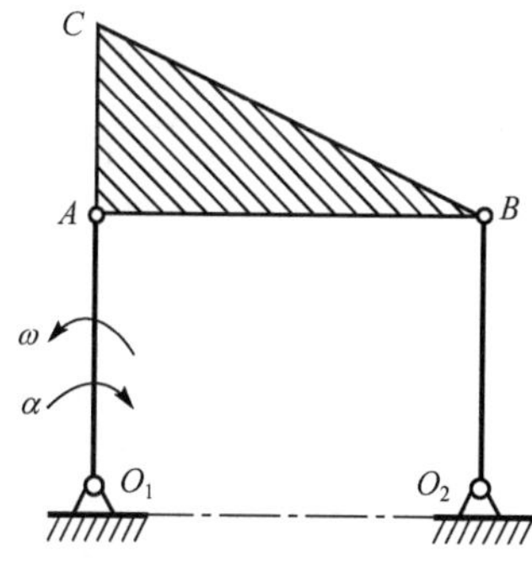

4. 结构的尺寸及载荷如下图所示，q=10 kN/m，q_0=20 kN/m，求 A、C 处约束反力。

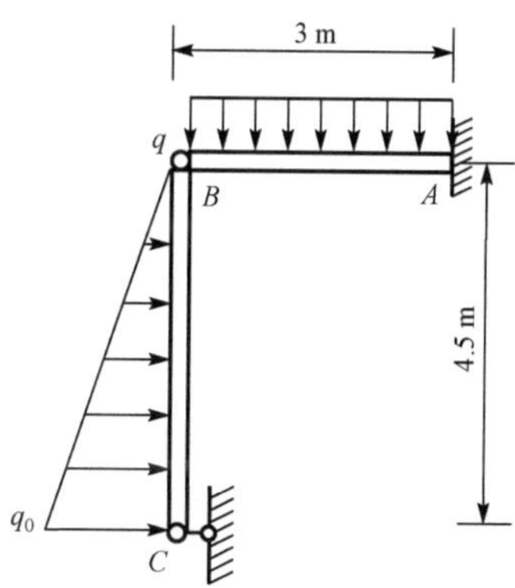

5. 已知：AC=AB=CD，P=10 kN，求 A、C 两处的约束力。

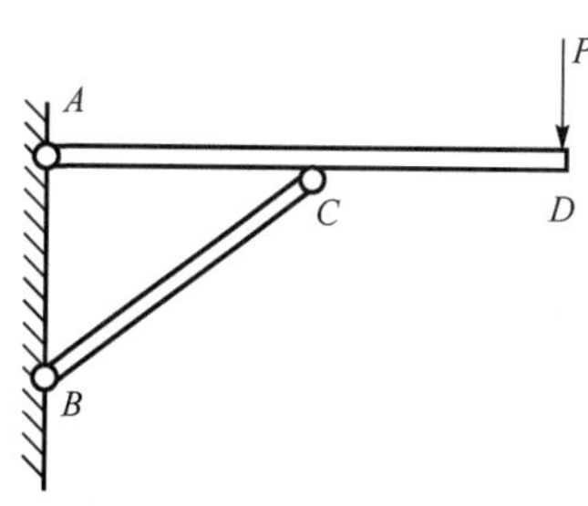

6. 如下图所示，平面平行力系的五个力分别为 $F_1=10$ N，$F_2=4$ N，$F_3=8$ N，$F_4=8$ N 和 $F_5=10$ N，则该力系简化结果是多少？

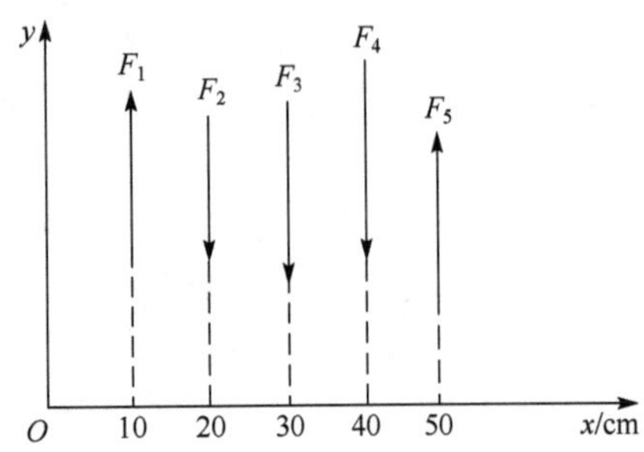

7. 下图所示平面结构，各杆件自重不计。已知：$q=6$ kN/m，$M=5$ kN·m，$l=4$ m，C、D 为铰链，求固定端 A 的约束力。

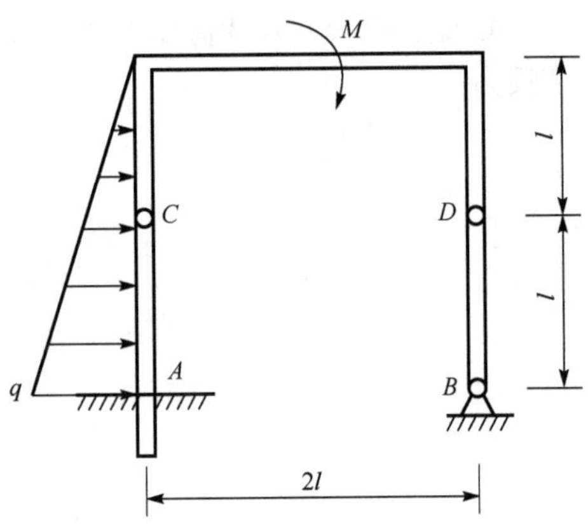

8. 折梯放在水平地面上，其两脚与地面的摩擦系数分别为 $f_A=0.2$，$f_B=0.6$，折梯一边 AC 的中点 D 上有一重为 $P=500$ N 的重物，折梯质量不计，问折梯能否平衡？如果折梯平衡，试求出两脚与地面间的摩擦力。

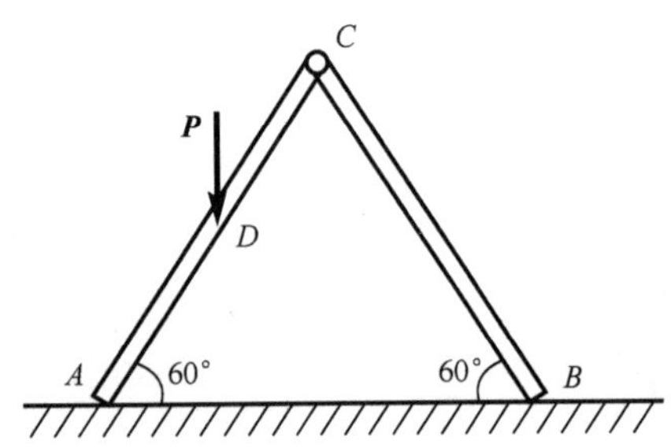

9. 在下图所示起重设备中，已知物块 A 重为 P，滑轮 O 半径为 R，绞车 B 的半径为 r，绳索与水平线的夹角为 β。若不计轴承处的摩擦及滑轮、绞车、绳索的质量，试求：重物 A 匀速上升时，绳索拉力及力偶矩 M。

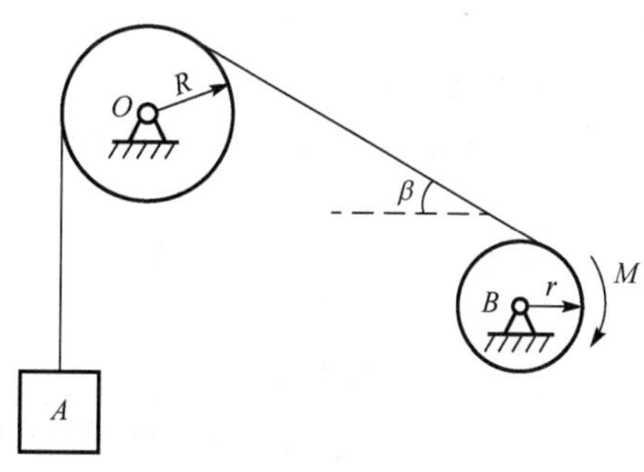

10. 在下图所示转轴中，已知：Q=4 kN，r=0.5 m，轮 C 与水平轴 AB 垂直，自重均不计。试求平衡时力偶矩 M 的大小及轴承 A、B 的约束反力。

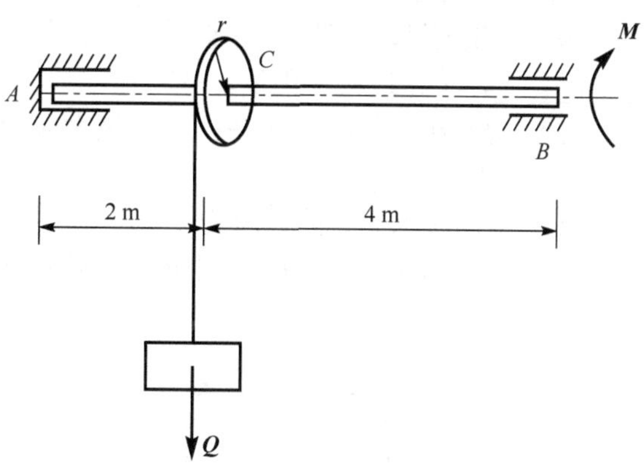

第 8 章　材料力学基础知识

一、填空题

1. 对变形固体，材料力学有三个假定：____________、____________、____________。

2. 杆件变形的基本形式有四种：____________、__________、__________、__________。

3. 内力图的表达形式有：__________、__________、__________和__________。

4. 作用于梁上的荷载可以简化为三种形式__________、__________和__________。

5. 某一截面的剪力，等于该截面任意一侧所有外力沿着________________投影的代数和。

6. 某一截面的弯矩，等于截面任一侧所有外力对该____________的力矩之代数和。

7. 圆截面任一点处的剪应力大小与______________成正比。

8. 提高梁强度的措施：______________、________________、________________。

9. 梁的刚度条件是限制绝对值最大截面或某指定截面__________和__________，不超过其许用值。

10. 构件在工作时所允许产生的最大应力叫______________，极限应力与许用应力的比叫____________。

11. 下图所示销钉的切应力 τ=（　　），挤压应力 σ_{bs}=（　　）。

12. 某点的应力状态如下图所示，则主应力为 σ_1=________，σ_2=__________，σ_3=__________。

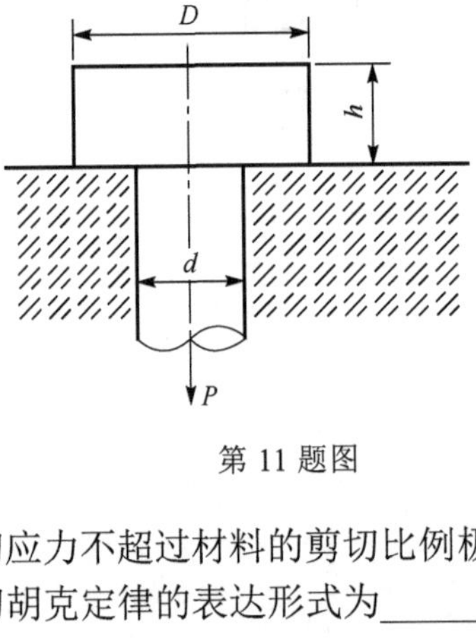

第 11 题图

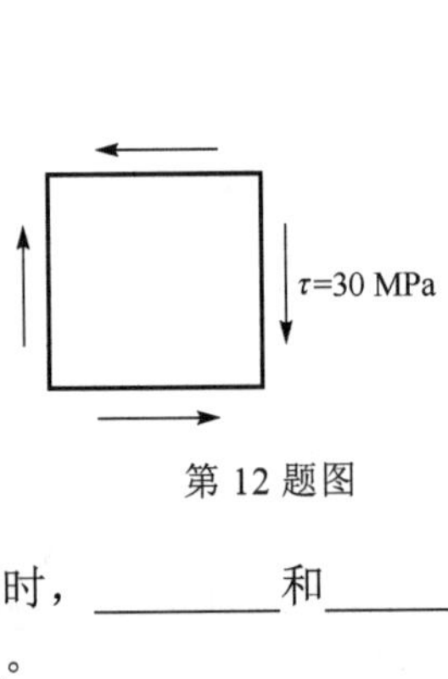

第 12 题图

13. 当切应力不超过材料的剪切比例极限时，__________和__________成正比。

14. 剪切胡克定律的表达形式为__________。

15. 提高梁弯曲刚度的措施主要有______________、__________________、
________________。

二、判断题

1. 内力的大小多随杆件横截面的位置而变化，可以用内力函数的形式表示。（　　）
2. 拉伸变形时，受拉为正；压缩变形时，受压为正。（　　）
3. 剪力绕脱离体顺时针转动，则剪力为正。（　　）
4. 圆截面在扭转过程中，横截面上只有剪应力，而无正应力。（　　）
5. 在正弯矩作用下，中性轴下部为压应力，中性轴以上为拉应力。（　　）
6. 大多数工程材料，正应力与正应变的线性、弹性定量关系由胡克定律确定。（　　）
7. 单位长度的扭转角是指变形时圆轴上任意两截面相对转过的角度。（　　）
8. 汽车上的钢板弹簧就是通过其弯曲变形来缓冲车辆的振动。（　　）
9. 材料力学主要研究杆件受力后变形与破坏的规律。（　　）
10. 内力只能是力。（　　）
11. 若物体各点均无位移，则该物体必定无变形。（　　）
12. 使杆件产生轴向拉压变形的外力必须是一对沿杆件轴线的集中力。（　　）
13. 杆件某个横截面上，若轴力不为零，则各点的正应力均不为零。（　　）
14. 截面法是分析应力的基本方法。（　　）

三、选择题

1. 水平折杆受力如下图所示，则 *AB* 杆的变形为（　　）。

A. 偏心拉伸　　B. 纵横弯曲　　C. 弯扭组合　　D. 拉弯组合

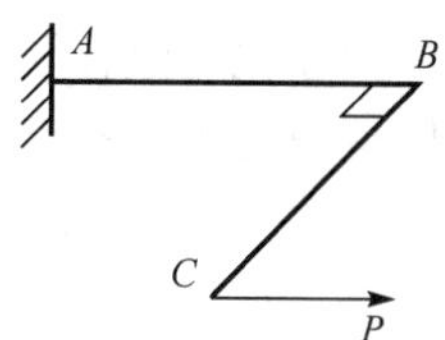

2. 铸铁试件受外力矩 M_e 作用，下图所示破坏情况有三种，正确的破坏形式是（　　）。

A.

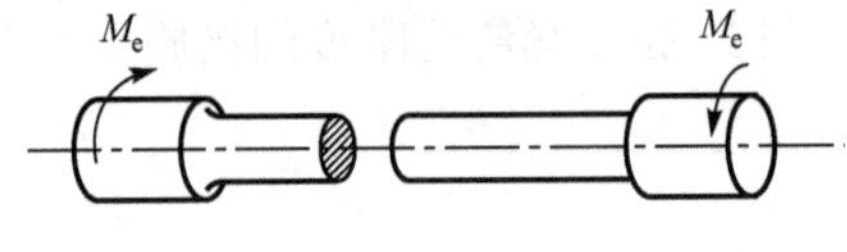

B.

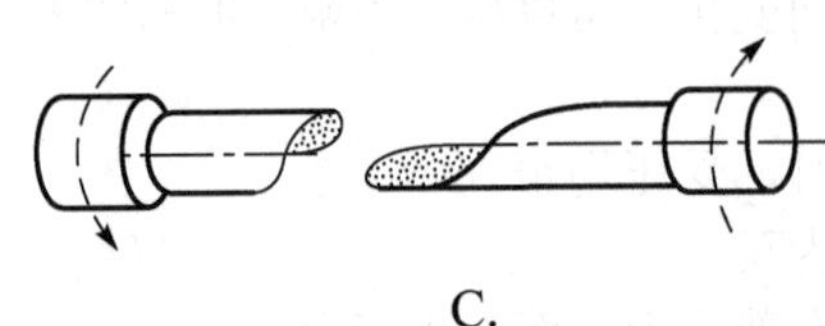

C.

3. 任意图形的面积为 A，Z_0 轴通过形心 O，Z_1 轴与 Z_0 轴平行，并相距 a，已知图形对 Z_1 轴的惯性矩 I_1，则对 Z_0 轴的惯性矩 I_{Z0} 为（　　）。

A. $I_{Z_0}=0$　　B. $I_{Z_0}=I_Z-Aa^2$

C. $I_{Z_0}=I_Z+Aa^2$　　D. $I_{Z_0}=I_Z+Aa$

4. 不同材料的甲、乙两杆，几何尺寸相同，则在受到相同的轴向拉力时，两杆的应力和变形的关系为（　　）。

A. 应力和变形都相同　　B. 应力不同，变形相同

C. 应力相同，变形不同　　D. 应力和变形都不同

5. 当梁发生平面弯曲时，其横截面绕（　　）旋转。

A. 梁的轴线　　B. 截面对称轴　　C. 中性轴　　D. 截面形心

6. 直径为 d 的实心圆截面，下面公式不正确的是（　　）。

A. $S_x=S_y=0$　　B. $I_x=I_y=\pi d^4/32$

C. $I_p=\pi d^4/32$　　D. $W_p=\pi d^4/16$

7. 电机轴的直径为 20 mm，电机功率为 5 kW，转速为 1 000 r/min。当电机满负荷工作时，轴上的扭矩是（　　）。

A. 475.5 N • m　　B. 4.755 N • m　　C. 47.75 N • m　　D. 477 N • m

8. 下列说法正确的是（　　）。

A. 在材料力学中我们把物体抽象化为变形体

B. 在材料力学中我们把物体抽象化为刚体

C. 稳定性是指结构或构件保持原有平衡状态

D. 材料力学是在塑性范围内，大变形情况下研究其承载能力

9. 剪切强度的强度条件为（　　）。

A. $\sigma=N/A\leqslant[\sigma]$　　B. $\tau_{max}=M_X/W_P\leqslant[\tau]$

C. $\sigma=P_C/A_C\leqslant[\sigma_C]$　　D. $\tau=Q/A\leqslant[\tau]$

10. 一钢质细长压杆，为提高其稳定性，可供选择的有效措施有（　　）。

A. 采用高强度的优质钢　　B. 减小杆件的横截面面积

C. 使截面两主惯轴方向的柔度相同　　D. 改善约束条件、减小长度系数

11. 用同一材料制成的实心圆轴和空心圆轴，若长度和横截面面积均相同，则抗扭刚度较大的是哪个？（　　）

A. 实心圆轴　　B. 空心圆轴　　C. 两者一样　　D. 无法判断

12. 一水平折杆受力如图所示，则 AB 杆的变形为（　　）。

A. 偏心拉伸　　B. 纵横弯曲　　C. 弯扭组合　　D. 拉弯组合

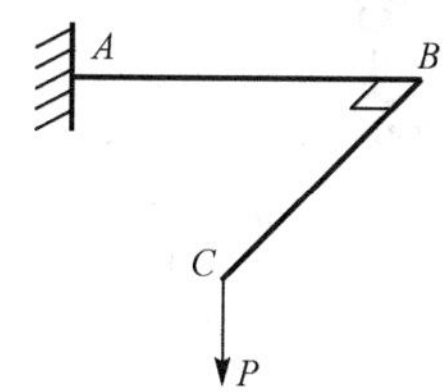

13. 如下图所示，扭转轴 1−1 截面上的扭矩 T_1 为（　　）。

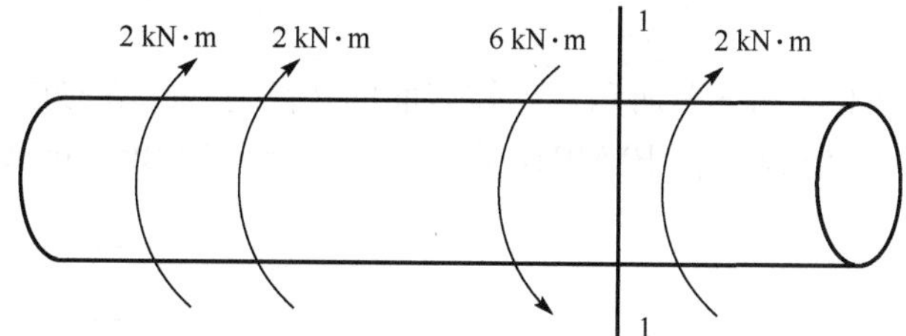

A. $T_1=-2\ \text{kN}\cdot\text{m}$　　B. $T_1=5\ \text{kN}\cdot\text{m}$

C. $T_1=1\ \text{kN}\cdot\text{m}$　　D. $T_1=-4\ \text{kN}\cdot\text{m}$

四、计算题

1. 托架 AC 为圆钢杆，直径为 d，许用应力$[\sigma]_{钢}=160$ MPa；BC 为方木，边长为 b，许用应力$[\sigma]_{木}=4$ MPa，$F=60$ kN，试求 d 和 b。

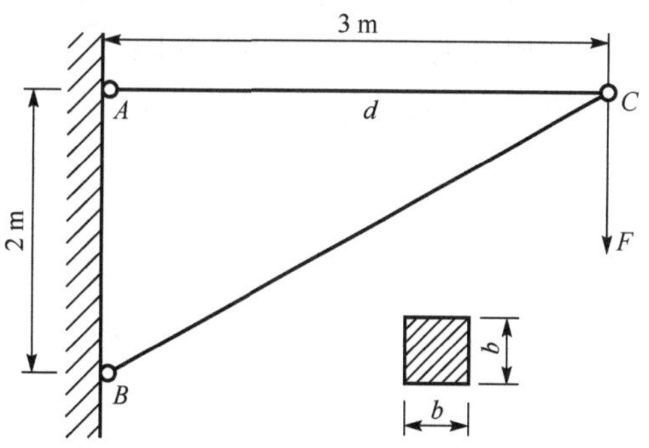

2. 下图所示为一铸铁梁，P_1=9 kN，P_2=4 kN，许用拉应力[t]=30 MPa，许用压应力[c]=60 MPa，$I_y=7.63\times10^{-6}$ m^4，试校核此梁的强度。

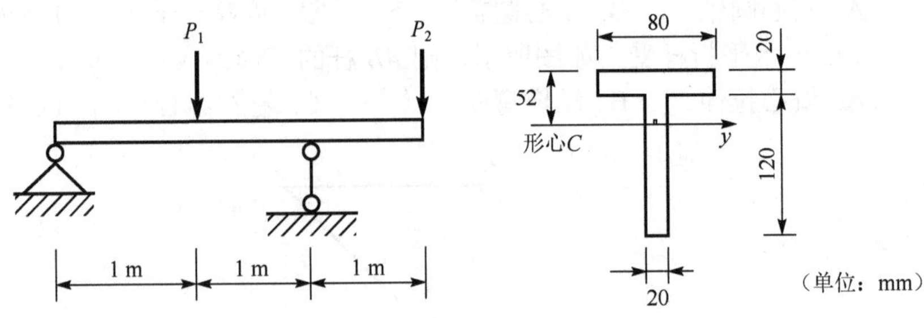

3. 矩形截面木梁如下图所示，已知截面的宽高比为 b:h=2:3，q=10 kN/m，l=1 m，木材的许用应力[σ]=10 MPa，许用剪应力[τ]=2 MPa，试选择截面尺寸 b、h。

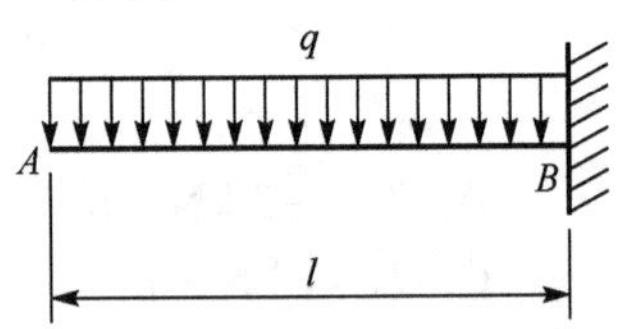

4. 如下图所示支架，斜杆 BC 为圆截面杆，直径 d=50 mm、长度 l=1.5 m，材料为优质碳钢，$\sigma_p=200$ MPa，$E=200$ GPa。若 $[n]_{st}=4$，试按照 BC 杆确定支架的许可载荷[F]。

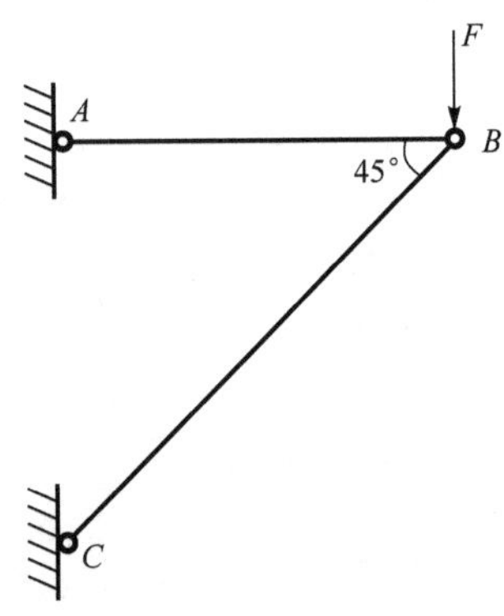

5. 试求下图所示等直杆横截面 1–1、2–2 和 3–3 上的轴力，并作轴力图。若横截面面积 $A=400\ \text{mm}^2$，试求各横截面上的应力。

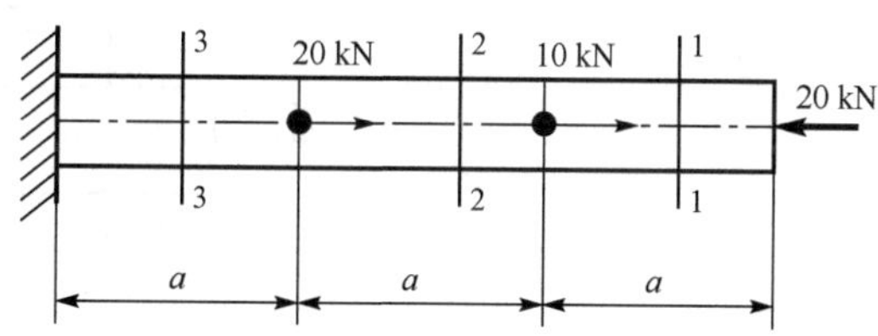

6. 一根等直杆受力如下图所示。已知杆的横截面面积 A 和材料的弹性模量 E。试作轴力图，并求杆端点 D 的位移。

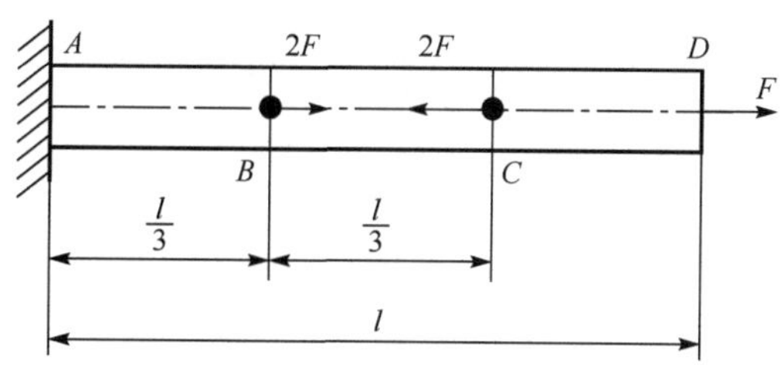

7. 一传动轴做匀速转动，转速 $n=200$ r/min，轴上装有五个轮子，主动轮Ⅱ输入的功率为 60 kW，从动轮Ⅰ、Ⅲ、Ⅳ、Ⅴ依次输出 18 kW、12 kW、22 kW 和 8 kW。试作轴的扭矩图。

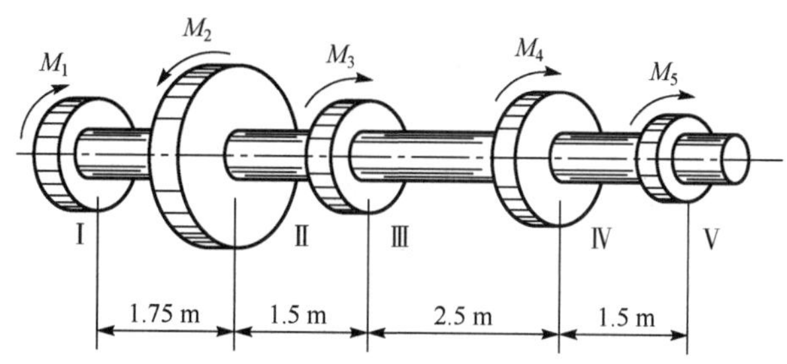

8. 如下图所示螺栓接头，已知 $F=40$ kN，螺栓的许用切应力$[\tau]=130$ MPa，许用挤压应力$[\sigma]=300$ MPa。试求螺栓所需的直径 d。

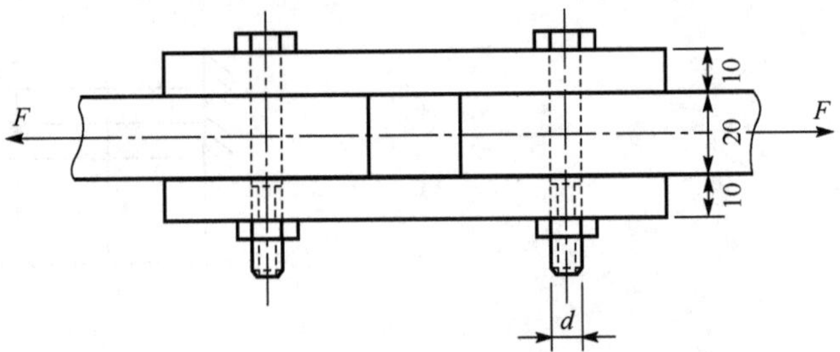

第 9 章　金属材料的性能

一、填空题

1. 金属材料的强度性能指标有：__________、__________和__________。

2. 金属材料的塑性指标有：__________和__________。

3. 金属材料在__________作用下，虽其所受应力值小于材料的__________，但经长时间运转后虽无显著外观变化仍发生断裂的现象称疲劳断裂。

4. 金属材料的工艺性能指材料被加工成零件的难易程度。包括：__________、__________、__________、__________和__________等。

5. 热处理的方法有：__________、__________和__________。

6. 普通热处理的方法有：__________、__________、__________和__________。

7. 金属材料的硬度指标有：__________和__________。

8. 标距为 100 mm 的标准试件，直径为 10 mm，拉断后测得伸长后的标距为 123 mm，缩颈处的最小直径为 6.4 mm，则该材料的伸长率 δ=______，断面收缩率 ψ=________。

9. 低碳钢拉伸时大致分为以下几个阶段：________、________、________和__________。

10. 材料的破坏按其物理本质可分为________和________两类。

二、判断题

1. 金属材料抵抗变形直至断裂的能力称为强度。（　　）

2. 金属材料在载荷作用下产生变形而破坏的能力称为塑性。（　　）

3. 金属材料的硬度指其抵抗比其更硬的物体压入或刻划其表面的能力。（　　）

4. 锻造是采用强度较好的金属材料，通过加热获得所需毛坯或零件的一种热加工工艺方法。（　　）

5. 铸造生产所采用的材料是铸造性能较好的铸铁、有色金属及铸钢。（　　）

6. 常用金属材料中，含碳量低、中碳钢切削加工性好，高碳刚切削加工性差。（　　）

7. 金属材料的延伸率 δ 和断面收缩率 ψ 数值越大，材料的塑性越好。（　　）

8. 在工程上，通常将延伸率大于 5%的材料称为塑性材料。（　　）

第10章 金属材料

习题 10-1

一、填空题

1. 含碳量小于________并含有______________的铁碳合金称为碳钢。

2. 含碳量小于_______为低碳钢，含碳量大于_______为高碳钢，含碳量介于_________为中碳钢。

3. 优质碳素结构钢的牌号用两位数字表示钢中平均含碳量的_________。

4. T9（碳 9）表示含碳量为_______的碳素工具钢。

5. 45CrMo 表示平均含碳量为________，含 Cr、Mo 均不大于_________的合金调质钢。

6. GCr9 表示含碳量______1%，含铬为_________的高碳铬轴承钢。

7. 合金结构钢按成分及用途不同分为_________、_________、_________和_________。

8. 合金渗碳钢经过________、________、_________的热处理后，具有外硬内韧的性能。

9. 调质钢的预备热处理一般为_______或_______。最终热处理为_______、_______，获得良好的机械性能。

10. 弹簧钢常采用________、_________的热处理，组织为回火屈氏体。

11. 不锈钢中含碳量较低，一般为_________，含铬量为_________。大量的铬能在钢的表面产生致密的氧化膜。

12. 中碳马氏体钢主要依靠________、_________获得高硬度和强度，来满足零件工作时的耐磨性。

13. 粉末冶金的生产一般经过_________、_______、_________、_______及_________等过程。

14. 铝合金分为__________和__________两大类，其中，铝硅合金属于__________，硬铝合金属于___________。

二、判断题

1. 优质碳素结构钢的牌号用两位数字表示钢中平均含碳量的千分数。（　　）

2. 45 钢常用来做机床中中等强度、韧性的零件，如齿轮、曲轴、螺栓、螺母等。（　　）

3. 当合金工具钢中的含碳量<1%时，用一位数字表示平均含碳量的千分数，当含碳量大于 1%时，将不标出含碳量。（　　）

4. 在含碳量大于 1%的高碳铬轴承钢中，通常不标出含碳量。（　　）

5. 在碳素结构钢的基础上，加入少量合金元素形成低合金钢。（　　）

6. 含碳量为 0.1%～0.25%的低合金钢或渗碳钢，具有良好的塑性和韧性。（　　）

7. 刃具钢的热处理一般为：淬火+低温回火。（　　）

8. 冷作模具钢的热处理一般为：锻后退火+淬火+低温回火。（　　）

9. 热作模具钢的热处理一般为：调质或淬火+中温回火。（　　）

10. 冷作模具钢中的含碳量较热作模具钢低得多。（　　）

习题 10－2

一、填空题

1. 铸铁是含碳量__________并含有较多____________等元素的铁碳合金。

2. 铸铁可以分为：_________、__________、__________、_________和__________。

3. 白口铸铁中碳主要以_________形式存在，灰铸铁中碳主要以_________形式存在，球墨铸铁中碳主要以__________形式存在，可锻铸铁中碳主要以_________形式存在，蠕墨铸铁中碳主要以_________形式存在。

4. 可锻铸铁是由白口铸铁通过_________得到的一种____________的高强度铸铁，其强度和塑性、韧性比灰铸铁高。

5. 在铁水浇注前，向铁水中加入一定量的________和少量的孕育剂，促使石墨呈_______析出形成球墨铸铁，其综合机械性能接近于钢。

6. 锡基轴承合金含锡量较高，具有较小的_________和良好的________，常用于汽车发动机、汽轮机等的高速轴承。

7. 铝基轴承合金是以_____为主，并加入少量的____和____的合金，用于高速、重载的汽车、拖拉机及内燃机车上。

二、判断题

1. 白口铸铁中碳主要以片状石墨形式存在，其断口呈白亮色。（　　）

2. 灰铸铁具有许多优点，是生产中应用最广泛的铸铁材料。（　　）

3. 蠕墨铸铁的强度接近于球墨铸铁，同时又具有灰铸铁良好的铸造性能和导热性。（　　）

4. 蠕墨铸铁是用高碳、低硫、低磷的铁水加入适量的蠕化剂经蠕化处理而制得。（　　）

5. 向灰铸铁或球墨铸铁中加入某些合金元素，可生产出耐磨铸铁、耐热铸铁和耐蚀铸铁等。（　　）

6. 形变铝合金在汽车制造方面主要用于空调系统零件、发动机冷却系统散热器件等。 （　　）

7. 滑动轴承合金用于制造滑动轴承及内衬的合金。 （　　）

8. 铅青铜是以铅为主加元素的铜合金，主要用作耐磨材料，如滑动轴承合金材料。

（　　）

第11章　非金属材料

一、填空题

1. 汽车及机械制造中的非金属材料包括：________________、______________、______________。

2. 塑料是以____________为基材，加入适量的____________制成。

3. 塑料的主要特点有：______________、______________、______________、______________、______________、______________、______________、______________。

4. 树脂占塑料全部组成成分的 40%～100%，____________、____________、____________等合成树脂可直接用作塑料；___________、____________等合成树脂，须加入添加剂才能制成塑料。

5. 橡胶具有良好的__________、__________、__________和__________，以及良好的__________、隔音性能等。

6. 陶瓷材料也称硅酸盐材料，具有_________、__________、__________、耐磨损、耐腐蚀、不易老化、不可燃烧和抗氧化性能好等特点。

7. 复合材料由__________和__________两部分组成，基体材料起__________作用，增强材料用于提高复合材料的_________，增强材料有_________和_________等。

8. 碳纤维与塑料组成的复合材料性能优于________，其______和__________都超过铝合金，与钢接近。

二、判断题

1. 塑料按热性能及成型特点分类：可分为热塑性塑料、热固性塑料和工程塑料。（　　）

2. 阻燃剂可使塑料难于燃烧或不燃烧。（　　）

3. 增塑剂用以提高树脂的可塑性和柔韧性，并使热变形温度升高。（　　）

4. 汽车上常用塑料制作结构件以取代部分金属件，以减轻设备质量或起装饰作用。（　　）

5. 聚苯乙烯是无色透明的塑料，透光性能优于玻璃。（　　）

6. 聚丙烯耐热性能良好，机械性能比聚乙烯高，有突出的刚性。（　　）

7. 聚四氟乙烯化学稳定性超过玻璃、陶瓷、不锈钢，有“塑料王”美称。（　　）

8. 热塑性玻璃钢指玻璃纤维与热固性塑料组成的复合材料。（　　）

9. 碳纤维比玻璃纤维具有更高的强度和弹性模量。（　　）

10. 橡胶的主要缺点是易于老化。（　　）

第12章 汽车常用零部件

习题 12-1

一、单选题

1. 为使轴上零件能靠紧轴肩定位面，轴肩根部的圆弧半径应（　　）该零件轮毂孔的倒角或圆角半径。

A. 大于　　B. 小于　　C. 等于

2. 当采用套筒、螺母或轴端挡圈作轴上零件轴向定位时，为了使套筒、螺母或轴端挡圈能紧靠该零件的定位面，与该零件相配的轴头长度应（　　）零件轮毂的宽度。

A. 大于　　B. 等于　　C. 小于

3. 在下列滑动轴承材料中，（　　）通常只用作双金属轴瓦的表层材料。

A. 铸铁　　B. 铸造锡青铜　　C. 轴承合金

4. 滑动轴承轴瓦上的油沟不应开在（　　）。

A. 油膜承载区内　　B. 油膜非承载区内　　C. 轴瓦剖分面上

5. 在（　　）情况下，滑动轴承润滑油的黏度不应选得较高。

A. 重载　　B. 工作温度高　　C. 高速

6. 温度升高时，润滑油的黏度随之（　　）。

A. 升高　　B. 降低　　C. 保持不变

7.（　　）是只能承受径向力的轴承。

A. 深沟球轴承　　B. 圆柱滚子轴承　　C. 角接触球轴承

8.（　　）是只能承受轴向力的轴承。

A. 深沟球轴承　　B. 圆锥滚子轴承　　C. 推力球轴承

9.（　　）是不能同时承受径向力和轴向力的轴承。（　　）

A. 深沟球轴承　　B. 圆锥滚子轴承　　C. 圆柱滚子轴承

10. 不允许角偏差的轴承是（　　）。

A. 深沟球轴承　　B. 滚针轴承　　C. 圆柱滚子轴承

11. 滚动轴承的基本额定寿命是指一批同型号的轴承，在相同的条件下运转，其中（　　）的轴承所能达到的寿命。

A. 90%　　B. 95%　　C. 99%

12. 角接触滚动轴承承受轴向载荷的能力随接触角 α 的增大而（　　）。

A. 增大　　B. 减小　　C. 增大或减小视轴承型号而定

13. 调心滚子轴承的滚动体形状是（　　）。

A. 圆柱滚子　　B. 滚针　　C. 鼓形滚子

14. 某轴用一对角接触球轴承反向安装。若轴上的轴向外载荷为零，则该两轴承的（　　）一定相等。

A. 内部轴向力　　B. 径向力　　C. 轴向力

15. 推力球轴承适用于（　　）场合。

A. 径向力小，轴向力大，转速较低

B. 不受径向力，轴向力大，转速较低

C. 不受径向力，轴向力大，转速高

二、多选题

1. 在（　　）情况下，滑动轴承润滑油的黏度应选得较大。

A. 重载　　B. 工作温度高

C. 高速　　D. 未经跑合

2. 下列关于润滑油说法正确的是（　　）。

A. 温度升高时，润滑油的黏度随之升高

B. 温度升高时，润滑油的黏度随之降低

C. 润滑油的黏度越大，内摩擦阻力越大，流动性越差

D. 滑动速度高时，应选用黏度低的润滑油

3. 推力球轴承不适用于（　　）场合。

A. 径向力大，轴向力也大　　B. 不受径向力，单向轴向力

C. 不受轴向力，径向力大　　D. 径向力大，轴向力也小

4. 关于 6200 滚动轴承说法正确的是（　　）。

A. 6 是轴承类型代号　　B.（0）2 是尺寸系列代号

C. 20 是尺寸系列代号　　D. 00 是内径系列代号

5. 曲柄摇杆机构中，摇杆为主动件时，（　　）死点位置。

A. 不存在　　B. 曲柄与连杆延长共线时为

C. 摇杆与连杆共线时为　　D. 曲柄与连杆重叠共线时为

三、判断题

1. 工作中既承受弯矩又承受扭矩的轴称为芯轴。只承受弯矩而不承受扭矩的轴称为转轴。只承受扭矩而不承受弯矩的轴称为传动轴。（　　）

2. 为使轴上零件能靠紧轴肩定位面，轴肩根部的圆弧半径应大于该零件轮毂孔的倒角或圆角半径。（　　）

3. 当采用套筒、螺母或轴端挡圈作轴上零件轴向定位时，为了使套筒、螺母或轴端挡圈能紧靠该零件的定位面，与该零件相配的轴头长度应小于零件轮毂的宽度。（　　）

4. 温度升高时，润滑油的黏度随之降低。（　　）

5. 向心推力轴承，同时承受径向和轴向载荷。（　）

6. 与滚动轴承相比，滑动轴承具有抗振性好，寿命长，噪声小，但承载能力较小。（　）

7. 相接触的物体相互移动时发生阻力的现象称摩擦，相对运动零件的摩擦表面发生尺寸、形状和表面质量变化的现象称磨损。（　）

四、简答题

1. 轴上零件周向定位与固定可采用哪些方法？请说明这些方法的特点与应用。

2. 为了提高轴的疲劳强度，在进行轴的设计制造时，通常采取哪些措施？

3. 滚动轴承的分类方式有哪些（写出三种即可）？滚动轴承的失效形式有哪些？

4. 滑动轴承主要应用在哪些场合中，其失效形式有哪些？

5. 润滑油是滑动轴承的主要润滑剂，其选用原则是什么？

习题 12–2

一、单选题

1. 联轴器和离合器的主要作用是（　　）。

A. 传递运动和转矩　　B. 防止机器发生过载

C. 缓冲减振

2. 载荷变化不大，转速较低，两轴较对中，宜选（　　）。

A. 刚性固定式联轴器　　B. 刚性可移式联轴器

C. 弹性联轴器

3. 对低速、刚性大、对中心好的短轴，一般选用（　　）。

A. 刚性可移式联轴器　　B. 弹性联轴器

C. 刚性固定式联轴器

4. 连接螺纹采用三角形螺纹是因为三角形螺纹（　　）。

A. 牙根强度高，自锁性能好　　B. 防振性好

C. 传动效率高

5. 螺旋副相对转动一转时，螺钉螺母沿轴线方向的相对位移是（　　）。

A. 一个螺距　　B. 一个导程　　C. 导程×头数

6. 当螺纹的公称直径、牙型角及螺纹线数都相同时粗牙螺纹的自锁性比细牙的（　　）。

A. 好　　B. 差　　C. 相同　　D. 无法比较

7. 螺栓连接的疲劳强度随被连接件刚度的增大而（　　）。

A. 提高　　B. 降低　　C. 不变

8. 在紧螺栓连接中，螺栓所受的切应力是由（　　）产生的。

A. 横向力　　B. 拧紧力矩　　C. 螺纹力矩

9. （　　）适于定心精度要求不高、载荷较大的轴、毂静连接。

A. 平键　　B. 花键　　C. 切向键

10. （　　）适于定心精度要求高、传递载荷大的轴、毂动或静连接。

A. 平键　　B. 花键　　C. 切向键

11. （　　）适于定心精度要求不高、载荷平稳、低速、轴向力较小的轴、毂静连接。

A. 楔键　　B. 导向平键　　C. 切向键

二、多选题

1. 联轴器与离合器主要用来（　　），以传递运动和转矩。

A. 连接平面与平面　　B. 连接平面与轴

C. 连接轴与轴　　D. 连接轴与其他旋转零件

2. 联轴器和离合器的主要作用是（　　）。

A. 传递运动和转矩　　B. 防止机器发生过载
C. 缓冲减振　　D. 连接两轴
3. 两轴对中性好，宜选（　　）。
A. 刚性联轴器　　B. 凸缘联轴器
C. 弹性联轴器　　D. 十字滑块联轴器
4. 下列方法中是螺纹连接防松的是（　　）。
A. 对顶螺母　　B. 锁紧螺母　　C. 平垫圈　　D. 串联钢丝
5. 下列方法中是螺纹连接防松的是（　　）。
A. 弹簧垫圈　　B. 开口销与槽形螺母
C. 止动垫圈　　D. 平垫圈
6. 螺纹连接防松是因为（　　）。
A. 螺纹不具有自锁性
B. 预紧力可能在某一瞬间消失
C. 螺母拧不紧
D. 在高温或温度变化较大时，由于温度变形差异
7. 下列属于螺旋传动的是（　　）。
A. 螺栓和螺母紧固件　　B. 螺旋压力机
C. 螺旋千斤顶　　D. 机床的进给螺旋
8. 螺旋传动是用螺杆和螺母传递（　　）的机械传动。
A. 机械能　　B. 运动　　C. 温度　　D. 动力
9. 螺旋副相对转动一转时，螺钉螺母沿轴线方向的相对位移是（　　）。
A. 一个螺距　　B. 一个导程　　C. 螺距×头数　　D. 导程×头数
10.（　　）不适于定心精度要求高、导向性好、传递载荷大的轴、毂静连接。
A. 普通平键　　B. 花键　　C. 切向键　　D. 半圆键
11. 在下列螺纹连接的防松措施中，属于摩擦防松的是（　　）。
A. 槽形螺母+开口销　　B. 弹簧垫圈
C. 止动垫片　　D. 双螺母
12. 在下列螺纹连接的防松措施中，属于机械防松的是（　　）。
A. 槽形螺母+开口销　　B. 弹簧垫圈
C. 止动垫片　　D. 双螺母
13. 当两个被连接件之一太厚，不便做通孔时，常采用（　　）连接。
A. 螺栓　　B. 双头螺柱　　C. 螺钉　　D. 紧定螺钉

三、判断题

1. 螺旋传动是用螺杆和螺母传递运动和动力的机械传动，主要用于把旋转运动转换成直线运动，将转矩转换成推力。（　　）

2. 连接用的三角形螺纹都不具有自锁性，在静载荷和工作温度变化不大时会

自动松脱。为了保证连接可靠，必须采取有效的防松措施。（　　）

3. 平键的两侧面是工作面，上表面与轮毂上的键槽底面之间留有间隙，靠键与键槽侧面的相互挤压来传递转矩。（　　）

4. 联轴器和离合器的不同之处是：联轴器在运转过程中始终把两轴连接在一起，而离合器连接的两轴可以接合或分离。（　　）

5. 连接螺纹采用三角形螺纹是因为三角形螺纹牙根强度高，自锁性能好。（　　）

6. 螺旋副相对转动一转时，螺钉螺母沿轴线方向的相对位移是一个螺距。（　　）

7. 当螺纹的公称直径、牙型角及螺纹线数都相同时粗牙螺纹的自锁性比细牙的好。（　　）

8. 螺栓连接的疲劳强度随被连接件刚度的增大而提高。（　　）

9. 平键适于定心精度要求不高、载荷较大的轴、毂静连接。（　　）

10. 切向键适于定心精度要求高、传递载荷大的轴、毂动或静连接。（　　）

11. 联轴器和离合器的主要作用是传递运动和转矩。（　　）

四、简答题

1. 简述联轴器、离合器及制动器的区别？

2. 螺纹的基本参数和尺寸有哪些？

3. 螺栓组连接中，其布置应遵循哪些原则？

4. 弹簧的功用及应用有哪些？

第13章　平 面 机 构

习题 13-1

一、单选题

1. 曲柄摇杆机构中，摇杆为主动件时，(　　) 死点位置。

A. 不存在　　B. 曲柄与连杆共线时为

C. 摇杆与连杆共线时为

2. 铰链四杆机构中各构件均以（　　）相连接。

A. 转动副　　B. 移动副　　C. 高副

3. 为保证四杆机构良好的机械性能，(　　) 不应小于最小许用值。

A. 压力角　　B. 传动角　　C. 极位夹角

4. （　　）决定了从动杆的运动规律。

A. 凸轮转速　　B. 凸轮轮廓曲线　　C. 凸轮形状

5. 平面四杆机构无急回特性时（　　），行程速比系数（　　）。

A. 压力角 $\alpha=0$　　B. 传动角 $\beta=0$

C. 极位夹角 $\theta=0$　　D. $k>1$

E. $k<1$　　F. $k=1$

6. 曲柄摇杆机构中，曲柄为主动件时，(　　) 死点位置。

A. 曲柄与连杆共线时为　　B. 摇杆与连杆共线时

C. 不存在

7. 凸轮机构中的压力角是指（　　）间的夹角。

A. 凸轮上接触点的法线与从动件的运动方向

B. 凸轮上接触点的切线与该点线速度方向

C. 凸轮上接触点的切线与从动件的运动方向

8. 在曲柄滑块机构中，当取滑块为主动件时，(　　) 死点位置。

A. 有一个　　B. 没有　　C. 有两个　　D. 有三个

9. 曲柄摇杆机构中，曲柄为主动件，则传动角是（　　）。

A. 摇杆两个极限位置之间的夹角

B. 连杆与摇杆之间所夹锐角

C. 连杆与曲柄之间所夹锐角

D. 摇杆与机架之间所夹锐角

10. 凸轮机构中，基圆半径是指凸轮的（　　）向径。

A. 最大　　B. 任意　　C. 最小

11. 凸轮与从动件接触处的运动副属于（　　）。

A. 高副　　B. 转动副　　C. 移动副

12. 家用缝纫机踏板机构属于（　　）。

A. 曲柄摇杆机构　B. 双曲柄机构　　C. 双摇杆机构

13. 一般门与门框之间有两个铰链，这应为（　　）。

A. 复合铰链　　B. 虚约束　　C. 局部自由度

二、多选题

1. 曲柄滑块机构中各构件以（　　）相连接。

A. 转动副　　B. 移动副　　C. 高副　　D. 低副

2. 下列哪些是判断平面四杆机构有无急回特性的参数？（　　）

A. 压力角 α　　B. 传动角 β

C. 极位夹角 θ　　D. 行程速比系数 k

3. 下列说法正确的是（　　）。

A. 凸轮机构中的压力角是指凸轮上接触点的法线与从动件的运动方向之间的所夹锐角

B. 凸轮机构中的压力角是凸轮作用于从动件上的力的方向与该点速度方向之间的所夹锐角

C. 凸轮机构中的压力角是凸轮上接触点的切线与从动件的运动方向之间的所夹锐角

4. 曲柄摇杆机构中，曲柄为主动件，则传动角不是（　　）。

A. 摇杆两个极限位置之间的夹角

B. 连杆与摇杆之间所夹锐角

C. 连杆与曲柄之间所夹锐角

D. 摇杆与机架之间所夹锐角

5. 凸轮与从动件接触处的运动副不属于（　　）。

A. 高副　　B. 转动副　　C. 移动副　　D. 低副

三、判断题

1. 曲柄摇杆机构中，摇杆为主动件时，不存在死点位置。（　　）

2. 铰链四杆机构中各构件均以转动副相连接。（　　）

3. 为保证四杆机构良好的机械性能，压力角不应小于最小许用值。（　　）

4. 凸轮轮廓曲线决定了从动杆的运动规律。（　　）

5. 平面四杆机构无急回特性时极位夹角 $\theta=0°$，行程速比系数 $k=1$。（　　）

6. 曲柄摇杆机构中，曲柄为主动件时，曲柄与连杆共线时为死点位置。（　　）

7. 凸轮机构中的压力角是指凸轮上接触点的切线与从动件的运动方向之间

所夹锐角。（　　）

8. 在曲柄滑块机构中，当取滑块为主动件时，有一个死点位置。（　　）

9. 曲柄摇杆机构中，曲柄为主动件，则传动角是连杆与摇杆之间所夹锐角。（　　）

10. 四杆机构中是否存在死点，取决于从动件是否与连杆共线。（　　）

四、简答题

1. 什么是运动副、低副、高副，其特点如何？

2. 什么是虚约束，虚约束的形式有哪些？

3. 铰链四杆机构有哪些类型？试举例说明其应用。

4. 凸轮机构工作过程包括哪些？

五、计算题

1. 请计算下图所示四杆铰链机构的自由度。

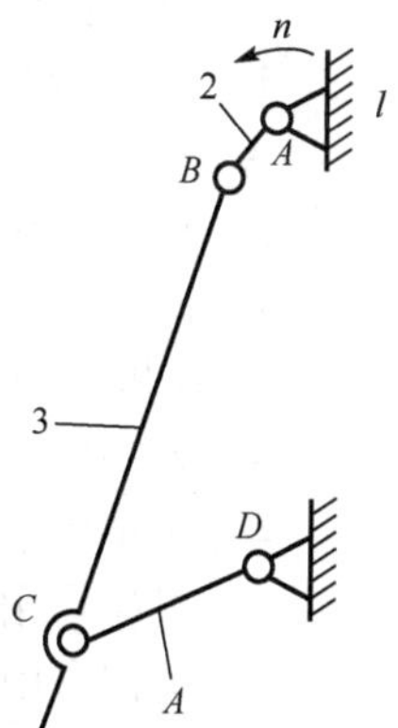

2. 请计算下图所示平面机构的自由度。

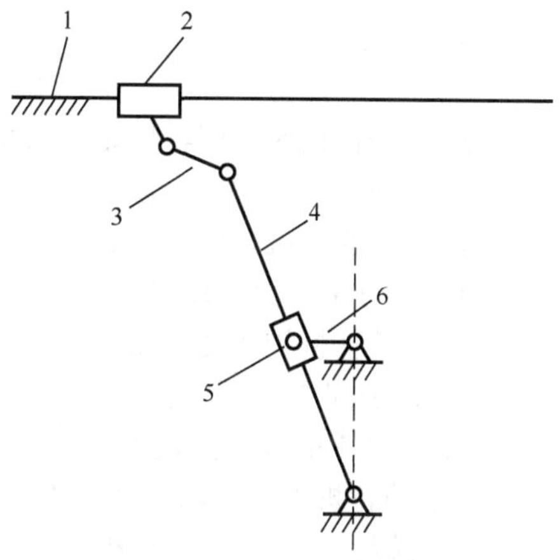

习题 13-2

一、单选题

1. 对心曲柄滑块机构曲柄 r 与滑块行程 H 的关系是（　　）。

A. $H=r$　　B. $H=2r$　　C. $H=3r$

2. 内燃机中的曲柄滑块机构在做功时是以（　　）为主动件。

A. 曲柄　　B. 连杆　　C. 滑块

3. 在机构中，某些不影响机构运动传递的重复部分所带入的约束为（　　）。

A. 虚约束　　B. 复合铰链　　C. 局部自由度

4. 机构具有确定运动的条件是（　　）。

A. 机构自由度数小于原动件数　　B. 机构自由度数大于原动件数

C. 机构自由度数等于原动件数

5. 机构中只有一个（　　）。

A. 机架　　B. 原动件　　C. 从动件

6. 铰链四杆机构的压力角是指在不计摩擦情况下，连杆作用于（　　）上的力与该力作用点速度间所夹的锐角。

A. 主动件　　B. 从动件

C. 机架　　D. 连架杆

7. 四杆机构的急回特性是针对主动件做（　　）而言的。

A. 等速转动　　B. 等速移动　　C. 变速转动或变速移动

8. 平面四杆机构中，是否存在死点，取决于（　　）是否与连杆共线。

A. 主动件　　B. 从动件　　C. 机架

9. 与其他机构相比，凸轮机构的最大优点是（　　）。

A. 便于润滑　　B. 可实现各种预期的运动规律

C. 从动件的行程可较大　　D. 制造方便，易获得较高的精度

10. 凸轮机构中，凸轮基圆半径越大，压力角（　　），机构传动性能越好。

A. 越大　　B. 越小　　C. 不变

11. 通常对移动式从动杆，推程时限制压力角 α，随着凸轮压力角 α 增大，有害的无效分力 F 将会（　　），而使从动杆自锁"卡死"。

A. 减小　　B. 增大　　C. 不变

12. 凸轮机构从动杆等加速、等减速运动的位移曲线为一条（　　）线。

A. 直线　　B. 斜直线　　C. 两段的抛物线

13. 等速运动规律的凸轮在速度换接处从动杆将产生（　　）冲击。

A. 刚性　　B. 柔性　　C. 没有

二、多选题

1. 下列属于曲柄摇杆机构的是（　　）。

A. 机车车轮联动机构　　B. 家用缝纫机踏板

C. 汽车风窗刮水器　　D. 雷达天线俯仰角调整机构

2. 下列属于双摇杆机构的是（　　）。

A. 机车车轮联动机构　　B. 家用缝纫机踏板

C. 汽车转向四杆机构　　D. 风扇的摇头机构

3. 下列属于虚约束的是（　　）。

A. 门与门框之间有两个铰链　　B. 凸轮机构中从动件上的滚子

C. 行星轮系中三个对称分布的行星轮　　D. 轴线重复的转动副

4. 与其他机构相比，凸轮机构的优点是（　　）。

A. 便于润滑　　B. 可实现各种预期的运动规律

C. 从动件的行程较大　　D. 结构简单、容易设计

三、判断题

1. 凸轮机构中，基圆半径是指凸轮的最小半径。（　　）

2. 凸轮与从动件接触处的运动副属于高副。（　　）

3. 家用缝纫机踏板机构属于双曲柄机构。（　　）

4. 一般门与门框之间有两个铰链，这应为虚约束。（　　）

5. 在机构中，某些不影响机构运动传递的重复部分所带入的约束为局部自由度。（　　）

6. 机构具有确定运动的条件是机构自由度数大于原动件数。（　　）

7. 机构中只有一个机架。（　　）

8. 平面四杆机构中，是否存在死点，取决于主动件是否与连杆共线。（　　）

9. 通常对移动式从动杆，推程时限制压力角 α，随着凸轮压力角 α 增大，有害的无效分力 F 将会增大，而使从动杆自锁“卡死”。（　　）

10. 当凸轮机构中的从动件等速运动时，机构会产生柔性冲击。（　　）

四、计算题

1. 请计算下图所示平面机构的自由度。

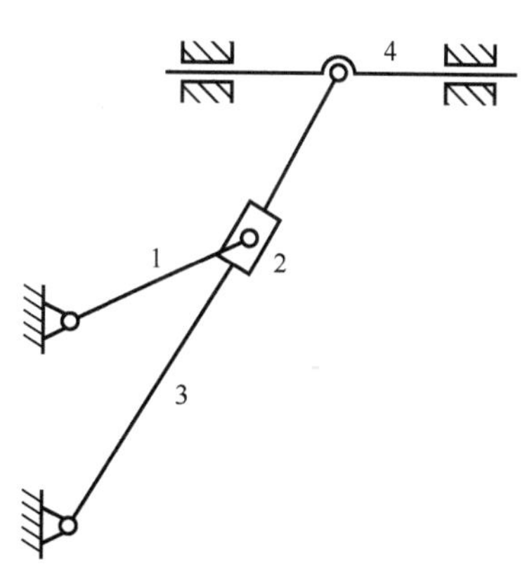

2. 计算下图所示惯性筛机构的自由度。（注意 C 处存在复合铰链）

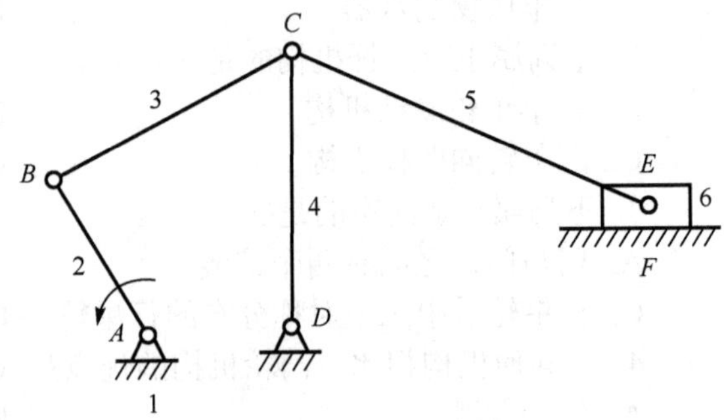

第 14 章　带传动及链传动

习题 14-1

一、单选题

1. 在其他条件相同的情况下，V 带与平带传动相比较，可以传递更大的功率，是因为（　　）。

A. V 带没有接头，强度高

B. V 带的挠性良好并与带轮紧密结合

C. V 带的质量轻，离心力小

D. V 带与轮槽工作面之间是楔面摩擦

2. 带在工作时产生弹性滑动，是由于（　　）。

A. 带不是绝对挠性件　　B. 带与带轮间的摩擦系数偏低

C. 带的紧边与松边拉力不等　　D. 带绕过带轮产生离心力

3. 带传动主要是依靠（　　）来传递运动和动力。

A. 带和两轮接触面之间的正压力　　B. 带的紧边拉力

C. 带和两轮接触面之间的摩擦力　　D. 带松边拉力

4. V 带横截面为等腰梯形，夹角为 40°，在设计 V 带轮时，轮槽夹角一般确定为（　　）。

A. 大于 40°　　B. 等于 40°　　C. 小于 40°

5. 下列普通 V 带中，以（　　）带的截面尺寸最小。

A. A 型　　B. Y 型　　C. B 型　　D. C 型

6. 带传动中，若主动轮圆周速度为 v_1，从动轮圆周速度为 v_2，带的线速度为 v，则（　　）。

A. $v_1>v>v_2$　　B. $v_1>v=v_2$　　C. $v_1=v>v_2$　　D. $v_1=v=v_2$

7. 帘布结构的 V 带和绳线结构的 V 带相比较，其优点是（　　）。

A. 耐磨损，寿命长

B. 抗弯强度高，可用于较小的带轮上

C. 价格便宜

D. 抗拉强度高，传递载荷大

二、多选题

1. 链传动张紧的目的是（　　）。

A. 避免打滑　　B. 避免链条垂度过大啮合不良

C. 增大承载能力
D. 增加链条与链轮的啮合包角

2. 定期张紧装置：采用（　　）的方法来调节带的预紧力，使带重新张紧。

A. 定期改变带的长度
B. 定期改变中心距
C. 定期改变带的宽度
D. 定期调整张紧轮

3. 链传动应用在（　　）。

A. 要求工作可靠且两轴相距较远
B. 不宜采用齿轮传动的场合
C. 要求安静无噪声的场合
D. 高温、潮湿及有油污的场合

4. 弹性滑动是带传动过程中（　　）现象。

A. 不可避免
B. 固有的
C. 可避免
D. 时有时无

5. 在其他条件相同的情况下，V 带与平带传动相比较，可以传递更大的功率，是因为（　　）。

A. V 带没有接头，强度高
B. V 带与带轮之间的摩擦力更大
C. V 带的质量轻，离心力小
D. V 带与轮槽工作面之间是楔面摩擦

三、判断题

1. 在其他条件相同的情况下，V 带与平带传动相比较，可以传递更大的功率，是因为 V 带与轮槽工作面之间是楔面摩擦。（　　）
2. 带在工作时产生弹性滑动，是由于带与带轮间的摩擦系数偏低。（　　）
3. 带传动主要是依靠带和两轮接触面之间的摩擦力来传递运动和动力。（　　）
4. 普通 V 带中，以 A 型带的截面尺寸最小。（　　）
5. 带传动中，若主动轮圆周速度为 v_1，从动轮圆周速度为 v_2，带的线速度为 v，则 $v_1 > v > v_2$。（　　）

四、简答题

1. 带传动的主要特点有哪些？

2. 传动带的弹性滑动和打滑是怎么产生的，它们对传动有什么影响？是否可以避免？

3. 如何进行带传动的安装和维护？

习题 14-2

一、单选题

1. 带传动中，采用张紧装置的目的是（　　）。

A. 提高带的寿命　　B. 调节带的预紧力

C. 减轻带的弹性滑动

2. 在同一带传动中，若小带轮上的包角为 α_1，大带轮上为 α_2，通常（　　）。

A. $\alpha_1=\alpha_2$　　B. $\alpha_1>\alpha_2$　　C. $\alpha_1<\alpha_2$

3. 当摩擦系数和初拉力一定时，带传动在打滑前所能传递的最大有效拉力随（　　）的增大而增大。

A. 大带轮上的包角　　B. 小带轮上的包角

C. 带的线速度

4. 在机械传动中，理论上能保证平均传动比为常数，并能起到过载安全保护作用的是（　　）。

A. 带传动　　B. 链传动　　C. 齿轮传动

5. 链传动张紧的目的是（　　）。

A. 避免打滑　　B. 避免链条垂度过大啮合不良

C. 增大承载能力

6. 套筒滚子链中，滚子的作用是（　　）。

A. 缓和冲击　　B. 减轻链与轮齿间的磨损

C. 提高链的强度　　D. 保证链条与轮齿间的良好啮合

7. 链条中应尽量避免使用过渡链节，所以在一般情况下最好不用奇数链节，这主要是因为（　　）。

A. 销轴较长　　B. 过渡链节制造困难

C. 装配困难　　　　　　　　D. 链板要受附加弯矩作用

8. 水平布置的链传动，松边应布置在（　　）较好。

A. 上边　　　B. 下边　　　C. 上边、下边均可

二、多选题

1. 带在工作时产生弹性滑动，是由于（　　）。

A. 带具有弹性　　　　　　　B. 带与带轮间的摩擦系数偏低

C. 带的紧边与松边拉力不等　　D. 带绕过带轮产生离心力

2. 带传动主要是依靠（　　）来传递与运动和动力。

A. 带和两轮接触面之间的正压力　　B. 带的紧边拉力

C. 带和两轮接触面之间的摩擦力　　D. 带紧边与松边的拉力差

3. 在机械传动中，适合较远距离传动的是（　　）。

A. 带传动　　B. 链传动　　C. 齿轮传动　　D. 凸轮传动

4. 套筒滚子链中，滚子的作用不是（　　）。

A. 缓和冲击　　　　　　　　B. 减轻套筒与轮齿间的磨损

C. 提高链的强度　　　　　　D. 保证链条与轮齿间的良好啮合

三、判断题

1. 带传动采用张紧装置的目的是延长使用寿命。（　　）

2. 带传动的弹性滑动是在外力作用下通过摩擦力引发拉力差而使得带的弹性变形量改变而引起的带在轮面上的局部相对滑动现象。（　　）

3. 链传动张紧的目的主要是为了避免在链条的垂度过大时产生啮合不良和链条的振动现象；同时也为了增加链条与链轮的啮合包角。（　　）

4. 链条中应尽量避免使用过渡链节，所以在一般情况下最好不用奇数链节，这主要是因为链板要受附加弯矩作用。（　　）

5. 在机械传动中，理论上能保证平均传动比为常数，并能起到过载安全保护作用的是带传动。（　　）

第15章 齿轮传动

习题15-1

一、单选题

1. 两轴在空间交错 90° 的传动，如已知传递载荷及传动比都较大，则宜选用（　　）。

A. 直齿圆柱齿轮传动　　B. 斜齿圆锥齿轮传动

C. 蜗杆蜗轮传动

2. 一对齿轮啮合时，两齿轮的（　　）始终相切。

A. 分度圆　　B. 基圆　　C. 节圆　　D. 齿根圆

3. 齿轮传动的重合度越大，表示同时参与啮合的轮齿对数______，齿轮传动也越______。（　　）

A. 少、平稳　　B. 多、平稳

C. 不变、不平稳　　D. 多、不平稳

4. 一对齿轮要正确啮合，它们的（　　）必须相等。

A. 直径　　B. 宽度　　C. 模数　　D. 齿数

5. 一个齿轮上的圆有（　　）。

A. 齿顶圆和齿根圆

B. 齿顶圆、分度圆、基圆和齿根圆

C. 齿顶圆、分度圆、基圆、节圆、齿根圆

6. 标准外啮合斜齿轮传动的正确啮合条件是：两齿轮的模数和______都相等，齿轮的螺旋角相等而旋向______。（　　）

A. 传动角、相同　　B. 压力角、相反

C. 压力角、相同

7. 一个渐开线圆柱齿轮上有两个可见圆：_____、_____和两个不可见圆：_____、_____。（　　）

A. 分度圆、齿顶圆；基圆、齿根圆

B. 齿顶圆、基圆；分度圆、齿根圆

C. 分度圆、基圆；齿顶圆、齿根圆

D. 齿顶圆、齿根圆；分度圆、基圆

8. 渐开线齿廓基圆上的压力角（　　）。

A. 大于零　　B. 小于零　　C. 等于零　　D. 等于 20°

9. 高速重载齿轮传动中，当散热条件不良时，齿轮的主要失效形式是（　　）。

A. 轮齿疲劳折断　　B. 齿面点蚀

C. 齿面磨损　　D. 齿面胶合

二、多选题

1. 两轴平行的传动，则宜选用（　　）。

A. 直齿圆柱齿轮传动　　B. 斜齿圆锥齿轮传动

C. 蜗杆蜗轮传动　　D. 斜齿圆柱齿轮传动

2. 一对齿轮要正确啮合，它们的（　　）必须相等。

A. 直径　　B. 分度圆压力角　　C. 模数　　D. 齿数

3. 一个齿轮上的圆有（　　）。

A. 齿顶圆　　B. 齿根圆　　C. 分度圆　　D. 节圆

4. 标准斜齿圆柱齿轮传动的正确啮合条件是：两齿轮的模数和（　　）都相等。

A. 压力角　　B. 传动角　　C. 螺旋角　　D. 齿数

5. 一个渐开线圆柱齿轮上有两个可见圆是（　　）。

A. 分度圆　　B. 齿顶圆　　C. 基圆　　D. 齿根圆

6. 一个渐开线圆柱齿轮上有两个不可见圆是（　　）。

A. 分度圆　　B. 齿顶圆　　C. 基圆　　D. 齿根圆

三、判断题

1. 一对齿轮啮合时，两齿轮的节圆始终相切。（　　）

2. 齿轮传动的重合度越大，表示同时参与啮合的轮齿对数多，齿轮传动也越平稳。（　　）

3. 一对齿轮要正确啮合，它们的齿数必须相等。（　　）

4. 一个齿轮上的圆有齿顶圆、分度圆、基圆、节圆、齿根圆。（　　）

5. 标准外啮合斜齿轮传动的正确啮合条件是：两齿轮的模数和压力角都相等，齿轮的螺旋角相等而旋向相反。（　　）

6. 一个渐开线圆柱齿轮上有两个可见圆：齿顶圆、齿根圆和两个不可见圆：分度圆、基圆。（　　）

7. 渐开线齿廓基圆上的压力角等于 20°。（　　）

8. 齿轮传动的传动比公式是 $i=\frac{n_2}{n_1}=\frac{z_2}{z_1}$。（　　）

四、简答题

1. 齿轮传动有何特点？

2. 在机械传动中齿轮传动应用最为广泛，齿轮传动的优点有哪些？一个完整的齿轮包含哪些参数？

3. 齿轮传动的失效形式有哪些？对于闭式传动的齿轮，其主要的失效形式是什么？

习题 15-2

一、单选题

1. 对齿面硬度 HB≤350 的闭式钢齿轮传动，主要的失效形式是（　　）。

A. 轮齿疲劳折断　　B. 齿面点蚀

C. 齿面磨损　　D. 齿面胶合

2. 开式齿轮传动的主要失效形式是（　　）。

A. 轮齿疲劳折断　　B. 断齿面点蚀

C. 齿面磨损　　D. 齿面胶合

3. 选择齿轮的结构形式（实体式、腹板式、轮辐式）与（　　）有关。

A. 齿圈宽度　　B. 齿轮的直径

C. 齿轮在轴上的位置　　D. 齿轮的精度

4. 蜗杆与蜗轮正确啮合条件中，应除去（　　）。

A. $m_{a1}=m_{t2}$　　B. $\alpha_{a1}=\alpha_{t2}$　　C. $\beta_1=\beta_2$　　D. 旋向相同

5. 与齿轮传动相比较，（　　）不能作为蜗杆传动的优点。

A. 传动平稳，噪声小　　B. 传动比可以很大

C. 在一定条件下能自锁　　D. 传动效率高

6. 减速蜗杆传动中，用（　　）计算传动比 i 是错误的。

A. $i=\omega_1/\omega_2$　B. $i=z_1/z_2$　C. $i=n_1/n_2$　D. $i=d_1/d_2$

7. 在蜗杆传动中，当其他条件相同时，增加蜗杆头数，则传动效率 η（　　）。

A. 降低　B. 提高

C. 不变　D. 可能提高，也可能减小

8. 标准的渐开线直齿圆柱齿轮的齿根圆（　　）大于基圆。

A. 一定　B. 不一定　C. 一定不

9. 一对渐开线斜齿圆柱齿轮的正确啮合条件不包括（　　）。

A. $m_{n1}=m_{n2}$　B. $\alpha_{n1}=\alpha_{n2}$　C. $d_1=d_2$　D. $\beta_1=-\beta_2$

二、多选题

1. 齿轮的主要失效形式是（　　）。

A. 轮齿疲劳折断　B. 齿面点蚀

C. 齿面磨损　D. 齿面胶合

2. 减速蜗杆传动中，可用（　　）计算传动比 i。

A. $i=\omega_1/\omega_2$　B. $i=z_1/z_2$　C. $i=n_1/n_2$　D. $i=d_1/d_2$

3. 一对渐开线斜齿圆柱齿轮的正确啮合条件包括（　　）。

A. $m_{n1}=m_{n2}$　B. $\alpha_{n1}=\alpha_{n2}$　C. $d_1=d_2$　D. $\beta_1=-\beta_2$

4. 齿轮传动的传动比公式是（　　）。

A. $i=\dfrac{n_2}{n_1}=\dfrac{z_2}{z_1}$　B. $i=\dfrac{n_1}{n_2}=\dfrac{z_2}{z_1}$　C. $i=\dfrac{n_2}{n_1}=\dfrac{z_1}{z_2}$　D. $i=\dfrac{n_1}{n_2}=\dfrac{d_1}{d_2}$

5. 与齿轮传动相比较，蜗杆传动的优点有（　　）。

A. 传动平稳，噪声小　B. 传动比可以很大

C. 在一定条件下能自锁　D. 传动效率高

三、判断题

1. 高速重载齿轮传动中，当散热条件不良时，齿轮的主要失效形式是齿面胶合。（　　）

2. 开式齿轮传动的主要失效形式是齿面磨损。（　　）

3. 与齿轮传动相比较，蜗杆传动的主要优点有：传动平稳，噪声小；传动比可以很大；在一定条件下能自锁；传动效率高。（　　）

4. 减速蜗杆传动中，可用 $i=d_1/d_2$ 计算传动比 i。（　　）

5. 在蜗杆传动中，当其他条件相同时，增加蜗杆头数，则传动效率 η 提高。（　　）

6. 一对渐开线斜齿圆柱齿轮的正确啮合条件是：$m_{n1}=m_n$、$\alpha_{n1}=\alpha_{n2}$、$\beta_1=-\beta_2$。（　　）

7. 两轴在空间交错 90° 的传动，如已知传递载荷及传动比都较大，则宜选用蜗杆蜗轮传动。（　　）

四、简答题

1. 齿面点蚀作为齿轮的主要失效形式是如何产生的，如何避免这种失效形式发生？

2. 蜗杆传动的主要特点有哪些？

3. 蜗杆传动的主要参数有哪些？

第16章　轮　　系

一、单选题

1. 在轮系中加入惰轮可改变轮系的（　　）。

A. 传动比　　B. 转向　　C. 传动比和转向

2. 转化轮系传动比 i_{AK}^{H} 应为（　　）。

A. $\dfrac{n_A}{n_K}$　　B. $\dfrac{n_A - n_H}{n_K - n_H}$　　C. $\dfrac{n_K - n_H}{n_A - n_H}$

3. 当轮系运动时，如果各齿轮几何轴线的位置是固定不变的，则称为（　　）。

A. 行星轮系　　B. 定轴轮系　　C. 混合轮系

4. 当轮系运动时，至少有一个齿轮的几何轴线是绕另一个齿轮的几何轴线转动的轮系称为（　　）。

A. 普通轮系　　B. 混合轮系　　C. 行星轮系

5. 同一种结构形式的（　　），由于某一齿轮的齿数略有改变，其传动比就会发生巨大的变化，同时转向也会改变。

A. 行星轮系　　B. 定轴轮系　　C. 混合轮系

6. 只有（　　）轮系，才能用 $(-1)^m$ 来确定轮系的转向。

A. 空间定轴轮系　　B. 平面定轴轮系

C. 行星轮系

7. 齿轮传动的传动比公式是（　　）。

A. $i = \dfrac{n_2}{n_1} = \dfrac{z_2}{z_1}$　　B. $i = \dfrac{n_1}{n_2} = \dfrac{z_2}{z_1}$

C. $i = \dfrac{n_1}{n_2} = \dfrac{z_1}{z_2}$　　D. $i = \dfrac{n_1}{n_2} = \dfrac{d_1}{d_2}$

8. 传动比公式

$$i = \frac{n_1}{n_2} = \frac{z_2}{z_1}$$

式中，i 为传动比；n_1 为（　　）。

A. 主动轮的转速　　B. 从动轮的转速

C. 主动轮的齿数　　D. 从动轮的齿数

二、判断题

1. 在轮系中加入惰轮可改变轮系的传动比。（　　）

2. 轮系按照运转时各轮轴线位置相对机架是否固定分为定轴轮系和行星

轮系。（　）

3. 对于定轴轮系，其传动比等于组成轮系的各对齿轮传动比的连乘积。（　）

4. 行星轮系的行星架转速为0时，行星轮系就成为一个定轴轮系。（　）

5. 计算行星轮系传动比时，其三个构件的轴线可以相互平行，也可以相交。（　）

三、简答题

轮系的主要作用是什么？

四、计算题

1. 在下图中，轴Ⅰ为主动轴，轴Ⅳ为输出轴，设$z_1=20$，$z_2=40$，$z_3=24$，$z_4=48$，$z_5=18$，$z_6=54$，求此轮系的传动比为多少？当$n_1=2\ 000$ r/min，求n_6是多少？

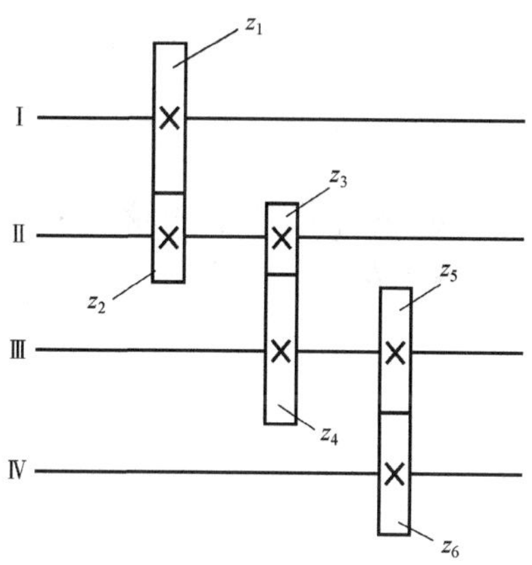

2. 下图所示的定轴轮系中，已知各齿轮的齿数分别为$z_1=20$、$z_2=30$、$z_{2'}=20$、$z_3=26$、$z_4=30$、$z_{4'}=30$、$z_5=30$、$z_{5'}=20$、$z_6=80$、齿轮1为主动轮，方向向上。请将各个齿轮的运动方向标记到各齿轮的传动轴上，并说明齿轮6的运动方向，再求传动比i_{16}。

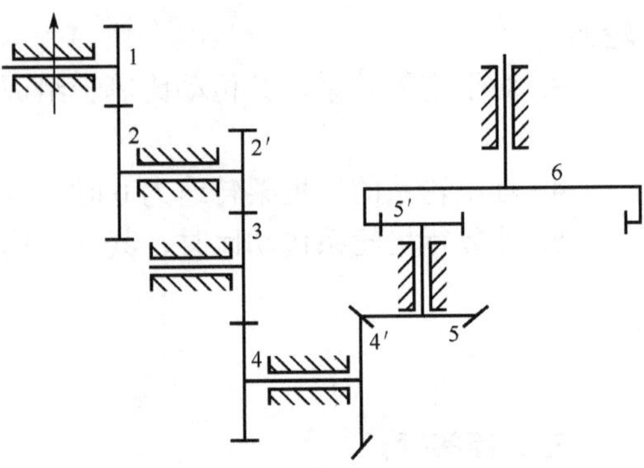

3. 下图所示的齿轮系中，已知 $z_1=z_2=z_{3'}=z_4=20$，$z_5=60$。且齿轮 1、3、3′与 5 同轴线，试求传动比 i_{15}。

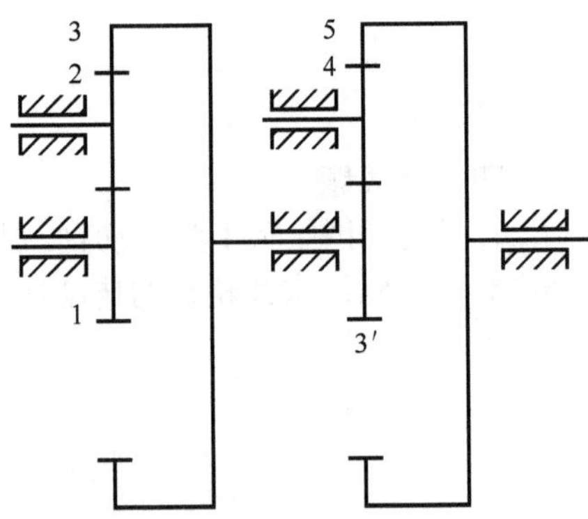

4. 在下图所示的轮系中，已知 $z_1=30$，$z_2=20$，$z_2'=30$，$z_3=74$，且已知 $n_1=100$ r/min。试求 i_{13}^{H}，并求出 n_H 的值。

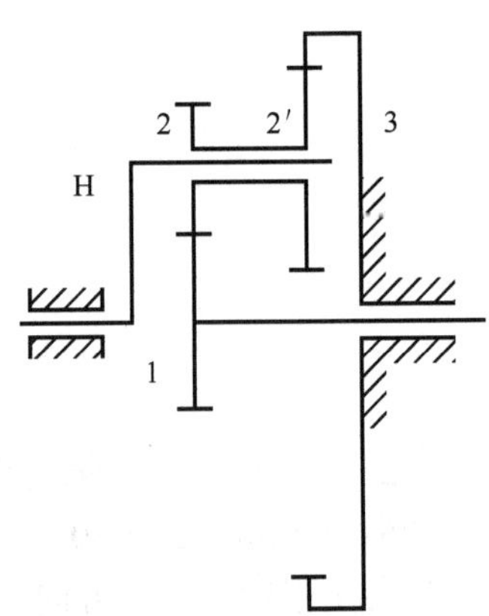

5. 在下图所示的轮系中，已知 $z_1=27$，$z_2=17$，$z_3=61$，且已知 $n_1=6\,000$ r/min。试求 i_{1H}，并求出 n_H 的值。

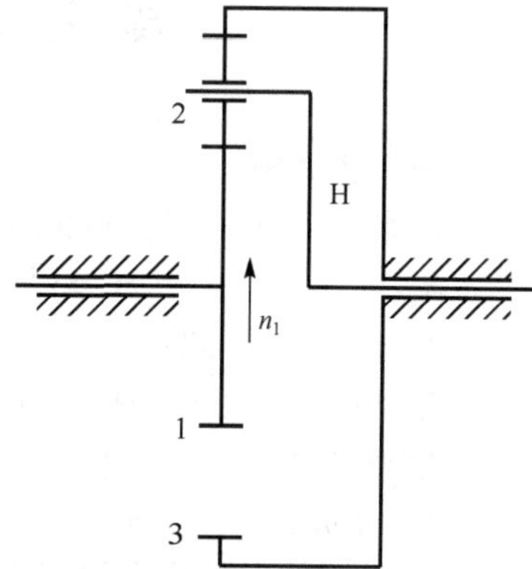

6. 如下图所示大传动比行星轮系中，各齿轮的齿数为 $z_1=100$、$z_2=101$、$z_3=100$、$z_4=99$。试求 i_{H1}

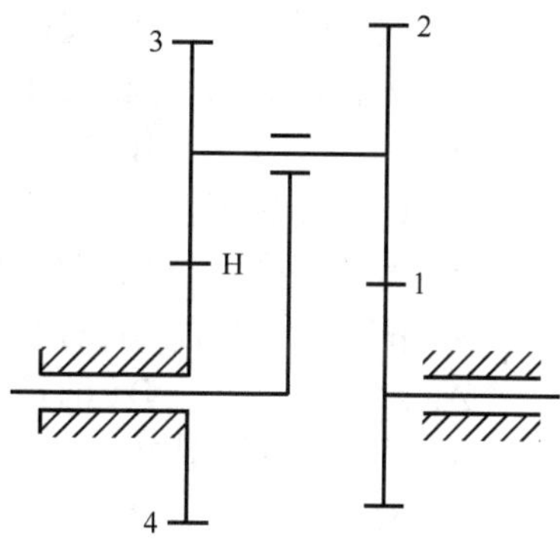

第17章 液 压 传 动

一、选择题

1. 将发动机输入的机械能转换为液体的压力能的液压元件是（　　）。

A. 液压泵　　B. 液压马达　　C. 液压缸　　D. 控制阀

2. 当温度升高时，油液的黏度（　　）。

A. 下降　　B. 增加　　C. 没有变化

3. 液压传动中的工作压力取决于（　　）。

A. 外负载　　B. 流量　　C. 速度

4. 常用的电磁换向阀用于控制油液的（　　）。

A. 流量　　B. 压力　　C. 方向

5. 流量控制阀是通过调节阀口的（　　）来改变通过阀口的流量（　　）。

A. 通流面积　　B. 阀口形状　　C. 温度　　D. 压力差

6. 双作用式叶片泵的转子每转一转，吸油、压油各（　　）次。

A. 1　　B. 2　　C. 3　　D. 4

7. 要实现快速运动可采用（　　）回路。

A. 差动连接　　B. 调速阀调速　　C. 大流量泵供油

8. 液压辅件中需要自行设计的是（　　）。

A. 过滤器　　B. 油箱　　C. 密封装置　　D. 压力计

9. 蓄能器各类型中没有分类的是（　　）。

A. 液压式　　B. 重力式　　C. 弹簧式　　D. 充气式

10. 溢流阀没有（　　）作用。

A. 稳压溢流　　B. 过载保护　　C. 背压　　D. 减压

二、判断题

1. 齿轮马达一般为低速大扭矩马达。（　　）
2. 调速阀是最基本的流量阀。（　　）
3. 溢流阀的阀芯随着压力的变化而移动，常态下阀口是常闭的。（　　）
4. 齿轮泵径向间隙引起的泄漏量最大。（　　）
5. 油箱在液压系统中的功用是储存液压系统所需要的足够油液。（　　）
6. 液压缸是把液体的压力能转换成机械能的能量转换装置。（　　）
7. 液压缸差动连接时，液压缸产生的推动力比非差动时的推力大。（　　）
8. 溢流阀的进口压力即为系统压力。（　　）
9. 单向阀可以用来作背压阀。（　　）

10. 节流调速回路中，能量损失不大，也没有升温，所以效率较高。（　　）

三、填空题

1. 液压传动系统由五部分组成，即动力元件、执行元件、__________、__________和__________。

2. 为减小困油现象的危害，常在齿轮泵啮合部位侧面的泵盖上开________。

3. 液压执行元件分为两类：做直线运动或摆动的称为__________，做旋转运动的称为__________。

4. 单作用叶片泵改变定子和转子之间的__________的大小可以改变流量。

5. 常用的液压泵有齿轮泵、__________和__________三大类。

6. 减压阀常态时阀口常______；作为安全阀使用的溢流阀常态时阀口常_______。

7. 若换向阀四个油口有钢印标记：“A”“P”“T”“B”，其中表示进油口的是_______，表示回油口的是_______。

8. 液压泵是靠__________的变化来实现吸油和压油的，所以称为容积泵。

9. 液压缸的活塞组件由活塞、活塞杆和_________等组成。

10. 如果调速回路既要求效率高，又要求有良好的低速稳定性，则可采用__________调速回路。

四、分析题

1. 如下图所示，先导式溢流阀的调定压力为 5 MPa，远程控制口和二位二通电磁阀之间的管路上接一压力表，试确定在下列不同工况时，压力表所指示的压力。

（1）二位二通电磁阀断电，溢流阀无溢流；

（2）二位二通电磁阀断电，溢流阀有溢流；

（3）二位二通电磁阀通电。

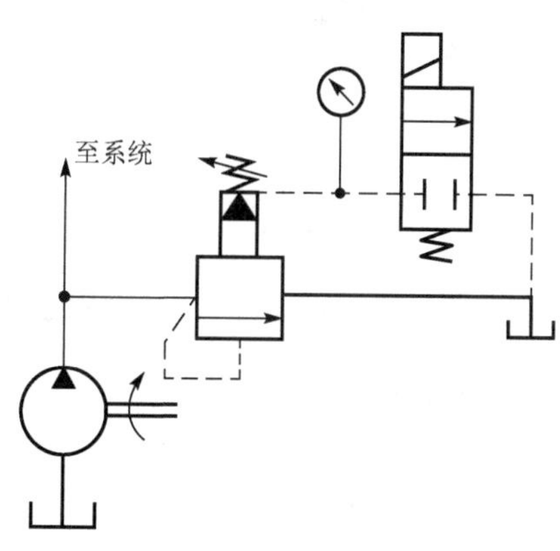

习题答案

第1章　基本制图标准

一、选择题

1～5　ABCCC

二、判断题

1～5　×√×√×

三、标出图中尺寸（尺寸从图中量取，取整数）

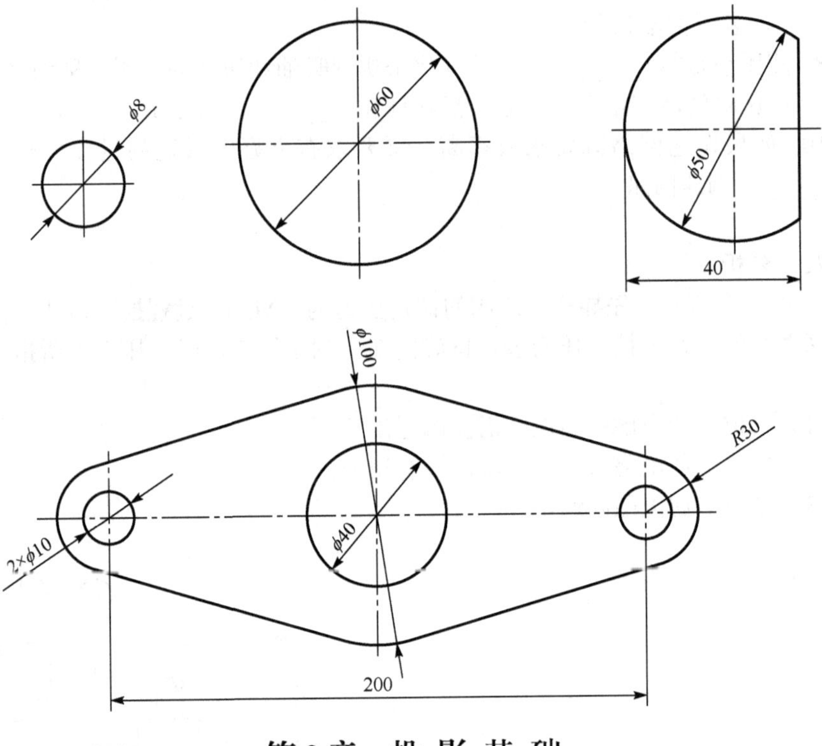

第2章　投 影 基 础

一、选择题

1～5　ABBAC　　6～7　BD

二、判断题

1～5　√√√√√　　6～9　××√√

三、填空题

1. 中心投影法、正投影法
2. 长对正、高平齐、宽相等
3. 长、高，长、宽，宽、高
4. 定形尺寸，定位尺寸，总体尺寸

四、根据立体图补画三视图中所缺漏的图线

1.

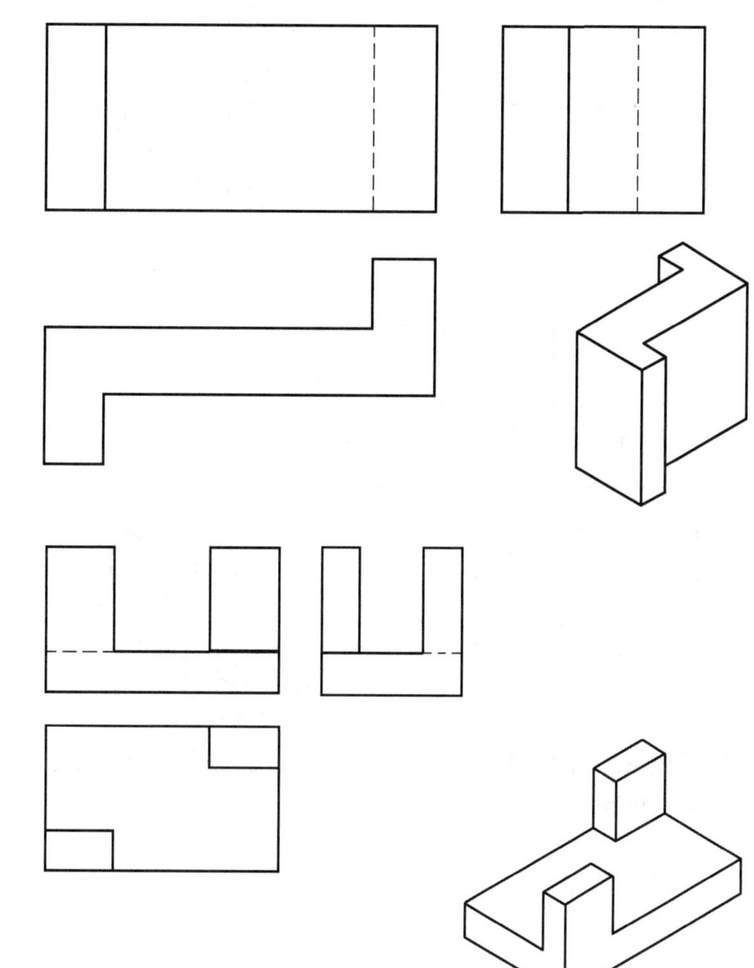

2.

3.

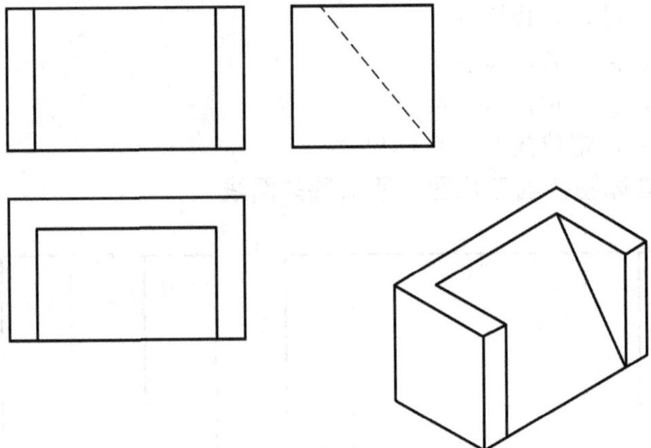

4.

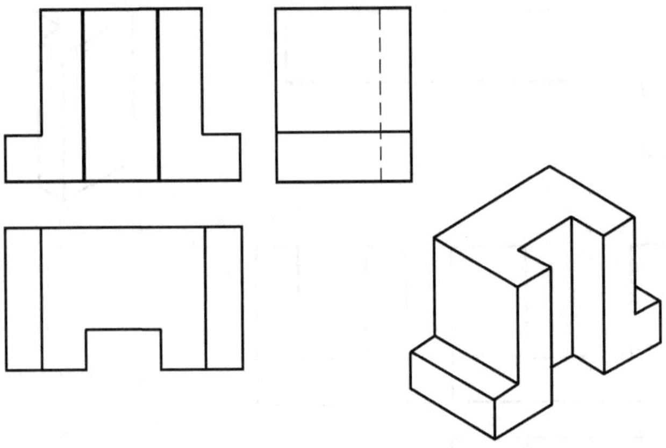

五、注出直线 *AB*、*CD* 的另两面投影符号，在立体图中标出 *A*、*B*、*C*、*D*，并填空说明其空间位置。

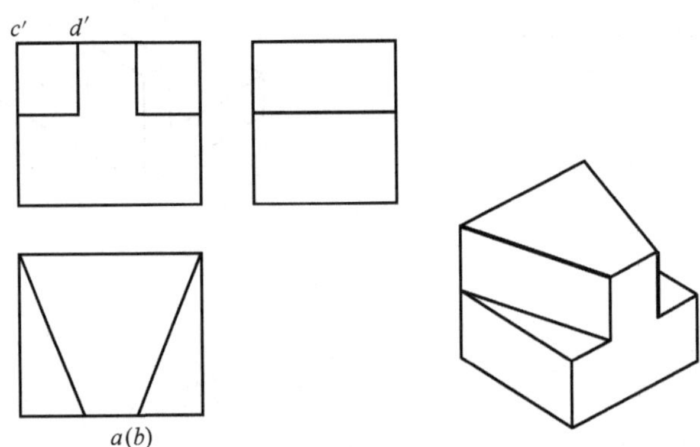

1. *AB* 是铅垂线，*CD* 是水平线。

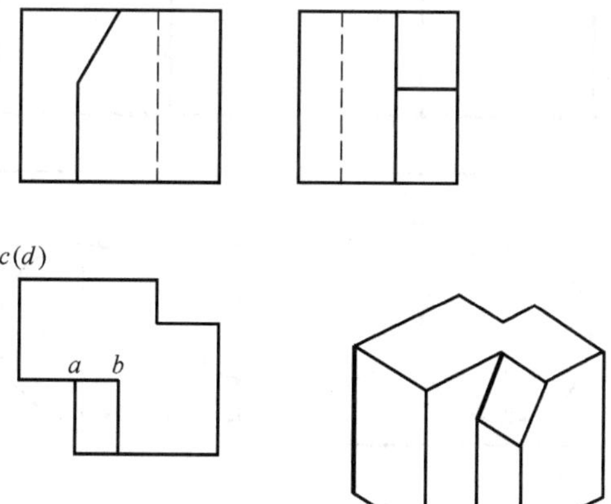

2. *AB* 是正平线，*CD* 是铅垂线。

六、补画下列组合体表面的交线

1.

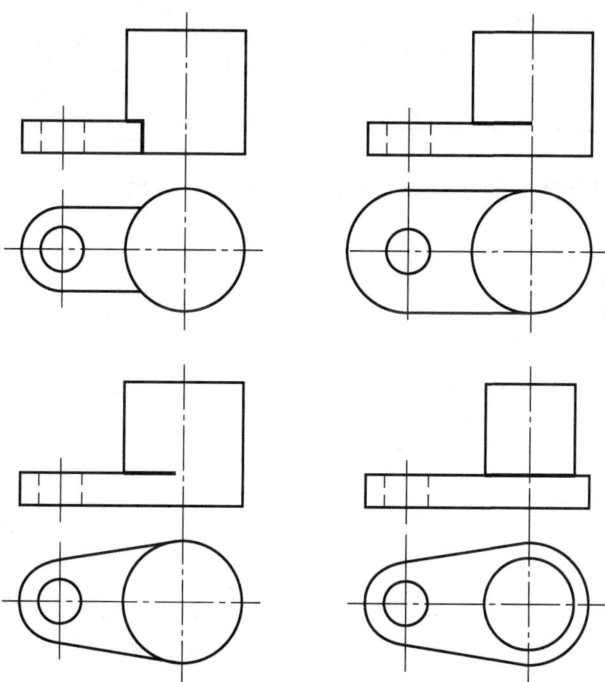

2.

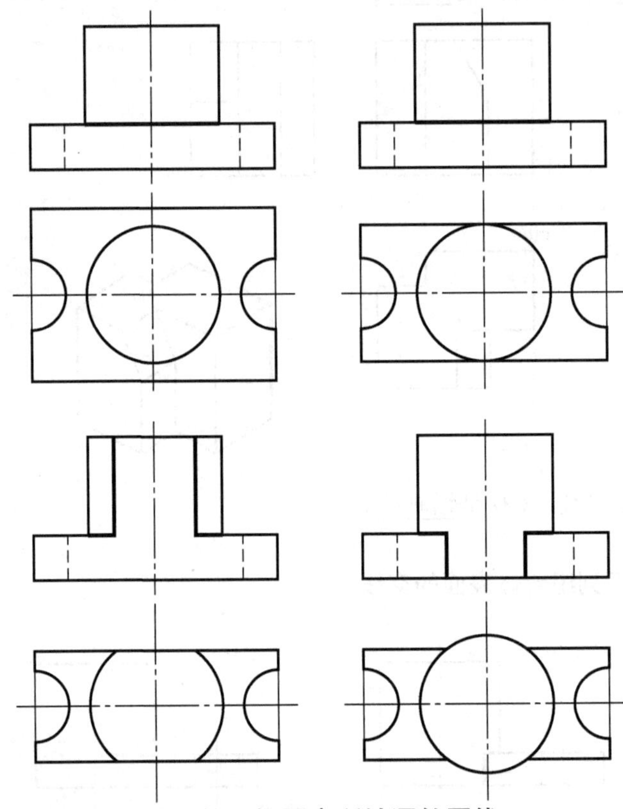

七、想象组合体的形状，补画视图中所缺漏的图线

1.

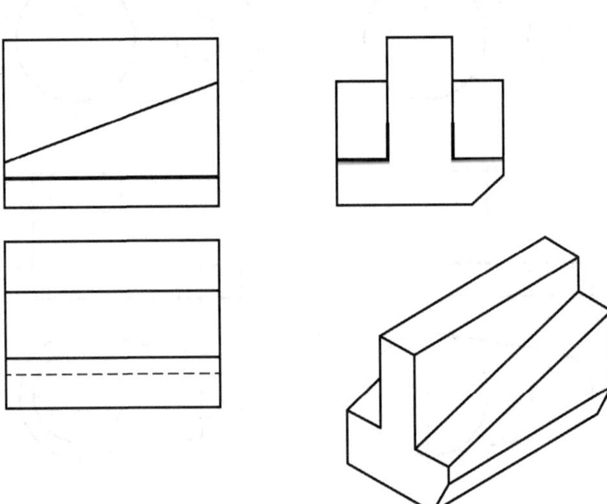

2.

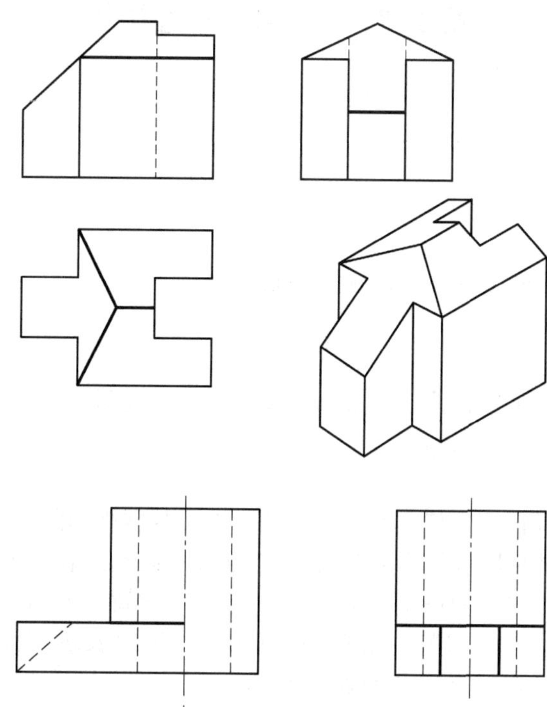

3.

4.

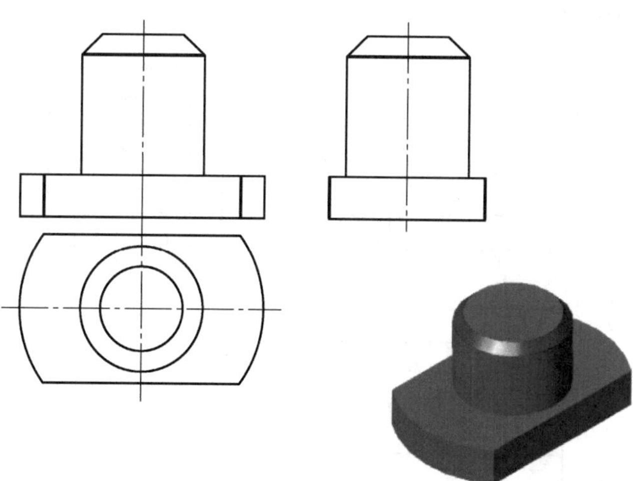

第3章　机件常用表达方式

一、选择题

1～5　BDCBA

二、判断题

1～5　××√√√

三、填空题

1. 基本视图、向视图、局部视图和斜视图

2. 剖视图

3. 断面图

4. 全剖视图、半剖视图、局部剖视图、旋转剖视图

5. 移出断面、重合断面

四、简答题

1. 请写出四种视图的特点和表示方法，以及基本视图的名称。

答：基本视图的特点是需要按照一定的顺序配置，表示方法是按规定顺序分布在主视图周边；向视图的特点是可自由排序配置，表示方法是标识和投射方向（带箭头的字母）；局部视图的特点是重点突出表达零件上的局部结构，表示方法是标识、投射方向和断裂边界线。

斜视图特点是表达零件上倾斜的部分实形，表示方法是标识、投射方向和旋转符号。

基本视图的名称包括：主视图、俯视图、左视图、右视图、仰视图和后视图。

2. 请写出剖视图的种类与标注方法。

答：剖视图种类包括：全剖视图、半剖视图、局部剖视图、旋转剖视图和阶梯剖视图。剖视图的标注包括：剖切线、剖切符号、剖视图名称。

五、画图题

1. 将主视图画成全剖视图

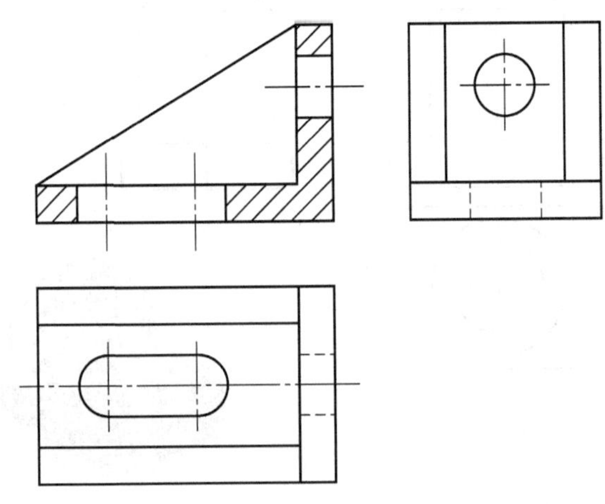

2. 将主、左视图画成全剖视图

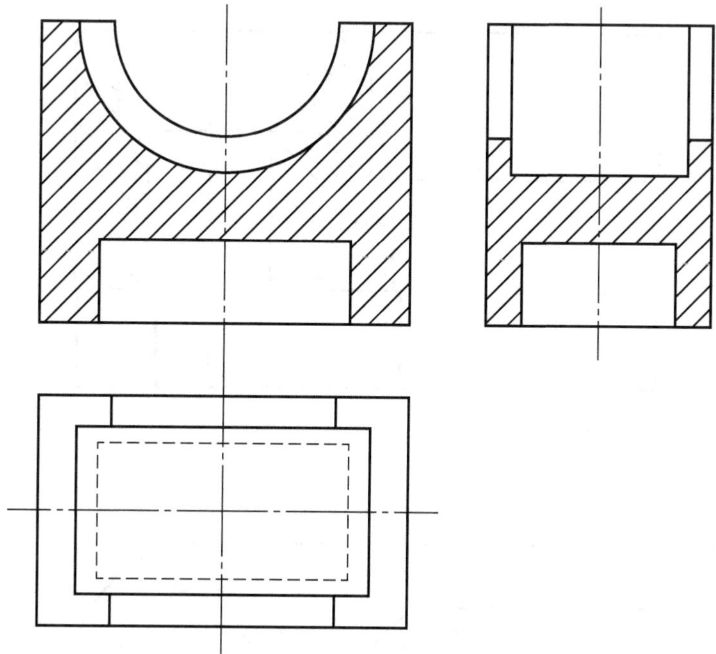

3. 将主视图画成全剖视图

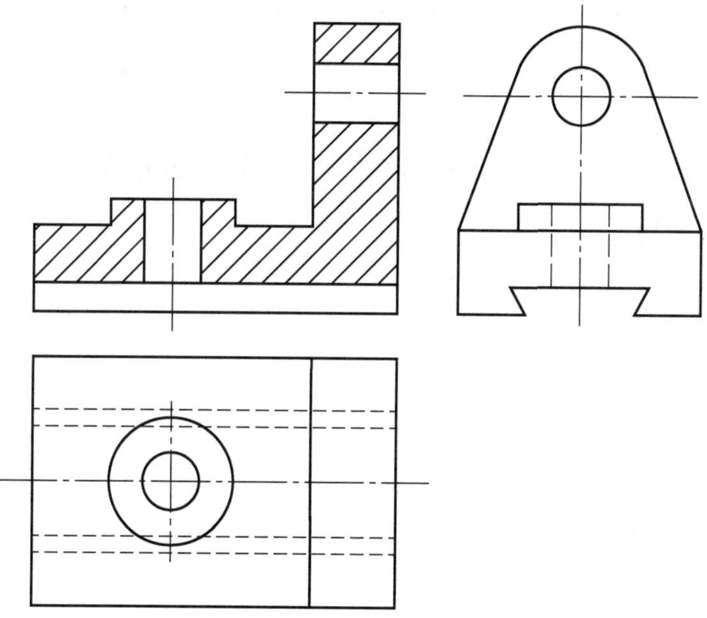

4. 补全主视图中的漏线

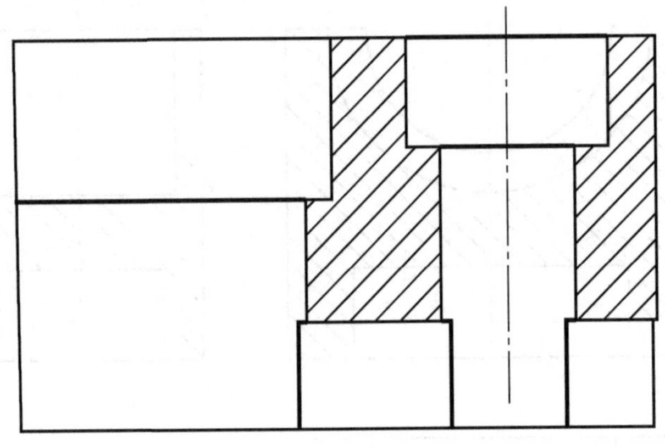

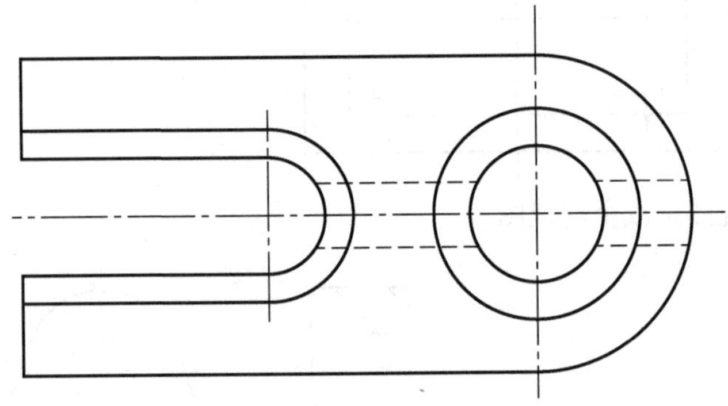

第4章　标准件和常用件的表达方法

一、选择题

1～5　ADCCA　　6～7　CC

二、判断题

1～6　√√×√√×

三、填空题

1. 牙型、直径、线数、螺距、旋向
2. 粗实线、细实线、粗实线
3. 普通、24 mm、1.5 mm、右
4. M 24×3－6g－LH
5. 不需画出、粗实线、点画线
6. 等于或小于

四、根据下列给定的螺纹要素，标注螺纹的标记代号

1.

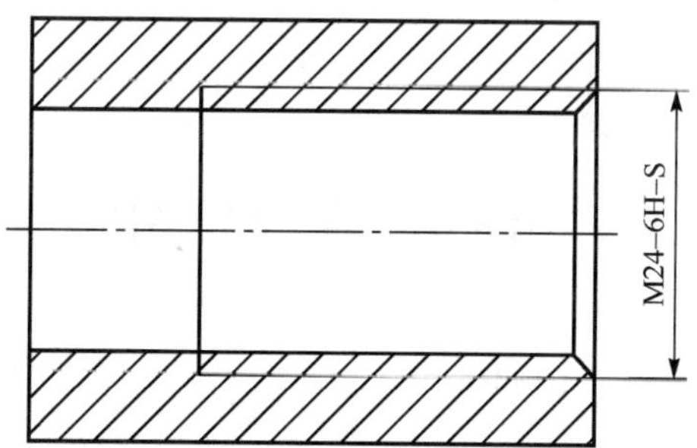

2.

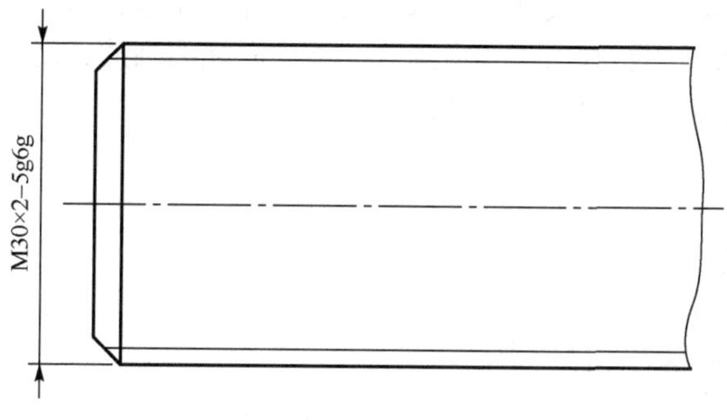

第5章 零 件 图

一、选择题

1～4 CCBC

二、判断题

1～5 ×√√√√ 6～7 √×

三、填空题

1. 视图、尺寸、技术要求、标题栏；
2. 形状、尺寸；
3. 轴套类、轮盘类、叉架类、箱体类；
4. 表面光滑程度、轮廓算术平均偏差、光滑；
5. 间隙配合、过渡配合、过盈配合；
6. 基孔制、基轴制、基孔制
7. 两个相互结合、分数、孔的公差带、轴的公差带
8. 形状公差、方向公差、位置公差和跳动公差
9. 公差框格、指引线、基准

四、读图题

1. 主视图、左视图、局部视图、断面图
2. 普通螺纹，公称直径为6 mm，单线，右旋，螺纹公差带中径、小径均为7 H，

旋合长度为中等

3. 参见图

4. 20 mm、45 mm

5. $\sqrt{Ra\ 1.6}$

第 6 章　装　配　图

一、判断题

1～5　√×××√　　6～10　√√√√√　　11～12　×√

二、填空题

1. 一组图形、必要的尺寸、技术要求、零件的序号、标题栏和明细栏
2. 拆卸画法、假想画法、夸大画法、零件向视图画法、简化画法
3. 性能尺寸、装配尺寸、安装尺寸、总体尺寸
4. 相同
5. 一、二

三、读图题

1. 13、21、6 和 7
2. 三、全剖、扳手 13、半剖、局部剖

第 7 章　理论力学基础知识

一、填空题

1. 大小、方向、作用点
2. 大小、形状
3. 静止、匀速直线运动
4. 大小相等、方向相反
5. 柔性约束、光滑面约束、铰链约束
6. 平行作用力
7. 三个坐标轴上、同一坐标轴
8. 摩擦自锁
9. 0、16 kN·m
10. $M_A=-2.93$ kN·m
11. 合力 $F_R=10$ kN，合力作用线位置（通过 O_1）$d=2$ m
12. 4.5 rad/s；9 m/s

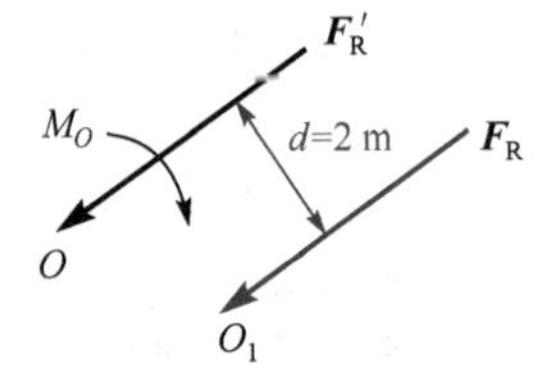

二、判断题

1～5　√××√√

三、选择题

1～2　AB

四、计算题

1. 取梁为研究对象，其受力图如图所示，有

$$\sum X=0\ ,\quad F_{Ax}=0$$

$$\sum M_A(\boldsymbol{F})=0\ ,\quad F_B\times 2-P\times 3-M=0$$

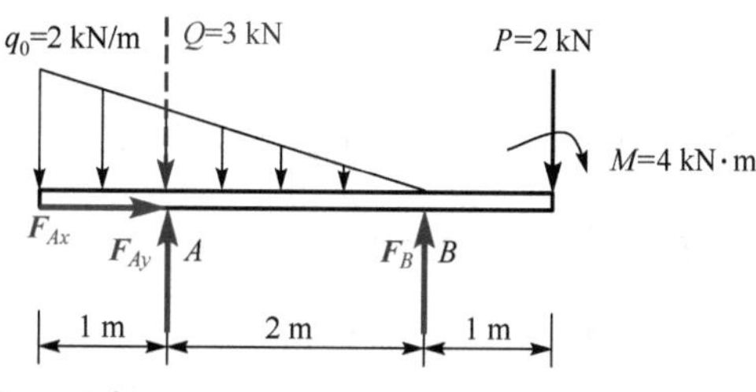

所以 $F_B=5\ \text{kN}$

$$\sum Y=0\ ,\quad F_{Ay}+F_B-P-Q=0$$

所以 $F_{Ay}=0\ \text{kN}$

2. 取丁字杆为研究对象，其受力图如图所示，有

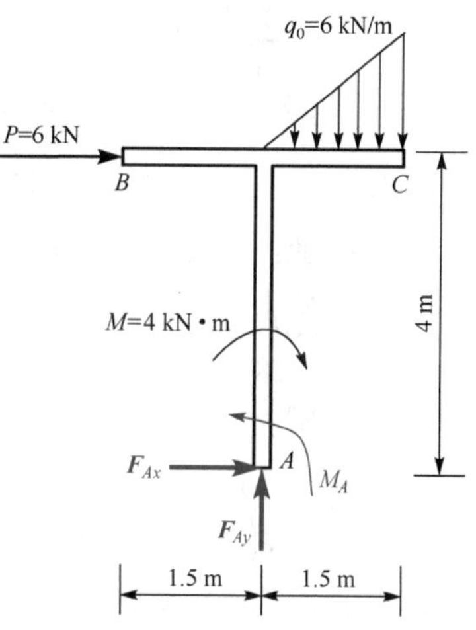

$$\sum X=0,\quad F_{Ax}-P=0$$

所以 $F_{Ax}=-6\ \text{kN}$

$$\sum Y=0,\quad F_{Ay}-\frac{1}{2}q_0\times 1.5=0$$

所以 $F_{Ay}=4.5\ \text{kN}$

$$\sum M_A(\boldsymbol{F})=0,\ \ M_A-M-P\times 4-\frac{1}{2}q_0\times 1.5\times 1=0$$

所以 $M_A=32.5\ \text{kN}\cdot\text{m}$

3. 三角板 ABC 做平动，同一时刻其上各点速度、加速度均相同，故

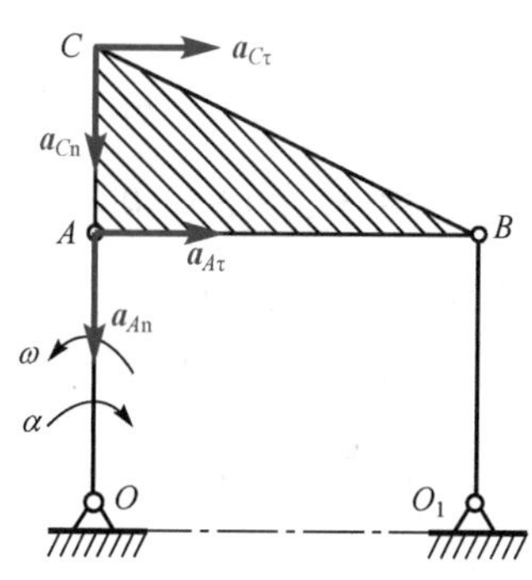

$$\boldsymbol{a}_C=\boldsymbol{a}_A=\boldsymbol{a}_{An}+\boldsymbol{a}_{A\tau}$$

$$a_{Cn}=a_{An}=r\omega^2=0.4\times 4^2=6.4\ (\text{m/s}^2)$$

$$a_{C\tau}=a_{A\tau}=\overline{OA}\times\alpha=0.4\times 2=0.8\ (\text{m/s}^2)$$

4. 解：（1）以 BC 为研究对象。其受力图如图（a）所示，分布荷载得

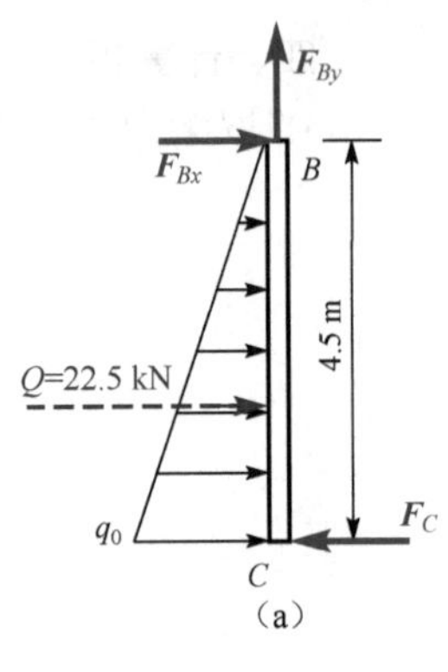

（a）

合力 Q=22.5 kN

$$\sum M_B(\boldsymbol{F})=0\ ,\quad F_C\times4.5+Q\times3=0$$

所以 $$F_C=15\ \text{kN}$$

（2）以整体为研究对象。其受力图如图（b）所示。

$$\sum X=0\ ,\quad F_{Ax}-F_C+\frac{1}{2}q_0\times4.5=0$$

所以 $$F_{Ax}=-7.5\ \text{kN}$$

$$\sum Y=0\ ,\quad F_{Ay}-q\times3=0$$

所以 $$F_{Ax}=30\ \text{kN}$$

$$\sum M_A(\boldsymbol{F})=0$$

$$M_A+\frac{1}{2}q\times3^2+\frac{1}{2}q_0\times4.5\times3-F_C\times4.5=0$$

所以 $$M_A=-45\ \text{kN}$$

（b）

5. 解：取杆 ACD 为研究对象。

由 $\sum M_A=0$，可得 $F_C\sin45^\circ\times\overline{AC}-P\times2\overline{AC}=0$

解得 F_C=28.28 kN

由 $\sum F_X=0$，可得 $F_C\cos45^\circ-F_{AX}=0$

解得 F_{AX}=10 kN（←）

由 $\sum F_Y=0$，可得 $F_C\sin45^\circ-F_{AY}-P=0$

解得 F_{AY}=10 kN（↓）

6. 解：$M_o=M_1+M_2+M_3+M_4+M_5=-10\times10\times10^{-3}+4\times20\times10^{-3}+8\times30\times10^{-3}+8\times40\times10^{-3}-10\times50\times10^{-3}=0.4$（N·m），顺时针方向。

7. 解：

杆 BD 为二力杆，先取构件 CD 为研究对象，受力图如图（a）所示。

由 $\sum M_c(F)=0$，可得 $21F_D-M-\dfrac{ql^2}{12}=0$

解得 F_D=1.625 kN

再取整体为研究对象，受力图如图（b）所示，$F_B=F_D$=1.625 kN

由 $\sum M_A(F)=0$，可得 $21F_B-M-\dfrac{2ql^2}{3}+M_A=0$

解得 M_A=56 kN·m

由 $\sum F_X = 0$，可得 $F_{AX} + ql = 0$

解得 F_{AX}=−24 kN

由 $\sum F_Y = 0$，可得 $F_{AY} + F_B = 0$

解得 F_{AY}=−1.625 kN

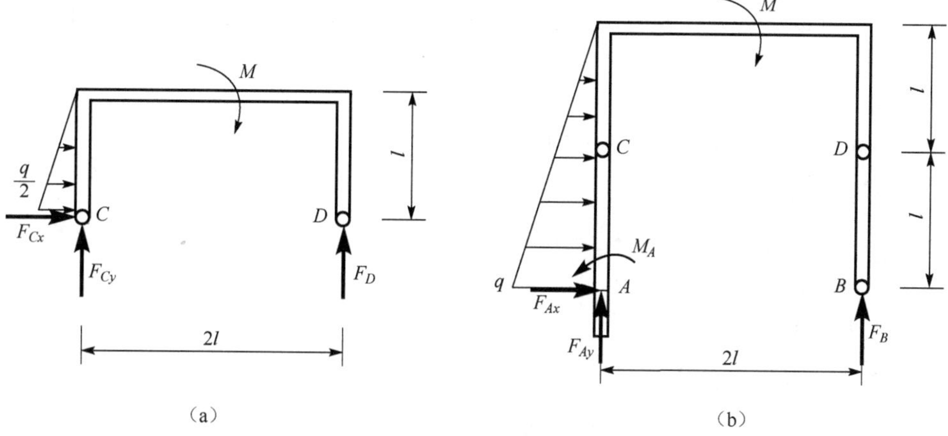

（a）　　　　（b）

8. 解：

假定折梯处于平衡，经受力分析可知杆 BC 为二力杆，B 处全约束力的方向应沿杆轴线 BC 方向，如图所示，其与接触面公法线的夹角为 30°，而对应的摩擦角为 φ_{Bf}=arctanf_B=
arctan0.6=31°＞30°，故 B 处不会产生滑动。

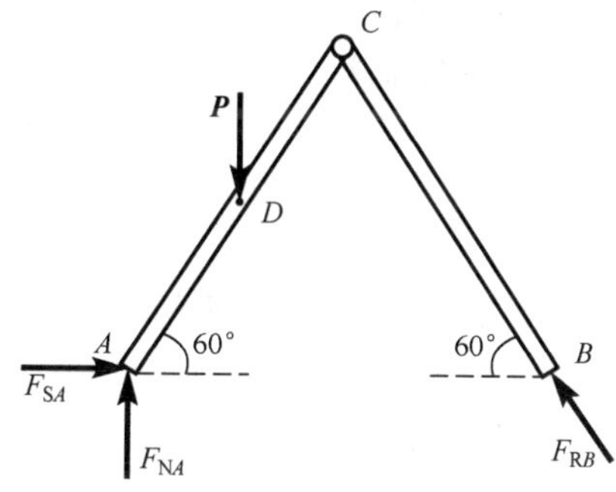

设杆长为 l，则

由 $\sum M_A(F) = 0$，可得 $lF_{RB}\sin 60° - \dfrac{Pl}{4} = 0$

解得 F_{RB}=144.3 N

由 $\sum F_X = 0$，可得 $F_{SA} - F_{RB}\cos 60° = 0$

解得 F_{SA}=72.17 N

由$\sum F_Y=0$，可得$F_{NA}+F_{RB}\sin 60°-P=0$

解得$F_{NA}=375$ N

最大静滑动摩擦力为$F_{SA\max}=f_A F_{NA}=0.2\times 375=75.0$（N）$>F_{SA}=72.17$（N）故 A 处也不会产生滑动，平衡假设成立。两脚与地面的摩擦力大小均为$F_{SA}=F_{SB}=72.17$N

9. 由于不考虑滑轮的质量，两段绳子的拉力大小 F_T 应相同，且力偶矩$M=rF_T$。重物 A 匀速上升时，由平衡条件可得绳索拉力大小就等于物块 A 的重力 P，力偶矩 $M=rP$；

10. 解：

$\sum m_Y=0$，$M-Qr=0$，$M=2$ kN·m

$\sum F_Y=0$，$F_{AY}=0$

$\sum m_X=0$，$F_{Bz}\cdot 6-Q\cdot 2=0$，

$F_{BZ}=4/3$ kN

$\sum m_z=0$，$F_{BX}=0$

$\sum F_X=0$，$F_{AX}=0$

$\sum F_Z=0$，$F_{AZ}+F_{Bz}-Q=0$，$F_{AZ}=8/3$ kN

第8章　材料力学基础知识

一、填空题

1. 各向同性假定、均匀性假定、连续性假定
2. 拉伸和压缩、剪切、扭转、弯曲
3. 轴力图、剪力图、扭矩图、弯矩图
4. 集中力、集中力偶、分布荷载
5. 截面切线方向
6. 截面形心
7. 该点到圆心的距离
8. 选择合理的截面形状、采用变截面梁或等强度梁、改善受力状况
9. 挠度、转角
10. 许用应力 σ、安全系数 n
11. $\dfrac{P}{\pi dh}$、$\dfrac{4P}{\pi(D^2-d^2)}$
12. 30 MPa、0、−30 MPa
13. 切应变 γ、切应力 τ
14. $\tau=G\gamma$
15. 提高抗弯刚度 EI、减少梁的跨度、改善梁的载荷作用方式

二、判断题

1～5　√×√√×　　6～10　√×√√×　　11～14　√×××

三、选择题

1～5　DABCC　　6～10　BCABD　　11～13　BCA

四、计算题

1. 解：$R_{BC}=\frac{60}{\frac{2}{\sqrt{13}}}=30\sqrt{13}$（kN）≈108.17 kN　　$R_{AC}=90\ \text{kN}$

$$\sigma_{木}=\frac{R_{BC}}{A_{木}}=\frac{108.17\times 1\ 000}{b^2}\leqslant[\sigma_{木}]=4\ \text{MPa}$$

$b\geqslant 164.4$ mm 取 $b=165$ mm

$$\sigma_{钢}\frac{R_{AC}}{A_{钢}}=\frac{90\times 1\ 000}{\frac{\pi d^2}{4}}\leqslant[\sigma_{钢}]=160\ \text{MPa}$$

$d\geqslant 26.8$ mm 取 $d=27$ mm

2. 解：（1）由梁的静力学平衡方程可以解得 B、D 处的约束反力为

$$F_B=10.5\ \text{kN},\ F_A=2.5\ \text{kN}$$

由此绘出梁的剪力图和弯矩图

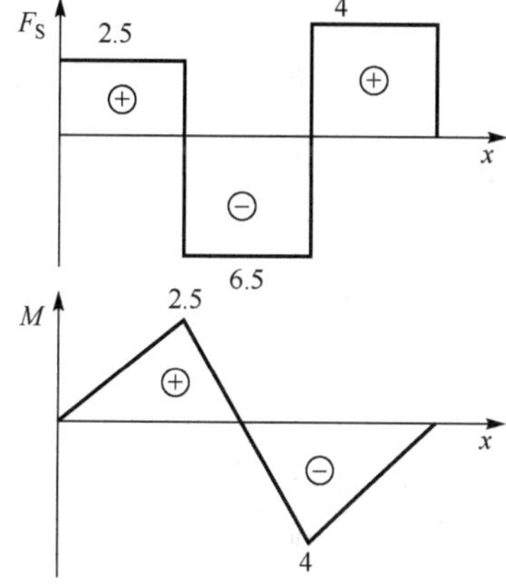

由图可见，B、C 截面分别有绝对值最大的负、正弯矩。

（2）校核强度：校核 B 截面的抗拉和抗压强度以及 C 截面的抗拉强度。

B 截面：

$$\sigma_{Bc\max}=\frac{M_B(14-y_c)}{I_{z_C}}=\frac{4\times10^3\times(140-52)\times10^{-3}}{7.63\times10^{-6}}\approx46.13\times10^6\text{（Pa）}$$

$$=46.13\ \text{MPa}<[\sigma_c]=60\ \text{MPa}$$

$$\sigma_{Bt\max}=\frac{M_B y_c}{I_{z_C}}=\frac{4\times10^3\times52\times10^{-3}}{7.63\times10^{-6}}\approx27.26\times10^6\text{（Pa）}=27.26\ \text{MPa}<[\sigma_t]=30\ \text{MPa}$$

C 截面：

$$\sigma_{Ct\max}=\frac{M_C y_c}{I_{z_C}}=\frac{2.5\times10^3\times(140-52)\times10^{-3}}{7.63\times10^{-6}}\approx28.83\times10^6\text{（Pa）}$$

$$=28.83\ \text{MPa}<[\sigma_t]=30\ \text{MPa}$$

所以该梁满足正应力强度条件。

3. 解：（1）绘梁内力图确定最大弯矩和最大剪力

$$M_{\max}=\frac{1}{2}ql^2=\frac{1}{2}\times10\times1=5\text{（kN·m）}$$

$$Q_{\max}=ql=10\times1=10\text{（kN）}$$

（2）按正应力条件 $\frac{M_{\max}}{W}\leqslant[\sigma]$ 选择截面

由

$$W=\frac{bh^2}{6}=\frac{h^3}{9}\geqslant\frac{M_{\max}}{[\sigma]}=5\times10^5\text{（mm}^3\text{）}$$

知 $h\geqslant165$ mm，取 $h=165$ mm；$b=110$ mm

（3）由剪应力强度条件校核截面

$$\tau_{\max}=1.5\frac{Q_{\max}}{A}=0.826\ \text{MPa}<[\tau]=2\ \text{MPa}\ \text{安全}$$

由此先截面为 $h=165$ mm；$b=110$ mm

4. 解：$F_{bc}=\sqrt{2}F$

$$\lambda=\frac{\mu l}{i}=\frac{1\times1.5}{\left(\frac{0.05}{4}\right)}=120$$

$$\lambda_1=\sqrt{\frac{\pi^2E}{\sigma_p}}=\sqrt{\frac{3.141\,6^2\times200\times10^9}{200\times10^6}}=99.34\text{；}\lambda>\lambda_1$$

$$F_{BC}^{cr}=A\cdot\sigma_{cr}=A\cdot\frac{\pi^2E}{\lambda^2}=\frac{\pi}{4}\cdot(0.050)^2\cdot\frac{\pi^2\times200\times10^9}{120^2}=269.2\text{（kN）}$$

$$[F]=\frac{\sqrt{2}F_{BC}^{cr}}{2n_{st}}=47.6\text{（kN）}$$

5. 解：$F_1=-20\ \text{kN}$，$F_2=-20+10=-10$（kN），$F_3=20-10=10$（kN），轴力图略；

$\sigma_1=F_1/A=-50\ \text{MPa}$，$\sigma_2=F_2/A=25\ \text{MPa}$，$\sigma_3=F_3/A=25\ \text{MPa}$。

6. 解：轴力图略。

$$\Delta_D=(F_{AB}l_{AB})/EA+(F_{BC}l_{BC})/EA+(F_{CD}l_{CD})/EA=Fl/3EA$$

7. 解：计算各轮的力偶矩（外力偶矩）

$$m=9\ 549\ P/n\ (\text{N}\cdot\text{m})$$

扭矩如图所示

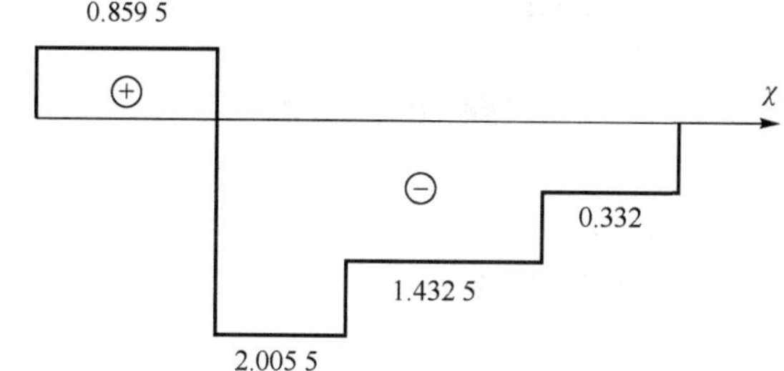

8. 解：(1) 由螺栓的剪切强度条件

$$\tau=\frac{F/2}{\pi d^2/4}\leqslant[\tau]$$

可得

$$d\geqslant\sqrt{\frac{2F}{\pi[\tau]}}=\sqrt{\frac{2\times40\times10^3}{\pi\times130}}=14\ (\text{mm})$$

(2) 由螺栓的挤压强度条件

$$\sigma_{bs}=\frac{F}{d\cdot20}\leqslant[\sigma_{bs}]$$

可得

$$d\geqslant\frac{F}{20[\sigma_{bs}]}=\frac{40\times10^3}{20\times300}=6.7\ (\text{mm})$$

综合(1)、(2)，螺栓所需的直径为 $d\geqslant14\ \text{mm}$。

第 9 章　金属材料的性能

一、填空题

1. 弹性极限σ_e、屈服极限σ_S、强度极限σ_b
2. 延伸率、断面收缩率
3. 交变应力、屈服极限
4. 铸造性能、锻造性能、焊接性能、热处理性能、切削加工性能

5. 普通热处理、表面热处理、表面化学热处理
6. 淬火、回火、退火、正火
7. 布氏硬度（HB）、洛氏硬度（HR）
8. 23%、59.04%
9. 弹性、屈服、强化、缩颈
10. 屈服、断裂

二、判断题

1～5 √×√×√ 6～8 √√√

第10章 金属材料

习题10-1答案

一、填空题

1. 2.11%，少量杂质元素
2. 0.25%，0.60%，0.25%～0.60%
3. 万分数
4. 0.9%
5. 0.45%，1.5%
6. 大于，0.9%
7. 低合金钢、合金渗碳钢、合金调质钢及合金弹簧钢
8. 渗碳、淬火、低温回火
9. 退火、正火，淬火、高温回火
10. 淬火+中温回火
11. 0.1%～0.15%，12%～14%
12. 淬火、低温回火
13. 生产粉末、混料、压制成型、烧结及后处理
14. 形变铝合金、铸造铝合金，铸造铝合金、形变铝合金

二、判断题

1～5 ×√√√√ 6～10 √√√√×

第10章 金属材料

习题10-2答案

一、填空题

1. 大于2.11%，硅、锰、硫、磷
2. 白口铸铁、灰铸铁、球墨铸铁、可锻铸铁、蠕墨铸铁
3. 渗碳体、片状石墨、球状石墨、团絮状石墨、蠕虫状石墨
4. 退火处理、石墨呈团絮状

5. 球化剂、球状
6. 膨胀系数、减摩性
7. 铝、锑、锡

二、判断题

1～5　×√√√√　　6～8　√√√

第 11 章　非金属材料

一、填空题

1. 高分子材料、陶瓷材料及复合材料
2. 合成树脂、添加剂
3. 质量轻、比强度大、耐蚀性好、绝缘性好、吸振和消声效能高、易于加工成型；导热性差、热膨胀系数大；减摩、耐磨性差异大
4. 聚乙烯、聚氯乙烯、聚苯乙烯；酚醛树脂、氨基树脂
5. 弹性，伸缩性、吸振性、绝缘性，耐磨性
6. 硬度高，抗压强度大，耐高温
7. 基体材料、增强材料，黏结剂、强度或韧性，玻璃纤维、碳纤维
8. 玻璃钢，强度，弹性模量

二、判断题

1～5　×√×√×　　6～10　√√×√√

第 12 章　汽车常用零部件

习题 12-1 答案

一、单选题

1～5　BCCAC　　6～10　BBCCB　　11～15　AACCB

二、多选题

1. ABD　　2. BCD　　3. ACD
4. ABD　　5. BD

三、判断题

1～5　××√√√　　6～7　×√

四、简答题

1. 答：零件的周向固定可采用键、花键、成形、销、弹性环以及过盈配合，非圆截面等连接。其中：

平键：对中性好，可用于较高精度、高转速及受冲击或变载荷作用的场合。

楔键：不适于要求严格对中、有冲击载荷及高速回转的场合，能承受单向的轴向力。

花键：承载能力高，定心性和导向性好，但制造困难，成本高。

销：结构简单，用于受力不大，同时需要周向定位和固定的场合。

过盈配合：结构简单，对中性好，承载能力高，可同时起到轴向固定作用，不宜用于经常拆卸的场合。常与平键联合使用，以承受大的交变、振动和冲击载荷。

非圆截面：成形连接，可承受大载荷，制造困难。

2. 答：（1）改进轴的结构形状

提高轴的抗疲劳破坏强度的关键是减少应力集中，尽量使轴径变化处过渡平缓，并采用较大的过渡圆角。如相配合零件内孔倒角或圆角很小时，可采用凹切圆角或过渡肩环。

键槽端部与阶梯处距离不宜过小，以避免损伤过渡圆角及减少多种应力集中源重合的机会。

（2）改善轴的表面质量

提高轴的表面质量可通过提高轴的表面精度、进行热处理或表面强化处理来实现。采用滚压、喷丸或渗碳、氰化、氮化、高频淬火等表面强化处理方法，可以大大提高轴的承载能力。

3. 答：滚动轴承按滚动体的形状可分为球轴承和滚子轴承；按轴承所承受载荷的方向或公称接触角的不同，滚动轴承可分为向心轴承和推力轴承；按滚动体的列数，滚动轴承分为单列、双列及多列。

滚动轴承的失效形式有：疲劳点蚀、塑性变形和磨损。

4. 答：在滑动摩擦下运转的轴承称为滑动轴承。滑动轴承主要应用于高速、重载、要求剖分结构等场合中，如汽轮机、内燃机等设备的主轴承都采用滑动轴承；在低速重载、冲击载荷较大的机械中，如冲压机械、农业机械和起重设备也广泛采用滑动轴承。

滑动轴承最常见的失效形式是轴瓦磨损，胶合（烧瓦），疲劳破坏和由于制造工艺原因引起的轴承衬脱落。

5. 答：润滑油的选用一般主要指润滑油黏度的选择。选择黏度时，主要考虑轴承压强、滑动速度、工作温度、摩擦表面状况及润滑方式等条件。一般原则是：

（1）在压力大或有冲击、变载荷等工作条件下，选用黏度较大的油。

（2）滑动速度高时，应选用黏度低的油。

（3）轴承散热条件差，工作温度高，应选用黏度较大的油。

（4）摩擦表面粗糙或未经跑合，应选用黏度较大的油。

习题 12-2 答案

一、单选题

1～5　ABCAB　　6～11　BACABA

二、多选题

1. CD　2. AD　3. AB　4. ABD　5. ABC

6. BD　7. BCD　8. BD　9. AC　10. ACD

11. BD　　12. AC　　13. BC

三、判断题

1～5　√×√√√　　6～11　××√√×√

四、简答题

1. 答：联轴器主要用于轴与轴之间的连接并使它们一同旋转，以传递转矩和运动的一种机械传动装置。若要使两轴分离，必须通过停车拆卸才能实现。万向节是汽车万向传动装置中实现变角度传动的一种联轴器。

离合器主要用于轴与轴之间在机器运转过程中的分离与接合。由于离合器是在不停车的状况下进行两轴的接合与分离，因而离合器应保证离合迅速、平稳、可靠，操纵方便，耐磨且散热好。

制动器是利用摩擦力来减小运动物体的速度或迫使其停止运动的装置。

2. 答：螺纹的基本参数和尺寸有：大径 d（D）、小径 d_1（D_1）、中径 d_2（D_2）、螺距 P、线数 n、导程 P_h、导程角 λ、牙型角 α、牙型斜角 β、螺纹接触高度 h。

3. 答：（1）螺栓组的布置应力求对称、均匀。通常将接合面设计成轴对称的简单几何形状，以便于加工，并应使螺栓组的对称中心与接合面形心重合，以保证接合面受力比较均匀。

（2）对于铰制孔螺栓连接的受剪螺栓，在平行于工作载荷方向上成排布置的螺栓数目不应超过 8 个，以免载荷分布过于不均。对承受弯矩或转矩的螺栓组连接，应尽量将螺栓布置在靠近接合面的边缘，以便充分和均衡地利用各个螺栓的承载能力。

（3）螺栓数目应取为 2，3，4，6 等易于分度的数目，以便加工。

4. 答：弹簧在机械中作为弹性元件，主要功用有：

（1）控制机构的运动或零件的位置如内燃机中的阀门弹簧、凸轮机构、离合器中的弹簧。

（2）缓冲及吸振，如火车、汽车上的钢板弹簧、各种缓冲器及弹性联轴器中的弹簧。

（3）储存能量作为动力源，如钟表、仪器中使用的弹簧发条。

（4）测量载荷的大小，如弹簧秤中的弹簧。

第 13 章　平 面 机 构

习题 13-1　答案

一、单选题

1～5　BABBCF　　6～10　CACBC　　11～13　AAB

二、多选题

1. ABD　2. CD　3. AB　4. ACD　5. BCD

三、判断题

1～5 ×√×√√ 6～10 ×××√√

四、简答题

1. 答：以适当的方式将两构件相互连接，既对构件的运动加以限制，又使彼此连接的两构件之间仍能产生一定的相对运动。这种两个构件间的可动连接称为运动副。

两构件通过面与面接触而构成的运动副称为低副，低副又可分为转动副和移动副。

两构件通过点或线接触而构成的运动副称为高副。

平面机构中低副引入两个约束，仅保留一个自由度；高副引入一个约束，而保留二个自由度。

2. 答：在机构中与其他约束重复而对运动不起独立限制作用的约束称为虚约束。

平面机构中的虚约束常在下列情况下发生：

（1）重复移动副：两构件组成多个移动方向相同的移动副时，其中只有一个是真实约束，其余的都是虚约束。

（2）重复转动副：两构件组成多个轴线重合的转动副时，其中只有一个是真实约束，其余的都是虚约束。

（3）重复结构：机构中对传递运动不起独立作用的对称部分会形成虚约束。

（4）重复轨迹：机构中某构件连接点的轨迹与另一构件被连接点的轨迹重合。

3. 答：铰链四杆机构的类型有三种：曲柄连杆机构、双曲柄机构和双摇杆机构。

曲柄连杆机构应用于汽车雨刮机构或者雷达天线俯仰角调整机构；

双曲柄机构应用于机车车轮联动机构；

双摇杆机构应用于汽车转向四杆机构或者起重机。

4. 答：包括（1）推程；（2）远停程；（3）回程；（4）近停程

五、计算题

1. 解：

图中活动机构数量为3个，分别为2、3、4号杆件（1为机架）；

图中铰链个数为4个，所以低副数量为4；

图中没有高副，所以根据自由度计算公式：

$F=3n-2P_1-P_h$ 可以计算得：

$F=3\times3-2\times4-0=1$

2. 解：

图中活动机构数量为5个，分别为2、5号滑块，3、4、6号杆件（1为机架）；

图中铰链个数为5个，移动副为2个，所以低副数量为7；

图中没有高副，所以根据自由度计算公式：

$F=3n-2P_1-P_h$

可以计算得：$F=3\times5-2\times7-0=1$

习题 13-2　答案

一、单选题

1～5　BCACA　　6～10　BABBB　　11～13　BCA

二、多选题

1. BCD　　2. CD　　3. ACD　　4. BD

三、判断题

1～5　√√×√×　　6～10　×√×√×

四、计算题

1. 解：

图中活动机构数量为 4 个，分别为 2 号滑块，1、3、4 号杆件；

图中铰链个数为 4 个，移动副为 2 个，所以低副数量为 6；

图中没有高副，所以根据自由度计算公式：

$F=3n-2P_{\mathrm{l}}-P_{\mathrm{h}}$

可以计算得：$F=3\times3-2\times6-0=0$

2. 解：图中活动机构数量为 5 个，分别为 6 号滑块，2、3、4、5 号杆件；

图中铰链个数为 6 个，移动副为 1 个，所以低副数量为 7；

图中没有高副，所以根据自由度计算公式：

$F=3n-2P_{\mathrm{L}}-P_{\mathrm{H}}$

可以计算得：$F=3\times5-2\times7-0=1$

第 14 章　带传动及链传动

习题 14-1　答案

一、单选题

1～5　DCCCB　　6～7　AD

二、多选题

1. BD　2. ABD　3. ABD　4. AB　5. BD

三、判断题

1～5　√×√×√

四、简答题

1. 答：带传动是利用挠性传动带作为中间物，故其特点为：传动平稳，噪声低，能缓冲吸振；可实现较大中心距的运动和动力传递，结构简单，便于加工和维护，无须润滑，且成本低廉；过载时，带会在带轮上打滑，能防止其他零部件的损坏，起到了安全保护作用。

2. 答：弹性滑动：由于传动带是弹性体，受到拉力的作用时会发生弹性伸长，伸长量随着拉力的大小而变化。这种带的弹性变形而引起的带在轮面上的滑动现象称为弹性滑动。

打滑：由于带传动是靠摩擦力工作的，初拉力 F_0 一定时，带与带轮之间的摩擦力为一个极限值。当传递的有效圆周力 F 超过了极限摩擦力，将会发生滑动，这种现象称为打滑。

弹性滑动会导致传动比 i 不恒定，是无法避免。打滑将使传动失效并加剧带的磨损，打滑也可以起到保护其他零件的作用，是可以避免的；

3. 答：（1）安装时，两带轮轴线应保持平行，否则带会被扭曲和早期磨损，降低带的寿命。

（2）要保证 V 带在带轮轮槽中的正确位置，过高和过低都不利于带的正常工作。

（3）同组使用的 V 带应型号相同、长度相同，不同厂家生产的 V 带、新旧 V 带不能混用。

（4）V 带的张紧度要合适，一般中等中心距的带传动，带的张紧度以大拇指能将带按下 15 mm 左右为宜。

（5）带传动应设置防护罩，以保证安全，防止带与酸、碱或油接触而受腐蚀。

（6）要定期对带传动进行检查，如有一根松弛或损坏则应更换所有的带。

习题 14-2 答案

一、单选题

1～5 BCBBB 6～8 BDB

二、多选题

1. AC 2. CD 3. AB 4. ACD

三、判断题

1～5 ×√√√×

第15章 齿轮传动

习题 15-1 答案

一、单选题

1～5 CCBCB 6～9 BDCD

二、多选题

1. AD 2. BC 3. ABC 4. AC 5. BD 6. AC

三、判断题

1～5 √√××√ 6～8 √××

四、简答题

1. 答：齿轮传动可用来传递空间任意两轴之间的运动动力；齿轮传动准确可靠，效率高，结构紧凑，寿命长；但是制造精度和安装精度要求高；不适于中心距离较大的传动。

2. 答：齿轮传动优点：① 齿轮传动与其他传动形式相比，可用来传递空间任意两轴之间的运动和动力；② 传递功率可达 10～5 kW；③ 圆周速度可高达 300 m/s；④ 齿轮直径可从 1～150 mm 以上；⑤ 传动准确可靠，效率高，结构紧凑，寿命长。

齿轮参数包含：齿顶圆、齿根圆、齿厚、齿槽宽、齿距、模数、分度圆、齿根高、齿顶高和全齿高。

3. 答：齿轮传动的失效形式有：轮齿折断、齿面点蚀、齿面磨损、齿面胶合与齿面塑性变形；其中，对于闭式齿轮传动，最主要的失效形式是齿面点蚀。

习题 15–2 答案

一、单选题

1～5　BCBCD　　6～9　DBBC

二、多选题

1. ABCD　2. ABC　3. ABD　4. CB　5. ABC

三、判断题

1～5　√√××√　　6～7　√√

四、简答题

1. 答：齿轮传动中，两齿面是线接触，表层产生很大接触应力，由于力的作用点沿齿面移动，接触应力按脉动循环变化；经历长期应力循环，在齿面节点附近，由于疲劳而产生小片金属剥落，形成麻点，这种疲劳称为疲劳点蚀或接触疲劳。由于齿面损坏，啮合迅速恶化，从而导致轮齿失效。防止的办法是限制接触应力，提高齿面硬度，以保证齿面接触强度。齿面疲劳点蚀是闭式齿轮传动的主要失效形式。

2. 答：蜗杆传动与其他传动机构相比，蜗杆传动如同螺旋传动，始终连续、平稳，没有噪声；传动比大、结构紧凑，其单级传动比为 8～80，在分度机构中可达到 1 000；当蜗杆导程角小于当量摩擦角时，蜗轮不能带动蜗杆，可以实现自锁。但效率低，一般效率为 0.7～0.9，发热量大。

3. 答：蜗杆传动的主要参数有：蜗杆头数 z_1、蜗轮齿数 z_2 和传动比 i；模数 m 和压力角 α；蜗杆导程角 γ；蜗杆分度圆直径 d_1 与蜗杆直径系数 q；中心距；蜗杆与蜗轮的转向关系。

第 16 章　轮　　系

一、单选题

1～5　BBBCA　　6～8　BBA

二、判断题

1～5　×√√√×

三、简答题

答：实现远距离传动；获得较大的传动比；实现变速和变向转动；实现运动分解与合成。

四、计算题

1. 解：$i_{16}=n_1/n_6=(-1)^3\times\dfrac{z_2\times z_4\times z_6}{z_1\times z_3\times z_5}=-12$

$n_6=-166.67$ r/min

2. 解：① 标记运动方向：齿轮 6 的运动方向向右。

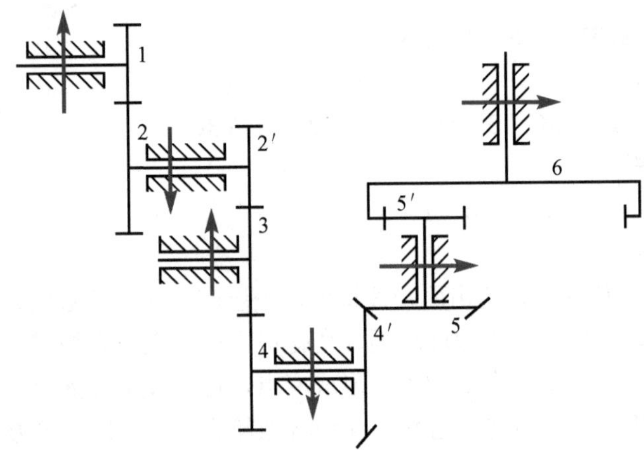

② 计算传动比：

由图可知，齿轮 3 为惰轮。主动齿轮有 z_1、$z_{2'}$、$z_{4'}$、$z_{5'}$；从动齿轮有 z_2、z_4、z_5、z_6。

根据传动比计算公式：

代入数值 $z_1=20$、$z_2=30$、$z_{2'}=20$、$z_4=30$、$z_{4'}=30$、$z_5=30$、$z_{5'}=20$、$z_6=80$ 到公式，可求得传动比 $i_{16}=80$。

3. 解：计算传动比

由图可知，该轮系为平面定轴轮系，齿轮 2 和 4 为惰轮，轮系中有两对外啮合齿轮。主动齿轮有 z_1、$z_{3'}$；从动齿轮有 z_3、z_5。

根据传动比计算公式：$i_{15}=n_1/n_5=(-1)^2=(z_{3'}z_5)/(z_1z_{3'})$

代入数值，$z_1=z_2=z_{3'}=z_4=20$，$z_5=60$ 到公式，可求得

传动比 $i_{15}=3$

4. 解：$i_{13}^{H}=n_1-n_H/n_3-n_H=(-1)^1\times\dfrac{z_2\times z_3}{z_1\times z_{2'}}=-\dfrac{1\ 480}{900}=-\dfrac{148}{90}\approx-1.64$

将 $n_3=0$ 代入

$$i_{13}^{\mathrm{H}}=\frac{n_1-n_{\mathrm{H}}}{0-n_{\mathrm{H}}}=1-\frac{n_1}{n_{\mathrm{H}}}=1-i_{1\mathrm{H}}$$

即 $i_{1\mathrm{H}}=1-i_{13}^{\mathrm{H}}=\frac{238}{90}\approx 2.64$

$$n_{\mathrm{H}}=\frac{100\times 90}{238}=\frac{9\ 000}{238}=\frac{4\ 500}{119}\approx 37.82\text{（r/min）}$$

5. 解：$i_{13}^{\mathrm{H}}=n_1-n_{\mathrm{H}}/n_3-n_{\mathrm{H}}=(-1)^1\times\frac{z_2\times z_3}{z_1\times z_2}=-\frac{Z_3}{Z_1}=-\frac{61}{27}\approx -2.26$

将 $n_3=0$ 代入

$$i_{13}^{\mathrm{H}}=\frac{n_1-n_{\mathrm{H}}}{0-n_{\mathrm{H}}}=1-\frac{n_1}{n_{\mathrm{H}}}=1-i_{1\mathrm{H}}$$

即 $i_{1\mathrm{H}}=1-i_{13}^{\mathrm{H}}=\frac{88}{27}\approx 3.26$

$$n_{\mathrm{H}}=\frac{6\ 000\times 27}{88}=\frac{20\ 250}{11}\approx 1\ 840.91\text{（r/min）。}$$

6. 解：$i_{14}^{\mathrm{H}}=n_1-n_{\mathrm{H}}/n_4-n_{\mathrm{H}}=(-1)^2\times\frac{z_2\times z_4}{z_1\times z_3}=\frac{101\times 99}{100\times 100}=\frac{9\ 999}{10\ 000}=0.999\ 9$

将 $n_4=0$ 代入

$$i_{14}^{\mathrm{H}}=\frac{n_1-n_{\mathrm{H}}}{0-n_{\mathrm{H}}}=1-\frac{n_1}{n_{\mathrm{H}}}=1-i_{1\mathrm{H}}$$

即 $i_{1\mathrm{H}}=1-i_{14}^{\mathrm{H}}=\frac{1}{10\ 000}$

$$i_{\mathrm{H}1}=\frac{1}{i_{1\mathrm{H}}}=10\ 000$$

第 17 章　液 压 传 动

一、选择题

1～5　AAACA　　6～10　BABAD

二、判断题

1～5　××√××　　6～10　√×√√×

三、填空题

1. 控制元件、辅助元件、工作介质
2. 卸荷槽
3. 液压缸或摆动液压缸、液压马达
4. 偏心距
5. 叶片泵、柱塞泵
6. 开，关

7. P，T

8. 密封容积

9. 连接件

10. 容积节流调速

四、分析题

（1）小于 5 MPa；

（2）等于 5 MPa；

（3）0 MPa